통일교육과 시민교육

한국문화사 시민교육 시리즈

통일교육과 시민교육

추병완 지음

한국문화사

» **머리말**

 통일교육은 내게 복합적인 감정을 유발하는 연구 분야다. 내가 석사 과정 시절에 연구 프로젝트에 공동 연구원으로 처음 참여한 것이 바로 통일교육이다. 그래서 나의 학문 여정은 통일교육에서 시작되었다고 볼 수 있다. 박사 과정 시절에 지금은 고인이 되신 나의 은사님은 민족공동체와 통일을 주제로 학위 논문을 작성할 것을 끊임없이 내게 종용하셨다. 하지만 그때 나의 학문적 관심은 온통 피아제와 콜버그에게 집중된 상태라서 이 핑계 저 핑계를 대며 시간을 끌면서 미국 유학을 준비하였다.
 미국 유학을 마치고 귀국하여 1998년에 춘천교육대학교 윤리교육과에 자리를 잡으며, 나는 학위 논문에서 미처 파헤치지 못한 도덕교육 관련 연구 주제를 마음껏 다룰 수 있다고 생각했는데, 현실은 그렇지 않았다. 당시 춘천교육대학교는 통일교육을 대학 특성화 분야로 지정하고 교육대학원에 통일교육 전공을 개설하였다. 얼떨결에 나는 통일교육 전공 주임교수를 맡으면서 통일교육에 매진하게 되었다. 20세기 말과 21세기 초의 남북 해빙 시기에서 통일교육은 매우 시의성 있는 연구 분야였고, 나는 동료 교수, 현장 교사들과 함께 통일교육 관련 도서 2권을 출판하였다. 그리고 당시 통일교육원에서 현장 교사 대상의 통일교육 연수 프로그램에 외부 강사로 활동하면서, 통일교육원의 연구 과제로 '평화 지향적 통일교육의 이론과 실제'를 집필하였다.
 이후 나는 다문화교육, 신경 윤리학, 행동 윤리학, 도덕 심리학, 시민교육 등에 관한 여러 연구 프로젝트에 주력하면서 통일교육과 다시 소원해지기 시작했다. 그러나 분단국 현실에서 지상 최고의 목표가 통일이라면, 통일교육 역시 그에 걸맞은 위상을 지녀야 한다는 생각에는 변함이 없었다. 하지만, 이전처럼 통일교육이 나의 핵심 연구 분야는 되지 못했다. 이 시기에 나는 다문화교육에 관한 연구를 수행하면서 편견 감소에 초점을 맞추었고, 통일교육에서 북한 및 북한 이탈 주민에 대한 부정적 형태의 고정관념과 편견, 차별 행태를 어떻게 하면 줄일 수 있는지에 대해 아주 부분적으로 관심을 가졌다. 하지만 돌이켜 생각하면, 내가 통일교육에서 멀어지는 듯 보였지만, 결국 나는 그 중심에 계속 머물고 있었다 해도 틀린 말은 아닌 것 같다.

이전과 달리 통일교육을 전문적으로 연구하는 학자들이 국내에 많고, 통일교육에 대한 나의 학문적 열정과 역량이 그들에게 훨씬 미치지 못함을 나는 너무 잘 알고 있기에 이 책의 출판을 오랜 시간 미루어 왔다. 하지만, 이제 정년을 얼마 남기지 않은 시점에서 나는 이 책을 통해 통일교육과 시민교육에 관한 나의 연구를 종합적으로 정리하고, 그 내용이 기존의 학문적 논의에 조금이나마 도움이 되면 좋겠다는 소박한 목표를 갖게 되었다. 그래서 이 책의 제목을 '통일교육과 시민교육'으로 정했다. 이 책의 내용을 간략하게 소개하면 다음과 같다.

1장은 내가 통일교육에 대한 학술 논문을 게재하면서부터 일관되게 고수하는 생각을 담고 있다. 여기서 나는 학교 통일교육의 목표와 기본 원칙을 명료화하는 작업을 수행하였다. 학교 통일교육의 기본 원칙은 1999년 내가 통일교육 학술대회에서 발표한 논문의 일부 내용이고, 이제껏 나는 이 10가지 원칙을 구현하기 위한 내 나름의 연구 활동을 지속하였다. 그 연구 내용은 이미 여러 논문과 저서를 통해 공유된 상태다.

2장은 통일교육을 다문화교육의 관점에서 접근해야 할 필요성을 다룬다. 한국 사회의 다원화·다문화는 이제 예정된 시대적 흐름이고, 학교 통일교육은 그러한 시대적인 흐름을 신중하게 예측하면서 실행되어야 한다는 전제 아래, 여기서는 학교 통일교육에서 다문화교육 접근의 타당성을 검토하였다.

3장은 통일 역량으로서 상호 문화 역량을 다루었다. 이 장에서 나는 우리에게 필요한 통일 역량으로서 상호 문화 역량(intercultural competence)이 갖는 함의를 구체적으로 탐색하였다. 통일이 단순히 제도적인 통합이 아닌 사람들 사이에 마음의 통일을 실현하는 것이라면, 통일교육에 관한 논의에서 우리는 마땅히 다른 사람들 간의 상호 이해와 존중을 통해 마음의 통일에 다가설 수 있는 구체적인 지식과 기능, 태도를 길러주어야 하기 때문이다.

4장은 통일교육에서 민주 시민의 역량에 대해 알아보았다. 통일교육은 통일을 실현하기 위한 가치 지향적인 교육 활동이지만, 우리가 지향하는 통일이 민주적이고 평화적인 절차를 통해 이루어져야 한다는 사실을 고려할 때, 통일교육과 민주시민교육은 매우 친밀한 상관성을 갖는다. 여기서는 민주시민교육의 궁극적인 효과로 유럽 연합(EU)이 지향하는 역량이 무엇인지에 대해 상세하게 살펴보았다.

5장은 평화로운 교실 만들기 방안을 제시하였다. 우리 정부가 새롭게 추진하는 평화·통일교육은 평화 의식을 바탕으로 북한을 우리와 더불어 살아갈 동반자로 인식하고 남북한의 평화적 관계를 증진하면서 평화통일을 이루는 데 필요한 의지와 태도를 함양하는 교육을 의미한다. 이를 위해 우리는 먼저 교실 속의 평화를 구현해야 할 것이다. 이 장에서는 평화와 평화를 위한 전략, 평화교육의 역사에 관해 알아보고, 평화로운 교실을 만들기 위한 5가지 전략을 제시하였다.

6장은 자민족중심주의의 특징과 원인을 분석하였다. 세계화 시대의 이념에 부합하는 진정한 국민국가를 형성하려면 자민족중심주의는 마땅히 극복 대상이다. 하지만 많은 나라는 입으로는 세계화를 외치면서도 실제로는 국익을 위해 자민족중심주의를 더 강화하는 모습을 보이기도 한다. 여기서 나는 자민족중심주의의 기본 특징과 원인에 관해 알아보고, 그것이 평화 구축에 주는 시사점이 무엇인지를 탐색하였다.

7장은 통일교육에서 논쟁 이슈를 다루는 다루기 위한 교사의 역할을 탐색하였다. 이 장에서 나는 문헌 분석을 통해 논쟁 이슈의 본질과 중요성을 규명하고, 학교 현장에서 논쟁 수업의 제약 요인을 분석하며, 논쟁 수업을 위한 교사의 역량에 관한 여러 학자의 의견을 분석하여 논쟁 이슈의 교수·학습에서 교사의 역할을 명료하게 제안하였다.

8장은 시민 심의와 건설적 논쟁을 다루었다. 여기서 나는 시민 심의를 위한 교수 방법으로서 건설적 논쟁의 활용 방안을 제시하였다. 도덕 교과가 정의로운 시민을 양성하려는 목표를 달성하려면, 사회의 도덕적 이슈에 관해 학생들이 건설적으로 논쟁하는 기회를 제공해 주어야 한다. 학생들은 건설적 논쟁을 통해 논쟁 이슈를 지성적으로, 민감하게, 관용적으로 그리고 도덕적으로 다루는 데 필요한 기술을 습득할 수 있다.

9장은 긍정심리학과 시민교육의 관련성을 다루었다. 긍정심리학은 인간의 최적의 기능 수행에 관한 과학적 연구다. 긍정심리학은 개인과 공동체가 번영하도록 돕는 요인을 이해하고, 그것을 실제 삶에 적용하는 것을 목표로 삼는다. 여기서 나는 긍정심리학의 토대가 되는 기본 이론을 살펴보고, 그 이론에 기초한 시민교육의 필요성을 제시하며, 긍정심리학의 기본 이론을 활용한 시민교육의 구현 방안을 제시하였다.

10장은 행동 윤리학과 시민교육의 관련성을 다루었다. 행동 윤리학은 기술적인(descriptive) 연구 방법을 통해 사람들이 윤리적인 결정과 비윤리적인 결정을 내리는 근본 이유를 밝히고자 한다. 여기서 나는 행동 윤리학 렌즈로 바라보는 시민교육은 어떤 것이고, 그것이 이 시점에서 왜 중요한 것인지를 밝히는 데 초점을 맞추었다.

마지막으로 11장에서 나는 지속 가능한 웰빙과 시민교육의 문제를 다루었다. 지속 가능한 웰빙은 타인, 환경, 미래 세대의 필요와 요구를 훼손하지 않는 가운데 개인, 공동체, 세계의 웰빙에 기여하는 웰빙을 의미한다. 다시 말해, 지속 가능한 웰빙은 인간의 번영과 생태 회복탄력성의 상호 관련성을 중시한다. 여기서 나는 문헌 분석을 통해 지속 가능한 웰빙의 구체적인 의미와 중요성을 밝히고, 도덕 교과에서 지속 가능한 웰빙 교육을 구현하기 위한 방안을 제시하였다.

이 책이 나오기까지 많은 분이 도움을 주셨다. 그들의 이름을 모두 밝히지 못한 것이 아쉽다. 무엇보다도 나는 이 책에서 내가 서슴지 않고 인용한 수많은 연구자 모두에게 깊이 감사드린다. 그들의 연구 성과가 없었다면 이 책의 출판은 불가능했기 때문이다. 그리고 언제나 나의 버팀목이 되는 사랑하는 가족에게도 고마움을 전하고 싶다. 어려운 출판 여건에도 불구하고 선뜻 출판을 허락한 한국문화사 관계자 모두에게 깊이 감사드린다.

끝으로, 이 책의 교정을 보는 동안 급성 폐렴으로 작고하신 조지아대학교의 호기(Hoge) 교수님에게 이 책을 삼가 바친다. 나의 지도 교수이자 인생 선배로서 그 분의 고매한 인품과 학식이 바로 오늘의 나를 만들었다는 사실을 나는 한 시도 잊은 적이 없다.

2022년 12월
저자 추병완

» 차례

머리말 ·· 5

01장 통일교육의 기본 원칙 ··· 15

02장 통일교육에서 다문화교육의 중요성 ························ 25
  ① 통일교육에서 다문화교육 접근법의 필요성 ················· 28
  ② 학교 통일교육과 다문화교육의 접점 ··························· 29

03장 통일 역량으로서 상호 문화 역량 ···························· 45
  ① 상호 문화 역량의 개념과 구성요소 ····························· 48
  ② 통일교육에서 상호 문화 역량의 중요성 ······················ 53
  ③ 상호 문화 역량 계발을 위한 통일교육의 과제 ············ 61

04장 통일교육에서 민주 시민 역량 ································· 67
  ① 역량 모델의 교육 목적 ·· 69
  ② 역량 모델의 배경 가정과 역량의 개념 정의 ················ 71
  ③ 역량 모델의 세부 내용 ·· 76

05장 평화로운 교실 만들기 ·· 103
  ① 평화란 무엇인가? ·· 106
  ② 평화를 위한 전략 ··· 111
  ③ 평화교육의 역사 ·· 114
  ④ 평화로운 교실을 만들기 위한 다섯 가지 전략 ··········· 129

06장 자민족중심주의의 특징과 원인 ········· 161
1. 자민족중심주의의 개념 정의 ········· 162
2. 자민족중심주의의 원인 ········· 169

07장 통일교육에서 논쟁 이슈 ········· 189
1. 논쟁 이슈의 본질과 중요성 ········· 192
2. 논쟁 수업의 도전과 제약 요인 ········· 200
3. 논쟁 이슈를 다루기 위한 교사의 역할 ········· 207

08장 시민 심의와 건설적 논쟁 ········· 223
1. 도덕 교과에서 시민 심의의 중요성 ········· 226
2. 시민 심의로서 건설적 논쟁의 가치 ········· 238
3. 수업에서 건설적 논쟁의 적용 방안 ········· 243

09장 긍정심리학과 시민교육 ········· 255
1. 긍정심리학의 기본 이론 ········· 257
2. 시민교육에서 긍정심리학의 중요성 ········· 266
3. 시민교육에서 긍정심리학의 기본 원리 활용 ········· 272

10장 행동 윤리학과 시민교육 ································· 283
　① 행동 윤리학에 관한 기본적 이해 ······························ 286
　② 행동 윤리학에서 비윤리적 행동에 대한 설명 ···················· 293
　③ 행동 윤리학에 근거한 시민교육의 방향 ························ 297

11장 지속 가능한 웰빙과 시민교육 ······························· 307
　① 지속 가능한 웰빙의 개념과 중요성 ···························· 309
　② 도덕 교과에서 지속 가능한 웰빙의 구현 방안 ··················· 324

참고 문헌 ·· 335
찾아보기 ·· 357

01장
통일교육의 기본 원칙

    분단국 구성원인 우리에게 통일은 우리가 반드시 해결해야 할 지상 과제이다. 하지만 통일은 우리만의 독자적인 의사결정으로 실현할 수 있는 단순 과제가 아니다. 한반도의 평화통일은 한국이 주도적 역량을 발휘하여 달성해야 하지만 한국의 독자적인 힘만으로 달성하기에는 여러 제한 요소가 있다. 따라서 남북 차원의 준비와 더불어, 한국은 국제공조 속에서 통일의 기틀을 마련하고 통일의 순간 및 통일 이후에도 지속적으로 동원할 수 있는 국제협력체제를 구축할 필요가 있다(배정호 외, 2013).

    사전적 의미에서 통일은 갈라진 둘 이상의 것을 모아서 하나로 만드는 것이기에 통일의 과정과 절차에서 우리는 통일의 대상인 상대방을 진지하게 고려해야 한다. 통일 문제에서 서로 통일의 대상에 해당하는 남북이 모두 무력에 의한 일방적 흡수통일을 지향하지 않는 한, 상호 간의 인정과 존중은 통일 문제를 풀어나가는 첫걸음이다. 이렇게 볼 때 통일은 남북이 힘을 합쳐 공동으로 해결해야 할 창조적인 문제해결 과정이다.

한반도의 지정학적 상황을 고려할 때 통일에 대한 사실상의 규정력을 갖는 것은 국제 정세와 남북한 관계라는 정치적 역학 관계이기 때문에, 통일교육이 통일을 실현하는 직접적인 수단이나 방법은 결코 아니다. 하지만 통일의 과정 및 통일 이후 사회상의 모습과 질은 상당 부분 구성원의 통일 역량에 좌우되고, 그 통일 역량은 주로 통일교육을 통해 형성되는 것이므로, 우리는 통일교육의 중요성을 결코 간과할 수 없다.

명칭과 강조점에서 다소 차이는 있지만, 분단 이후 우리는 줄곧 통일교육을 실시해 왔다. 해방 직후 통일은 외세로부터 해방을 뜻하는 자주권 해방운동의 성격을 띠었고, 1970년대에 들어오면서 통일은 남북한 체제 경쟁에서 승리를 의미했다. 1980년대 중반 이후 통일은 남북 간 상호 이익의 도모는 물론 생활방식과 의식의 동질성 회복을 통한 민족 통합의 의미를 지니게 되었다. 이렇듯 통일 개념의 변화에 부응하여 통일교육의 명칭과 내용도 변화를 거듭하였다. 반공교육, 통일안보교육, 통일교육, 평화·통일교육 등 통일교육은 시대적 요구를 반영하여 명칭의 변화를 겪었다.

하지만 명칭이나 의도와는 상관없이, 해방 이후 지금까지 우리가 실행한 통일교육의 대표적인 특징 가운데 하나는 무원칙적이라는 사실이다. 물론 시대적 상황의 변화에 따른 통일교육의 명칭과 내용에는 다소의 변화가 있을 수 있지만, 그렇다고 해서 뚜렷한 방향을 상실한 채 정권 교체 때마다 표류하는 통일교육이 되어서는 결코 안 된다. 통일교육을 촉진하고 지원하기 위하여 제정된 통일교육지원법에서는 "통일교육은 국민으로 하여금 자유민주주의에 대한 신념과 민족공동체 의식 및 건전한 안보관을 바탕으로 통일을 이루는 데 필요한 가치관과 태도의 함양을 목적으로 하는 제반 교육"이라고 정의한다. 그러나, 이러한 선언적 개념 규정만으로는 통일교육이 어떤 방향으로 이루어져야 하는지를 알기 어렵다. 따라서 우리는 그동안의 통일교육이 지니고 있었던 무원칙적인 실행의 위험성을 직시하고, 통일교육의 기본 원칙에 대하여 합의를 이루어야만 한다. 그렇다면 통일교육의 기본 원칙이란 무엇인가?

첫째, 통일교육은 기본교육(basic education)이다. 우리는 흔히 통일교육은 도덕과나 사회과에서 다루어야 할 교육과정의 부수적인 한 분야로 간주하는 경향이 있다. 그러나 이것은 절반의 진리에 불과하다. 물론 도덕과나 사회과가 통일교육을 위한 핵심 교과는 틀림없지만, 그렇다고 해서 다른 교과나 교과 외 활동이 통일교육과 전혀 무관한 것은 아니다. 즉, 통일교육은 학교 교육과정의 모든 측면에서 다루어져야 할 기본교육이다. 통일교육은 자라나는 학생들에게 통일에 대비하기 위하여 그리고 장차 통일 국가의 일원으로서 생활해 나가는 데 필요한 지식과 기능, 가치·태도, 생활 방식을 총체적으로 교수·학습하는 것을 목표로 삼는다. 통일교육은 학교생활의 모든 측면을 통하여 이루어지는 기본교육임을 고려하여, 우리는 교과 활동, 특별활동, 창의·체험활동, 학교 행사, 잠재적 교육과정 등 학교생활의 모든 측면에서 통일교육이 실행될 수 있도록 힘써야 한다.

둘째, 통일교육은 균형교육(balanced education)이다. 통일교육은 균형성의 원칙에 따라 실행되어야 한다. 즉, 통일교육은 통일에 관한(about), 통일을 위한(for), 통일 내의(in) 교육이 균형을 이룸으로써 학생들이 통일 문제에 대하여 아는 것, 느끼는 것, 행동하는 것이 가능하도록 균형 있게 지도하여야 한다. 여기서 통일에 '관한' 교육이란 통일 문제에 관련된 제반 사실이나 가치를 다루는 교육을 의미한다. 한반도의 분단 현실에 대한 객관적인 이해를 바탕으로 북한의 실상, 한반도의 통일 여건과 현실적 장애 요인, 남북한의 통일 정책에 대한 객관적 정보를 제공해 주는 교육을 의미한다.

통일을 '위한' 교육이란 남북통일을 위하여 학생으로서 그리고 민족공동체의 일원으로서 어떤 자세로 무엇을 할 것인지 결단을 촉구하는 교육을 의미한다. 따라서 여기서는 통일 문제를 자기 삶의 중요한 문제로 삼아 심사숙고하려는 태도와 경향성, 실천 의지를 함양시켜 주는 일이 관건이 된다. 통일 '내의' 교육이란 통일이라는 당위적이고 규범적인 의미에 내재하는 복잡한 문제들에 대한 사고 기능과 판단력을 높이는 교육을 의미한다. 통일과 관련된 문제들, 이를테면 안보 문제, 통일 국가의 지향 이념, 통일 국가가 당면하게 될 제반 문제점들에 대한 합리적인 판단과 추론을 통하여 통일에 대한 현실적이고 가능성 있는 대안을 모색할 수 있는 능력과 태도를 길러주는 교육을 의미한다. 따라서 통일교육에서는 아는 것, 믿는 것, 행동하는 것이 통합적인 형태로 학습되어야 하며, 모든 학생이 한반도 통일 문제의 의사 결정자라는 자긍심과 확신을 심어 줄 수 있어야 한다.

셋째, 통일교육은 공동체교육(education for community)이다. 통일은 분단의 아픔을 겪고 있는 남북한 동포들이 다시 '하나'를 추구하려는 가치 지향적인 활동이다. 그러므로 통일교육에서 공동체는 가장 중심적인 이슈가 된다. 특히 분단의 장기화에 따른 민족의 이질화는 우리 공동체의 기반을 많이 파괴하여 놓은 것이 사실이다. 따라서 통일교육을 통하여 우리는 학생들이 같은 민족으로서 동질성을 체감하고, 더불어 살아가는 데 필요한 능력을 기를 수 있도록 도와주어야 한다. 통일교육이 이루어지는 교실과 학교는 마땅히 공동체 문화를 고양할 수 있는 장소가 되어야만 한다. 성적에 따라서 한 줄로 세우는 경쟁 위주의 교육 풍토는 통일교육에 바람직하지 못하다. 사회심리학자들의 연구 결과에 의하면, 학생들이 행복하고 유쾌하게 느낄 때 그리고 일이나 과제에서 성공감을 맛볼 때 기꺼이 다른 사람들을 돕거나 가진 것을 나누어준다고 한다. 따라서 입시 위주의 경쟁 체제에서 실패한 대부분 학생은 좌절감이나 패배감을 느끼고, 그 결과 협동하지 않거나 배려하지 않는 부정적 특성을 가지게 된다. 이러한 부정적 특성은 통일교육이 의도하는 공동체교육에 정면으로 배치된다. 그러므로 교실과 학교에 공동체 문화를 조성하는 일이야말로 학교 교육의 정상화 및 통일교육의 활성화를 위하여 매우 절실한 과제라고 할 수 있다.

넷째, 통일교육은 다문화교육(multicultural education)이다. 통일교육은 이질적인 사회 체제 속에서 살아온 남북한 동포들이 함께 어우러져 생활하는 방법을 모색하기 위한 교육이다. 세계화·개방화·다원화에 익숙해진 남한 동포들과 권위에 대한 복종과 공동체적 삶에 익숙해진 북한 동포들이 공존해 나가기 위해서는 문화적 인식(cultural awareness)이 바탕이 되어야 한다. 우리는 공동체교육을 통하여 일치와 통일성을 강조하는 가운데, 다문화교육을 통하여 차이와 다양성의 존중을 강조해야만 한다. 아무리 단일 민족 국가라고 할지라도 완전한 동질성을 누리기란 어려우며, 그러한 발상 자체가 비민주적이기 때문이다. 그리고 이미 우리 사회는 다문화 사회의 특성을 드러내고 있으므로 통일 문제를 단일 민족 논리로 접근하기 어렵다. 그러므로 우리는 사고와 행동의 다양성을 수용할 수 있는 열린 마음을 지닐 수 있는 학생들을 길러내야만 하며, 이렇게 볼 때 통일교육은 다문화교육의 형태를 취해야 한다.

다섯째, 통일교육은 도덕교육(moral education)이다. 통일교육은 남북한 동포의 공동 복리뿐만 아니라 세계 사회 속의 책임 있는 구성원으로서 인류의 공동 복리를 위한 노력에 적극적으로 참여할 수 있는 사람을 길러내기 위한 교육이다. 통일의 과정에서 그리고 동일 국가의 실현에서 모든 결정은 윤리적 가치 체계에 바탕을 두고 민주적인 심의를 통해 내려져야 한다. 그러므로 통일교육에서는 도덕적 민감성, 도덕적 판단력, 도덕적 의지,

도덕적 습관 등을 총체적으로 경험해 보는 기회를 제공해 주어야 한다. 특히 우리는 북한 동포들을 편견 없이 있는 그대로 수용할 수 있는 관용과 포용력, 인간존중의 자세는 성숙한 도덕적 인격에서만 나올 수 있는 것임을 깨달아, 학생들의 도덕적 인격을 함양하기 위한 통일교육을 지향해야만 한다.

여섯째, 통일교육은 사회적 행동(social action)을 위한 교육이다. 통일교육은 분단 과정이나 통일 정책에 대한 무기력한 관념(inert ideas)을 지닌 학생들을 길러내는 데 있는 것이 아니라, 통일 과정에 능동적으로 참여할 수 있는 살아 있는 관념(vital ideas)을 지닌 학생들을 길러내기 위한 것이다. 따라서 통일교육은 사회적 행동을 위한 교육 혹은 행동 지향적 교육(action-oriented education)이 되어야만 한다. 통일교육은 갈등의 합리적 해결 능력, 비판적·창조적 사고 능력, 협동 능력 등과 같은 민주 사회적 기능들을 실천하는 다양한 기회를 제공해 줌으로써 학생들에게 통일 과정에 능동적으로 참여할 수 있는 자신감을 불어넣어 주어야만 한다.

일곱째, 통일교육은 적극적 평화교육(positive peace education)이다. 통일교육은 학생들에게 적극적인 평화 의식을 심어 주는 교육이 되어야 한다. 물론 이때의 평화란 단순히 전쟁이 없는 상태라는 소극적인 의미가 아니다. 평화학자 갈퉁(Galtung)에 의하면, 평화란 전쟁이 없는 상태만을 의미하는 것이 아니라 인간이 자신의 능력을 계발시킬 수 있고, 나아가 다른 사람과 조화를 이루면서 모든 갈등과 분쟁을 힘에 의해서가 아니라 토론과 타협을 통해서 해결할 수 있는 인간 공동체를 창조하는 과정을 의미한다. 따라서, 적극적인 의미에서의 평화가 이루어지기 위해서는 구조적 폭력의 제거를 통해 기근과 빈곤으로부터의 해방, 전쟁으로부터의 해방, 질병으로부터의 해방, 무지로부터의 해방, 비참한 주거 생활로부터의 해방, 자연환경의 보호, 국가와 사회의 민주화와 같은 사람다운 삶의 조건들이 형성되어야만 하는 것이다. 통일교육은 한편으로는 적극적인 평화를 위한 삶의 조건들에 대한 소양을 높임과 동시에 그러한 삶의 조건들을 만들어내기 위하여 실제적인 노력을 경주할 수 있는 사람을 만드는 일과 연루되어야만 한다. 통일교육은 기성세대의 적색 공포증이나 통일에 대한 막연한 향수를 아무런 여과 장치 없이 후계 세대에게 전수하는 것이 아니라, 학생들의 마음속에 적극적인 평화 의식을 개발시켜 주어 그들 스스로 통일과 안보를 조화시킬 수 있는 능력을 길러주어야만 한다.

여덟째, 통일교육은 테크놀로지에 바탕을 둔 교육(technology-based education)이다. 우리가 가르치고 있는 그리고 앞으로 가르치게 될 학생들은 글자 그대로 디지털 세대이다. 그들은 문자 세대인 우리와는 다른 가치관과 사고방식을 지니고 있다. 따라서 우리는 전통적인 교수·학습 방법의 타당성에 대하여 깊이 생각해 보아야만 한다. 통일교육에서 교과서에 제시된 문자 정보나 낡은 사진 정보를 통하여 통일교육을 할 수 있던 시대는 이미 지나가 버렸다. 샘패쓰(Sampath)에 의하면 학습자들은 귀로만 들은 정보의 20%, 눈으로 본 정보의 30%, 눈으로 보고 귀로 들은 정보의 50%, 말한 정보의 80%, 말하고 직접 체험해 본 정보의 90%를 기억한다고 한다. 이것은 다양한 테크놀로지에 기반을 둔 멀티미디어를 이용한 교수 기법이 학습 과정과 기억 측면에서 상당한 효과가 있음을 단적으로 입증한다. 따라서 통일교육에서도 학생들의 북한 이해를 돕기 위한 다양한 테크놀로지를 활용해야만 한다. 최근에 교육공학의 눈부신 발전에 따라 멀티미디어와 증강현실을 이용한 다양한 학습 방법들이 소개되고 있다. 이제 우리는 테크놀로지에 대한 무지와 두려움에서 탈피하여 통일교육에서도 이러한 첨단 기술을 활용한 학습을 과감하게 도입하여야 한다. 증강 현실을 통해 북한 생활을 체험해 본 학생과 교과서에 나타난 문자 정보로 북한을 이해한 학생 사이에는 엄청난 학습 효과의 차이가 있을 것이다. 통일교육에서 테크놀로지의 활용은 학생들의 흥미와 호기심을 유발한다는 점에서도 매우 유용한 것이다. 학생들을 학습 과정에 끌어들일 수 있는 유인 체계가 없는 상태에서의 교육을 통하여 어떤 성과를 기대한다는 것 자체가 어렵다는 점을 인식하여, 우리는 통일교육에서 학습자의 자발적인 참여와 능동적인 학습 활동의 전개에 도움을 줄 수 있는 다양한 테크놀로지를 활용해야만 한다.

아홉째, 통일교육은 생애교육(lifelong education)이다. 학생들이 학교에 올 때 통일에 관하여 백지상태에 있다고 가정하는 것은 그릇된 생각이다. 가정과 매스미디어를 통하여 학생들은 통일 문제에 대하여 어느 정도의 사회화가 되어 있는 상태에 있다. 그런데 우리의 통일교육은 배타적으로 학령기 교육에만 치중하고 있다. 통일교육이 성과를 거두기 위해서는 유아를 대상으로 한 통일교육, 학생을 대상으로 한 통일교육, 성인을 대상으로 한 통일교육이 계속성의 차원에서 실행되어야만 한다. 최근에 시민 단체들에 의하여 일반 시민을 대상으로 하는 통일교육이 활성화되고 있으나, 가정교육은 통일교육의 사각지대라고 해도 과언이 아니다. 앞으로의 통일교육은 가정, 유아 교육기관, 학교, 군대, 사회에서 일관되고 체계적인 계획에 의해 지속적으로 이루어져야만 한다.

끝으로, 통일교육의 성과는 역량 있는 교사의 질(the quality of empowered teachers)에 달려 있다. 우리는 흔히 교육의 질은 교사의 질을 넘지 못한다고 말한다. 이 말은 통일교육에서도 결코 예외가 아니다. 통일교육을 제대로 그리고 효과적으로 실행하는 학교나 기관에는 언제나 통일교육 분야에 탁월한 역량이 있는 교사들이 근무하고 있음을 알 수 있다. 통일교육을 담당하게 될 모든 교사는 무엇보다도 통일 문제에 대한 확고한 신념과 열의가 있어야 한다. 즉, 통일교육은 남북한 동포들 사이에 실질적인 마음의 통일 그리고 정신의 통일을 이룰 수 있는 가장 확실하면서도 경제적인 '교육 투자'라는 생각을 지닌 교사에 의한 통일교육이 실행되어야 한다.

02장
통일교육에서 다문화교육의 중요성

　최근 우리 사회의 인구통계학적 변화는 '다문화'라는 새로운 신드롬을 만들어내었다. 결혼 이민자, 이주노동자, 북한 이탈 주민, 다국적 기업 및 사업 관리 계층·기술 인력, 교육 부문 외국인 종사자의 급격한 증가는 단일민족을 자처하던 우리 사회를 다문화 사회로 새롭게 정의하도록 하였다. 한국 사회에서 민족적·문화적 다양성의 증가는 '다문화'라는 용어를 우리 사회의 지배적 담론 가운데 하나가 되도록 만들었다. 다문화주의, 다문화 정책, 다문화교육, 다문화 가정, 다문화 체험, 다문화 이해 등의 여러 표현에서 볼 수 있듯이, 다문화라는 용어가 사회 전반에 걸쳐 폭넓게 사용되고 있는 것이 우리의 현실이다. 이에 따라 다문화와 결합한 용어들은 그 자체가 바람직하고 선한 것으로 여겨지는 가운데, 다문화는 일종의 만능 접두어로 변모하고 있다.
　그런데 우리 사회의 다문화 논의에 대한 학문적 비판도 날로 거세지고 있다. 왜냐하면, 북한 이탈 주민에게는 주변인화 정책을, 이주 노동자에게는 차별·배제정책을, 그리고 한국 국적을 취득하는 국제결혼 이주 여성에게는 동화정책을 취하면서, 전체적인 담론의 차원에서는 다문화주의를 외치는 기이한 현상이 우리나라에서 벌어지고 있기 때문이다. 우리 사회에서 '다문화'는 정치적 수사나 사회 운동 슬로건으로 이용되고 있을 뿐 실제로는 그 자체의 알맹이가 없는 단순 수식어에 불과하다는 비판의 목소리가 커지고 있다(장미혜 외 3인, 2008: 7).

특히 북한은 우리 사회의 다문화 논의에 대해 "민족 감정에 칼질을 하고 있다."라는 등 온갖 비난을 서슴지 않았다. 북한은 남한에서 벌어지고 있는 '다민족·다인종 사회론'은 친미 사대 미국 세력이 민족의 단일성을 부정하고 남한을 이민족화·잡탕화·미국화하려는 '민족 말살론'이라고 주장했다(로동신문, 2006년 4월 27일자). 나아가 북한은 우리 단일 민족의 고유성과 우수성을 부정하는 것은 민족의 정신 무장 해제를 설교하는 반역 행위라고 몰아붙였다.

그런가 하면 국내에서도 일부 단체는 우리 사회의 다민족화 논리를 반역이라고 규정하면서 국제교류의 증가와 국외 이주, 외국인의 한국 국적 취득이 증가하고 있다는 사실 하나만으로, 국가 정책에서 다민족화를 추진하자는 것은 사실상 민족 해체론을 전파하는 것이라고 비난한다. 이렇듯 한국 사회의 다민족·다인종 사회로의 변화 양상에 대해 긍정적·부정적 시각이 교차하고 있는 것이 바로 우리의 현실이다.

하지만 머지않은 시점에 국내 거주 외국인의 숫자가 총인구의 5%에 이를 것으로 전망되고 있고, 이것은 우리나라가 OECD 기준에 따라 명실상부한 다인종·다문화 국가로 분류됨을 의미한다. 즉, 다문화 현상의 진전과 그에 대응한 교육적 대안으로서의 다문화교육은 이념적 측면에서 진보이든 보수이든 그 누구도 거부·거역할 수 없는 하나의 시대적 흐름이다. 한국 사회의 다원화·다문화는 이제 예정된 시대적 흐름이고, 학교 통일교육은 그러한 시대적인 흐름을 신중하게 예측하면서 실행되어야 한다는 전제 아래, 여기서는 학교 통일교육에서 다문화교육 접근의 타당성을 검토해보고자 한다.

우리가 강한 민주주의를 생활화·제도화하기 위해서는 사회의 다문화적 특성을 고려한 교육이 필요하며, 그 교육은 서로 다른 문화 집단 간의 평화적 공존과 긍정적 상호작용에 적극적으로 기여하는 것을 목표로 삼아야 한다. 이를 위해 전통적으로 다문화교육과 상호문화교육이라는 두 가지 접근법이 존재하였다. 다문화교육은 다른 문화에 대한 학습을 활용하여 다른 문화를 수용하고 인정하거나 최소한 관용적으로 대우하게 만든다. 상호문화교육은 수동적 공존을 넘어 다양한 문화 집단 간의 이해·존중·대화를 통해 다문화 사회에서 함께 발전되고 지속 가능한 삶의 방식을 달성하는 것을 목표로 한다.

이렇듯 상호 문화성(interculturality)은 역동적인 개념이며 문화 집단들 간의 관계 진화를 의미한다. 그것은 다양한 문화의 존재와 공평한 상호작용, 그리고 대화와 상호 존중을 통해 공유된 문화적 표현을 창출할 수 있는 가능성을 적시한다. 상호문화교육은 상호문화주의(interculturalism)를 전제로 하며, 지역적·국가적·국제적 차원에서 상호 문화적인 교류와 대화의 결과를 가져온다. 그러나 남북한 간의 실질적인 접촉이나 교류가 매우 제한된 현재 상황을 놓고 볼 때 통일교육에서 상호문화교육 방식을 지금 당장 적용하는 것은 상당한 무리가 있다. 이에 여기서는 다문화교육의 관점에서 통일교육을 조명하는 것으로 논의를 한정하고자 한다.

1 통일교육에서 다문화교육 접근법의 필요성

무력통일이 되든 흡수통일이 되든 통일은 단순한 지리적·제도적 통일을 넘어서서 문화 통합의 차원으로 승화되어야 한다는 사실을 고려해 볼 때, 학교 통일교육에서 문화적 다양성의 인정과 존중을 강조하는 다문화교육 접근의 중요성은 아무리 강조해도 지나치지 않는다. 학교 통일교육은 오랜 기간 서로 다른 이념과 체제에서 형성된 상이한 문화와 이질적 배경을 가진 사람들에게 서로 공존하는데 필요한 다문화 역량(multicultural competence)을 키워주는 교육을 강조해야 한다. 즉, 자신의 문화를 기초로 다른 사회와 문화를 재단할 것이 아니라, 다름을 이해하고 공존의 관점에서 바라보는 다문화 이해의 관점을 통하여 북한 사회와 통일 문제를 이해시키는 교육이 필요한 것이다(오기성, 2008: 137).

다문화교육에 기초한 학교 통일교육은 통일을 준비하는 과정 및 통일 이후의 삶에 대비하는 데 있어서 남한 사회의 통일 역량을 높이는 측면에서도 중요한 의의가 있다. 학교 통일교육에서 다문화교육 접근이 갖는 의미 가운데 하나는 분단 사회에서 습득된 규율을 해체하는 효과를 가질 수 있다는 점이다. 분단의 영향 중 하나는 너와 나를 가르고, 우리와 너희를 구분하는, 말하자면 적과 아를 구분하는 사회적 논리를 확대하였다. 이런 점에서 다문화교육 접근은 한국 사회의 형성 원리 자체를 문제 삼는 효과를 가질 수 있는 것이다(전효관, 2002: 92).

다문화 민주 국가의 시민들은 정의와 평등과 같은 국가의 보편적 이상을 존중하고, 이 이상을 유지하고 보존하는데 헌신하며, 사회적·인종적·문화적·경제적 불평등처럼 민주적 이상을 저해하는 현실과 이상과의 간극을 줄이는데 기여하기 위해 행동하려는 의지와 능력을 소유해야 한다. 따라서 다문화 사회에서 시민교육의 중요한 목표는 더 민주적이고 정의로운 국가 건설에 도움이 되는 의사 결정을 내리고 행동을 취하는 데 필요한 지식·태도·기능 등을 학생들이 습득할 수 있도록 돕는 것이다. 학교 통일교육이 이러한 다문화 시민교육적 관점을 취하게 될 때, 제도의 통일에 상응하는 '마음의 통일'을 이루는 데 필요한 시간과 노력을 절약할 수 있는 장점이 있다.

2 학교 통일교육과 다문화교육의 접점

사회 통합을 가능하게 하는 사회 이론적 차원에서 다문화주의는 이전의 단일 국민국가 중심의 동화주의 모델을 대체하여 나온 모델이다. 다문화주의는 한 사회 내 다양한 인종이나 민족 집단들의 문화를 단일한 문화로 동화시키지 않고, 문화적 다양성을 서로 인정하고 존중하면서 공존하게끔 하는 데 그 목적이 있다. 그러므로 차이의 절대적 인정에 근거하는 다문화주의는 정치적으로는 서구 중심의 동화주의에 대한 저항으로, 사회적으로는 현실적으로 존재하는 다양성에 대한 인정으로, 이론적으로는 근대적인 동일성이 지닌 폭력성에 대한 반성적 성찰을 통해 규범적 당위성을 부여받았다고 볼 수 있다(정미라, 2008: 54).

다문화교육은 다문화주의 철학을 반영하는 몇 가지의 가정에 기반을 둔다. 살리리(Salili)와 후세인(Hoosain)은 다문화교육의 기본 가정을 다섯 가지로 요약하였다(Salili & Hoosain, 2001: 9-10). 첫째, 문화적 다양성은 긍정적이고 풍부한 경험이며, 사람들이 서로의 문화에 대해 학습하도록 도와줌으로써 인간을 더욱 완전한 존재로 만들어 준다. 둘째, 다문화교육은 모든 학생을 위한 것이지 소수 집단에게만 해당하는 것이 아니다. 셋째, 교수 활동은 문화 교차적인 만남이다. 넷째, 다문화교육은 전체 교육과정 속에 스며들어야 한다. 다섯째, 교육 체제가 모든 학생에게 동등한 도움을 주지 못하였다.

그런데 다문화교육은 문화적으로 다양한 학생들의 교육적 요구를 더 잘 충족시켜주는 결정을 내리기 위한 개념, 이론 틀, 사고방식, 철학적 관점, 가치관 그리고 일군의 기준이다. 다문화교육의 개념 정의는 크게 세 가지 수준에서 논의되고 있다.

첫째, 개념, 아이디어 혹은 철학으로서 다문화교육은 생활양식, 사회적 경험, 개인적 정체성, 개인·집단·국민의 교육 기회를 조형하는 데 있어서 민족적·문화적 다양성의 중요성을 인정하고 중히 여기는 일군의 신념이자 설명이다. 결과적으로 그것은 기술적 차원과 규정적 차원을 갖고 있다. 기술적으로 다문화교육은 민족적으로 문화적으로 다양한 사회 구조를 인정한다. 다문화교육은 다양한 집단을 위한 공평한 처우를 보증하기 위해 행해져야만 하는 것을 규정한다. 규정적 차원은 다양한 집단에게 균등한 교육 기회를 부여하고 공평하게 다루기 위한 다문화교육의 역할과 의무를 의미한다. 규정적 차원에서 볼 때, 평등, 상호 존중, 수용과 이해, 사회 정의에 대한 도덕적 결단의 원리에 기반을 둔 교육 체제 속에서 다문화주의 철학을 제도화하는 것이 바로 다문화교육이다(추병완, 2008a: 115).

둘째, 개혁 운동으로서 다문화교육은 사회적·문화적·민족적·인종적·언어적 다양성을 반영하기 위한 교육 기획의 구조적·절차적·본질적 구성 요소들의 개정을 강조한다(추병완, 2008a: 115). 개혁 운동으로서 다문화교육은 학교에서 모든 학생에게 교육적 혜택을 동일하게 부여하고 협동학습과 사회참여 및 정치참여 기능을 발달시킴으로써 학교와 사회를 변화시킴과 동시에 개인에게 자유의지와 자아 존중감을 부여해 주어야 함을 강조한다.

 셋째, 과정으로서 다문화교육은 교육의 결과가 아니라 과정의 중요성을 강조하는 접근법이다. 과정으로서 다문화교육은 교육 환경의 지속적이고 영속적인 성격을 강조하기 때문에 다문화교육을 위한 장기적이고 구체적인 시간 계획과 교수·학습 자료의 개발이 필요하다고 주장한다(전숙자 외 2인, 2009: 45). 이에 여기서는 다문화주의의 이상 및 그것에 근거한 다문화교육의 기본 아이디어들이 학교 통일교육에 어떻게 접목될 수 있는지를 살펴보고자 한다.

통일교육의 이념적 기초

 오늘날 비교적 동질적인 문화를 가졌던 전통적인 국민국가들은 자본과 노동의 세계화에 따른 이주노동자와 낯선 문화, 그리고 새로운 종교의 유입과 함께 다문화 사회의 도전에 직면해 있다. 앞서 살펴본 바와 같이, 단일 민족과 단일 문화를 강조하던 우리나라 역시 점점 다양하게 분화되는 인종·문화·종교 등의 도전을 피할 수 없다.

 일반적으로 다문화주의는 문화적 다양성을 존중하는 이상으로 여겨진다. 다문화주의는 지배 문화와 피지배 문화, 중심 문화와 주변 문화의 서열을 없애고 문화적 다양성에 대한 이해와 존중과 동등한 공존을 주창하는 이념이자 철학을 의미한다. 다문화주의는 한 사회 내 다양한 정체성에 의해 나타나는 차이를 근본적으로 외면하거나 지배 문화에 단순히 동화하려고 하지 않는다. 즉, 다문화주의는 중앙집권적 단일 지배 문화에 순응하던 시대의 종언과 더불어 다양한 주변부 문화들에 대한 새로운 조명과 인정과 공존을 주창하는 사조이다. 이렇듯 다문화주의는 개인들이 가진 차이와 특수성에 초점을 맞추고 있다. 다문화주의는 모든 사람이 공유하지 않는 어떤 특별한 속성을 가진 개인들에게 그들만의 차이와 특수성을 존중하고 인정하는 것을 그 속성으로 삼는다. 그런데 최근에 이르러 다문화주의는 수단적 의미로도 상용되고 있다. 이러한 관점에서의 다문화주의는 정치적·경제적·사회적·문화적·언어적 불평등을 시정하는 일종의 국민 통합 혹은 사회 통합의 이데올로기로서 구체적인 일단의 정책을 유도해내는 지도원리다.

이처럼 오늘날 다문화주의는 다문화의 보장, 주류 사회와 비주류 사회 간의 상호 이해 촉진, 소수 민족 집단 간의 교류, 사회 평등 보장, 구조적 불평등과 차별 극복, 사회 통합 등 다양한 목적을 갖고 실천되고 있다. 여기서 우리가 주목해야 할 사항은 진정한 다문화주의 사회는 문화적 다양성의 존재와 관용만을 의미하는 것이 아니라는 점이다. 다문화주의가 실현된 사회란 주류 문화와 비주류 문화의 단순한 모자이크를 의미하는 것이 아니라, 그들 상호 간의 이해와 존중 그리고 대화와 신뢰를 바탕으로 전체를 관통하는 다문화적 정체성의 형성을 의미한다. 동시에 정책 결정 과정에 있어서 권력의 평등하고 합법적인 공유를 의미한다(추병완, 2007: 44).

다문화주의와 다문화교육 관점에서 볼 때 통일 실현을 위해 남북한 관계에서 무엇보다 필요한 것은 서로 간의 다름에 대한 인정과 공존하는 삶을 중시하는 것이다. 그러므로 학교 통일교육의 이념적 기초로서의 다문화주의와 다문화교육은 서로 다름을 인정하면서도 배척하지 않고 공존하는 방법을 가르치는 교육, 한국인의 범주에 새로이 포함되는 이질적 배경을 가진 사람들에 대한 다문화주의적 사고·태도·행동을 발달시키는 교육을 강조하는 교육, 인종이나 민족적 차이로 인한 사회적인 차별 대우에 적극적으로 대항하는 능력을 발달시키는 교육을 강조한다. 다문화교육 관점에서 학교 통일교육은 남과 북이 공유하는 긍정적인 동질성을 찾는 노력만큼이나 남과 북이 지닌 긍정적 이질성을 인정하고 수용하는 노력이 필요함을 역설한다. 나아가 통일에 대비하는 과정에서 문화적 다양성을 존중하며, 통일 국가의 구성원으로서 전체를 관통하는 다문화적 정체성을 형성하도록 하는 교육을 강조한다. 따라서 다문화교육에 근거한 학교 통일교육은 다문화교육이 목표로 하는 문화·국가·글로벌 정체성의 적절한 균형에 관심을 기울여야 한다.

한편, 다문화주의와 다문화교육은 통일교육의 이념적 기초로서의 민족주의에 대한 새로운 관점의 정립을 요구한다. 남북한의 민족주의는 남북 분단과 그 산물로 형성된 냉전 문화로 인해 민족 구성원의 통합과 발전을 위한 논리가 되지 못하고 정권의 정당화 논리로 변질되었다. 그 결과 남한의 민족주의는 민족 구성원 상호 간의 동질성 확보에 실패하였고, 북한의 민족주의는 민족 구성원의 내적 자율성 확보에 실패하였다(김국현, 2004: 257). 통일은 분단된 민족의 재통합을 의미하는 것이기에 민족주의에 기초하지 않을 수 없다. 민족주의는 남한과 북한을 통일하여 새로운 민족공동체를 만드는 데 있어서 강력한 응집력을 발휘할 것이기 때문이다. 그러나 민족주의가 배타적·폐쇄적 성격을 갖는 경우 나치즘, 파시즘의 경우처럼 심각한 문제를 초래할 수도 있다.

따라서 다문화 시대에 있어서 학교 통일교육은 그 이념적 기초를 열린 민족주의에 두어야 한다. 우리가 지향하는 열린 민족주의는 민족 구성원 모두에게 자유, 민주적 참여, 그리고 균등한 복지를 보장하는 통일 국가의 형성을 목표로 한다. 닫힌 민족주의는 폐쇄적이며 다른 민족을 평등하게 대하지 않는 특성을 갖는다. 더 나아가 닫힌 민족주의는 다른 민족과는 본질적으로 구별되는 민족정신이나 민족문화의 불변적 원형을 강조하고 민족 그 자체를 최고의 가치로 주장한다. 이와는 달리 열린 민족주의는 다른 민족과의 평등한 공존을 추구하며 여러 민족이 함께 추구하는 인류 보편적 가치와 하나의 세계를 만들어가는 세계주의를 지향한다. 열린 민족주의는 민족정신이나 민족문화란 민족 구성원들이 가진 개별적 정신이나 생활양식의 공통분모 이상이 아니라고 본다. 그러므로 여기서는 다른 민족과 본질적으로 구별되는 원형적 정체성이 문제가 되는 것이 아니라, 새로운 가치를 추구하거나 다른 민족의 문화를 수용함에 따라 언제나 새롭게 변형될 수 있는 민족정신이나 민족문화가 관심의 대상이 된다.

이렇듯 열린 민족주의는 배타적 민족주의가 아니라, 민족적 정체성을 유지하면서 국제 사회의 일원으로서 상호주의적 개방성을 추구하는 민족주의이다. 하지만 진정한 열린 민족주의는 안으로도 열려 있는 민족주의이다. 21세기 열린 시대의 민족주의는 타국과의 대립을 통해 규정되는 것이 아니며, 오히려 국내의 시민사회를 민주화할 때만 의미를 가질 수 있다. 국가 내의 시민들 상호 관계도 일반적인 자유의 법칙에 따라 평화 관계를 유지해야 한다는 것이 열린 민족주의의 핵심이다(박의경, 2006: 40).

우리 사회의 급격한 다문화 추세에 부응하기 위해서는 민족의 개념 정의에서 혈통을 중시하는 기존의 태도를 완화하고 한국어, 한국의 역사와 문화 전통에 대한 이해, 한민족과 국가에 대한 소속감 등과 같은 문화적 요소를 중심으로 민족 개념을 재정의해 나갈 필요가 있다. 또한, 우리는 통일의 당위성을 민족공동체 의식에서 찾았으나, 이제 우리는 그 민족공동체를 배타적으로 하나의 핏줄에 근거한 것이라기보다는, 정치 공동체에서 개별 시민들이 누리는 권리와 의무의 총체로서의 시민권(citizenship) 개념에 근거하는 것으로 파악하는 열린 자세를 가져야 한다.

열린 민족주의에 기반을 둔 학교 통일교육은 개방성과 포용성, 연대성과 유대감을 갖추고 북한 주민과 외국인, 북한 문화와 외국 문화를 존중하며,

문화적 차이에 대한 관용성을 증진해 나갈 것을 강조한다. 또한, 다름을 배제의 조건이 아닌 소통의 통로로 삼으려는 적극적인 자세를 지닐 것을 강조한다. 열린 민족주의에 기반을 둔 학교 통일교육은 다양성을 수용하면서도 전체로서의 조화를 이루는 데 필요한 사랑과 관용, 절제의 자세를 갖출 것을 요구하며, 동시에 세계 시민사회가 요구하는 보편적 규범을 수용하여 실천할 것을 중시한다(추병완, 2007: 47).

통일교육의 목표

그랜트(Grant)와 슬리터(Sleeter)에 의하면, 평등한 기회와 문화적 다원주의의 이상에 근거한 다문화교육은 다음과 같은 목표를 추구한다. 첫째, 문화적 다양성의 이해·인정·수용을 증진한다. 둘째, 자신의 인종, 젠더, 장애, 언어, 종교, 성적 지향, 사회 계층 배경을 완전히 확인한 사람들을 위한 대안적인 선택을 장려한다. 셋째, 모든 학생이 학업에서 성공할 수 있도록 돕는다. 넷째, 권력의 불평등한 분배 및 지배 집단이 아닌 사람들의 기회를 제한하는 특권 등과 같은 사회적 이슈에 대한 인식력을 제고한다(Grant & Sleeter, 2006: 178).

베넷(Bennett, 2007: 32)은 다문화교육의 핵심 가치와 목표를 제시한 바 있다. 그에 의하면 다문화교육의 핵심 가치는 문화적 다양성의 수용과 인정, 인간 존엄성과 보편적 인권의 존중, 세계 공동체에 대한 책임, 지구 존중이다. 한편, 다문화교육의 목표는 다양한 역사적 관점의 이해, 문화적 의식의 개발, 상호 문화 능력의 개발, 인종차별주의·성차별주의 및 모든 형태의 억압·차별과의 항쟁, 지구와 세계 공동체의 상태에 대한 인식의 제고, 사회 행위 기능의 개발이다.

이러한 측면에서 볼 때, 다문화교육 접근에 근거한 학교 통일교육은 학생들의 다문화 역량(multicultural competence)을 함양시켜 주어야 한다. 다문화 사회가 궁극적으로 지향해야 할 바는 일상을 살아가는 시민들이 생활 속에서 대면하는 민족적·문화적 배경의 주체들과 소통하면서 생산적 시너지를 구현하는 데 있다. 이를 실현하기 위해서는 이주민을 대상으로 하는 통합정책만이 아닌 일반 시민을 대상으로 한 문화 간 상호 이해 증진을 바탕으로 하는 쌍방향적인 사회통합 정책의 수립이 필요하다. 세계화와 전 지구적 이주의 증가 등으로 여러 민족적 배경을 가진 사람들과의 일상적인 접촉이 증대하면 할수록 문화적 차이와 다양성에 대한 인식과 존중, 자기 성찰성은 점차 중요한 가치를 지니게 된다. 이에 따라 다문화적 인식, 다문화적 지식과 의사소통 능력 배양, 다문화 환경에서의 문화적 개입을 위한 기술의 축적은 중요한 의미를 지닌다.

학교 통일교육의 목표로서 다문화 역량이란 구체적으로 무엇을 의미하는가? 다문화 역량은 다문화 지식(자신의 문화와는 상이한 문화들에 대한 이해), 다문화 기능(자신과는 상이한 문화적 배경을 가진 사람들과 효과적이고 의미 있는 상호작용에 관여하는데 사용되는 기능), 다문화 인식(인간의 태도·신념·가치·가정이 자신과는 문화적으로 상이한 사람들과 상호작용하는 방식에 어떻게 영향을 미치는가를 인식하는 것)을 갖춘 것을 의미한다(King & Howard-Hamilton, 2003: 123-124).

포프(Pope)와 레이놀드(Reynold)는 다문화 역량의 하위 요소를 더 상세하게 설명한 바 있다. 먼저 인식은 구체적으로 "차이는 소중하고 가치 있는 것이며 차이에 대한 학습은 필수적이며 보상적이라는 신념, 변화에 대한 개방성 및 변화는 필수적이라는 신념, 자신에 대한 인식 및 자기 인식이 타인에 대해 미치는 영향에 대한 인식"을 의미한다. 지식은 구체적으로 "다양한 문화와 억압받고 있는 집단에 대한 지식, 개인적 가치와 행동을 위한 변화가 어떻게 일어나는가에 대한 지식, 집단 내 차이에 대한 지식 그리고 다중 정체성 및 다중 압제에 대한 이해"를 의미한다. 끝으로 기능 혹은 능력은 구체적으로 "문화적 차이와 쟁점을 확인하고 공개적으로 담론할 수 있는 능력, 자신과는 문화적으로 다른 사람들을 공감하고 진정으로 연결할 수 있는 능력, 자신과는 문화적으로 다른 사람들에게 존중과 신뢰를 보이는 능력"을 의미한다(Pope & Reynold, 1997: 271).

그러므로 우리는 학교 통일교육을 통하여 학생들이 다문화 역량을 갖출 수 있도록 해 주어야 한다. 특히 학생들이 학교 통일교육을 통해 자신만의 가정·가치·편견에 대해 인식하는 것, 문화적으로 다른 사람들의 생활방식과 세계관을 이해하고 존중하는 것, 차별과 문화적 억압에 대한 적절한 개입 전략과 기법을 계발하는 것을 경험할 수 있게 해 주어야 한다.

나아가 학교 통일교육은 학생들이 다문화적 정체성을 갖출 수 있는 다양한 경험을 제공해 주어야 한다. 다문화 역량을 갖춘 사람들은 자신의 문화적 정체성을 어느 한 문화에 정박시키지 않고 넓어진 경험 세계를 포괄하기 위해 자아 정체성을 재정의해야 하는 경우를 경험한다. 이것은 자아개념과 자아 경험이 서로 다른 문화적 세계관 사이의 이동을 포함할 수 있도록 확장되는 것인데, 어느 문화에서도 주변적인 존재가 되는 것이다. 자아 정체성의 맥락과 경계가 없어지는 것은 때로는 역기능적일 수 있는데, 문화적 맥락을 고려하지 않고 행동하기 때문에 부적절한 행동을 하게 되는 것이다. 그러나 건설적 주변성(constructive marginality)을 가진 사람은 문화적 맥락을 알면서 자유롭게 넘나들 수 있는 능력을 소유하게 된다. 즉, 상황을 메타 수준에서 내려다보면서 의도적으로 유연하게 행동할 수 있는 것이다(Bennett & Bennett, 2004: 158).

뱅크스가 지적한 바와 같이(모경환 외 3인, 2008: 38), 다문화적 정체성의 개념에 따르면 문화적 애착심이 없는 시민보다는 소속 공동체의 문화·언어·가치에 명료하고 사려 깊은 애착심을 가진 시민이 국가에 대한 반성적 정체성을 형성할 가능성이 더 크다. 또한, 국제 공동체에서도 유능한 시민으로서 제 역할을 더 잘 수행할 수 있다.

한편, 다문화 역량이라는 관점은 우리 학생들이 우리 사회의 소수집단 이주자들을 바라보는 데 있어서 시각의 대전환을 요구한다. 다문화 역량을 갖춘 학생들은 사회적 소수집단을 더이상 도움이 필요한 수동적이고 무력한 정책 대상으로 보는 것이 아니라, 이주의 경험을 통해 쌓은 문화적 역량을 가진 문화 매개자로 볼 수 있게 된다. 따라서 우리 사회의 이주민을 '기대되는 참여자', '소홀히 취급된 창조적 자본', '문화적 교량 건설자'로 보게 된다. 나아가 다문화 역량을 갖춘 학생은 뱅크스(Banks, 2006: 142)가 지적한 바와 같이, 인류의 보편적·윤리적 가치와 원리를 내면화하여 국가 내 하위문화들만이 아니라 세계 여러 나라의 다양한 문화에 대해 반성적·긍정적으로 이해하는 문화적 정체성을 갖추게 된다.

통일교육의 내용

다문화교육 옹호론자들은 다문화교육의 학습 내용으로서 인종, 민족, 언어, 종교, 젠더, 장애 등 다양한 것을 제안해왔다. 그러나 그것들은 단지 문화의 하위 요인 혹은 다른 형태를 열거했을 뿐, 결국 문화에 관한 것들이면 무엇이든 내용이 될 수 있음을 시사해주고 있다. 이런 맥락에서 오은순(2009: 174)은 다문화교육을 위한 학습 내용은 물리적이고 가시적인 의식주 문화는 물론, 언어, 풍습, 종교, 학문, 예술, 제도 등과 같은 내면적·정신적인 가치 등이 될 수 있다고 주장하였다.

다문화교육에 관한 가장 대표적인 오개념 가운데 하나는 다양한 문화·

종족·인종 집단에 관한 내용을 주류 교육과정으로 통합시키는 것이 다문화교육의 본질이자 전부라는 것이다. 기존의 교육과정과 교과서에 문화에 관련한 내용을 기계적으로 통합했다고 해서 다문화교육이 저절로 이루어지는 것은 결코 아니다. 그간 학교 통일교육의 내용은 통일 문제의 이해, 북한 이해, 통일 환경의 이해, 통일 정책, 통일을 위한 과제 등 다섯 가지로 구분되었다. 다시 말해, 통일교육에서 '북한 이해'나 '통일을 위한 과제' 영역에 문화적 다양성 관련 내용을 통합했다고 해서 다문화교육에 근거한 통일교육이 완성되는 것은 아님에 유념해야 한다. 다문화교육의 기본 아이디어들은 학교 통일교육의 내용 구성 원칙에 다음의 두 가지 사항을 시사한다.

첫째, 통일교육의 핵심 목표인 다문화 역량 강화에 도움을 줄 수 있는 학습 내용을 선정해야 한다. 다문화 지식, 기능 인식에 도움을 줄 수 있는 것을 학습 내용으로 선정해야 한다. 일례로, 문화에 관한 학습에서는 개별 문화에 대한 이해 및 존중심을 길러줌과 동시에 각 문화 간의 유사점과 차이점의 특징을 인식할 수 있는 내용이 선정되어야 한다. 남한 사회 내에서 그리고 남북관계에서 문화적 다양성을 자각·존중할 수 있는 내용이 학교 통일교육에서 더 강조되어야 한다. 또한, 북한 주민이나 사회적 소수에 대한 편견이나 왜곡된 사실을 교정해 줄 수 있는 내용이 통일교육에서 중요하게 다루어져야 한다. 나아가 각종 차별이나 억압과 같은 우리 사회의 구조적 결함이나 모순을 비판적으로 인식하고 그것에 저항할 수 있는 능력을 길러주는 내용이 첨가되어야 한다.

둘째, 문화·문화적 다양성·반편견·정체성·평등·협력·정의 등과 같은 핵심 가치와 개념들을 통일교육의 조직 개념(organizing concepts)으로 선정해야 한다. 개념 중심으로 통일교육 내용을 구성하는 것은 그것이 다문화 지식의 구성과 사고 기능의 발달에 도움을 주기 때문이다. 다문화교육에서는 학생들에게 지식의 구성이 어떻게 이루어지고 지식이 그 산출자의 개인적·사회적·문화적·성별 경험으로부터 어느 정도로 영향을 받는지 이해할 수 있게 하는 것을 중시한다(추병완, 2008b: 322). 이러한 사실은 학교 통일교육에 통용될 수 있다.

통일교육에서 학생들의 지식 구성을 중시하는 학습 개념을 선정할 때는 뱅크스가 제시한 다음의 다섯 가지 기준을 활용할 필요가 있다(모경환 외 3인, 2008: 121): ① 타당성(validity): 다문화주의 및 다문화교육의 개념들을 적절하게 대표하는 개념인가? ② 중요성(significance): 현 세계의 중요한 측면들을 설명할 수 있고, 인간 행동의 중요한 측면을 잘 보여주는가? ③ 영속성(durability): 개념의 중요성이 앞으로도 지속될 것인가? ④ 균형(balance): 학생들의 사고의 깊이와 넓이를 모두 성장시킬 수 있는가? ⑤ 민족적·문화적 적합성(ethnic and cultural relevance): 학생들이 우리나라와 세계 내 민족 집단들의 경험을 더 잘 이해하는 데 도움이 되는가?

한편, 다문화교육 관점에서의 통일교육은 최근 논쟁의 핵심 가운데 하나인 북한이해교육의 방향을 분명하게 제시해 준다. 통일교육에서 북한 이해는 학습자들이 북한 사회의 신발을 신고, 북한 주민들의 의식과 가치관, 생활방식을 객관적으로 이해할 수 있도록 도와줄 수 있는 방향으로 전개되어야 한다. 즉, 남한 사회의 문화를 기준으로 북한 주민들을 판단하고 평가할 것이 아니라, 서로의 '다름'을 있는 그대로 인정하고 공존의 관점에서 바라보는 가운데, '같음'을 찾아 확대·발전시키려는 나가도록 하는 데 초점을 맞추어야 한다.

일반적으로 '문화간 이해를 위한 교육'에서는 각 나라 문화 및 가치의 다양성에 대한 이해, 문화의 상호 비교 및 이를 통한 문화와 가치의 보편성에 대한 인식, 타문화의 관점에서 자기 문화 조망, 문화 간 상호작용을 통한 세계 문화의 개념 형성, 타문화를 수용하는 태도, 전통 및 자기 문화에 대한 태도 등이 강조되고 있다(김현덕, 2003: 60).

이러한 내용은 학교 통일교육에서 북한이해교육의 방향을 설정하는 데 매우 유용한 도움을 준다. 첫째, 문화의 다양성에서는 우리와는 다른 북한 주민의 문화와 가치관이 존재하고 있고, 그것들은 그들 나름의 전통·경험·역사에 깊은 뿌리를 내리고 있음을 강조해야 한다. 둘째, 문화 비교에서는 남북한의 문화를 상호 비교하여 공통점과 차이점을 찾아내고, 남북한의 문화에는 공통점이 많이 존재한다는 점을 강조해야 한다. 셋째, 타문화 관점에서 자기 문화 조망에서는 우리 문화를 올바르게 이해할 수 있도록 타인이나 타문화의 입장에서 우리 문화를 조망하는 내용이 강조되어야 한다. 예컨대 금강산 관광, 개성공단 방문 등과 같은 북한 문화 체험, 북한 이탈 주민과의 대담 등은 우리 문화에 대한 깊이 있고 객관적인 이해를 가능하게 해 주는 방법이 될 수 있다. 넷째, 문화 간 상호작용과 세계 문화 형성에서는 북한 주민의 문화 역시 나름대로 세계 문화 형성에 기여하고 있음을 강조하여야 한다. 다섯째, 북한 주민의 문화를 수용하는 자세로 문화 상대주의적 관점을 강조해야 한다. 즉, 모든 문화는 그 문화 자체의 논리에 따라 그 문화의 맥락에서 이해되어야 한다는 것을 강조해야 한다. 이러한 관점은 문화의 다양화라든가 타문화의 유입 및 습득을 반민족적이고 국가와 민족에 대한 의식의 결여에서 나오는 행위라고 보는 '자민족중심주의'나 자신의 문화는 열등하다고 느끼면서 무조건 선진국의 문화만 선호하는 '문화적 사대주의'를 모두 거부한다.

그러므로, 학교 통일교육에서는 분단 이후의 남북한이 단절된 생활세계를 형성하게 되었고, 양측의 지향 이데올로기와 지배적 구성원들에 의해 서로 다른 사회 제도를 형성하였으며, 그 결과 문화적 다름의 양상으로 표출되고 있다는 사실이 강조되어야 한다. 아울러 그러한 다름에도 불구하고 상당한 유사성을 찾을 수 있다는 것도 강조하여, 우리는 통일교육을 통해 다름을 인정·수용·존중하고 같음을 발견·확대·창조할 수 있는 학생들의 능력을 길러주어야 한다.

통일교육의 방법

다문화교육의 여러 차원 가운데 공평 교수법(equity pedagogy)은 다문화교육의 방법적 측면을 가장 잘 설명해주는 개념이다. 공평 교수법은 다양한 인종·종족·문화·집단 학생들이 사회 내에서 효과적으로 참여하고, 공정하고 인간적이며 민주적인 사회의 창조 및 지속을 위해 필요한 지식·기능·태도를 지닐 수 있도록 돕는 교수 전략 및 교실 환경으로 정의된다(Banks, 2007: 27). 달리 말해, 공평 교수법은 교사가 다양한 인종·민족·사회 계층 집단에서 온 학생들의 학업 성취도를 향상하려고 사용하는 교수법을 통칭한 것이다. 일반적으로 공평 교수법은 문화 감응 교수(culturally responsive teaching), 협동학습, 지식의 구성을 강조한다. 이에 여기서는 공평 교수법을 통일교육에 적용할 때 우리가 유념해야 할 사항은 무엇인지를 문화 감응 교수를 중심으로 살펴보고자 한다.

문화 감응 교수는 학습의 모든 측면에서 학생의 문화적 준거를 포함하는 것의 중요성을 인정하는 교수 방식이다. 달리 말해, 문화 감응 교수는 민족적으로 다양한 학생들에게 학습 만남이 더욱 적절하게 만들기 위하여 그들의 문화적 지식, 이전 경험, 준거 틀, 수행 양식을 활용하는 교수 방식을 의미한다. 문화 감응 교수는 민족적으로 다양한 학생들의 장점에 맞추어, 장점을 통하여 가르치는 것이기에, 그것은 문화적으로 정당하고 확언적인 것이다. 연구 결과에 의하면 교사가 학생들의 문화적 배경을 이용하도록 수업 방법을 수정하면 다양한 문화·언어 집단에서 온 학생들의 교실 참여도와 학업 성취도를 향상시킬 수 있다고 한다(추병완, 2008a: 127).

문화 감응 교수는 교사가 수업을 전개할 때 학생들의 사회·문화적 배경 환경을 이해하고 그와 관련된 역사적 사실의 이해나 설명에 있어서 한국뿐 아니라 북한, 중국, 일본, 베트남, 필리핀, 몽골, 인도네시아 등의 공통적인 맥락 속에서 사회적 예를 가져와 사실의 설명을 더욱 풍부하게 할 수 있다. 그러므로 문화 감응 교수는 소수집단 학생들에게는 자신의 삶과 연관된 지식을 형성하게 하고, 다수집단 학생들에게는 특정한 역사적 사실을 더 넓은 역사적·사회적 맥락 속에서 이해할 수 있도록 돕는다는 점에서 호혜적이다(우희숙, 2009: 327).

통일교육에서 문화 감응 교수는 무엇보다도 탈북 청소년들의 한국 사회 적응 교육에서 가장 큰 효과를 발휘할 수 있다. 1999년 7월 8일 북한 이탈 주민들의 사회 정착 지원을 위하여 '하나원'을 설치한 이래로, 탈북 청소년들을 위한 교육 시설이 계속 확대되었다. 그리고 최근에는 민간 및 대학 차원에서 탈북 청소년의 남한 사회 조기 적응을 위한 멘토링 사업 등 다양한 도움 활동이 전개되고 있다. 탈북 청소년들은 기초학습 결손, 교과 내용의 이질성에 따른 학습 장애, 학년 배정 문제, 말투의 차이로 인한 따돌림, 높은 중도 탈락률 등 학교 교육에서 다양한 부적응 양상을 보인다. 이러한 문제점 해결을 위한 한 방법으로서 탈북 청소년 교육에서는 교사들이 문화 감응 교수를 적절하게 활용할 필요가 있다.

03장
통일 역량으로서 상호 문화 역량

통일 문제는 민족 내부 문제인 동시에 국제 문제라는 이중성을 갖는다. 통일 문제는 분단국 당사자인 남북한이 분단 이전의 상태로 되돌아가서 하나의 통일 국가를 형성한다는 의미에서 볼 때 분명히 우리 민족 내부의 문제이다. 그러나 분단의 직접적 원인이 된 미국과 구소련의 한반도 분할 점령에서부터 지금에 이르기까지 한반도의 통일 문제는 주변국의 이해관계가 상당히 복잡하게 얽혀 있다는 측면에서 볼 때 통일 문제는 국제 문제의 성격을 갖는다. 그러므로 한반도의 통일은 남북한 당사자의 적극적인 통일 노력과 주변국의 지지와 협력이라는 두 요소가 시너지 효과를 낼 때 비로소 실현 가능한 아주 힘든 과업이라고 볼 수 있다.

그러나 통일 문제의 민족적 성격도 과거와 차원이 다르다는 사실에 우리는 유념해야 할 것이다. 외국인 이주민과 탈북 주민의 급격한 증가는 민족적·문화적 다양성의 문제를 우리 사회의 전면에 부각하면서 다양성을 둘러싼 활기찬 사회적 논의를 불러일으켰다. 이에 따라 우리 사회에서는 그 어느 때보다도 다문화 담론이 풍성하다. 하지만 북한은 우리 사회의 다문화 추세에 대해 매우 비판적인 목소리를 내고 있으며, 남한의 다문화 정책은 우리 민족을 혼혈화·잡탕화·미국화하는 처사라고 강변한다. 이제 우리는 우리 안의 다양성을 승인하고 존중하면서 반차별(anti-discrimination)을 지향하는 새로운 대한민국을 발전시켜 나가야 한다. 동시에 세계화·다원화 시대에 역행하면서 폐쇄와 고립으로 일관해 온 북한과의 새로운 교류·협력을 통해 상실된 민족 간의 신뢰를 회복하여 통일을 이룩해야 할 중차대한 시대적 과제에 직면해 있다.

통일교육지원법 제2조에 의하면, 통일교육은 자유민주주의에 대한 신념과 민족공동체 의식 및 건전한 안보관을 바탕으로 통일을 이룩하는데 필요한 가치관과 태도를 기르도록 하기 위한 교육을 의미한다. 이에 따라 통일교육은 미래지향적 통일관, 건전한 안보관, 균형 있는 북한관의 정립을 통해 통일에 대한 긍정적 인식과 바람직한 태도를 기르는 것을 목표로 하고 있다. 달리 말해, 통일교육은 다가올 통일 시대를 대비하여 국민에게 올바른 통일의식을 심어 주고, 통일 문제를 객관적으로 판단할 수 있는 능력을 갖도록 하고, 실질적으로 통일을 준비할 수 있는 실천 의지와 역량을 갖추게 하는 것을 주된 과제로 설정하고 있다.

통일교육이 변화된 민족 내부의 환경 속에서 이러한 과제를 해결하기 위해서는 이전과는 다른 방향을 추구해야 할 것이다. 혈연에 기초한 폐쇄적인 단일 민족 논리를 주장하는 북한과는 달리, 우리는 다른 민족들과 그들의 문화도 존중하는 열린 민족주의와 글로벌 시대가 중시하는 세계시민주의를 조화시켜 나가면서 '다양성 안의 통일성'에 근거한 새로운 국가 공동체를 지향해 나가야 하기 때문이다. 이를 위해서는 우리 국민의 확고한 통일 의지와 역량을 강화할 필요가 있다. 물론 지금까지 우리의 통일교육에서는 통일의 전체 과정 및 통일 이후의 남북한 통합 과정에서 요구되는 사회 구성원 각자의 역할과 책임에 근거한 통일 역량을 강조해 왔지만, 북한 실상에 대한 이해나 국가안보의 중요성에 대한 인식만큼 그 중요성과 가치를 제대로 부여하지는 못했던 것이 사실이다. 아울러, 통일교육에서 강조하는 통일 역량의 구체적인 개념 정의와 더불어 그 구성 요소들이 무엇인지에 대해 우리가 진지한 학문적 논의나 성찰을 게을리했던 것도 부인할 수 없는 엄연한 사실이다.

이에 이 장의 목적은 우리에게 필요한 통일 역량으로서 상호 문화 역량(intercultural competence)이 갖는 함의를 구체적으로 탐색하는 것이다. 통일이 단순히 제도적인 통합이 아닌 사람들 사이에 마음의 통일을 이룩하는 것이라면, 통일교육에 관한 논의에서 우리는 마땅히 다른 사람들 간의 상호 이해와 존중을 통해 마음의 통일에 다가설 수 있는 구체적인 지식과 기능, 태도를 길러주어야 하기 때문이다. 상호 문화 역량은 다문화 사회에서 학교 교육을 통해 학생들이 학습해야 할 필수적인 교육 역량 가운데 하나로 인식된다. 사람들이 타인의 문화적 신념·전통·가치에 대해 무지하여 상호 간에 불일치가 생길 때, '의도하지 않은 충돌'(unintentional clashes)이 생길 수 있다. 한 집단이 타 집단 문화의 언어나 상징적 의미를 이해하지 못할 때 그러한 충돌이 생길 수 있다. 그러기에 베넷(Bennett, 2007: 9)은 다문화적 인간이 되는 과정은 다양한 방식으로 인식·사고·행동할 수 있는 역량을 발달시키는 과정이라고 정의하면서, 그 과정에서 가장 중요한 것은 국가 내 그리고 국가 간에 존재하는 문화적 다양성을 이해하고 그것을 잘 처리하는 방법을 학습하는 것이라고 주장하였다. 이에 여기서는 상호 문화 역량이란 무엇인지, 통일 역량으로서 상호 문화 역량이 왜 중요한 것인지,

그리고 상호 문화 역량을 발달시키기 위한 통일교육의 새로운 과제가 무엇인지를 밝히고자 한다.

① 상호 문화 역량의 개념과 구성요소

상호 문화 역량의 개념 정의

과학기술의 발전, 경제의 세계화, 광범위한 인구 이주, 다문화주의의 발전과 같은 20세기 후반의 주요 추세들은 세계를 하나의 지구촌으로 변모시켰다. 소통에서 상호 문화 역량을 갖추는 것은 단일문화적 인간을 다문화적 인간으로 변모시키는 중요한 역할을 담당한다. 그러므로 개인은 문화적 차이에 대한 인식을 제고하고 상호 문화적인 소통의 무대에서 적절하게 행동할 수 있는 기능을 습득해야 할 필요가 있다. 자신의 목적을 어느 정도 이루기 위해 자신의 상호 문화적 지식·기능·태도에 근거하여 효과적이고 적절하게 소통하고 행동하는 능력은 다문화·세계화 시대에 사는 사람들이 갖추어야 할 필수적인 역량이기 때문이다.

그렇다면 상호 문화 역량이란 무엇인가? 넓은 의미에서 볼 때, 상호 문화 역량은 언어적·문화적으로 자신과는 다른 사람들과 상호작용을 해야 하는 상황에서 효과적으로 그리고 적절하게 소통하는 데 필요한 능력들의 복합체를 의미한다. 그러한 능력은 관계를 발전시키고 유지하는 능력, 최소한의 손실과 왜곡으로 효과적이고 적절하게 소통할 수 있는 능력, 승낙을 얻어내고 타인과의 협력을 이끄는 능력을 포함한다. 상호 문화 역량에 관한 연구는 비즈니스, 상담, 건강관리, 간호, 교육 등의 다양한 학문 분야에서 이루어져 왔으나, 모든 학문 분야를 아우를 수 있는 상호 문화 역량에 대한 통합된 개념 정의는 아직 제대로 이루어지지 못한 실정이다. 또한, 각

학문 분야마다 상호 문화 역량을 지칭하는 용어를 서로 다르게 사용하고 있다. 이를테면 상담 분야에서는 상호 문화 역량이라는 용어보다는 다문화적 역량이라는 용어를 훨씬 많이 사용한다. 상호 문화 역량에 관한 연구 문헌들은 상호 문화 역량, 상호 문화 소통 역량, 문화 간 적응, 상호 문화적 민감성, 다문화 역량, 문화적 역량, 국제적 역량, 상호 문화적 상호작용 등과 같은 매우 다양한 용어들을 사용한다. 하지만 이렇듯 다양한 용어들이 공통으로 언급하는 것은 바로 자기 고유의 문화를 넘어서서 언어적·문화적으로 다른 배경을 가진 사람들과 함께 기능할 수 있는 능력이다(Sinicrope, Norris & Watanabe, 2007: 2).

상호 문화 역량은 그 중요성과 긴급성에도 불구하고 상당한 학문적 논쟁의 대상이 되어 왔다. 상호 문화 역량의 개념과 관련된 쟁점은 크게 보아 목적, 범위, 적용, 토대라는 네 가지 측면으로 구분된다. 목적은 상호 문화 역량이 무엇을 위해 좋은 것인가에 관련된 쟁점을 나타낸다. 범위는 상호 문화 역량이 보편적인 것인지 아니면 문화 특수적인 것인지와 관련된 쟁점을 나타낸다. 적용은 상호 문화 능력이 언제 필요한 것인지와 관련된 쟁점을 드러낸다. 끝으로 토대는 문화에 대한 이해가 상호 문화 역량을 어떻게 형성하는지와 관련된 쟁점을 보여준다. 토대와 관련된 논쟁은 문화를 일관성 지향적인 것으로 보아야 하는지 아니면 특정한 문화 안에서의 내적인 분화를 강조해야 하는지와 관련된 쟁점이다(Rathie, 2007: 255). 안타깝게도 이러한 쟁점들은 여전히 미해결의 상태로 남아 있다.

그러기에 루벤(Ruben, 1989: 234)이 지적한 바와 같이, 상호 문화 역량은 개념상의 명료성에 대한 지속적인 연구가 필요한 개념이다. 이에 일부 학자들은 상호 문화 역량이 지닌 개념상의 모호성을 극복하기 위해 상호 문화 민감성(intercultural sensitivity)과 상호 문화 역량을 구분하려는 시도를 전개하였다. 그들은 상호 문화 민감성을 관련된 문화적 차이를 구별하고 경험하는 능력이라고 정의하는 반면에, 상호 문화 역량을 상호 문화적으로 적절한 방식에서 사고하고 행동하는 능력이라고 정의하였다(Hammer, Bennett & Wiseman, 2003: 422). 즉, 이러한 구분은 상호 문화 역량에서 아는 것과 행동하는 것을 구분해야 함을 강조한 것이다.

이렇듯 상호 문화 역량에 대한 공통적인 개념 정의와 용어의 통일성이 부족한 상황에서도, 그간 다양한 학문 분야에서 상호 문화 역량과 그것의 발달을 위한 서술하기 위한 다양한 모델들이 개발되었다. 그 모델들은 크게 보아 목록 모델(list model)과 구조 모델(structural model)로 구분된다. 목록 모델은 존중, 개방성, 관용, 스트레스 저항, 공감 등을 포함하는 일종의 분리된 역량들의 목록으로서 상호 문화 역량을 이해한다. 이와는 달리 구조 모델은 개인의 능력들을 특정한 범주에 할당하는 일종의 절차적 체계로서 상호 문화 역량을 파악한다. 이를테면 구조 모델은 정의적, 인지적, 행동적 차원을 상호 문화 역량이라는 더 큰 이론 틀 속에 통합한다. 이러한 두 가지의 개인 지향적인 접근 이외에 상호작용이 발생하는 맥락이나 특정한 상호 문화적 소통 사건에 연루된 참가자들의 상호의존성을 강조하는 상황적 모델이나 상호작용적인 모델도 존재한다(Rathje, 2007: 255).

상호 문화 역량의 개념 정의에 관한 이전의 연구 결과들을 고려할 때, 우리는 다음과 같은 세 가지 결론을 얻을 수 있다. 첫째, 상호 문화 역량은 다양한 특성들로 서술될 수 있다. 달리 말해, 상호 문화 역량은 행동상의 표현이나 특성으로 입증될 수 있다. 여러 학자의 논의에서 빈번하게 언급되는 특성들은 존중, 공감, 융통성, 인내, 흥미, 호기심, 개방성, 동기화, 유머 감각, 모호성에 대한 관용, 판단 중지를 위한 자발성 등이다. 둘째, 상호 문화 역량은 네 가지 차원을 가진다. 상호 문화 역량은 인식, 태도, 기능,

지식이라는 적어도 네 가지의 차원으로 구성된다. 셋째, 상호 문화 역량은 발달 과정으로 여겨질 수 있다. 상호 문화 역량은 생애적인 발달 과정이며, 어떤 종착점에 이르는 것이 아니라 지속적인 되어감(becoming)이다. 우리가 아무리 외국어에 능통하다고 할지라도 그 모국어를 사용하는 사람만큼 완벽하게 구사할 수 없는 것과 마찬가지로, 우리는 어느 순간에 완벽하게 상호 문화 역량을 갖춘 상태에 도달한다고 보아서는 안 된다. 우리가 자신의 상호 문화 역량을 발달시키고 확대한다고 할지라도 새로운 도전은 언제 어디서든 존재하기에, 우리는 상호 문화 역량을 생애적인 발달로 여기는 것이 바람직하다.

상호 문화 역량의 구성요소

오늘날 세계화되고 상호 의존적인 세계에서 다른 문화적 배경을 가진 사람들이 평화적으로 공존하는 것은 인류의 생존이 걸려 있는 도덕적·사회적·정치적 명법이다. 이에 'UN 소수자 권리 선언'은 소수자의 민족적·문화적·종교적·언어적 정체성을 보호하고 증진시켜야 한다는 것을 천명하고 있으며, '문화적 다양성에 관한 유네스코의 협약' 역시 문화적 다양성, 관용, 사회 정의 그리고 사람들 및 문화 간의 상호 존중은 국가적·세계적 수준에서의 평화와 안전을 위해 필수적임을 언급하고 있다(Stavenhagen, 2008: 163). 문화적 자유와 권리의 존중은 이제 모든 인류가 지녀야 할 기본적인 삶의 역량으로 인식된다.

일반적으로 역량이란 평균적인 수행과 탁월한 수행을 구분하는 데 도움을 주는 지식·기능·능력·개인적 특성 그리고 어타의 개인 관련 요인들을 의미한다. 이렇게 볼 때, 통일 역량은 통일이라는 과업을 이룩하는 데 필요한 개인적 역량을 의미한다. 여기서는 상호 문화 역량에 관한 이전의 서술에 근거하여, 통일 역량으로서의 상호 문화 역량이 구체적으로 어떤 것인지를 규정하고자 한다.

먼저 인식(awareness)은 자신의 태도·신념·가치·가정이 자신과는 문화적으로 다른 사람들과 상호작용하는 방식에 어떻게 영향을 미치는가를 인식하는 것을 의미한다. 달리 말해, 인식은 구체적으로 '차이는 소중하고 가치 있는 것이며 차이에 대한 학습은 필수적이며 보상적이라는 신념, 변화에 대한 개방성 및 변화는 필수적이라는 신념, 자신에 대한 인식 및 자기 인식이 타인에 대해 미치는 영향에 대한 인식'을 의미한다.

지식(knowledge)은 자신의 문화와는 다른 문화들에 대한 이해를 의미한다. 지식은 구체적으로 '다양한 문화와 억압받고 있는 집단에 대한 지식, 개인적 가치와 행동을 위한 변화가 어떻게 일어나는가에 대한 지식, 집단 내 차이에 대한 지식 그리고 다중 정체성 및 다중 압제에 대한 이해'를 의미한다.

기술(skills)은 자신과는 다른 문화적 배경을 가진 사람들과 효과적이고 의미 있는 상호작용에 관여하는데 사용되는 기능을 의미한다. 즉, 기술은 '문화적 차이와 쟁점을 확인하고 공개적으로 담론할 수 있는 능력으로서 경청·관찰·해석·분석·평가할 수 있는 능력'을 의미한다.

끝으로 태도(attitude)는 다른 문화적 배경을 가진 사람들을 대할 때 지녀야 할 자세를 의미하는 것으로서 '다른 문화와 문화적 다양성을 소중하게 여기는 것, 자신과는 다른 문화에 관한 판단을 중지하려는 타 문화에 대한 개방성, 모호성과 불확실성을 관용하려는 호기심과 발견의 태도'를 뜻한다.

이러한 상호 문화 역량을 가진 사람은 자신과는 다른 소통 방식과 행동 방식을 가진 사람들에 대한 적응력, 상호 문화적 상황에서 적절한 소통 방식과 행동 방식을 선택하는 인지적 유연성, 타 문화에 대한 공감과 민족 상대주의적인(ethnorelative) 태도를 보여줌으로써 상호 문화적 상황에서 효과적으로 적절하게 행동할 수 있다. 이러한 상호 문화 역량은 우리와는 다른 문화적 배경을 가진 사람들과의 소통과 협력을 가능하게 해 줌으로써, 민주적이고 평화적인 방식에서 '다양성 안에서 통일성'을 확보하게 해 줄 수 있다. 우리 안의 문화적 다양성 그리고 북한 주민들과의 관계 속에서 나타날 수 있는 문화적 다양성에 능동적이고 효과적으로 대처하게 해 주는 상호 문화 역량은 통일을 준비하는 우리 국민이 갖추어야 할 중요한 통일 역량 중의 하나이다. 그러므로 우리는 통일교육을 통하여 학생들이 상호 문화 역량을 갖출 수 있도록 해 주어야 한다. 특히 우리는 학교 통일교육을 통해 학생들이 가정·가치·편견에 대해 인식하는 것, 문화의 역할과 타 문화에 대한 심층적 이해와 지식을 갖는 것, 문화적으로 다른 사람들의 생활 방식과 세계관을 공감하고 존중하는 것, 차별과 문화적 억압에 대한 적절한 개입 전략과 기법을 계발하는 것을 경험할 수 있게 해 주어야 한다.

2 통일교육에서 상호 문화 역량의 중요성

자민족중심주의 극복

1990년대 이후 외국인들의 국내 이주가 증가함에 따라서 우리 사회에서 문화적 다양성을 증진하고 다른 문화적 전통을 이해하는 것이 국가적으로 중요한 과제로 부상하였다. 이제 우리는 우리 안의 다양성을 인정하고 존중하는 가운데 '다양성 안의 통일성'을 모색해야 한다. 하지만 순혈주의에 익숙해 온 우리에게 자민족중심주의(ethnocentrism)의 극복은 그리 만만한 과제가 아니다. 자민족중심주의는 문화적 다양성에 대한 승인의 결여, 외집단에 대한 무관용, 외집단보다는 자기 집단에 대한 우선적인 선호 감정을 의미한다. 따라서 자민족중심주의는 외집단에 대한 부정적 고정관념·편견·행동을 수반할 경향성이 매우 높다. 본래 자민족중심주의는 집단 간 관계에서 자신이 속한 집단을 모든 것의 중심으로 여기고 여타의 외집단은 자기 집단과 관련된 것 혹은 자기 집단에 의존적인 것으로 보는 경향성을 의미하기에, 자민족중심주의는 외집단을 향한 일반적인 적대감과 거의 유사어로 통용된다(Berry & Kalin, 1996: 303). 달리 말해, 자민족중심주의는 민족 집단의 자기 중요성(self-importance)과 자기 중심성(self-centeredness)에 대한 강한 감정을 의미한다. 자민족중심주의는 네 가지의 집단 간 표현과 두 가지의 집단 내 표현으로 구성된다. 집단 간 표현은 내집단이 외집단보다 더욱 중요하고 외집단과 비교하여 자기가 속한 민족적 내집단을 더욱 선호하는 것, 내집단의 우월성에 대한 신념, 민족적 순수성에 대한 소망, 내집단의 욕구를 위해 외집단을 착취하는 것을 승인하는 것을 포함한다. 집단 내 표현은 자신이 속한 집단이 그 집단의 개별 성원들보다 더욱 중요하다는 사실 그리고 집단 응집성 및 내집단 헌신의 필요성을 포함한다.

이렇듯 자민족중심주의는 자신의 민족 집단이나 문화가 다른 민족 집단이나 문화에 우월하므로 자신의 문화적 기준들이 보편적 방식으로 적용될 수 있다는 것을 표현하는 기본적인 태도이다. 연구자들은 자민족중심주의의 두 가지 중요한 요소들을 발견하였다(Hooghe, 2008: 409-410). 두 가지는 서로 밀접하게 관련되지만, 여전히 경험적으로 구분될 수 있다. 문화적 자민족중심주의는 자신이 속한 문화의 규범과 태도들이 다른 사회나 집단의 문화보다 우월하다는 신념에 그 근거를 둔다. 나아가 문화적 자민족중심주의자들은 그러한 문화적 질서가 새로운 집단의 이주로 인해 위협을 받고 있다고 믿는다. 문화적 자민족중심주의는 종종 상징적인 방식으로 그 모습을 드러낸다. 즉, 소수 문화의 의복, 종교적 상징 그리고 여타의 가시적 요소들과 같은 정체성의 문화적 표시들을 공적으로 표현하는 것에 대한 불만을 드러낸다. 경제적 자민족중심주의는 다른 집단들이 경제적 경쟁자로 간주될 수 있으므로 경제적 행위자로서의 그들의 역량에 있어서 마땅히 제한을 당해야 한다는 지각과 밀접하게 관련되어 있다. 경제적 자민족중심주의는 노동 시장에 대한 차별적 조처, 보이코트 혹은 자기 문화와 연관된 상품과 서비스에 대한 분명한 선호를 표현하는 여타의 소비자 행동을 통해 그 모습을 드러낸다.

개인의 심리적 성향으로서 자민족중심주의는 긍정적인 결과와 부정적 결과를 동시에 갖는다. 자민족중심주의는 자신의 핵심 집단을 위해 희생하려는 애국심과 자발성을 향한 선례(antecedent)로 기능하고, 자신의 문화적 정체성을 구성하고 유지하는 것을 도와주는 긍정적 결과를 초래한다. 그러나 자민족중심주의는 외집단에 대한 오해와 외집단과의 상호 문화적인 자발적 소통 수준을 감소시키는 부정적 결과를 낳기도 한다(Neuliep & McCroskey, 1997: 389).

그런데 이러한 자민족중심주의는 문화에 의해 매개된다. 루마니아의 학생들은 미국의 학생들에 비해 자민족중심주의 경향이 훨씬 높은 것으로 나타났는데, 그 이유는 루마니아가 헝가리와 오랜 기간 갈등을 겪어 왔기 때문이다. 일본의 학생들 역시 미국의 학생들보다 자민족중심주의 경향이 더 높은 것으로 나타났는데, 그 이유는 동질적인 문화를 강조하는 일본인들의 편협한 심리에서 연유된 것이다(Dong, Day & Collaçco, 2008: 30). 또한, 자민족중심주의는 개인의 정체성 형성과도 밀접한 관계가 있다. 한국인은 일본인이나 미국인보다 더 자민족중심주의적이며, 자신의 정체성을 인식하는 데서도 자민족중심주의가 두 나라 사람들보다 더 높은 비중을 차지하는 것으로 나타났다(Kim, Kim & Choe, 2006: 57).

주지하는 바와 같이, 우리는 오랜 기간 단일 민족이라는 사실을 자긍심의 한 원천으로 여기며 살아왔기에 자민족중심주의적 경향이 높은 편이다. 해외여행객과 외국인 관광객의 증가, 외국인 직원들과의 근무 경험 증가, 국제결혼의 증가 등으로 인해 이전보다 자민족중심주의적인 경향성이 다소 감소한 것은 사실이지만 탈북 주민과 외국인에 대한 배타적인 태도는 여전히 큰 문제로 남아 있는 셈이다. 실제로 여러 설문조사 결과에서 일관되게 한국인의 외국인에 대한 태도가 관용적이고 개방적인 방향으로 변하였고, 한국인의 자격 요건으로 혈통과 문화보다는 정치적 소속감과 의무를 더욱 중시하는 것으로 확인되었다. 하지만 통상적이거나 인지적인 측면에서 외국인에 대한 태도는 다소 개선되었지만, 정서적인 측면에서는 여전히 배타적인 것으로 보인다. 이주자에 대한 한국인의 태도를 측정한 결과에 의하면 동료나 친구, 이웃으로 받아들이는 데에는 긍정적이지만, 혈연이나 가족 관계로 받아들이는 데에는 여전히 소극적인 것으로 나타났다(윤인진·송영호, 2011: 145).

자민족중심주의는 상호 문화 역량의 발달을 저해하는 가장 큰 장애 요인이다. 동시에 자민족중심주의는 남북한의 통일 과정 및 통일 이후의 국가에서 국민 통합을 저해하는 심각한 사회 문제가 될 가능성이 크다. 통일의 과정 및 통일 이후의 새로운 국가 체제에서는 자신과는 다른 문화적 다양성을 지닌 사람들과 효과적이며 적절하게 소통하며 기능할 수 있는 성숙한 상호 문화 역량이 절실히 요구된다. 왜냐하면, 우리와는 상이한 문화적 배경을 가진 북한 주민, 북한 이탈 주민, 외국인들의 문화와 인권을 적극적으로 존중하는 가운데 그들을 상생·공영의 대상으로 인식하여 서로 이해·존중·협력할 수 있는 역량을 우리가 보일 때, 진정한 사회 통합·국민 통합이 가능하기 때문이다.

현실성 있는 통일교육 구현

통일교육에서 상호 문화 역량이 중요한 이유는 시대 상황과 학습자의 특성에 부합하는 보다 현실적인 통일교육의 실행과 밀접하게 관련된다. 시대 상황과 관련하여 볼 때, 현재 통일교육의 주안점은 커다란 문제점을 안고 있다. 등록된 국내 거주 외국인 이주자의 숫자가 가까운 장래에 5%에 육박하여 명실상부한 다문화 국가로 분류될 시대적 상황에서 우리 안의 다른 사람들을 전적으로 배제한 채 남북한만의 민족공동체를 형성하자는 것이 과연 타당한 것인지에 대해 우리는 재고해 볼 필요가 있다.

이제 우리는 단일 민족 논리에서 과감하게 탈피하여야 한다. 민족 개념의 정의에서도 혈연·지연과 같은 민족 구성의 객관적 요소보다는 민족의식과 같은 주관적 요소들을 더욱 강조해야 할 것이다. 즉, 우리는 단순히 혈연과 지연을 바탕으로 한 폐쇄적이고 전근대적인 민족 개념에서 탈피하여 시대 상황에 맞는 새로운 민족 담론을 형성해 나가야 할 것이다. 통일교육 지침서에서는 "우리가 지향하는 민족공동체는 단순히 혈연에 기초한 폐쇄적인 민족주의가 아니라, 다른 민족과 그들의 문화도 존중하는 열린 민족주의에 바탕을 둔다."라고 밝히고 있다. 그러나 민족공동체의 범위는 여전히 북한 주민과 재외동포에게만 국한되어 있으며, 북한 주민을 같은 민족이자 상생·공영의 대상으로 인식할 것을 강조하는 수준에 그치고 있다. 엄밀히 말해 우리 정부가 말해 왔었던 민족공동체는 남북한 주민들과 재외동포로만 이루어진 혈연 중심의 단일한 민족공동체이지, 우리 안의 여러 민족을 아우르는 더 넓은 의미에서의 포함적 민족공동체(inclusive national community) 개념이 분명 아니다. 그러므로 통일교육에서 우리가 민족공동체라는 개념을 사용한다면, 단일 민족 중심의 기존 민족공동체와 구분하기 위해 포함적 민족공동체라는 표현을 사용해야 할 것이다. 물론 통일교육 지침서의 일부와 학계에서 열린 민족주의라는 표현을 사용하고 있기는 하지만, 열린 민족주의의 개념은 여전히 우리 민족 중심에서 다른 민족을 바라보는 관점을 취하고 있기에 완전한 의미에서의 자민족중심주의를 벗어난 것이라고 보기 어렵다.

또 다른 대안은, 앞으로 통일교육에서 민족공동체라는 표현보다는 국민공동체라는 표현을 사용함으로써 폐쇄적이고 신화적인 단일 민족 논리에서 과감하게 벗어나는 것이다. 북한 체제 및 북한 주민들과의 통일에 앞서서 더욱 중요한 것은 바로 우리 안의 통일이다. 가뜩이나 이념 대립으로 심각한 남남갈등과 역사 전쟁을 겪고 있는 우리 사회에서 우리와는 혈통이 다르다는 이유만으로 대한민국 국적 소유의 외국인을 배제하는 가운데 민족공동체 형성을 도모한다면 그것이야말로 가장 반인권적이고 불평등한 차별 행위이기 때문이다. 더구나 우리 민족만으로 구성된 배타적인 민족공동체를 강조할 경우 주변국들과 적잖은 외교적 마찰과 갈등을 초래할 수도 있고, 그러한 갈등과 마찰은 통일 과정에서 주변국들의 이해와 협조를 구하는 데 있어서 장애 요인이 될 수도 있다. 따라서 여러 민족으로 구성된 국민공동체의 형성을 지향하는 것이 시대 상황에 부합하는 보다 현실적인 통일교육의 주안점이 될 것이다.

포함적 민족공동체이건 국민공동체이건 어느 용어를 사용하든지 중요한 사실은 바로 민족적·문화적 배경이 다른 사람들이 평화롭게 공존하면서 통일을 이룩하기 위해서는 남한 국민 사이에서 그리고 남북한 주민들 사이에서 상호 문화 역량의 계발이 절대적으로 필요하다는 것이다. 상호 문화 역량이 없이는 날로 증가하고 있는 상호 문화적 만남과 접촉의 상황에서 효과적이고 적절하게 행동하는 것이 사실상 불가능하기 때문이다. 특히 다른 이념·가치 지향에 따른 남남갈등을 겪고 있는 우리의 현실 속에서 이념적·민족적·문화적 다양성에 슬기롭게 대처하면서 상호주관적인 이해를 도모하려는 민주 시민을 양성하기 위해서라도 상호 문화 역량은 통일교육에서 절대적으로 필요하다.

통일교육에서 상호 문화 역량이 필요한 또 다른 이유는 변화하는 청소년들의 의식구조와 가치관에서도 찾을 수 있다. 요즘의 학생들에게 통일 문제와 같은 거대 서사나 담론은 큰 관심을 끌지 못한다. 그들은 치열한 입시 경쟁에서 어떻게 살아남을 것인가와 같은 지극히 개인적이고 미시적인 담론에 익숙한 상태다. 정보 통신 기술의 발달에 따라 어린 시기부터 양방향적 의사소통에 익숙한 청소년 세대는 '이렇게 해야 한다.'라는 식의 일방적 당위 논리에 큰 거부감을 보인다. 그들은 지적·감성적 측면에서의 개방적인 자기 노출과 표현에 익숙한 세대이고, 자기가 원하는 대로 마우스를 클릭하면서 어릴 적부터 자기만의 좋아하는 세계를 탐색하는데 큰 관심과 노력을 기울이는 존재이다. 이런 학생들에게 지금 당장 자신들의 삶과는 상당히 거리가 먼 북한의 실상을 객관적으로 이해하는 것, 수능 시험에 거의 나오지 않는 통일 관련 내용을 학습하는 것은 학습의 기본 요소인 유의미성(meaningfulness)을 갖지 못한다.

이러한 현상은 최근의 설문조사 결과를 통해 잘 드러난다. 한 연구 결과에 의하면, 지금의 대학생들은 이미 상당 부분 기존의 통일 당위성에서 벗어나 있으며 민족적 감정이 아닌 통일 이후에 있을 사회적 갈등과 경제적 득실, 그리고 한반도 전체의 발전 가능성 등에 대한 나름의 계산에 기반하여 더 현실적인 근거를 새로운 통일의 당위성으로 제시하고 있다고 한다. 이러한 변화로 인하여 이제 통일은 점차 한반도 전체에 이득을 가져다주는 실리의 차원에서 여겨지고 있으며, '우리의 소원은 통일'이 아니라 '우리의 소원은 통일로 인한 한반도의 발전'이라는 담론으로 새로이 전환되는 시기를 맞이하고 있다. 또한, N세대 대학생들은 통일의 실현에 대해서는 상당한 거부감을 동반한 소극적인 모습을 보인다고 한다. 이러한 거부감은 주로 통일이 조속히 이루어지는 경우 닥쳐올 사회적 혼란과 경제적 손해에 대한 우려와 맞닿아 있으며, 결국 이러한 우려가 자기주장에 솔직한 N세대들에게서 강하게 표출되면서 실질적인 통일에 대한 거부감 및 무관심이 증대되는 특징으로 나타나고 있다(권영승·이수정, 2011: 34).

이에 통일교육에서 상호 문화 역량에 초점을 맞추는 것은 학생들이 무관심을 보이는 정치나 이념 문제에서 탈피하여 '문화'에 관심을 두게 함으로써 학생들의 흥미와 관심을 유발할 수 있다는 장점이 있다. 오늘날 학생들은 스스로 지식과 정보를 찾는 가운데 그들 나름의 문화를 생산하고 소비하면서 새로운 문화를 창조하고 여론을 형성해 나가는 매우 적극적인 세대이다. 그러므로 그들의 장점을 통해 통일교육에 접근하는 새로운 관점이 절실히 요구된다. 즉, 다양한 문화에 대한 학생들의 지적·정의적 호기심과 자극 추구 경향을 통일교육에서 긍정적으로 활용해야 한다.

학생들은 우리 안의 문화적 차이와 남북한 간의 문화적 차이에 주목하는 가운데 자신과는 다른 문화를 이해하고 존중하는 능력 그리고 상호 문화적인 만남과 접촉 상황에서 효과적으로 소통하고 행동하는 능력을 학습할 필요가 있다. 통일에 있어서 주체가 되는 것은 사람이지 이념이나 체제가 아니다. 이념과 체제도 결국 사람이 만든 것에 불과하다. 우리는 우리 안의 타자와 북한 주민 그리고 그들의 문화적 다양성에 대한 승인과 존중을 통해 서로 다르지만 평등한 삶을 영위할 수 있는 국민공동체를 발전시킬 수 있는 사람들의 실제적인 역량을 계발해 주어야 한다.

이에 우리는 통일교육에서 상호 문화 역량 계발을 통해 타인 및 외집단에 대한 편견과 차별에서 벗어나 문화적 차이와 다양성을 인정하고 수용하는 가운데 건설적·협동적으로 상호작용할 수 있는 태도와 능력을 계발하여 줌으로써, 인간 존엄성과 평등의 원칙에 근거한 상호 공존적 삶의 자세를 형성시킬 수 있다. 상호 문화 역량은 학생들이 민족적·인종적·문화적으로 다른 사람들을 이해하고 그들과 상호작용하는 방법을 배우게 하는데 실질적인 도움을 준다. 또한, 상호 문화 역량은 부정적인 고정관념이나 편견을 없애고, 타인 및 외집단 성원들의 관점이나 입장에 대한 공감적 이해를 통해 다양성의 의미와 가치를 인식·평가할 수 있는 능력을 함양시키는 데 도움을 준다.

❸ 상호 문화 역량 계발을 위한 통일교육의 과제

교육 목표 및 내용 설정

통일교육이 상호 문화 역량 계발에 기여하기 위해서는 무엇보다도 통일교육에 관한 가장 권위 있는 문서인 '통일교육 지침서'의 통일교육 목표 및 내용 체계 속에 상호 문화 역량이 분명하게 서술될 수 있어야 한다. 통일부가 설정한 통일교육의 목표는 미래지향적 통일관, 건전한 안보관, 균형 있는 북한관이다. 통일교육의 목표로서의 상호 문화 역량과 관련하여 생각해 볼 때, '미래지향적 통일관'과 '균형 있는 북한관'의 목표 기술에서 상호 문화 역량 계발 관련 내용을 추가로 서술하는 방안을 생각해 볼 수 있다. 이를테면 미래지향적 통일관의 서술에서 자유민주주의적 가치와 민족공동체 의식이 상호 조화로 용해될 수 있는 미래지향적 통일관을 강조하고 있는 바, 이 서술은 포함적 민족공동체를 강조하는 것으로 수정될 필요가 있으며, 포함적 민족공동체 형성에서 자민족중심주의적 사고 극복 및 문화적 다양성의 승인과 존중이 중요함을 추가하여 서술하는 것이 바람직하다. 또한, 균형 있는 북한관에서는 북한 실상을 있는 그대로 이해하면서, 장차 민족공동체로 통합하기 위한 상대로서 인식하는 한편 우리 안보를 위협하는 경계의 대상으로서 인식해야 한다는 점을 강조하고 있다. 이 서술은 단순히 북한 실상에 대한 이해를 초월하여 민족적·문화적 다양성에 대한 심층적 이해와 상호 문화적 상황에 효과적이고 적절하게 대응하는 능력이 필요하다는 사실을 강조하는 것으로 수정될 필요가 있다.

상호 문화 역량 계발은 통일교육의 내용 영역 중 특히 '통일을 위한 과제' 분야에서 중점적으로 다루어질 필요가 있다. 통일을 위한 과제에서 상호 문화 역량은 정체성과 소속감, 유사성과 차이점, 인권과 책임, 차별과 평등, 갈등과 갈등 해결과 같은 주제를 통해 비중 있게 다루어져야 한다. 먼저 '정체성과 소속감'에서는 우리 국민이 자신의 민족적·문화적 정체성과 소속감을 인식하는 가운데 민족적·문화적 배경에 따라서 다르면서도 복합적인 정체성과 소속감을 갖는다는 사실을 올바르게 인식·자각할 수 있게 해 주어야 한다. '유사성과 차이점'에서는 공정하고 민주적인 사회는 각자의 개별성과 공유된 정체성 양자 모두를 제공해 줄 수 있는 사회임을 강조하면서 상호 이해를 위한 대화와 탐색에 대한 개방성과 헌신을 중시해야 한다. 다문화 사회에서 학교 교육은 공적인(public) 정체성과 공적이지 않은(non-public) 정체성을 함양시켜 주어야 하고, 자신의 공적이지 않은 정체성을 공적인 정체성에 적합하게 하기 위한 성향과 능력을 조장해주어야 한다. '인권과 책임'에서는 인권 개념과 기준을 국내 상황, 북한, 그리고 국제적 상황에 적용할 수 있는 능력과 인권의 보호와 증진을 위해 의미 있게 참여할 수 있는 능력과 태도를 강조해야 한다. '차별과 평등'에서는 사회 통합을 저해하는 각종 차별의 실상에 대한 이해와 차별을 당하는 사람들에 대한 상호 문화적 공감을 통해 평등한 사회를 실현하려는 의지와 결단을 강조해야 한다. '갈등과 갈등 해결'에서는 우리 내부의 그리고 남북한 관계 및 국제적 수준에서의 중요한 갈등의 원인과 결과를 파악하고 타자의 입장에 대한 개방성과 공감에 근거한 민주적인 의사결정 능력과 갈등 해결 기능을 강조해야 한다.

다양한 교수·학습 방법의 전개

상호 문화 역량은 자신과는 다른 규칙에 근거하여 생활하는 사람들의 사회적 세계에 참여하는 능력을 요구한다. 이것은 자신과는 다른 공동체의 좋은 성원이 된다는 것을 함축한다. 소수의 사람으로 이루어진 공동체로부터 전 세계 사람들을 포함하는 공동체에 이르기까지 하나의 공동체는 도덕적 서클(moral circle)을 구성한다. 즉, 그 도덕적 서클 안의 성원들은 공유된 도덕적 규칙에 따라서 생활할 것을 요구한다. 이렇게 볼 때, 문화는 도덕적 서클의 수용할만한 성원이 되기 위한 불문의 규칙에 관한 것이고 그것은 집단에 따라서 다르다. 이런 맥락에서 호프스테데(Hofstede)는 문화를 도덕적으로 수용할 수 있는 행동 방식에 대한 상호 기대라고 정의하면서, 문화에 관련된 사회의 기본적인 가치 지향을 제시하였다(Hofstede, 2009: 91-92). 여기서 문화는 개인의 속성이 아닌 사회의 속성이고, 다섯 가지의 독립적인 가치 차원을 담고 있다. ① 정체성: 개인주의와 대 집단주의, ② 위계: 큰 권력 거리 대 작은 권력 거리, ③ 젠더와 공격: 남성성 대 여성성, ④ 불안: 취약한 불확실성 회피 대 강한 불확실성 회피, ⑤ 만족: 단기 지향 대 장기 지향. 그러므로 통일 역량으로서의 상호 문화 역량을 발달시키기 위한 교수·학습에서 교사는 이러한 가치 지향에 따라서 적절하게 행동하는 방법들을 학생들이 탐색할 수 있도록 해 줄 필요가 있다.

이를 위해 교사는 통일교육을 통해 자신이 가르치는 학생들에게 상호 문화 역량 계발을 위한 다양한 교수·학습 방법을 전개해 나가야 한다. 화울러와 블럼(Fowler & Blohm, 2004: 79)은 상호 문화 훈련을 위한 방법론들의 개요와 장단점에 관한 포괄적인 연구 결과를 제시한 바 있다. 그들은 상호 문화 훈련을 위한 방법론을 인지적 방법, 행동적 방법, 특별 프로그램, 기타 방법 등으로 구분하여 제시하였다. 먼저 지식 획득에 초점을 맞춘 인지적 방법에는 강의, 문서 자료, 컴퓨터 기반 훈련, 필름, 자기 평가, 사례 연구, 위기 사건 등의 방법이 포함된다. 행동적 방법은 역할 놀이, 시뮬레이션 게임, 실습 등의 방법을 포함한다. 그리고 상호 문화 학습을 위해 특별히 설계된 프로그램에는 문화 대조 훈련, 문화적 동화물, 상호 문화분석, 상호 문화 대화, 영역 연구, 몰입 등의 방법이 있으며, 기타 방법에는 시각적 심상, 예술과 문화 등이 포함된다. 교사는 가급적 이러한 방법들을 통합적으로 활용함으로써 상호 문화적인 인식, 기능, 태도, 지식을 포괄적으로 발달시켜야 한다.

상호 문화 역량 모델로서의 교사 양성

교육의 질은 교사의 질을 결코 넘을 수 없다는 말은 상호 문화 역량 계발에서도 결코 예외가 될 수 없다. 학생들의 상호 문화 역량 계발을 위해서는 교사 스스로 상호 문화 역량의 모델이 될 수 있어야 한다. 그럼에도 불구하고, 대부분 교사는 언어적·문화적·민족적 다양성에 대한 이전의 경험이 매우 부족하고, 교사 양성 과정에서 문화적으로 다양한 교실을 관리·경영하고 그러한 풍토 속에서 교수·학습 활동을 전개하는 방안에 대한 풍부한 지식과 경험을 학습하지 못한 상태이다. 따라서 교사는 부단한 자기 연찬과 다양한 재직 중 연수 참여를 통해 스스로 상호 문화 역량을 갖춘 사람이 될 수 있도록 지속적인 노력을 기울여야 한다.

아울러 통일교육과 관련된 교사 연수 프로그램에서는 교사들의 상호 문화 역량을 함양하는 다양한 프로그램을 개발하여 운영해야 한다. 대부분의 연수 프로그램들은 북한의 실상에 관한 지식, 통일 정책에 관한 지식, 자유민주주의의 우월성에 관한 지식을 교사들에게 일방적으로 전달하거나, 안보 관광지를 방문하는 현장 학습을 체험하게 하는데 그치는 실정이다. 이러한 편협하면서도 획일적인 프로그램 운영에서 탈피하여, 교사들이 문화적 다양성에 효과적으로 대응할 수 있는 능력을 길러줄 수 있는 새로운 프로그램들이 다양하게 개발되어 적용될 필요가 있다.

상호 문화 역량을 발달시키기 위한 교육 프로그램은 우선 자신의 자민족중심주의와 편견을 알게 하는 것에서부터 시작해야 한다. 상호 문화 역량은 인간의 행위에 관한 우리 나름의 동기·신념·편견·가치·가정들에 대한 이해와 밀접하게 관련되어 있기 때문이다. 사실 대부분의 현직 교사와 예비 교사들은 이미 태어날 때부터 한국 사회의 주류세력으로서의 문화적 피막 형성(cultural encapsulation) 상태에 놓여 있으므로, 자신들의 인종적·민족적 정체성에 대해 심각하게 고민하지 않으며 그럴 필요성조차 느끼지 못하는 경우가 많다. 그러기에 그들은 자신들의 문화적 규범들을 중립적·보편적·정상적인 것으로 그리고 올바른 것으로 판단하는 경우가 많다. 상호 문화적 만남의 본질은 적절한 행동에 대한 자신의 규칙이 상호작용을 하는 타인들의 규칙과 다르다는 것이다. 따라서 자신이 속한 문화의 독특한 특징과 한계에 대해 인식하는 것은 상호 문화 역량 발달을 위한 첫걸음이다. 외국인에 의해 제작된 우리 문화에 대한 글이나 영상물을 보는 것은 이 점에서 매우 효과적이다. 우리가 생각하는 우리 문화와 타인의 눈에 비친 우리 문화에 대해 생각하는 것은 우리 자신이 지닌 편견을 알게 하는 데 도움을 준다. 또한, 상호 문화 역량 발달을 위한 프로그램은 단순히 지식 전수에 그쳐서는 안 되며, 인지와 연관된 정의적 영역과 체험·경험학습을 포함해야 한다. 문화적 다양성과 공통성을 파악해 볼 수 있는 다양한 체험활동, 새롭고 낯선 환경을 파악하여 차이를 조절해야 하는 도전적인 상황에서 궁극적으로는 타인에 대한 세부 지식을 획득하여 새로운 상황에서 편안함을 느낄 수 있는 도전적인 경험·체험 활동이 강조될 필요가 있다.

04장
통일교육에서 민주 시민 역량

통일교육은 통일을 실현하기 위한 가치 지향적인 교육 활동이지만, 우리가 지향하는 통일이 민주적이고 평화적인 절차를 통해 이루어져야 한다는 사실을 고려할 때, 통일교육과 민주시민교육은 매우 친밀한 상관성을 갖고 있다. 우리 사회의 민주화가 고도화되어 성숙한 민주 사회가 될수록 통일의 과정과 통일 이후 국가 형성에서 제도적 통일에 버금가는 남북한 주민의 '마음의 통일'이 더욱 쉬워진다. 성숙한 민주 시민은 차이를 인정하고 존중하며 더욱 관용적인 태도로 북한 주민을 포용하기 때문이다. 이런 이유로 우리의 통일교육은 전통적으로 민주적 생활방식이나 민주적 역량의 계발을 중시하였다. 하지만 통일교육에서 강조해야 할 민주적 역량이 구체적으로 무엇인지에 대한 논의는 통일교육에서 활성화되지 못했다. 이에 이 장에서는 유럽 연합이 역점을 두고 있는 민주시민교육 프로젝트에 대해 살펴보고자 한다. 이러한 시도는 통일교육에서 우리가 강조해야 민주 시민 역량이 무엇인지를 파악하는 데 큰 도움을 줄 것이다.

　1997년 10월 11일 이후로 유럽 평의회(Council of Europe)는 회원국과 긴밀한 협력을 통해 민주시민교육 프로젝트를 추진하였다. 민주주의에 대한 무관심, 난민 통합, 폭력적인 극단주의를 포함하여 유럽 연합이 직면한 도전에 맞서기 위해 유럽 평의회는 민주 시민성과 인권을 위한 교육을 강화하는 정책을 마련하였다. 유럽 평의회는 2007년부터 민주시민교육을 위한 수업 자료로 아동의 권리를 탐색하기(2007), 민주주의에서 생활하기(2008), 민주주의를 가르치기(2009), 민주주의에서 성장하기(2010), 민주주의에 참여하기(2010), 민주주의를 위한 교육(2011)을 출판하였다. 또한, 유럽 평의회는 2016년에 '민주 문화를 위한 역량: 문화적으로 다양한 민주주의에서 동등하게 공존하기'를 출판하였다. 이 책은 민주시민교육을 통해 학습자가 길러야 할 역량 모델을 제안하였다. 이에 이 장에서는 민주시민교육의 궁극적인 효과로 유럽 연합이 지향하는 역량이 무엇인지에 대해 상세하게 살펴볼 것이다.

　유럽 평의회는 민주시민교육 사업의 일환으로 2013년부터 국제적·학제적 전문가 집단을 총동원하여 민주 문화를 위한 역량 모델을 개발하였고, 2015년 말까지 회원국 의회의 승인을 거친 후에 2016년에 하나의 책자로 발간하였다. 이 책은 민주주의 문화에 시민이 효과적으로 참여하는 데 그리고 문화적으로 다양한 민주 사회에서 타인과 평화롭게 공존하는 데 필요한 역량이 무엇인지를 밝히고 있으므로, 우리가 민주시민교육의 목표와 내용 체계를 설정하는 데 큰 도움을 줄 수 있다. 이에 이 장에서 다루는 구체적인 내용은 다음과 같다. 첫째, 역량 모델의 교육 목적을 개관한다. 둘째, 역량 모델의 기저를 이루고 있는 기본 가정과 역량의 개념을 확인한다. 셋째, 역량 모델의 구체적인 내용을 서술한다. 이 장에서 기술하는 내용은 유럽 평의회의 문서 중 위의 세 가지 사항과 관련된 부분을 발췌하여 완역한 것임을 밝혀 둔다.

① 역량 모델의 교육 목적

유럽 평의회 문서는 민주주의 문화에서 시민이 효과적으로 참여하는 데 필요한 역량에 관한 개념 모델을 제시한다. 여기서 시민이라는 용어는 민주적 의사결정의 영향을 받고 민주적 절차와 제도에 관여할 수 있는 모든 개인을 나타낸다. 즉, 여기서 시민은 특정 국가의 합법적인 시민권과 여권을 소지한 사람만을 지칭하는 것이 절대 아니다. 이 모델의 목적은 학습자가 효과적으로 참여하는 시민이 되기 위해 그리고 문화적으로 다양한 민주 사회에서 동등하게 타인과 공존하기 위해 학습자가 습득할 필요가 있는 역량을 서술한다. 이 모델은 유능한 민주 시민으로서 삶을 영위하도록 학습자를 준비시키기 위한 교육적인 의사결정과 계획 수립을 안내하는 데 활용된다.

이 문서는 민주주의 대신에 민주주의 문화라는 용어를 사용한다. 민주주의는 민주적인 제도와 법이 없이는 존재할 수 없다. 하지만 그러한 제도와 법이 민주주의 문화에 토대를 두고 있지 않다면 그것이 실제로 작동하기는 어렵다. 민주주의 문화는 민주적인 가치, 태도, 관행을 의미한다. 무엇보다도 민주주의 문화는 법치와 인권에 대한 헌신, 공적 영역에 대한 헌신, 평화적인 갈등 해결에 대한 확신, 다양성의 인정과 존중, 자기 나름의 견해를 표현하려는 의욕, 타인의 견해를 경청하려는 의욕, 다수에 의해 내려진 결정에 대한 헌신, 사회적 소수와 그 소수의 인권 보호에 대한 헌신, 문화적 차이를 가로지르는 대화에 참여할 의욕을 포함한다.

역량에 관한 개념 모델은 상호 문화적인 대화(intercultural dialogue)를 문화적으로 다양한 사회에서 민주적 과정에 매우 중요한 것으로 간주한다. 민주주의의 기본 원칙은 정치적 결정의 영향을 받는 사람들이 그 결정을 내릴 때 자신의 견해를 표현할 수 있고, 의사결정자는 그러한 견해에 주의를 기울여야만 한다는 것이다. 상호 문화적인 대화는 시민이 자신의 견해와 포부, 관심 사항 및 자신과는 다른 문화적 배경을 가진 사람들에 대한 요구를 표현할 수 있는 단일의 가장 중요한 수단이다. 이것은 문화적으로 다양한 사회에서 상호 문화적인 대화가 민주적인 토의, 논쟁, 심의를 위해 그리고 모든 시민이 동등한 입장에서 정치적 의사결정에 공헌하는 데 결정적이다. 마찬가지로 민주적 태도는 상호 문화적인 대화에 결정적이다. 왜냐하면, 개인 간에 진실로 존중하는 소통과 대화가 행해지는 것은 개인이 서로를 민주적으로 동등한 사람으로 여길 때만 가능하기 때문이다. 민주주의 문화와 상호 문화적인 대화는 문화적으로 다양한 사회에서 근본적으로 상호 의존적이다.

2008년에 나온 상호 문화적인 대화에 관한 유럽 평의회의 백서에서 드러나듯이, 민주주의 문화에 시민이 효과적으로 참여하기 위해 습득할 필요가 있는 역량은 자동으로 습득되는 것이 아니라 배우고 익힐 필요가 있는 것이다. 이 점에서 교육은 중요한 역할을 한다. 교육은 개인을 노동 시장에 준비시키는 것, 개인 발달을 지원하는 것, 사회에서 폭넓은 지식 기반을 제공하는 것을 포함하여 많은 목적을 갖는다. 그러나 이에 덧붙여 교육은 개인을 적극적인 민주 시민으로서 삶을 영위하도록 준비시키는 것에서도 핵심 역할을 하며, 그래서 교육은 시민이 민주적 처리 과정과 상호 문화적인 대화에 효과적으로 참여하는데 필요한 역량을 습득하도록 안내하고 지원하는 고유한 위상을 갖는다.

그러한 역량을 갖추도록 해주는 교육 체제는 시민에게 권한을 부여하고, 시민이 민주적 처리 과정, 상호 문화적인 대화, 그리고 전반적으로 사회에서 적극적인 참여자가 되는 데 필요한 능력을 부여한다. 그것은 또한 시민이 삶에서 그 자신의 목표를 선택하고 추구할 수 있는 자율적인 사회적 주체로서 기능할 수 있는 능력을 부여한다. 한마디로 말해, 유럽 평의회의 문서에서 제시하는 역량 모델은 모든 학습자에게 권한을 부여하는 이 목표를 향한 교육 계획을 지원하기 위해 개발된 것이다.

2 역량 모델의 배경 가정과 역량의 개념 정의

유럽 평의회의 역량 모델은 두 가지 배경 가정에 근거한다. 첫째, 역량은 필수적이지만 충분한 것은 아니다. 시민이 민주적 처리 과정에 효과적으로 참여하기 위해 역량을 습득하는 것이 필요하지만, 그 역량이 효과적인 참여를 보장하는 것은 아니다. 그 이유는 다음과 같다.

유능한 시민에 덧붙여, 시민이 자신의 역량을 행사하는 것을 지원하기 위해 민주주의 문화는 정치적·법적 구조와 과정을 갖추어야 한다. 시민에게 가능하거나 불가능하게 만드는 제도적인 구조와 절차 그리고 적극적인 참여를 위한 기회가 시민이 수행할 수 있는 민주적 행동과 상호 문화적인 행동을 가능하게 혹은 불가능하게 할 수도 있기 때문이다. 예를 들어, 어떤 국가가 국가 성립 이전의 이주민 1세대에게 국가 선거에서 투표할 권리를 거부한다면, 이주민 1세대가 아무리 민주적으로 유능하다고 해도 국적을 획득하기 이전에는 국가 선거에서 그러한 역량을 발휘할 수 없다. 더 복잡한 사례를 들어 보자. 시민이 자신의 관점을 정치인과 정책 수립자와 소통할 수 있는 제도적인 자문 채널이나 기구가 매우 적거나 아예 없다면, 민주적 활동과 참여를 위한 시민의 기회는 제한된다. 이런 일이 생기는 곳에서 시민이 자신의 목소리를 내기를 바란다면 대안적인 형태의 민주적 행동을 추구할 필요가 있을 것이다. 세 번째 사례로, 만약 상호 문화적인 대화를 지원할 제도적 장치나 구조가 없다면, 시민은 상호 문화적인 대화에 참여하지 않을 것이다. 그러나 정부가 대화를 위한 풍부한 장소와 공간을 제공하는 조치를 시행하여 그 시설을 상호 문화적인 대화에 활용하도록 권장한다면, 시민은 상호 문화적인 대화에 더 많이 참여할 것이다. 다시 말해서, 제도적인 장치는 그것의 환경 설정에 따라서 시민이 민주적이고 상호 문화적인 역량을 행사하는 방법을 가능하게 하거나, 유도하거나, 제약하거나, 억제할 수 있다. 역량 발휘는 역량 획득 여부에 전적으로 좌우되지 않는다. 따라서, 민주적 제도는 민주적인 문화가 수반되지 않으면 자생할 수 없는 것처럼, 민주적 문화 혹은 민주주의 문화 역시 적절한 제도가 없다면 자생할 수 없다.

 민주적 역량과 상호 문화적인 역량 습득은 또 다른 이유로 시민들이 민주적 과정과 상호 문화적인 대화에 참여할 수 있도록 하기에도 충분하지 않을 수 있다. 불이익과 차별의 체계적 유형의 존재와 사회 내 자원 배분에서 차별은 능력의 수준과 관계없이 많은 사람이 동등한 입장에서 참여하는 것을 효과적으로 방해할 수 있다. 이러한 불평등과 불리한 점은 종종 권력의 차이와 제도적 편견에 의해 더욱 복잡해지며, 이는 민주적이고 상호 문화적인 환경과 특권의 위치를 점유하는 사람들에 의해 기회가 지배되게 한다. 민주적 절차와 상호 문화적인 교류로부터의 체계적 소외와 배제는 시민의 이탈과 소외를 초래할 수 있다. 이러한 모든 이유로, 불이익을 받는 집단의 구성원이 진정한 상태의 평등을 누릴 수 있도록 특별 조치들이 채택될 필요가 있다. 즉, 시민에게 역량 모델에서 제시하는 역량을 갖추게 하는 것만으로는 충분하지 않다. 불평등과 구조적 불이익에 대처하려는 조치도 채택할 필요가 있다.

두 번째의 배경 가정은 모든 문화는 내적으로 이질적이고, 경쟁적이며, 역동적이고, 계속해서 진화한다는 사실이다. 문화 집단은 항상 내부적으로 이질적이며, 종종 논쟁의 대상이 되고, 시간이 지남에 따라 변화하며, 개인화된 방식으로 개인에 의해 제정되는 다양한 관행과 규범을 포용하기 때문에, 문화의 개념을 정의하는 것이 매우 어렵다. 문화는 세 가지 중요한 측면을 갖고 있다. 집단 구성원이 사용하는 물질적 자원(도구, 음식, 의복), 집단이 사회적으로 공유하는 자원(언어, 종교, 사회 행동 규칙), 집단의 개별 성원이 사용하는 주관적 자원(집단 성원이 세계를 이해하고 세계와 관련을 맺기 위한 준거 체제로서 공통으로 활용하는 가치, 태도, 신념, 관행)이 바로 그 세 가지 측면이다. 집단의 문화는 이 세 가지 측면 모두로 형성된 복합체이다. 자원의 총합은 전체 집단에 분산되어 있지만, 개별 성원은 자신에게 잠재적으로 가용한 일부 자원만을 전용하여 활용한다.

이런 식으로 문화를 정의하는 것은 어떤 규모의 집단도 그 나름의 독특한 문화를 가질 수 있다는 것을 의미한다. 여기에는 국가, 민족, 종교 집단, 도시, 이웃, 직장 조직, 직업 집단, 성적 지향 집단, 장애 집단, 세대 집단, 가족이 포함된다. 이러한 이유로, 모든 사람은 동시에 많은 다른 집단과 그들의 관련 문화에 소속되고 그 문화를 동일시한다.

집단의 구성원 자격과 관련된 것으로 인식되는 자원이 종종 저항, 도전 또는 거부되기 때문에 문화 집단 내에는 대개 상당한 변동성이 있다. 또한, 집단 자체의 경계, 그리고 집단 내에 있는 것으로 인식되는 사람과 집단 외부에 있는 것으로 인식되는 사람도 다른 집단 성원에게 반박을 당할 수 있다. 문화적 집단의 경계는 종종 매우 모호하다.

이러한 문화의 내부적 가변성과 경쟁은 부분적으로 모든 사람이 여러 집단과 그들의 문화에 속하지만 다른 문화의 무리에 참여한다는 사실의 결과이다. 그래서 그들이 어떤 문화와 관계되는 방법은 적어도 부분적으로 그들이 참여하는 다른 문화에 존재하는 관점에 의존한다. 즉, 각 개인이 고유한 문화적 위치를 차지하는 방식으로 문화적 소속이 교차하는 것이다. 게다가, 사람들이 특정한 문화에 부여하는 의미와 느낌은 그들 자신의 인생사, 개인적 경험, 그리고 개인적 성격의 결과로 말미암아 개인화된다.

문화적 소속은 유동적이고 역동적이며, 사회적·문화적 정체성의 주관적인 특징은 개인이 한 상황에서 다른 상황으로 이동할 때 변동한다. 문화적 소속의 특징에서 변동은 또한 사람들의 관심, 욕구, 목표, 기대치가 여러 상황에 걸쳐 그리고 시간을 통해 이동하는 것과 연결된다. 더군다나, 모든 집단과 그들의 문화는 역동적이고, 정치적·경제적·역사적 사건과 발전의 결과, 그리고 다른 집단의 문화와의 상호작용과 영향의 결과로 시간이 지남에 따라 변화한다. 그것은 또한 집단의 의미, 규범, 가치, 관행에 대한 구성원들의 내부적인 경쟁 때문에 시간이 지남에 따라 변화한다.

한편, '역량'이라는 용어는 '능력'의 동의어로서 일상적인 사용, 직업 교육 및 훈련에서 기술적인 사용, 그리고 주어진 맥락에서 복잡한 요구를 충족할 수 있는 능력을 나타내는 사용 등을 포함해서 여러 가지 방법으로 사용될 수 있다. 유럽 평의회의 역량 모델에서 역량이라는 용어는 주어진 맥락의 유형에 의해 제시된 요구, 도전, 기회에 적절하고 효과적으로 대응하기 위해 관련 가치, 태도, 기술, 지식과 이해를 동원하고 배치할 수 있는 능력으로 정의된다. 민주적 상황은 그러한 맥락 중 하나이다. 그러므로 민주적 역량은 민주적 상황이 제시하는 요구, 도전 및 기회에 적절하고 효과적으로 대응하기 위해 관련 심리적 자원(가치, 태도, 기술, 지식과 이해)을 동원하고 배치할 수 있는 능력이다. 마찬가지로, 상호 문화적인 역량은 상호 문화적인 상황에 의해 제시된 요구, 도전, 기회에 적절하고 효과적으로 대응하기 위해 관련 심리적 자원을 동원하고 배치할 수 있는 능력이다. 문화적으로 다양한 민주 사회에 거주하는 시민의 경우, 상호 문화 역량은 민주적 역량의 필수적인 측면으로 해석된다. 그런데 유럽 평의회의 문서에서 설명하는 역량 모델은 물리적 세계의 민주적이고 상호 문화적인 상황뿐만 아니라 디지털 세계의 그러한 상황에도 적용된다. 이러한 이유로 이 모델은 민주 시민교육, 인권교육, 상호문화교육뿐만 아니라 디지털 시민성 교육과도 관련이 있다.

유럽 평의회의 역량 모델은 역량을 역동적인 프로세스로 간주한다. 이는 역량은 개인이 주어진 상황에 적절하고 효과적으로 적응하는 방식으로 행동을 통해 적용되는 관련 심리적 자원의 선택, 활성화, 조직화, 조정을 포함하기 때문이다. 적절하고 효과적인 적응은 상황의 변화하는 요구와 필요를 충족하려고 필요한 경우에는 행동과 상황의 결과, 그리고 행동의 조정과 수정(추가 심리적인 자원의 동원이 수반될 수 있음.)을 계속해서 감시하는 것을 포함한다. 즉, 유능한 개인은 상황적 우발 사건에 따라 역동적인 방식으로 심리적 자원을 동원하고 배치한다.

한편, 역량은 기술, 지식, 이해뿐만 아니라 가치와 태도도 포함한다. 가치와 태도는 상호 문화적인 상황에 적절하고 효과적으로 행동하기 위해 필수적이다. 유럽 평의회의 역량 모델에서 민주적이고 상호 문화적으로 유능한 행동은 개인이 민주적이고 상호 문화적인 상황에 의해 제시되는 끊임없이 변화하는 요구, 도전, 기회에 적절하고 효과적으로 대응하는 역동적이고 적응적인 과정에서 발생하는 것이다. 이는 가치, 태도, 기술, 지식 및 이해라는 개인의 완전한 레퍼토리에서 선택적으로 도출되는 다양한 심리적 자원의 유연한 이동, 조정, 배치를 통해 달성된다.

③ 역량 모델의 세부 내용

민주적인 문화의 맥락에서 개인은 민주적이고 상호 문화적인 상황이 제기하는 요구, 도전, 기회와 마주하여 적절하고 효과적으로 역량을 동원하고 배치하여 유능하게 행동한다. 유럽 평의회의 역량 모델에서 역량은 가치, 태도, 기술, 지식 및 비판적 이해의 네 범주로 구분된다.

가치

가치는 삶에서 추구해야 할 바람직한 목표에 관해 개인이 보유하는 일반적인 믿음이나 신념이다. 가치는 행동에 동기를 부여하고, 어떻게 행동해야 할지를 결정하기 위한 안내 원칙으로 작용한다. 가치는 특정한 행동과 맥락을 초월하므로, 많은 다른 상황에 걸쳐 행해지거나 생각되어야 하는 것에 대한 규범적이고 규정적인 특징을 갖고 있다. 가치는 자신과 타인의 행동을 평가하고, 의견·태도·행동을 정당화하며, 대안을 결정하고, 행동을 계획하며, 타인에게 영향력을 행사하려는 시도를 위한 기준이나 규준을 제공한다. 민주주의 문화에서 참여에 결정적인 세 가지 가치는 다음과 같다.

① 인간을 존엄성과 인권을 소중하게 여기기

이 첫 번째 가치는 모든 개인이 동등한 가치를 가지고 있고, 동등한 존엄성을 가지고 있으며, 동등한 존중을 받을 자격이 있고, 똑같은 인권과 기본적 자유를 가질 자격이 있으므로, 그에 따라 대우를 받아야 한다는 일반적인 믿음에 기초한다. 이러한 믿음은 인권이 보편적이고 양도할 수 없으며 불가분하고, 구별 없이 모두에게 적용된다는 사실, 인권은 인간이 존엄한 삶을 영위하는 데 본질적인 최소한의 보호 장치를 제공한다는 사실, 인권은 세상에서 자유·평등·정의·평화를 위한 본질적인 토대를 제공한다는 사실을 가정한다. 그러므로 이 가치는 다음과 같은 사항을 포함한다.

- 특정한 문화적 소속, 지위, 능력 또는 상황과 관계없이 모든 사람이 공통의 인간성을 공유하며 동등한 존엄성을 가지고 있다는 인식
- 인권의 보편적이고, 양도 불가하며, 결코 나눌 수도 없는 본질을 인정하기
- 인권은 항상 증진·존중·보호되어야만 한다는 인식
- 타인의 인권을 침해하지 않는 한, 기본적인 자유는 항상 보호를 받아야 한다는 인식
- 인권은 사회에서 동등하게 함께 살기 위한 그리고 세계에서 정의와 평화를 위한 토대를 제공한다는 인식

② 문화적 다양성을 소중히 여기기

두 번째 가치는 다른 문화적 소속, 문화적 차이와 다양성 그리고 관점·견해·관행에 대한 다원주의를 긍정적으로 간주하고, 높이 평가하며, 소중히 여겨야 한다는 일반적인 믿음에 바탕을 두고 있다. 이러한 믿음은 문화적 다양성이 사회를 위한 자산이라는 사실, 사람들은 다른 사람들의 다양한 관점에서 배우고 이익을 얻을 수 있다는 사실, 문화적 다양성은 촉진되고 보호되어야 한다는 사실, 사람들은 그들이 인식한 문화적 차이와 상관없이 상호작용하도록 고무되어야 한다는 사실, 그리고 상호 문화적인 대회는 사회에서 동등하게 함께 사는 민주주의 문화를 발전시키기 위해 사용되어야 한다는 사실을 강조한다.

인권을 중시하는 것과 문화적 다양성을 중시하는 것 사이에는 모종의 긴장감이 맴돈다. 인권을 기본적인 가치 기반으로 삼은 사회에서 문화적 다양성을 중시하는 것은 일정한 한계를 가질 것이다. 이러한 한계는 다른 사람의 인권과 자유를 증진하고 존중하며 보호해야 하는 필요성에 의해 정해진다. 따라서, 역량 모델에서는 다른 사람의 인권과 자유를 훼손하지 않는 한, 문화적 다양성은 항상 가치 있게 여겨져야 한다고 가정한다. 이 가치는 다음과 같은 사항을 포함한다.

- 문화적 다양성과 의견 · 세계관 · 관행의 다원성은 사회의 자산이며, 사회의 모든 구성원의 질을 향상하는 기회를 제공한다는 인식
- 모든 사람은 다를 수 있는 권리 및 자신만의 관점 · 견해 · 의견을 선택할 권리를 갖고 있다는 인식
- 타인의 인권과 자유를 훼손하는 방향을 지향하지 않는 한, 사람들은 항상 타인의 관점, 견해, 신념 및 의견을 존중해야 한다는 인식
- 타인의 인권과 자유를 훼손하거나 침해하지 않는 한, 사람들은 타인의 생활양식과 관행을 항상 존중해야 한다는 인식
- 사람들은 자신과 다르다고 인식되는 사람들과 대화에 참여하고 경청해야만 한다는 인식

③ 민주주의, 정의, 공정, 평등, 법치를 소중히 여기기

세 번째 가치는 사회가 어떻게 운영되어야 하고 어떻게 통치되어야 하는지에 대한 믿음에 기초한다. 동시에 이 가치는 다음과 같은 믿음을 포함한다. 첫째, 모든 시민은 사회를 규제하기 위해 사용되는 법을 형성하고 제정하는 과정에 동등하게(직접 또는 간접적으로 선출된 대표자를 통해) 참여할 수 있어야 한다. 둘째, 모든 시민은 자신이 속한 사회에서 작동하는 민주적 절

차에 적극적으로 참여해야 한다. 그런데 이것은 양심이나 상황의 이유에서 때로 참여하지 않는 것을 의미할 수도 있다. 셋째, 결정은 다수결로 이루어지지만, 모든 유형의 소수자에 대해 정의롭고 공정한 대우를 보장해야 한다. 넷째, 사회 정의, 공정, 평등이 사회의 모든 수준에서 작동해야 한다. 다섯째, 법치가 만연하여 모두가 공유하는 법에 일치하여 사회의 모든 성원이 정의롭고 공정하게 그리고 편파적이지 않고 평등하게 대우를 받아야 한다. 세 번째 가치는 다음과 같은 사항을 포함한다.

- 기존의 민주적 절차가 최적이 아닐 수 있으며 때로는 민주적 수단을 통해 그것을 바꾸거나 개선할 필요가 있음을 인식하면서, 민주적 과정과 절차를 위해 지원하는 것
- 양심이나 상황의 이유로 참여하지 않는 것이 때로는 정당화될 수 있음을 인식하면서, 적극적 시민성의 중요성을 인식하는 것
- 정치적 의사결정에 대한 시민 참여의 중요성을 인식하는 것
- 소수자 견해를 가진 사람의 자유를 포함하여 시민의 자유를 보호할 필요성을 인식하는 것
- 갈등과 논쟁의 평화적인 해결을 위한 지원
- 국가 출신, 민족, 인종, 종교, 언어, 연령, 젠더, 정치적 의견, 출생, 사회적 출신, 재산, 장애, 성적 지향 또는 기타 지위에 상관하지 않고, 모든 사회 성원에 대하여 정의롭고 공정한 대우를 해야 한다는 사회 정의감과 사회적 책임감
- 법치 및 정의를 보장하는 수단으로서 법 아래서 모든 시민의 평등하고 공평한 대우를 위한 지원

태도

태도는 어떤 사람이나 어떤 것을 향해 개인이 채택하는 전반적인 정신

지향이다. 태도는 네 가지 구성 요소로 이루어진다. 태도의 대상에 관한 믿음이나 의견, 대상을 향한 정서나 감정, 대상에 대한 긍정적 혹은 부정적 평가, 대상을 향해 특정한 방식으로 행동하려는 경향이 바로 태도의 네 가지 구성 요소다. 민주주의 문화에 중요한 여섯 가지 태도는 다음과 같다.

① 문화적 다름 및 다른 믿음, 세계관, 관행에 대한 개방성

개방성은 자신과 문화적 소속이 다르다고 인식되는 사람들을 향한 태도 또는 자신과 다른 세계관, 신념, 가치관, 관행을 향한 태도다. 문화적 다름을 향한 개방성의 태도는 단지 자신의 개인적 즐거움이나 이익을 위해 색다른 경험을 축적하는 것에 관심을 보이는 태도와 구별될 필요가 있다. 개방성은 다음과 같은 것을 포함한다.

- 문화적 다양성 및 자신과 다른 세계관, 신념, 가치, 관행에 대한 민감성
- 다른 문화적 지향과 소속 및 다른 세계관, 신념, 가치, 관행에 관하여 호기심을 갖고 그 차이를 발견하고 학습하는 것에 대한 흥미와 관심
- 다른 사람의 세계관, 신념, 가치, 관행에 관한 판단을 유보하려는 의향 및 자신의 세계관, 신념, 가치, 관행의 자연스러움에 의문을 제기하려는 의향
- 자신과 다르다고 인식되는 타인과 관계를 맺을 수 있는 정서적 준비성
- 평등한 관계에서 자신과 다른 문화적 소속을 가진 것으로 인식되는 사람들과 교류하고, 협력하고, 상호작용할 기회를 모색하거나 취하고자 하는 의향

② 존중

존중은 어떤 사람이나 어떤 것에 대한 태도(예: 사람, 믿음, 상징, 원칙, 관행)로서, 그러한 태도의 대상이 긍정적인 평가와 존경을 보증하는 모종의 중요성과 가치를 갖고 있다고 판단된다. 존중은 대상의 본질에 따라 매우

다른 형태(예: 학칙에 대한 존중, 노인의 지혜에 대한 존중, 자연에 대한 존중)를 취할 수 있다. 민주주의 문화의 맥락에서 특히 중요한 존중의 한 유형은 다른 문화적 소속이나 다른 신념, 의견, 관행을 가진 것으로 인식되는 다른 사람들에게 부여되는 존중이다. 그러한 존중은 모든 인간의 내생적 존엄과 평등 및 그들의 소속, 신념, 의견 또는 관행을 선택할 수 있는 양도할 수 없는 인권을 가정한다. 이러한 유형의 존중은 자신과 다른 사람 사이에 존재할 수 있는 실제 차이를 최소화하거나 무시할 필요가 없다. 존중은 자신과 상대방 사이에 존재하는 차이를 인식하고 인정하면서 그러한 관계, 신념, 의견 또는 관행을 보유하고 있는 상대방의 존엄성과 권리에 대한 긍정적인 평가를 수반하는 태도다. 다른 사람과의 민주적 상호작용과 상호 문화적인 대화를 촉진하기 위해서는 존중의 태도가 필요하다. 그러나, 존중에는 한계가 있음에 유념해야 한다. 타인의 존엄성, 인권, 자유를 훼손하거나 침해하는 신념과 견해, 생활방식, 관행마저도 존중해서는 안 된다.

존중의 개념은 민주주의 문화에 필요한 태도로서 관용의 개념보다 더 나은 것을 반영한다. 어떤 맥락에서 관용은 단순히 차이를 참아내거나 견디는 것 및 견디기 싫은 어떤 것을 그대로 용인하는 것을 일삼는 것을 함축하는 의미를 전달한다. 관용은 때로는 차이를 단순히 수용하고 인정하여 차이의 존재를 허용하는 권력 행동을 포함하는 것으로 여겨진다. 그리고 그러한 관용 행동을 통해 관용을 베푸는 개인의 권력과 권위를 높이는 것으로 여겨진다. 존중은 관용보다 덜 모호한 개념으로, 상대방의 존엄성, 권리, 자유에 대한 인식 및 자신과 타인의 평등 관계에 기초한다. 존중은 다음과 같은 사항을 포함한다.

- 어떤 사람이나 어떤 것이 본질적 중요성과 가치를 갖고 있다는 판단에 근거하여 어떤 사람이나 어떤 것에 대한 긍정적인 평가와 존경

- 특정한 문화적 소속, 신념, 의견, 생활 양식 또는 관행에 상관하지 않고 공통의 존엄성을 공유하며, 똑같은 인권과 자유를 가진 동등한 인간으로서 타인에 대한 긍정적인 평가와 존경
- 타인의 존엄, 인권이나 자유를 침해하지 않는 한, 다른 사람이 채택한 신념, 의견, 생활 양식, 관행에 대한 긍정적인 평가와 존경

③ 시민 정신

시민 정신은 공동체나 사회 집단을 향한 태도다. 여기서 공동체는 자신의 가족이나 친구보다 더 큰 사회 집단이나 문화 집단을 지칭한다. 모든 개인은 다양한 집단에 속해 있고, 시민 정신의 태도는 그런 집단을 향해 드러날 수 있다. 시민 정신은 다음과 같은 것을 포함한다.

- 공동체에 대한 소속감 및 동일시
- 공동체의 다른 사람, 그런 사람들 간의 상호 연관성, 그런 사람들에게 자신의 행동이 미치는 영향력에 대해 유념하기
- 공동체의 다른 사람들과 협력하려는 의향, 그들의 권리와 복지에 대한 우려와 배려의 감정, 공동체에서 권력이 없거나 불이익을 당할 수 있는 사람들을 보호하려는 의향을 포함하여 공동체의 다른 사람들과의 연대감
- 공동체 및 공동체의 사건과 관심사에 관해 관심을 표명하고, 주의를 기울이기
- 시민 의무감, 공동체 생활에 적극적으로 공헌하려는 의향, 공동체의 사건, 관심사, 공동선에 관한 결정에 참여하려는 의향, 문화적 소속에 상관하지 않고 공동체의 다른 성원과의 대화에 참여하려는 의향
- 공동체에서 자신이 맡은 역할이나 지위에 부속된 자신의 능력, 책임, 의무, 책무를 최상으로 실현하는 것에 대한 헌신
- 공동체의 다른 사람들에 대한 책무감 및 자신의 결정과 책임에 대해 타인에

게 책임을 져야 한다는 것을 수용하는 것

④ 책임

책임이라는 용어는 많은 의미를 내포한다. 민주주의 문화와 특히 관련된 두 가지 의미는 역할 책임과 도덕적 책임이다. 전자는 시민 정신의 한 측면이므로, 여기서는 주로 도덕적 책임만을 다룬다. 도덕적 책임은 자신의 행동에 대한 태도다. 그것은 어떤 사람이 특정한 방식으로 행동할 의무가 있을 때 발생하며, 그러한 행동을 하거나 그러한 방식으로 행동하지 못한 것에 근거하여 칭찬이나 비난을 받을 자격이 있다. 칭찬받을 만한 혹은 비난받을 만한 것으로 판단되는 개인에게 필요한 조건은 그들이 자신의 행동에 관해 성찰하고, 그들이 어떻게 행동할 것인가에 대한 의도를 형성할 수 있고, 그들이 선택한 행동을 실행할 수 있는 것이다. 따라서, 자원 부족이나 구조적인 조건이 공모하여 그 개인의 행동을 방해할 때 그 사람에게 칭찬이나 비난을 돌리는 것은 부적절하다. 원칙적인 입장을 채택하는 것은 스스로 행동하거나, 공동체의 규범에 반하는 행동을 하거나, 잘못되었다고 판단되는 집단적 결정에 도전하는 것을 수반하는 한, 책임은 용기를 필요로 할 수 있다. 그러므로, 때때로 시민 정신(타인에 대한 연대성과 충성심)과 도덕적 책임 간의 긴장이 발생할 수도 있다. 자신의 행동에 책임을 지는 태도는 다음과 같은 것을 포함한다.

- 자신의 행동 및 그러한 행동이 초래할 수 있는 결과에 대한 성찰적이고 사려 깊은 접근법을 채택하기
- 가치 또는 일군의 가치에 기초하여 자신의 의무와 책무 및 특정 상황과 관련하여 행동해야 하는 방식을 식별하기
- 자신이 취할 행동에 관하여 결정하기

- 자율적인 행위자로서 행동을 취하기 또는 행동을 회피하기
- 자신의 결정과 행동의 본질이나 결과에 책임지려는 의향
- 자신을 평가하고 판단하려는 의향
- 이것이 필요하다고 판단될 때 용기 있게 행동하려는 의향

⑤ 자기 효능감

자기 효능감은 자신을 향한 태도다. 자기 효능감은 특정한 목적을 달성하는 데 필요한 행동을 취하는 자신의 능력에 대한 긍정적인 믿음이다. 이러한 신념은 무엇이 필요한지 이해하고, 적절한 판단을 내릴 수 있으며, 일을 성취하기 위한 적절한 방법을 선택할 수 있고, 장애물을 성공적으로 탐색할 수 있으며, 일어나는 일에 영향을 줄 수 있고, 자신과 다른 사람의 삶에 영향을 미치는 사건에 변화를 줄 수 있다는 더 많은 믿음을 수반한다. 그러므로, 자기 효능감은 자신의 능력에 대한 자신감과 관련이 있다. 낮은 자기 효능감은 높은 수준의 능력이 있을 때조차도 민주적이고 상호 문화적인 행동을 위축시킬 수 있고, 비현실적으로 높은 자기 효능감은 좌절과 실망을 초래할 수 있다. 최적의 태도는 현실적으로 추정되는 높은 수준의 능력과 결합한 상대적으로 높은 자기 효능감으로, 이것은 개인이 새로운 도전과 씨름하는 것을 격려하고 관심 있는 이슈에 관한 행동을 개시할 수 있게 한다. 따라서 자기 효능감은 다음의 사항을 포함한다.

- 이슈를 이해하고, 판단을 내리며, 과제를 달성하기 위한 적절한 방법을 선택하는 능력에 대한 믿음
- 특정 목표를 달성하는데 필요한 행동 방안을 조직하여 실행하고, 발생할 수 있는 장애물을 탐색하는 능력에 대한 믿음
- 새로운 도전과 씨름하는 것에 대한 자신감

- 권력과 권위의 위치에 있는 사람들의 결정이나 행위가 불공정하거나 부당하다고 판단될 때 그들에게 도전하거나 책임을 추궁하는 것을 포함하여, 민주적 목표 달성에 필요하다고 판단되는 행동에 대한 자신감
- 자신과 다른 문화적 소속을 가진 것으로 인식되는 사람들과 상호 문화적인 대화에 참여하는 것에 대한 자신감

⑥ 모호성에 대한 관용

모호성에 대한 관용은 불확실하고 많은 상충과 양립 불가능한 해석에 놓여 있다고 여겨지는 대상, 사건, 상황을 향한 태도다. 모호성을 높게 관용하는 사람은 이러한 유형의 사물, 사건, 상황을 긍정적인 방식으로 평가하고, 그것에 내재하는 명확성의 결핍을 기꺼이 받아들이며, 다른 사람들의 관점이 그들 자신의 관점만큼 적절할 수 있다는 것을 기꺼이 인정하고, 모호성을 건설적으로 다루려고 한다. 따라서, 여기서 관용은 모호한 것을 견디거나 참는 부정적인 의미보다는 모호함을 받아들이고 포용하는 긍정적인 의미에서 이해되어야 한다. 모호성에 대한 관용이 낮은 사람은 불분명한 상황과 이슈에 대해 하나의 관점을 채택하고, 낯선 상황과 이슈에 대해 폐쇄적인 태도를 보유하며, 세상에 관해 사고하는 것을 위해 고정적이고 융통성 없는 범주를 사용한다. 그러므로 모호성에 대한 관용은 다음의 사항을 포함한다.

- 어떤 주어진 상황이나 이슈에 관하여 많은 관점과 해석이 존재할 수 있음을 인식하고 인정하는 것
- 어떤 상황에 대한 자신의 관점이 타인의 관점보다 못할 수도 있음을 인식하고 인정하는 것
- 복잡함, 모순, 명확성의 결핍을 수용하는 것

- 불완전하고 부분적인 정보만 이용할 수 있을 때 과제를 수행하려는 의향
- 불확실성을 관용하고 그것을 건설적으로 다루려는 의향

기술

　기술은 특정한 목적이나 목표를 달성하기 위해 적응적인 방식으로 복잡하고 잘 조직화 된 유형의 사고나 행동을 실행하기 위한 능력이다. 민주주의 문화에 중요한 기술은 모두 여덟 가지다.

　① 자율적인 학습 기술

　자율적인 학습 기술은 개인이 자신의 필요에 따라 다른 사람의 자극을 받지 않고 자기 주도적이고 자기 조절적인 방식으로 자신의 학습을 추구·조직·평가하는 데 필요한 기술이다. 자율적인 학습 기술은 민주주의 문화에 중요하다. 왜냐하면 그것은 개인이 정치적·시민적·문화적 이슈에 관한 정보의 제공을 위해 그들의 즉각적인 환경에서의 대리인에게 의존하지 않고, 멀고 가까운 다양한 소스를 사용하여 그 이슈들에 관해 스스로 다루는 방법을 배울 수 있게 해주기 때문이다. 자율적인 학습 기술은 다음의 능력이나 기술을 포함한다.

- 자신의 학습 욕구를 식별하기: 이러한 욕구는 지식이나 이해의 격차, 기술의 결핍이나 빈약한 숙달, 현재의 태도나 가치의 결과로부터 발생하는 곤란에서 유래한다.
- 이러한 욕구를 다루는 데 필요한 정보, 조언, 안내의 가능한 출처를 식별하여 찾아내어 접근하기: 이러한 출처는 개인적 경험, 타인과의 상호작용과 논의, 자신과는 다른 문화적 소속이 다르다고 여겨지는 사람과의 만남, 자신과는 다른 신념·견해·세계관을 가졌다고 여겨지는 사람과의 만남, 온라인/

오프라인 미디어 출처를 포함한다.
- 여러 가지 정보·조언·안내 출처의 신뢰성을 판정하고 그것의 가능성 있는 편향과 왜곡을 평가하기, 가용한 범위에서 가장 적절하고 적합한 출처를 선택하기
- 정보를 처리하여 학습하는 것, 가장 적절한 학습 전략이나 기법을 활용하는 것, 조언이나 안내를 받아들이거나 따르는 것, 가장 신뢰할 수 있는 출처에 따라서 자신의 기존 지식·이해·기술·태도·가치의 목록을 조정하는 것
- 학습한 것 및 진전을 이룬 것에 관해 생각하기, 사용된 학습 전략을 평가하기, 여전히 수행되어야 할 필요가 있을 수 있는 추가 학습과 습득해야 할 수 있는 새로운 학습 전략에 대한 결론을 도출하기

② 분석적·비판적 사고 기술

분석적 사고 기술과 비판적 사고 기술은 상호 관련된 기술의 크고 복잡한 군집으로 구성된다. 분석적 사고 기술은 체계적이고 논리적인 방식으로 모든 종류의 자료(예: 텍스트, 주장, 해석, 이슈, 사건, 경험)를 분석하는데 필요한 기술이다. 분석적 사고 기술은 다음과 같은 능력이나 기술을 포함한다.
- 분석 대상 자료를 구성 요소로 체계적으로 분류하고, 그 요소를 논리적으로 구성함.
- 각 요소의 의미를 식별하고 해석하며, 이러한 요소를 이미 알려진 요소와 비교 및 관련시키고 유사성과 차이를 식별함.
- 요소 간의 관계를 검토하고 요소들 사이에 존재하는 연결(논리 관계, 인과 관계, 시간 관계 등)을 확인함.
- 요소 간의 모순, 불일치 또는 차이를 확인함.
- 개별 요소에 대해 가능한 대안적 의미와 관계를 파악하고, 전체로부터 누락

될 수 있는 새로운 요소를 생성하며, 전체에 미치는 영향을 결정하기 위해 체계적으로 요소를 변경하고, 검토된 요소의 새로운 합성을 생성함(새로운 가능성과 대안을 상상하고 탐구함.).
- 전체에 대한 논리적이고 방어적인 결론을 도출하기 위해 분석 결과를 조직적이고 일관성 있는 방식으로 도출함.

비판적 사고 기술은 모든 종류의 자료를 평가하고 그것에 관한 판단을 내리는 데 필요한 기술로 구성된다. 비판적 사고 기술은 다음과 같은 능력이나 기술을 포함한다.
- 내적 일관성 및 이용 가능한 증거와 경험과의 일관성을 기반으로 평가하기
- 분석 대상 자료가 타당성, 정확성, 수용 가능성, 신뢰성, 적절성, 유용성, 설득력을 담고 있는지를 판단하기
- 자료의 기초가 되는 선입견, 가정, 텍스트 또는 커뮤니케이션 규약을 이해하고 평가하기
- 자료의 문자 그대로의 의미뿐만 아니라, 자료를 생산하거나 창조한 사람의 근본적인 동기, 의도 및 의제를 포함한 광범위한 수사학적 목적에 관여하기(정치적 커뮤니케이션의 경우, 이것은 선전을 식별하는 능력 및 선전물을 제작한 사람의 근본적인 동기, 의도, 목적을 해체할 수 있는 능력을 포함함.)
- 자료에 대한 평가적인 판단을 돕기 위해 자료를 그것이 생산된 역사적 맥락에 배치하기
- 검토 중인 자료에 존재하는 대안, 가능성, 해결책에 대한 다양한 대안을 생성하여 상세하게 설명하기
- 이용 가능한 선택지의 찬반을 따져보기: 이것은 비용 편익 분석(단기 및 장기 관점 모두 포함), 자원 분석(각 선택지에 필요한 자원이 실제로 이용 가능

한 것인지를 확인함.) 및 위험 분석(각 선택지와 관련된 위험과 그 위험의 관리 방법에 대한 이해 및 평가)을 포함함.
- 명시적이고 구체적인 기준, 원칙, 가치, 설득력 있는 증거에 기초하여 특정한 해석, 결론, 행동 방안에 대한 논리적이고 방어적인 주장을 구성하기 위해 조직적이고 일관성 있는 방식으로 평가 과정의 결과를 도출하기
- 평가 과정에 편향될 수 있는 자신의 가정과 선입견을 인식하고, 자신의 신념과 판단이 항상 우연적이고 자신의 문화적 소속과 관점에 의존한다는 것을 인정하기

효과적인 분석적 사고는 비판적 사고(즉, 분석 중인 자료에 대한 평가)를 통합하고, 효과적인 비판적 사고는 분석적 사고(즉, 차이점을 도출하고 연결을 만드는 것)를 통합한다. 이러한 이유로 분석적 기술과 비판적 사고 기술은 서로 깊이 연결되어 있다.

③ 경청 및 관찰 기술
경청 및 관찰 기술은 다른 사람들이 말하는 것을 이해하고 다른 사람들의 행동으로부터 배우는 데 필요한 기술이다. 다른 사람이 말하는 것을 이해하려면 적극적인 경청이 필요하다. 적극적인 경청은 다른 사람이 말하는 내용만이 아니라 그 사람의 음색, 목소리, 속도, 눈동자, 안면 표정, 몸짓 등에 주의를 기울여야 한다. 다른 사람들의 행동에 대한 면밀한 관찰 조사는 다른 사회적 환경과 문화적 맥락에서 가장 적절하고 효과적인 행동에 대한 정보의 중요한 원천이 될 수 있으며, 그 정보의 파지 및 나중에 유사한 상황에서 타인의 행동을 모방하는 것을 통해 학습자가 그 행동을 숙달시키는 것을 돕는다. 경청 및 관찰 기술은 다음과 같은 능력이나 기술을 포

함한다.
- 화자가 말하는 것뿐만 아니라 말하는 방법 및 몸짓 언어에 주의를 기울이기
- 음성 및 비(非)음성 메시지 사이의 불일치에 주의를 기울이기
- 의미의 미묘함 및 부분적으로만 언급되거나 실제로 언급되지 않은 것에 주의를 기울이기
- 말한 내용과 말을 하는 사회적 맥락 사이의 관계에 주의를 기울이기
- 타인의 행동에 세심한 주의를 기울이고, 그 행동에 대한 정보 특히 자신과 다른 문화적 소속을 가진 것으로 인식되는 타인의 행동을 파지하기
- 같은 상황에 사람들이 어떻게 반응하는지, 특히 서로 다른 문화적 소속을 가진 것으로 인식되는 사람들의 유사점과 차이점을 주의 깊게 살피기

④ 공감

공감은 다른 사람의 생각·믿음·감정을 이해하고 그것과 관계하며, 다른 사람의 시각으로 세상을 보는 데 필요한 기술들의 집합이다. 공감은 자신의 심리적 준거 체제를 벗어나는 능력(즉, 자신의 관점에서 벗어나는 능력)과 다른 사람의 관점 및 심리적 준거 체제를 상상적으로 인식·이해하는 능력을 포함한다. 이 기술은 다른 사람들의 문화적 소속, 세계관, 신념, 관심사, 감정, 소망, 욕구를 상상하는 데 필수적이다. 다음과 같이 구별될 수 있는 몇 가지 다른 형태의 공감이 존재한다.
- 인지적 관점채택: 다른 사람의 인식, 사고, 믿음을 파악하고 이해하는 능력
- 정의적 관점채택: 다른 사람의 정서, 감정, 욕구를 파악하고 이해하는 능력
- 동정심(공감적 관심): 타인의 인지적·정의적 상태나 조건, 물질적 상황이나 사태에 대한 파악에 근거하여 타인에 대한 동정심 및 우려의 감정을 경험하는 능력

⑤ 유연성 및 적응성

유연성과 적응성은 새로운 맥락과 상황에 대해 원칙적인 방식으로 자신의 사고·감정·행동을 조정해서 도전·요구·기회에 효과적이고 적절하게 대응할 수 있게 만드는 기술이다. 유연성과 적응성은 개인이 신기함과 변화 및 다른 사람들의 사회적·문화적 기대, 의사소통 스타일과 행동에 긍정적으로 적응할 수 있게 한다. 유연성과 적응성은 개인이 새로운 상황적 우연, 경험, 만남 및 정보에 대응하여 사고·감정·행동 유형을 조정할 수 있도록 한다. 이러한 방식으로 정의되는 유연성과 적응성은 개인적인 이득이나 이익을 위해 원칙이 없이 또는 기회주의적으로 행동을 조정하는 것과 구별될 필요가 있다. 유연성과 적응성은 외부적으로 강요된 적응과 구별될 필요가 있다. 따라서 유연성과 적응성은 다음과 같은 능력이나 기술을 포함한다.

- 환경의 변화에 맞추어 습관적인 사고방식을 조정하기 또는 문화적 단서에 대응하여 일시적으로 다른 인지적 관점으로 전환하기
- 새로운 증거와 합리적인 논거에 비추어 자신의 의견을 재고하기
- 타인과 더 효과적이고 적절한 의사소통과 협력을 촉진하기 위해 자신의 정서와 감정을 통제하고 조절하기
- 자신과 문화적 소속이 다르다고 인식되는 타인을 만나 교류하는 것에 대한 불안, 걱정, 동요를 극복하기
- 자신의 집단과 역사적으로 갈등 관계였던 다른 집단의 구성원에 대한 부정적인 감정을 조절하고 감소하기
- 지배적인 문화 환경에 따라 사회적으로 적절한 방식으로 행동을 조정하기
- 자신과 다른 의사소통 스타일과 행동에 적응하기 및 타인의 문화적 규범을 위반하는 것을 피하고 타인이 이해할 수 있는 수단을 통해 의사소통하려고

적절한 의사소통 스타일과 행동으로 전환하기

⑥ 언어, 의사소통, 다국어 기술

언어, 의사소통, 다국어 기술은 다른 사람과 효과적이고 적절하게 의사소통하는 데 필요한 기술이다. 이것은 다음과 같은 능력이나 기술을 포함한다.

- 다양한 상황에서 명확하게 의사소통할 수 있는 능력: 이것은 자신의 신념·의견·관심·욕구를 표현하기, 아이디어를 설명하고 명료화하기, 옹호하기, 홍보하기, 논쟁하기, 추론하기, 토의하기, 토론하기, 설득하기, 협상하기를 포함한다.
- 서로의 언어를 이해하기 위해 한 가지 이상의 언어, 언어 다양성, 공유 언어나 피진어를 사용하여 상호 문화적인 상황의 의사소통 요구를 충족할 수 있는 능력
- 권력의 불균형으로 자신이 불이익을 받는 상황에서도 공격성 없이 자신 있게 자신을 표현할 수 있는 능력 및 타인의 존엄성과 권리를 존중하는 방식으로 타인과의 근본적인 의견 차이를 표현할 수 있는 능력
- 다른 사회 집단과 그 문화에 의해 사용된 의사소통에서 다른 형태의 표현 및 의사소통 규약(언어 및 비언어 모두)을 인식할 수 있는 능력
- 자신의 의사소통 행동을 조정·수정하여 대화자 및 지배적인 문화적 환경에 적합한 의사소통 관습(언어 및 비언어 모두)을 사용하는 능력
- 다른 사람이 표현한 의미가 불분명하거나 다른 사람이 생성한 언어 및 비언어 메시지 간의 모순이 존재하는 경우, 적절하고 민감한 방식으로 명료화를 요구하는 질문을 할 수 있는 능력
- 타인에게 반복이나 재(再)공식화를 요청하거나 자신이 오해한 의사소통의

재진술, 수정, 단순화를 제공하여 의사소통의 실패를 관리하는 능력
- 번역 · 해석 · 설명 기술을 포함하여 문화간 교류에서 언어적 중재자 역할을 할 수 있는 능력, 그리고 다른 사람들이 그들 자신과 다른 문화적 소속을 가진 것으로 인식하는 어떤 사람이나 어떤 것의 특성을 이해하고 파악할 수 있도록 도와줌으로써 문화 간 중재자 역할을 할 수 있는 능력

⑦ 협력 기술

협력 기술은 공유된 활동, 과업, 모험에 대해 다른 사람과 성공적으로 참여하는데 필요한 기술로서, 다음과 같은 능력이나 기술을 포함한다.
- 집단 환경에서 견해와 의견을 표명하고, 다른 집단 구성원이 자신의 견해와 의견을 표현하도록 권장하기
- 집단 내에서 합의와 타협을 구축하기
- 상호적이고 조화된 방식으로 다른 사람과 함께 행동하기
- 집단의 목표를 확인하여 설정하기
- 집단의 목표를 추구하며 그러한 목표를 달성하기 위해 자신의 행동을 적응시키기
- 모든 집단 구성원의 재능과 강점을 높이 평가하고, 다른 구성원이 개선할 필요가 있고, 개선하고자 하는 영역에서 발전할 수 있도록 다른 구성원을 지원하기
- 집단 목표를 달성하기 위해 다른 집단 구성원이 서로 협력하고 도울 수 있도록 격려하고 동기를 부여하기
- 적절한 경우 다른 사람의 임무를 도와주기
- 관련 있고 유용한 지식, 경험, 전문 지식을 집단과 공유하고, 다른 집단 구성원이 그렇게 하도록 설득하기

- 자신과 타인의 감정적 갈등 징후를 포함하여 집단 환경에서 갈등을 인식하고, 평화적 수단과 대화를 사용하여 적절하게 대응하기

⑧ 갈등 해결 기술

갈등 해결 기술은 갈등을 평화적으로 다루고 관리하며 해결하는 데 필요한 기술로서 다음과 같은 능력이나 기술을 포함한다.

- 공격성과 부정성을 감소하고 예방하기 및 보복의 염려 없이 자신의 다른 의견과 관심을 자유롭게 표현할 수 있는 중립적인 환경을 조성하기
- 갈등 당사자 간의 수용성, 상호 이해, 신뢰를 권면하고 향상하기
- 상충하는 당사자의 힘과 지위의 차이를 인식하고, 그러한 차이가 상충하는 당사자들 간의 소통에 미칠 수 있는 영향을 줄이기 위한 방책을 마련하기
- 정서를 효과적으로 관리하고 조절하는 능력: 자신과 타인의 근본적인 정서·동기 상태를 해석하고, 자신과 타인의 정서적 스트레스·불안·위험을 처리하는 능력
- 갈등에 연루된 당사자의 다른 관점을 경청하고 이해하기
- 갈등 당사자가 가진 서로 다른 관점을 표현하고 요약하기
- 갈등 당사자가 가진 오해에 대응하여 그것을 감소하기
- 갈등 당사자들이 다른 당사자들이 갖는 관점에 관해 성찰하기 위해 때로는 침묵, 휴전, 행동하지 않는 기간이 필요할 수 있음을 인식하기
- 갈등의 원인과 기타 측면을 식별하기, 분석하기, 관련짓기, 맥락에서 살펴보기
- 갈등 당사자 간의 합의가 성립될 수 있는 공통의 근거를 파악하기, 갈등 해결을 위한 선택지를 확인하기, 가능한 타협이나 해결책을 다듬기
- 이용 가능한 선택지에 대한 이해를 높여 다른 사람이 갈등을 해결할 수 있도록 지원하기

지식과 비판적 이해

　지식은 사람이 소유하는 정보의 본체이며, 이해는 의미를 알고 파악하는 것이다. 자동적·습관적·무반성적 해석과는 반대로 비판적 이해는 민주적 과정 및 이해·해석되고 있는 것에 대한 적극적인 성찰과 비판적 평가를 포함하는 문화간 대화의 맥락에서 인식과 평가의 필요성을 더 강조하기 위해 사용된다. 민주주의 문화에 필요한 지식과 비판적 이해는 다음의 세 부류로 구분된다.

　① 자신에 관한 지식과 비판적 이해
　민주주의 문화에 효과적이고 적절하게 참여하기 위해서는 자기 인식과 자기 이해가 필수적이다. 자신에 관한 지식과 비판적 이해는 다음과 같은 다양한 측면을 포함한다.
- 자신의 문화적 소속에 관한 지식과 이해
- 세계에 대한 자신의 견해 및 그것의 인지적·정서적·동기적 측면과 편향에 관한 지식과 이해
- 세계에 대한 자신의 관점을 뒷받침하는 가정과 선입견에 대한 지식과 이해
- 세계에 대한 자신의 관점, 그리고 자신의 가정과 선입견이 자신의 문화적 소속과 경험에 좌우되어 타인에 대한 인식·판단·반응에 영향을 미치는 방식을 이해하기
- 특히 타인과의 의사소통 및 협력을 포함하는 맥락에서 자신의 정서·감정·동기를 인식하기
- 자신의 역량과 전문 지식의 한계에 대한 지식과 이해

② 언어와 의사소통에 관한 지식과 비판적 이해

언어와 의사소통에 대한 지식과 비판적 이해는 다양한 측면을 포함한다.

- 자신이 사용하는 언어에서 통용되는 사회적으로 적합한 언어적·비언어적 의사소통 규약에 대한 지식
- 다른 문화적 소속을 가진 사람들은 자신과는 다른 언어적·비언어적 의사소통 규약을 따를 수 있으며, 그것은 그들이 자신과 같은 언어를 사용하더라도, 그들의 관점에서 의미가 있음을 이해하기
- 문화적 소속이 다른 사람들은 서로 다른 방식으로 의사소통의 의미를 인식할 수 있음을 이해하기
- 같은 언어를 사용하는 다양한 방식 및 주어진 언어로 말하는 다양한 방식이 있음을 이해하기
- 언어 사용이 언어가 포함된 문화에서 유포되는 정보, 의미, 정체성의 전달자로 작동하는 문화 관행이 되는 방식을 이해하기
- 언어가 문화적으로 공유된 사상을 독특한 방식으로 표현하거나, 다른 언어를 통한 접근이 어려운 독특한 사상을 표현할 수 있음을 이해하기
- 서로 다른 의사소통 방식이 어떻게 충돌하거나 의사소통의 붕괴를 초래하는지 이해하는 것을 포함하여, 서로 다른 의사소통 방식이 타인에게 미치는 사회적 충격과 영향력을 이해하기
- 자신의 가정, 선입견, 인식, 신념, 판단이 자신이 말하는 특정 언어와 어떻게 관련되는지를 이해하기

③ 세계에 대한 지식과 비판적 이해(정치, 법률, 인권, 문화, 종교, 역사, 미디어, 경제, 환경 및 지속가능성 포함)

세계에 대한 지식과 비판적 이해는 다음을 포함한 다양한 영역에서 크고

복잡한 범위의 지식과 이해를 포섭한다.

첫째, 정치와 법에 관한 지식과 비판적 이해는 다음을 포함한다.
- 민주주의, 자유, 정의, 평등, 시민권, 권리와 책임, 법과 규칙의 필요성, 법치를 포함한 정치 및 법률 개념에 대한 지식과 이해
- 정당 역할, 선거 과정, 투표를 포함한 민주적 제도의 작동 방식 및 민주적 절차에 대한 지식과 이해
- 시민사회와 NGO가 수행하는 역할을 포함하여, 시민이 공적 심의와 의사결정에 참여할 수 있고 정책 및 사회에 영향을 미칠 수 있는 다양한 방식에 대한 지식과 이해
- 민주주의 사회에서 권력 관계, 정치적 불일치 및 의견 갈등, 그리고 이러한 불일치와 갈등을 평화적으로 해결할 수 있는 방식에 관한 이해
- 시사 문제, 현대 사회적·정치적 문제, 타인의 정치적 견해에 대한 지식과 이해
- 민주주의에 대한 현대의 위협에 대한 지식과 이해

둘째, 인권에 관한 지식과 비판적 이해는 다음을 포함한다.
- 인권이 모든 인간에게 내재하는 존엄성에 기초한다는 지식과 이해
- 인권이 보편적이고, 양도할 수 없고, 불가분하다는 지식과 이해, 그리고 모든 사람이 인권을 가질 뿐만 아니라 그들의 국가적 기원, 민족, 인종, 종교, 언어, 나이, 성별, 정치적 의견, 출생, 사회적 기원, 재산, 장애, 성적 지향 및 여타의 지위에 상관없이 다른 사람들의 권리를 존중할 책임이 있다는 지식과 이해
- 인권과 관련된 국가와 정부의 책무에 대한 지식 및 이해
- 세계 인권 선언, 유럽 인권 협약, 유엔 아동 권리 협약 등 인권의 역사에 대

한 지식과 이해
- 인권, 민주주의, 자유, 정의, 평화, 안보 사이의 관계에 대한 지식과 이해
- 다른 사회와 문화에서 인권을 해석하고 경험하는 다른 방법이 있을 수 있지만 가능한 차이는 문화적 맥락에 상관없이 인권에 대한 최소 기준을 설정한 국제적으로 합의된 법적 도구에 의해 형성된다는 지식과 이해
- 인권 원칙이 특정 상황에 어떻게 적용되는지, 인권침해가 어떻게 발생할 수 있는지, 인권침해를 어떻게 다루는지, 인권 간의 가능한 갈등을 어떻게 해결할 수 있는지에 대한 지식과 이해
- 오늘날 세계의 중요한 인권 문제에 대한 지식과 이해

셋째, 문화에 관한 지식과 비판적 이해는 다음을 포함한다.
- 사람들의 문화적 소속이 그들의 세계관, 선입견, 인식, 신념, 가치, 행동, 다른 사람들과의 상호작용을 형성하는 방법에 대한 지식과 이해
- 모든 문화 집단이 내적으로 가변적이고 이질적이며, 고정된 고유한 특징을 갖고 있지 않으며, 전통적인 문화적 의미에 이의를 제기하고 도전하는 개인을 포함하고 있고, 끊임없이 진화하고 변화한다는 것에 대한 지식과 이해
- 권력 구조, 차별적 관행, 문화 집단 내에서 및 문화 집단 사이의 제도적 장벽이 불리한 위치에 놓인 개인에 대한 기회를 제한하는 방법에 대한 지식과 이해
- 특정한 문화적 소속을 가진 사람들, 특히 자신과 상호 작용하고 소통하는 사람들 및 자신과 다른 문화적 소속을 가진 것으로 인식되는 사람들이 사용할 수 있는 특정 믿음, 가치, 규범, 실천, 담화, 산물에 대한 지식과 이해

넷째, 종교에 관한 지식과 비판적 이해는 다음을 포함한다.

- 특정한 종교 전통 역사의 주요 측면, 특정한 종교 전통의 주요 텍스트와 핵심 교리, 서로 다른 종교 전통 사이에 존재하는 공통점과 차이점에 대한 지식과 이해
- 종교적 상징, 종교적 의식 및 언어의 종교적 사용에 대한 지식과 이해
- 특정 종교를 숭배하는 개인의 신념, 가치, 실천, 경험의 주요 특징에 대한 지식과 이해
- 종교의 주관적 경험과 개인적 표현이 해당 종교의 표준 교과서 표현과 다양한 방식으로 다를 수 있다는 사실의 이해
- 개별 종교에 존재하는 신념과 실천의 내적 다양성에 대한 지식과 이해
- 모든 종교 집단이 전통적인 종교적 의미에 이의를 제기하고 도전하는 개인을 포함하고 있으며, 종교 집단이 고정된 본질적 특징을 갖고 있지 않은 채 끊임없이 진화하고 변화하고 있다는 사실에 대한 지식과 이해

다섯째, 역사에 관한 지식과 비판적 이해는 다음을 포함한다.
- 역사의 유동적 성격 및 과거에 대한 해석이 시간에 따라 그리고 문화에 따라 어떻게 달라지는지에 대한 지식과 이해
- 현대 세계를 형성한 역사적 힘과 요소에 대한 다양한 관점에서 특정한 내러티브에 관한 지식과 이해
- 특히 사실을 선택하고 구성하는 방법에 관한 역사적 조사 과정 및 역사적 내러티브, 설명, 주장의 생성에서 그 과정이 증거가 되는 방식에 대한 이해
- 주변화된 집단(예: 문화적 소수와 여성)의 기여는 종종 표준 역사의 내러티브에서 제외되기 때문에 역사에 대한 대안적인 정보원에 접근할 필요성에 대한 이해
- 자민족중심주의 관점에서 역사가 표현되고 교육되는 방법에 대한 지식과

이해
- 민주주의와 시민권의 개념이 시간이 지남에 따라 다른 문화에서 어떻게 다른 방식으로 진화해왔는지에 대한 지식과 이해
- 고정관념이 어떻게 해서 인간에 대한 개성과 다양성을 부정하고 인권을 훼손하는 데 사용되었고, 어떤 경우에는 반인류적 범죄를 초래했던 차별의 형태가 되었는지에 대한 지식과 이해
- 미래를 내다보면서 현재에 비추어 과거를 이해하고 해석하기, 그리고 과거가 현대 사회의 관심사와 이슈에 관련되는 사항을 이해하기

여섯째, 미디어에 관한 지식과 비판적 이해는 다음을 포함한다.
- 대중매체가 공적인 소비를 위해 정보를 송신하기 전에 정보를 선택, 해석, 편집하는 과정에 대한 지식과 이해
- 생산자와 소비자를 포함하는 상품으로서 대중 매체에 대한 지식과 이해 그리고 대중 매체를 위한 콘텐츠·이미지·메시지·광고의 제작자가 가질 수 있는 가능한 동기·의도·목적에 대한 지식과 이해
- 디지털 미디어, 디지털 미디어 콘텐츠·이미지·메시지·광고가 생산되는 방식, 그리고 디지털 미디어를 만들거나 재생산하는 사람들의 다양한 가능한 동기·의도·목적에 대한 이해
- 대중매체와 디지털 미디어 콘텐츠가 개인의 판단과 행동에 미칠 수 있는 영향에 대한 지식과 이해
- 대중매체와 디지털 매체에서 정치적 메시지·선전·혐오 발언이 어떻게 생산되는지, 이러한 형태의 커뮤니케이션을 어떻게 식별할 수 있는지, 그리고 개인이 이러한 커뮤니케이션의 영향으로부터 자신을 지키고 보호할 수 있는지에 대한 지식과 이해

일곱째, 경제, 환경, 지속 가능성에 관한 지식과 비판적 이해는 다음을 포함한다.
- 고용, 수익, 이윤, 세제, 정부 지출 간의 관계를 포함하여, 경제 및 경제적·재정적 과정에 대한 지식과 이해
- 소득과 지출의 관계, 부채의 성격과 결과, 대출의 실질 비용, 상환 능력을 넘어서는 대출의 위험에 대한 지식과 이해
- 세계 공동체의 경제적 상호의존성 그리고 개인적 선택과 소비 패턴이 세계 다른 지역에 미칠 수 있는 영향에 대한 지식과 이해
- 자연환경 그리고 자연환경에 영향을 미칠 수 있는 요인, 환경훼손과 관련된 위험, 현재의 환경문제, 책임 있는 소비와 환경보호 및 지속가능성의 필요성에 대한 지식과 이해
- 특히 전 세계적인 관점에서 보았을 때, 경제적·사회적·정치적·환경적 처리 과정 간의 연관성에 대한 지식과 이해
- 세계화와 관련된 윤리적 이슈에 대한 지식과 이해

지금까지 살펴본 바와 같이 유럽 연합이 추진하는 민주 시민의 역량 모델은 우리가 통일교육에서 강조해야 할 민주 시민의 역량이 무엇인지를 파악하는 데 실질적인 도움을 준다. 통일교육이 성숙한 민주 시민의 양성에 주력해야 한다는 것은 너무나도 분명하다. 이제 우리는 유럽 연합의 민주적 역량 모델을 참조하여 우리 실정에 적합한 민주 시민의 역량 모델을 민주적인 절차를 거쳐 개발하여 통일교육에서 적극적으로 활용해야 할 것이다.

05장
평화로운 교실 만들기

　분단국의 가장 중요한 과제는 분단 상태를 극복하고 통일 국가를 이룩하는 것이다. 해방 이후 분단된 상태에 처해 있는 우리의 현실에서 통일은 지상 과업이다. 그러나 통일은 그냥 저절로 주어지는 것이 아니라 만들어가는 것이며, 이 과정에서 우리는 교육적 개입의 중요성에 주목해야 한다. 왜냐하면, 아무리 영토와 체제의 통일이 이루어진다고 할지라도 구성원 간 마음의 통일이 이루어지지 않는다면 오히려 상당한 혼란과 갈등을 초래할 수 있기 때문이다.

　우리에게 통일교육은 통일 과정 및 통일 이후에 발생할 수 있는 각종 후유증을 최소화하기 위한 일종의 교육적 투자이다. 통일교육은 우리 국민이 능동적인 참여와 책임감으로 통일 과정에 직극적으로 관여하도록 준비시키기 위한 통일 준비 측면과 더불어 통일 이후에 발생할 수 있는 다양한 문제들을 민주적 절차와 합리적인 방법으로 해결해 나갈 수 있는 능력을 구비하게 하는 통일 대비 측면을 모두 포괄하고 있다.

통일교육은 남북한이 사실상의 통일 상태로 가는데 필요한 가치관과 능력을 함양한다는 측면과 더불어 제도적 통일 이후에 마음의 통일을 이룩하기 위해 더불어 사는 공동체를 이룩하는데 필요한 가치관과 능력을 길러주는 두 가지 측면을 모두 갖고 있음을 알 수 있다. 또한, 통일교육은 단순히 정부 정책을 호도하기 위한 계도성 교육이 아니라, 대한민국 헌법과 통일교육지원법에 근거하여 시행되고 있는 합법적인 교육 활동이다.

지난 2018년 8월 통일부는 종전의 통일교육지침서를 대체하여『평화·통일교육: 방향과 관점』을 발간하였다. 이로써 우리 정부가 평화·통일교육이라는 용어를 공식 문서를 통해 처음 사용하였다. 이것은 통일교육에서 '평화'를 공식적으로 강조하면서 평화교육을 통해 통일교육을 실천하겠다는 의지를 반영한 것이다. 통일부는 통일교육의 목표를 평화적 통일을 이루어 가는 데 필요한 긍정적 인식과 바람직한 태도를 기른 것으로 설정하였다. 동시에 통일부는 구체적인 하위 목표로서 평화통일의 실현 의지 함양, 건전한 안보 의식 제고, 균형 있는 북한관 확립, 평화 의식 함양, 민주시민의식 고양을 설정하였다(통일부 통일교육원, 2018: 6-8).

2018년 11월 28일 교육부는 '학교 평화·통일교육 활성화 계획'을 발표하였다(교육부 보도자료, 2018년 11월 27일). 이것은 평화통일에 관한 사회적 요구를 반영하여 평화와 공존의 관점과 변화하고 있는 북한에 대한 이해를 기반으로 미래 세대의 통일 역량을 키우고 평화·통일 공감대 확산을 위해 마련된 것이다. 교육부가 표방한 학교 평화·통일교육 활성화 계획은 다음과 같다. 첫째, 교육과정 내 평화·통일교육을 강화하기 위하여 교육과정 및 교과서를 보완하고, 교수·학습 콘텐츠 개발을 추진한다. 둘째, 교원의 전문성을 제고한다. 셋째, 학생의 평화·통일 공감대를 확산한다. 넷째, 소통·협업·자치의 거버넌스를 확대하여 시·도교육청, 통일부(통일교육원), 유관기관과 함께 학교 평화·통일교육 지원 체계를 구축한다. 다섯째, 다수 시·도교육청이 교원 및 학생 대상 남북 교류사업을 제안하여 이를 체계적·협력적으로 준비하기 위한 기반을 마련한다. 교육부의 계획에 따라 변화된 통일교육의 구체적인 내용은 〈표 1〉과 같다.

<표 1> 통일교육 주요 변화 내용

통일교육 방향	
· 안보 중심의 통일교육 · 지식 전달 중심 · 당위적, 거대 담론 중심 · 통일교육 거버넌스 부실	· 평화와 번영을 지향하는 통일교육 · 통일 역량 함양 중심 · 구체적인 삶, 일상과 함께하는 통일교육 · 통일부, 시·도교육청, 민간과 거버넌스 구축

분야	기존	주요 추진 과제
교육과정 내 평화·통일교육 강화	· 교육과정 일정 시수 권장 (교과 4, 창체 6시간) · 인터넷 통일학교 운영	· 학교 평화·통일교육 중장기 계획 마련 · 교육과정·교과서 보완 · 교수·학습 프로그램 개발 및 보급 – 도덕, 사회, 국어 ⇨ 여러 교과로 확대 · 통일교육(인터넷 통일학교) 개편
교원의 전문성 제고	· 통일·안보 연수 · 한·독 교원 교류 · 교과연구회 운영	· 핵심 교원, 관리자 연수 신설 · 시·도별 현장 맞춤형 연수 확대 · 자격연수, 직무연수에 평화·통일교육 운영 · 예비 교원 양성과정에 교과(목) 편성 권장 · 교원 연구 활동 지원, 현장지원단 운영 · 한·독 교원 교류, 해외 평화교육 교원 교류
학생의 평화·통일 공감대 확산	· 통일 동아리 지원 · 전국 학생 통일탐구 토론대회	· 통일 동아리 지원 확대 · 학생 통일 이야기 한마당, 학생 평화 축제 · 한·녹 학생교류, 해외 병화체험 활동

학교 평화·통일교육 지원체계 구축	· 통일부와 협업
	· 시·도교육청 협의회
		⇨	· 소통, 협업, 자치의 거버넌스 구축
			  – 자문위원회 운영
			  – 시·도교육청, 통일부(통일교육원) 협업
			· 연구기관 지원 및 협업

남북 교육 교류·협력 사업 기반 조성	–	⇨	· 네트워크 구축(워크숍 실시) · 정책연구, 프로그램 개발

이렇듯 우리 정부가 새롭게 추진하는 평화·통일교육은 평화 의식을 바탕으로 북한을 우리와 더불어 살아갈 동반자로 인식하고 남북한의 평화적 관계를 증진하면서 평화통일을 이루는 데 필요한 의지와 태도를 함양하는 교육이다(한만길, 2019: 153). 통일부가 제시한 평화·통일교육은 그 목표로써 건전한 안보 의식, 균형 있는 북한관, 평화 의식 함양을 대등하게 설정하고 있지만, 평화와 평화교육의 관점에서 볼 때 이는 바람직하지 못하다. 우리가 평화와 평화교육의 관점에서 통일교육에 접근한다면, 평화의 관점에서 다른 목표들을 포섭하고, 그에 부합하는 내용 체계를 설정해야 한다. 이에 이 장에서는 평화와 평화교육에 관해 상세하게 살펴볼 것이다.

1 평화란 무엇인가?

평화란 무엇인가? 그로프(Groff, 2002: 7–10)에 의하면, 평화에 대한 관점은 2차 세계대전 종전 이후 적어도 일곱 가지 측면, 즉 여섯 가지의 외적 평화와 한 가지의 내적 평화를 포함하는 전체적이고 통합적인 관점으로 전개되었다.

첫째, '전쟁의 부재로서의 평화'라는 첫 번째의 관점은 국가 간에 혹은 내

전에서 폭력적인 갈등 해결 방법의 회피에 초점을 맞추고 있다. 평화에 대한 이러한 관점은 대부분 국가에서 일반인과 정치인에 의해 폭넓게 견지되고 있는데, 그 이유는 다음과 같다. 모든 사람은 두 차례에 걸친 세계대전, 베트남과 아프가니스탄의 사례에서와 같은 강대국의 개입에 의한 지역적 갈등 속에서 수많은 사람이 목숨을 잃는 참상을 보았다. 이러한 상황에서 평화는 전쟁의 부재로서 여겨진다. 사실 나머지 여섯 개의 평화에 대한 관점도 전쟁의 부재를 어느 정도 포함하고 있기는 하지만, 이 관점은 평화를 단지 전쟁의 부재로서만 정의하고 있다.

둘째, 국제 체제에서 '세력 균형으로서의 평화'이다. 여기서 평화는 정치적·사회적·문화적·기술적 요인을 포함하고 있는 하나의 역동적인 균형이다. 그리고, 국제 체제에서 이러한 균형이 무너지게 될 때 전쟁이 발생한다. 국제 체제는 국가 및 국제 정치 조직, 국가 안에서의 국내적인 공적 여론 사이의 전반적인 관계 유형을 포함하고 있다. 평화 균형에 포함된 요인들 가운데 어느 하나에서의 커다란 변화는 그 균형을 회복하기 위한 다른 요인들에서의 후속적인 변화를 요구한다.

셋째, 거시적 수준에서 소극적 평화로서의 평화(전쟁 부재)와 적극적 평화로서의 평화(사회 정의)이다. 갈퉁(Galtung)은 평화의 개념을 소극적 평화 개념과 적극적 평화 개념으로 구분하였다. 소극적 평화 개념이란 조직화 된 집단적 폭력 형태의 부재 혹은 전쟁의 부재를 의미한다. 이러한 평화 개념은 법과 질서를 지향하는 사람들이 생각하는 평화이다. 이러한 소극적인 평화 개념은 국가적·국제적 차원에서 현실 상황을 있는 그대로 안정시키려는 지배자들의 관심과 관련되어 있다. 갈퉁은 소극적 평화만을 지향하는 평화연구는 쉽게 권력의 안정화와 현 상태의 견고화를 위한 연구가 되고, 피지배자가 지배자에 대하여 저항하지 못하도록 피지배자를 조작하기 위한 연구로 되어버린다고 비판하였다. 그러나 갈퉁은 이러한 소극적 평화 개념 자체를 거부하고 있다기보다는 오히려 그러한 개념 정의의 불충분성을 비판함으로써 평화에 대한 개념 정의가 적극적 평화 개념으로 보충되어야 할 필요성을 역설하였다. 갈퉁은 적극적 평화 개념을 사회 정의와 동일시하고 있다.

한편, 갈퉁은 평화 개념을 더욱 구체적으로 정의하기 위하여 폭력의 개념을 분석하였다. 그는 폭력을 '인간에 의한 폭력'과 '구조적 폭력'으로 구분하였다. 그는 이러한 구분을 통하여 폭력의 부재로서 이해되던 평화 개념을 '인간에 의한 폭력의 부재'와 '구조적 폭력의 부재'로 구분하여 정의하였으며, 이 두 가지 개념을 초기에 그가 사용했었던 소극적 평화 개념 및 적극적 평화 개념과 관련시켰다. '인간에 의한 폭력'이란 폭력의 주체와 객체가 분명한 경우이며, '구조적 폭력'은 폭력의 주체와 객체 사이의 분명한 관계가 없는 경우를 의미한다. 한 남편이 그의 아내를 구타한다면 그것은 분명히 인간에 의한 폭력 혹은 직접적 폭력이다. 그러나 백만 명의 남편들이 백만 명의 아내들을 무식한 상태에 머물게 한다면 그것은 구조적 폭력이 될 것이다. 만일 상류층의 평균 수명이 하류층의 평균 수명보다 두 배나 된다면 거기에는 구조적 폭력이 작용하고 있다고 보아야 할 것이다. 그러므로 갈퉁에게 구조적 폭력의 부재는 적극적 평화의 조건을 초래할 수 있는 것으로서 간주되었는 데 이것은 권력과 물질의 동등한 분배, 즉 사회 정의를 뜻하는 것이었다. 따라서 구조적 폭력의 부재는 억압과 착취가 없고 인권과 정의가 보장되는 상태를 의미하는 것이다.

넷째, 페미니스트적 평화 개념은 거시적·미시적 수준 모두에서의 물리적·구조적 폭력의 제거를 강조한다. 1970년대와 1980년대에 페미니스트 평화 연구자들에 의해 평화에 대한 네 번째의 관점이 나오게 되었다

(Brock-Utne, 1989). 평화에 대한 새로운 개념 정의는 전쟁처럼 거시적 수준에서 조직화 된 폭력뿐만이 아니라 전쟁 상태나 가정에서의 강간과 같은 미시적 수준에서의 조직화 되지 않은 폭력의 제거를 포함하고 있다. 구조적 폭력의 개념은 특정한 개인, 인종 집단에 해를 입히거나 차별하는 개인적·미시적 구조와 거시적 수준 구조, 그리고 모든 수준에서의 가부장적 태도와 제도를 포함하고 있다. 이러한 페미니스트적 평화 모델은 평화로운 세계를 만들기 위하여 개인이나 가정에서부터 초국가적 수준에 이르기까지 모든 수준에서 모든 유형의 폭력 제거를 포함하고 있다.

페미니스트는 폭력과 결부된 많은 문제가 남성의 행위와 관계가 있다고 지적한다. 이들은 전쟁을 지지하는 것은 기본적으로 남성이고, 남성의 양육 방식이 폭력에 너그러우며, 남성의 문화는 억압적이라고 주장한다. 이에 비해 여성의 가치는 육아, 협력, 비폭력과 결부된다. 페미니스트 관점에 따르면, 군사주의는 기본적으로 남성적 현상이며 가부장제의 궁극적인 힘은 국가의 조직화 된 폭력에 기인한다. 남성의 가치가 영웅주의, 애국심, 강인함, 객관화, 폭력, 경쟁에 있다면, 여성의 문화는 공감을 강조하고 생명을 보호하고 돌보는 것이다. 남성 논리의 정점은 핵무기에 의한 전멸이다. 이에 비해 여성 논리의 정점은 아동이 남녀 모두에 의해 돌봄과 보살핌을 받는 평화로운 세계다.

다섯째, 이문화 간 평화 개념은 사람들 간의 평화를 강조한다. 문화간 상호작용은 군사적 혹은 경제적으로 강한 문화가 약한 문화를 짓밟거나 제거하는 현상을 급격하게 증가시켰다. 문화적 폭력은 세계적인 현상이 되고 있기에, 평화 연구자들은 문화들 사이에서의 관계를 소극적인 개념(문화석 폭력, 문화적 전쟁)에서 적극적 개념(상이한 인종, 문화, 종교 집단 간의 이문화 간 평화)으로 바꾸었다. 이 적극적 개념은 우리가 제거해야 할 것만이 아니라 적극적 의미에서 우리가 창조해야 할 것을 강조한다. 따라서 이문화 간 평화는 거시적·미시적 수준에서 문화의 공동 발전을 요구한다. 전체적인 다양한 세계 문화의 융합이 인간다움을 위한 장점으로 여겨진다. 마찬가지로, 식물과 유기체의 풍부한 다양성은 생태계를 위한 하나의 강점으로 여겨진다.

여섯째, 전체적인 가이아(Gaia) 평화는 세계 및 환경과의 평화를 강조한다. 전체적인 가이아 평화는 이전의 평화 유형에 덧붙여 환경과의 평화를 강조하고 있으며, 지구를 하나의 살아 있는 복합적인 생명체로 보고 있고, 인간은 그 속의 한 부분에 불과하다고 여긴다. 가이아 평화는 사람들 사이의 모든 평화를 그러한 맥락 속에 설정한다. 가이아 평화는 개인과 가정 수준에서 세계적 문화 수준까지 모든 분석 수준에서 사람들 간의 평화를 요구하고 있다. 가이아 평화는 인간과 생명·환경 체계와의 관계에 높은 가치를 부여하고 있다. 환경과의 평화와 지구상에서의 인간의 책임이 가이아 평화의 관점에서 매우 중요하다. 가이아 평화 모델에서 인간은 지구상에 존재하는 많은 종 가운데 하나로 여겨지고, 지구의 운명은 가장 중요한 목표로서 설정된다.

일곱째, 전체적인 내적·외적 평화다. 마지막 유형의 평화는 앞서 언급된 평화의 모든 외적 측면과 평화로운 세계를 위한 본질적인 구성 요인이자 전제 조건으로서의 내적 평화를 포함하고 있다. 영적인 기반을 둔 평화 이론은 개인부터 환경 수준에 이르기까지 외적 평화의 모든 측면은 반드시 내적 평화에 근거해야 한다고 주장하는 가운데 내적 평화의 중심성을 강조하고 있다. 이러한 영적인 차원은 평화 연구자의 문화적·종교적 맥락에 따라 다양한 방식으로 표현되고 있다. 평화에 대한 이러한 접근법은 내적 평화와 관련된 의식의 상이한 차원과 수준을 상세하게 설명하고 있다.

이처럼 평화의 개념은 매우 다의적이고 복합적으로 사용되고 있다. 오늘날 대부분 평화교육자는 갈퉁의 논리를 따라 평화의 개념을 전쟁의 부재와 같은 소극적 개념으로 파악하는 것이 아니라 인간다운 삶의 조건이 조성된 상태 혹은 사회 정의가 실현된 상태로 파악하고 있다.

2 평화를 위한 전략

우리 중 거의 다수가 평화를 희구하지만, 평화를 달성하는 방법에 관해서는 의견 불일치가 상당하다. 따라서 평화를 달성하고자 하는 여러 전략을 구분하는 것이 필요하다. 해리스와 모리슨(Harris & Morrison, 2013: 20)은 평화를 위한 전략을 〈표 2〉와 같이 제시하였다.

<표 2> 평화를 위한 전략

	인간성에 대한 가정	전술	전략의 문제점
힘을 통한 평화	인간은 폭력적임. 세상은 경쟁적임.	군비, 세력 균형, 무력, 억지	비용, 위험, 보복
정의를 통한 평화	인간은 기본적 욕구를 가짐.	욕구를 위한 조직화: 욕구를 충족하지 못하는 제도를 제거함.	모순된 욕구가 논쟁과 폭력을 초래함.
변혁을 통한 평화	인간은 증오감을 극복할 사랑을 할 수 있음.	행동과 신념의 전환, 폭력적 제도로부터 탈퇴	이 전략을 따르는 사람이 많지 않음.
정치를 통한 평화	인간은 합리적임. 갈등은 공동 이익에 호소함으로써 폭력을 사용하지 않고, 관리가 가능함.	갈등을 협상하기 위한 제도와 법 및 조약	사적 의제가 해결책을 방해함. 의견 불일치가 갈등을 초래함.

	인간성에 대한 가정	전술	전략의 문제점
지속 가능성을 통한 평화	인간은 정신적·물질적으로 상호 간 및 자연계와 연결됨. 모두를 위한 정신적·물질적 안전이 가능함.	인간관계와 자연계와의 모든 관계에서 비폭력을 지향함.	기술 발전이 환경 파괴를 수반함. 단기적인 경제적 이익이 장기적인 지속 가능성을 흐리게 함.
평화교육	인간은 폭력적 행동과 신념을 변화시킬 수 있음.	폭력에 대한 대안을 가르침. 폭력의 결과를 설명함.	장기적 해결책이라는 점.

첫째, 힘을 통한 평화 개념은 로마제국의 '평화를 원한다면 전쟁을 준비하라.'라는 경구와 통한다. 오늘날 힘을 통한 평화는 대규모 군비를 요구하며 세력 균형과 관련해 논의된다. 이 입장에 따르면 국가, 개인, 집단은 적이 잘 무장되어 있어 싸워서 이길 승산이 없는 경우 전쟁을 시작해서는 안 된다. 세력 균형은 서로 엇비슷한 군사력에 달려 있다. 일국이 타국에 대해 군사적 우위를 점하면, 약한 국가는 위험을 느낄 수밖에 없다. 세력 균형은 일국이 타국에 대해 군사적 우위를 갖지 않을 때 생기는 것이다.

둘째, 정의를 통한 평화는 사회적 억압과 경제적 착취를 제거함으로써 평화를 달성할 수 있다고 본다. 이 입장은 빈곤, 질병, 기근과 같은 인간 불행의 제거와 인권의 보장에 관심을 둔다. 정의를 통한 평화를 지지하는 사람들은 여론 동원을 위해 적극적으로 시위에 나서거나 자신들이 반대한 사람들의 폭력을 비판하면서 구조적 폭력에 대항하여 적극적인 태도를 취한다.

셋째, 변혁을 통한 평화(평화주의)는 상대방을 굴복시키기 위해 무력을 사용하는 힘을 통한 평화와 대조적으로 평화를 지향하는 평화주의자들의 노선이다. 간디의 표현을 빌려서 설명하면, 폭력을 폭력으로 대하는 것이 아니라 진실의 힘으로 대하는 것이다. 평화주의는 인간 정신의 무한한 가능성에 대한 믿음을 반영한다. 평화주의자는 생명에 대한 경외감과 전쟁에 대한 도덕적 혐오감을 갖는다. 평화주의자는 육체적·성적·심리적·경제적·사회적 폭력을 포함하여 모든 형태의 폭력을 거부하며, 인간의 공격성을 다룰 때 비폭력적 갈등 해결 전략을 구사한다.

넷째, 정치를 통한 평화(제도 건설)는 정치 채널을 중시하며 국제연합이 가장 대표적인 제도에 속한다. 효과적인 국제 제도의 발전은 국제 갈등을 해결하기 위한 법적·정치적 대안을 창출하여 전쟁을 피하는 것을 목표로 삼는다.

다섯째, 지속 가능성을 통한 평화는 지금까지 평화 전략이 인간 공동체에서 발견되는 복잡한 형태의 폭력에 국한되었다는 비판에서 등장하였다. 우리는 지구와 생태 체계 및 다양한 종에게 미치는 인간의 폭력에 관해서도 관심을 가져야 한다. 이 관점은 지구를 인간에게 이익을 주는 자원이 아니라 주의 깊게 유지되어야 하는 하나의 집으로 볼 것을 요구한다. 이 관점은 인간 세계와 자연계 모두와의 관계에서 비폭력에 대한 헌신을 강조한다.

끝으로 평화교육은 평화가 무엇인지, 왜 평화가 달성되지 않는지, 어떻게 평화를 달성할 것인지 등의 질문을 제기하면서 평화에 관하여 가르치는 것이다. 평화교육의 주요 목적 중 하나는 평화의 이미지를 제공함으로써 사람들이 갈등에 직면했을 때 평화적인 사람이 되도록 하는 것이다. 학생들은 폭력에 대한 대안이 존재한다는 것을 배울 수 있다. 평화교육은 폭력의 문제점을 규명하고 이 문제를 해결하기 위한 비폭력적 대안을 제공한다. 평화교육자는 사회 내에 존재하는 폭력의 문제점을 지적하고 학생들에게 이 문제를 다룰 때 적용할 수 있는 전략을 가르친다. 그렇게 함으로써 학생들에게 폭력으로 이끄는 상황을 개선하는 능력을 부여한다. 평화교육자는 협상, 화해, 비폭력적 투쟁, 조약의 사용, 군사적 투쟁에 관해 가르친다. 또한, 상이한 평화 전략을 가르치며 학생들에게 특정 상황에서 어떤 전략이 최선의 전략인지를 평가하도록 도움을 준다.

이렇듯 평화 전략의 일환으로서 평화교육은 다소 복잡한 개념이다. 실제로 평화 및 평화교육에 관한 우리나라 통일부나 교육부의 다소 순진한 관점과는 대조적으로, 평화교육은 여러 가지로 정의될 수 있다. 덕워스(Duckworth, 2008: 33)가 지적한 바와 같이, 평화교육이라는 용어는 학생들에게 또래 중재나 갈등 해결 기술을 가르치는 것에서부터 다양성, 군축, 환경 보전에 관한 교육과정이나 빈곤 퇴치에 대한 옹호를 제안하기 위해 사용되었다. 이러한 다양성의 원인은 평화라는 바로 그 개념의 복잡성과 이를 달성하는 방법에 대한 이해, 그리고 폭력적인 행동의 원인에 대한 다양한 해석과 관련이 있다. 실제로 평화교육은 국제교육, 발전교육, 환경교육, 인권교육, 갈등 해결 교육을 포함하는 커다란 우산과 같은 용어다. 그러므로 우리는 먼저 평화교육의 역사를 간략하게 살펴볼 필요가 있다.

3 평화교육의 역사

커티지아(Kertyzia, 2021: 205)는 평화교육의 역사를 다음과 같이 설명한다. 우리가 평화교육을 인간 개선(human betterment)이나 폭력의 회피를 위한 교육으로 폭넓게 정의할 때, 우리는 종교적·영적인 가르침에서 역사를 통해 평화교육을 추적할 수 있다. 세계 각지의 원주민들은 평화를 촉진하기 위해 전해 내려오는 비폭력 갈등 해결 관례의 풍부한 전통을 가지고 있다. 북미에서 퍼스트 네이션(First Nation)의 영성은 일반적으로 경쟁보다 상호주의를 강조해 왔으며, 평화적인 관계가 형성되도록 긍정적인 성향을 키우기 위해 노력해왔다. 공식 종교에서는 석가모니, 예수, 모하메드, 노자를 포함하여 평화교육에 관여한 지도자들이 여럿 있었다. 불교, 퀘이커, 힌두교 내의 간디 학파는 비폭력을 위한 교육에 참여했다. 힌두교의 베다(Vedas)와 우파니샤드(Upanishads)에서는 보편적인 가정과 아힘사(ahimsa, 비폭력)의 개념을 발견할 수 있지만, 힌두교 신앙과 관행이 다양하므로, 간디에게 그랬던 것처럼 항상 중심이 되지는 않을 수도 있다. 달라이 라마(Dalai Lama)는 티베트 불교 신앙에 초점을 맞춘 또 다른 중요한 평화교육자로서 모든 생명체의 상호 연결성, 비폭력, 평등을 강조하였다. 공자는 지상에서 이상사회를 실현하기 위해 수천 명의 제자를 교육하여 인의예지신(仁義禮智信)의 가치를 전파하려 하였다. 수피즘(Sufism)은 이슬람 내에서도 개인이 스스로 평화를 실현하고 구현하도록 가르침으로써 지상의 평화를 발전시키려는 종파다. 마찬가지로 유대교는 개인의 샬롬(shalom, 평화)에 초점을 맞춘다. 유대교에서 평화는 전쟁의 부재를 지칭하지 않는데, 그 이유는 평화로운 개인이 여전히 전쟁에 관여하기 때문이다. 그런 전통과 단절하면서, 예수의 가르침은 보편적인 동정심, 자비, 온화, 그리고 평화를 만드는 것에 초점을 맞췄다. 기독교에는 예수의 비폭력적 가르침을 엄격하게 따르는 세 개의 평화주의 종파인 퀘이커(Quakers), 메노나이트(Mennonites), 브레드렌(Brethren)이 있다. 퀘이커 교도들은 특히 평화교육에서 비폭력과 사회 정의를 공개적으로 옹호하고, 노예 폐지 운동에 중요한 역할을 하며, 학교에서 협동 학습과 국제적 이해에 초점을 맞추고 있다. 이렇듯 종교적 관행의 일부이거나 가정에서 비공식 교육의 일부로서 평화교육은 오랜 역사를 갖고 있다.

역사적으로 학교에서 평화교육에 대한 공식적인 관념은 유럽이나 북미 정착민 전통에 기반을 두는 경향이 있다. 17세기 체코의 교육자인 코메니

우스(Comenius)는 평화를 얻기 위한 수단으로 정규 교육을 주장한 최초의 사람 중 한 명이었다. 1843년부터 1853년까지 유럽에서 열린 국제평화회의(International Peace Congresses)는 교육이 도덕과 윤리를 형성함과 동시에 정치적 편견과 전통적인 증오를 극복하기 위해 사용될 수 있다는 생각을 공유하면서 이러한 명분을 더욱 강화하였다. 1863년 마케(Macé)는 전쟁의 근원인 무지와 싸우기 위한 소통 교수법(communicative pedagogy)을 강조했다. 1891년 국제평화국(International Peace Bureau)이 설립되어 유럽과 미국의 교사들 간의 연계를 발전시키고 그들의 노력을 역사 교과서에 집중하여 표준 교과서의 민족주의와 우월주의에 대항하는 여러 개의 평화교육 교과서를 개발했다. 19세기 후반의 이 시기는 국제주의의 증가와 종종 교육 프로그램을 개발한 여러 평화학회의 발전을 특징으로 한다. 모나코(Monaco)는 1902년 제11차 세계평화학회(Universal Peace Conference)를 개최하여 프로젝트 이미지로 손전등을 활용하는 평화교육 자료를 위한 국제 대여 서비스를 만들었다. 이러한 평화회의와 학회는 1910년대 동안 유럽에서 계속 열렸고, 그중 대다수는 평화교육의 이슈를 다루었다. 한편, 미국에서는 1912년까지 거의 모든 주에 학교평화연맹(School Peace League) 지부가 설립되어 국제정의와 우애를 촉진하였다. 진보주의 교육 운동(progressive education movement)과 신교육 단체(New Education Fellowship)는 미국에서 초기 평화교육의 주도권을 잡고 있었다. 당시에는 식민지 지역에 공식적인 교육 체제가 없었기 때문에 유럽과 북미 정착민 공동체의 발전에 근거하여 평화교육 주도권에 대한 문서화가 진행되었다.

이러한 서구중심주의 경향은 1914년과 1945년의 전시에도 지속되었고, 국제주의 및 평화적 경향과 더불어 커다란 도덕적 군축 운동이 성장·발전하였다. 이 시기 동안 여성의 목소리는 평화 운동에 필수적이었다. 1915년 평화와 자유를 위한 여성 국제 연맹(Women's International League for Peace and Freedom)이 설립되었으며, 이는 페미니스트의 입장과 평화교육 사이의 많은 연결고리의 시작이었다. 이 시기에 애덤스(Addams)와 몬테소리(Montessori)는 교육 개혁을 위해 일했던 최초의 평화교육자였다. 1차 세계대전 이후 듀이(Dewey)는 진보주의 학교 운동의 일부로써 사회과학에서 평화교육을 촉진하였다. 1930년대 중반까지 국제평화 캠페인이 40개 국가 이상에서 활발했고, 여론을 바꾸는 것을 목표로 하는 행동 지향으로서 평화교육을 열정적으로 지지했다. 국제 연맹(League of Nations)은 국제협력을 위한 젊은이들을 양성하는 임무를 가진 분과 위원회를 만들었다. 세계대전의 광범위한 영향은 서구 평화운동 내에서 긴박감을 유발했고, 이는 점점 더 공식화된 평화교육을 강조하기 시작했다.

세계대전 이후 평화 운동의 숫자는 국제적으로 공식 교육에 대한 접근만큼 성장하였고, 이후 70년 동안 평화연구와 평화교육이 널리 발전하게 되었다. 1948년에 미국의 인디애나에 소재한 맨체스터대학(Manchester College)에 평화학 프로그램이 처음 개설되었다. 같은 해 국제연합은 많은 평화교육 프로그램의 기초가 된 세계인권선언을 발표했다. 1950년대와 1960년대에는 평화교육 프로그램의 초점이 냉전 정치와 식민지 제국에 맞춰져 있었는데, 1970년대에는 군비 축소로 전환되는 동시에 프레이리(Freire)의 연구가 인기를 끌면서 구조적 폭력(structural violence) 문제로 옮겨갔다. 1974년은 평화교육에 중요한 한 해가 되었다. 그 해에 유네스코(UNESCO)는 국제 이해·협력·평화를 위한 교육, 인권과 기본적 자유에 관련한 교육을 위한 권고 사항을 제시했다. 1974년에 국제평화연구협회(IPRA)는 평화연구와 교육, 행동의 연관성을 자주 살펴보는 평화교육위원회(Peace Education Committee)를 만들었다. 1980년 국제평화대학교(UN

University for Peace)가 설립되어 평화를 위한 교육이라는 사명을 띠고 평화건설에 기여하는 분야의 대학원 학위를 수여하였다. 1980년대 초반에는 적극적 평화와 구조적 폭력에 초점을 맞추는 방향으로의 전환이 있었고, 이후 1980년대 후반에는 평화문화 개념이 발달하면서 개인의 평화와 심리학적 접근법을 위한 움직임이 이어졌다. 1990년대 이후로 신자유주의와 신보수주의의 영향력 증가는 인간 개선을 목표로 삼는 교육의 성장에 영향을 주었다. 그렇지만, 유니세프(UNICEF), 유네스코, 국제연합은 평화교육을 지속적으로 촉진하였다. 평화교육은 유네스코와 국제연합의 중요한 사명 가운데 하나였고, 2010년에는 평화에 대한 산티아고 인권 선언을 공표했다. 이 선언은 평화와 인권에 관한 교육을 받을 권리를 천명하였다. 오늘날에도 국제연합은 여러 경로를 통해 평화교육을 지속적으로 강조하는 중이다.

지금까지 살펴본 바와 같이, 국외의 평화교육은 대체로 평화를 촉진하려는 종교적 가르침에 그 기원이 있으나 공식적으로는 두 차례 세계대전을 경험하면서 무력에 대해 반대하는 정치적 배경에서 시작되었다. 세계적인 추세로 볼 때, 평화교육은 크게 세 흐름으로 나누어 볼 수 있다(조정아 외, 2019: 21).

첫 번째는 전통적 평화교육이다. 2차 세계대전 이후 더이상 전쟁이 일어나는 일은 없도록 예방해야 한다는 차원에서 평화교육의 필요성이 대두되었다. 대표적으로는 1950년대~1960년대에 실시된 유네스코의 국제이해교육과 반핵교육을 들 수 있다. 전통적 평화교육에서 평화란 전쟁이 없는 상태를 의미했으므로, 교육의 내용은 주로 전쟁 방지를 위한 것이었고 국가 간의 평화증진을 위한 것이었다. 그러나 전통적 평화교육은 사람의 심성에 초점을 두어 도덕성을 바탕으로 한 개인의 생각을 변화시키는 데 중점을 두다 보니 갈등을 야기하는 사회 구조에 대한 이해가 부족하다는 비판을 받기 시작했다.

두 번째 흐름인 비판적 평화교육은 1970년대 신사회 운동과 비판 이론, 평화학 이론의 영향을 받으며 등장했다. 그동안 평화는 국제관계에서 국제 질서를 잡고 통합을 이루는 데 중점을 둠으로써 오히려 현재의 불평등한 체제를 지속시키는 효과를 냈다는 인식에서, 비판적 평화교육은 전통적 평화교육과 선을 그으면서 등장했다. 평화는 전쟁이 없거나 물리적 폭력을 제거하는 것만이 아니라 빈곤과 차별 등 구조적 폭력을 바로잡는 것이라는 근본적인 이해가 대두되었다. 비판적 평화교육은 개인의 심성에서 나아가 비평화적인 구조적 요인을 다각적으로 인지하고 이를 변화시키려는 비판적 의식을 갖고 실천하는, 그리고 그 실천을 상상하는 능력에 관심을 두었다(조정아 외, 2019: 22).

세 번째는 서구의 평화 이론과는 다르게 아시아와 남미 등의 식민화된 역사적 맥락에서 바라보는 평화교육이다. 여기서 평화는 민족과 계급 모순에 의해 일어나는 반평화적 요소를 제거하고 민중의 생존과 삶을 보장하는 사회 정의라는 측면이 강조된다. 빈곤의 문제, 식민지 유산인 민족 갈등과 비민주적인 정치 체제, 문맹 등 지역의 특성과 문화에 따라 특정한 평화교육이 필요하다는 입장이다. 특히 프레이리의 영향을 받은 의식화 교육이 대표적이다(조정아 외, 2019: 21).

한국의 역사적 형성 과정을 볼 때 평화는 상당히 복합적이고 중층적이다. 한국 사회에는 식민지적 폭력뿐 아니라, 6·25전쟁의 후유증 역시 큰 영향을 미치고 있다. 그 때문에 전쟁 없는 세상에 관한 이슈기 강하게 나타난다. 한국에서 평화교육의 역사도 세 가지 시기로 구분된다(조정아 외, 2019: 23).

① 평화교육의 모색과 싹틈의 시기인 1980년대~1990년대 초반

이 시기의 특성은 다음과 같다. 첫째, 서구의 평화교육을 소개하고 한국의 평화교육을 모색하는 연구가 시작되었다. 둘째, 한국의 평화교육은 반평화적인 요인으로서 분단구조를 주요하게 보고 처음부터 분단 극복과 민족화해를 포괄하는 내용으로 구성되었다. 셋째, 평화교육은 독립적 영역으로 현장에서 실행되는 정도는 약하나, 일부 학교 교사들의 의식적 노력과 시민 평화운동을 토양으로 싹텄다.

② 평화교육의 구체화와 발돋움 시기인 1990년대 중반~2000년대 중반

이 시기는 다음과 같은 특성을 갖는다. 첫째, 평화교육을 지속적으로 실행하는 시민 단체들이 출현했다. 시민 단체들은 평화교육만을 활동의 목적으로 표방하지는 않지만, 평화 운동을 하면서 동시에 평화교육도 실시했다. 무엇보다 뚜렷한 특징은 평화교육의 지속성이다. 둘째, 평화교육의 내용이 구체화 되었다. 비록 총론적이고 일반적인 성격이 여전히 강하지만, 시민 단체들의 평화교육은 평화에 관한 지식과 태도, 기술, 실천을 고려한 다양한 영역을 섭렵하고 개인에서 글로컬까지 관통하며 다차원으로 접근하였다. 셋째, 평화교육의 필요성과 내용은 민주·민중·민족문제로 환원되는 거대 담론에서 글로컬 사회에서의 안전한 삶을 보장하는 생활 정치로 확장되고 이동했다. 일상에서의 비폭력성, 상생적 관계 형성, 다문화, 생태보전, 젠더 평등 등 다양한 관점을 살린 평화교육이 다원적으로 기획되고 실행되었다. 넷째, 기존의 안보 위주 통일교육을 비판적으로 성찰하고 평화적 관점에서 통일교육을 재구성해야 한다는 목소리가 커지면서 평화교육에 대한 관심이 증대되었다. 결론적으로 이 시기는 평화교육이 구체적인 내용성을 갖추어가면서 성장한 시기라 말할 수 있다.

③ 평화교육의 세분화와 비균질적인 활성화 시기인 2000년대 후반~현재

 이 시기는 다음과 같은 특성을 지닌다. 첫째, 평화교육을 목적으로 설립된 시민 단체들이 출현하면서 평화교육의 전문성이 강화되는 시기이다. 둘째, 프로그램 내용은 세분화 되고 그 지향은 복합성을 띤다. 평화교육의 주제들은 평화에 관한 총론에서 더 세밀하게 들어가 특정 분야별로 나뉘거나 심화되고, 프로그램 유형이 확대된다. 또한, 평화교육 프로그램의 지향성에 있어, 다양한 가치와 비전들이 서로 어울려 중첩되거나 융합되고 있다. 주체성, 자아성찰, 인권 의식, 생명존중, 다문화주의, 남북관계, 사회 정의 등과 같은 가치와 지향들은 프로그램의 성격에 따라 부분적으로 혹은 다중적으로 결합된다. 셋째, 평화교육의 학습모델이 구상되고 교육 매뉴얼이 생산되기 시작한다. 평화교육 시민 단체들은 프로그램을 특정한 맥락과 사회적 관계, 주체에 따라 세밀하게 구분하고 상황에 따라 적실성을 갖는 평화역량 프로그램을 기획한다. 넷째, 시민 단체들의 평화교육은 점차 학교, 공공기관, 지역 등으로 확산되고 적용된다. 평화교육에 관한 관심을 넘어 평화교육을 실제 적용하고 실행하는 정도가 커지고 있다. 다섯째, 평화 지향적 통일교육의 필요성을 논하는 정도는 증폭되었으나, '평화'의 개념과 범위를 둘러싼 상이한 입장들이 경합하면서 평화교육은 비균질적으로 활성화되는 경향을 띤다. 이를테면, 회복적 정의와 같은 갈등해결교육은 '평화'라는 개념을 반드시 사용하지 않으면서도 다양한 현장에서 활용된다. 반면, 사회 정의와 군사주의, 군축과 같은 내용을 포괄하는 평화교육은 부분적으로 제한되거나 덜 활성화되는 경향이 있다.

 이렇듯 국내의 평화교육, 특히 학교에서 평화교육은 통일교육과 밀접하게 연결되었다. 한국 사회의 역사적 배경에서 평화교육 연구자들은 분단의

고착이 아닌 통일을 평화로 설정하기 때문에 통일 역량 함양을 위한 통일교육을 평화교육으로 간주하는 경향이 있다. 평화교육에서 분단과 통일의 문제가 핵심적인 주제가 되는 것은 한반도의 평화는 가장 근본적인 구조적 폭력의 원인이자 반평화의 근원이 되는 분단을 극복함으로써만 완성될 수 있기 때문이다. 또한, 통일교육은 평화교육과 결합하여 북한이해교육, 통일 정책 홍보, 안보교육 등에 머무르지 않고, 사회 통합과 평화통일의 구현을 위한 새로운 삶의 가치와 사회 문화의 혁신을 이끄는 데 기여할 수 있기 때문이다. 통일부는 2018년 8월에 『평화·통일교육: 방향과 관점』이라는 제목으로 통일교육 지침을 새로이 제시하였으며, 교육부에서도 2018년 11월에 평화와 민주시민 양성에 방점을 둔 '학교 평화·통일교육 활성화 계획'을 발표하였다.

하지만 한국의 통일교육이 제대로 된 형태의 평화교육이 되려면 몇 가지 해결해야 할 과제가 있다(앨런 스미스, 2020: 6). 첫째, 평화·통일교육의 목표로 한반도 평화의 문화 조성이 최우선으로 설정되어 평화 지향 시민성(peace-oriented citizenship) 함양이 변화된 교육 목적으로 설정되도록 해야 한다. 그래야만 평화의 문화 조성이라는 세계적 흐름에 한반도 평화를 위한 노력이 결합하면서 평화·통일교육의 특수성이 평화교육의 보편적 개념과 접목될 수 있다. 둘째, 평화·통일교육은 통일을 이루는 데 필요한 가치와 태도를 기르는 도덕·윤리교육적 성격을 넘어서 한반도 분단 상황에 대한 비판적 사고를 도모하도록 하게 하여 글로벌 정의라는 적극적 평화를 구현하는 내용이 들어가도록 해야 한다. 즉, 한반도 평화를 포괄적이고 적극적으로 해석하여 평화 부재의 상황인 분단과 전쟁의 역사와 미래에 대한 올바른 인식과 태도를 기를 수 있도록 교육해야 한다. 이를 통해 다시는 전쟁으로 평화가 깨지지 않도록, 미래 세대를 준비시켜야 한다. 셋째, 유네스코 평화교육의 주요 담론인 관용·다양성·비폭력은 평화·통일교육의 중점 방향으로 설정되어 북한 이해와 사회적 소수자로서 탈북민들에 대한 교육에서 핵심적으로 적용될 수 있어야 한다.

이러한 관점을 이해하려면 평화교육의 목표에 관해 상세하게 살펴보는 작업이 필요하다. 고병헌(2007: 38-42)은 평화교육이 다뤄야 할 주제들과 그 각각의 주제들의 학습 목표를 기술과 지식, 태도 등 세 차원에서 정리하였다. 여기서 지식 영역은 평화교육의 내용이 무엇인지를 보여준다.

① 기술 영역
- 비판적 사고: 학생들은 논쟁의 주제들을 개방적이고 비판적인 마음가짐으로 대하고, 새로운 증거나 합리적인 주장을 접할 때는 자기 의견을 기꺼이 바꿀 수도 있어야 한다. 그들은 선입관과 신념의 주입과 선전 등을 인식하고 그것에 도전할 수 있어야 한다.
- 협력: 학생들은 공동의 과제를 위해 협동하는 것이 의미 있는 일이라는 것을 알아야 하며, 공동의 목표를 달성하기 위해 다른 개인 또는 다른 집단과 협력하여 일할 수 있어야 한다.
- 공감: 학생들은 다른 사람들의 관점과 감정을 감수성 있게 상상할 수 있어야 한다. 특히 자기와 다른 집단이나 문화, 혹은 다른 나라 사람들에 대하여는 더욱 그래야 한다.
- 단호함: 학생들은 다른 사람의 권리를 부인하는 공격적인 방식이나, 자기의 권리를 부인하는 모호한 방식이 아닌, 명확하고 단호한 방식으로 다른 사람과 의사소통할 수 있어야 한다.
- 갈등 해결: 학생들은 다양한 갈등을 객관적이고 조직적인 방식으로 분석할 수 있어야 하며 그 갈등들에 대하여 다양한 해결방식들을 제시할 수 있어야

한다. 가능한 경우에는 학생들 스스로가 해결 방안을 고안해낼 수 있어야 한다.
- 정치 문해(political literacy): 학생들은 개인의 삶과 지역공동체 차원, 그리고 국가적, 국제적 차원에서의 의사결정에 영향을 줄 수 있는 능력을 계발해야 한다.

② 태도 영역
- 자기 존중: 학생들은 자기 자신의 가치와, 자기의 고유한 사회적, 문화적, 가족적 배경에 대해 자긍심을 느껴야 한다.
- 타인에 대한 존중: 학생들은 다른 사람들, 특히 자기와는 다른 사회적, 문화적, 가족적 배경을 가진 사람들의 가치를 인정해야 한다.
- 생태적 관심: 학생들은 자연환경 및 우리의 생활이 이루어지는 총체적인 공간을 소중히 여겨야 한다. 학생들은 또한 지역적이고 전 지구적인 환경 모두에 대해 책임감을 지녀야 한다.
- 개방성: 학생들은 비판적이지만 동시에 개방적인 자세로 다양한 정보와 사람들, 사건들을 대해야 한다.
- 전망: 학생들은 자기가 속한 사회뿐만 아니라 다른 사회, 나아가 세계적 차원에서 더 나은 세계에 대한 다양한 꿈과 전망에 마음을 열고 그 가치를 인정해야 한다.
- 정의를 위한 참여: 학생들은 진정으로 민주적인 원리와 과정의 가치를 인정하고, 지역·국가·국제적 차원에서 더 정의롭고 평화로운 세계를 위하여 일할 준비가 되어 있어야 한다.

③ 지식 영역
- 갈등: 학생들은 현재 개인적 차원에서 세계적 차원에 이르기까지 존재하는 다양한 갈등 상황들과 그러한 갈등들을 해결하려고 하는 시도들을 연구해야 한다. 학생들은 또한 일상생활에서 비폭력적인 방법으로 갈등을 해결하는 방법을 배워야 한다.
- 평화: 학생들은 개인적 차원에서 세계적 차원에 이르기까지 존재하고 있는, 존재 상태로서의 평화와 적극적 과정으로서의 평화의 다양한 개념들을 연구해야 하며, 평화를 위하여 적극적으로 일하고 있는 개인이나 집단의 실천 사례들을 살펴보아야 한다.
- 전쟁: 학생들은 전통적인 전쟁과 관련되어 제기되는 주요 문제들과 윤리적 난제들에 관하여 숙고하여야 하며, 지역적 차원에서 세계적 차원에 이르기까지 개인과 집단에 끼치는 전쟁의 적대적 영향을 살펴보아야 한다.
- 핵 문제: 학생들은 광범위한 핵 문제에 관하여 학습해야 하고, 국가방위와 관련된 핵심적인 견해들을 알아야 한다. 학생들은 또한 핵전쟁의 결과가 어떠한가를 이해하고, 핵무기가 없는 세계를 위한, 개인과 집단, 그리고 정부의 노력을 올바르게 평가할 수 있어야 한다.
- 정의: 학생들은 개인적, 세계적 차원에서의 부당한 상황들에 관해 학습하도록 해야 한다. 그리고 오늘날 정의를 위한 투쟁에 참여하고 있는 개인과 집단들의 활동에 대하여 학습해야 한다.
- 권력: 학생들은 오늘날 세계에서 권력의 문제와 권력의 불공평한 분배가 사람들의 삶의 기회에 어떻게 영향을 끼치는지에 대해서 학습해야 한다. 또한, 개인과 집단이 자신의 삶을 스스로 주관할 수 있는 힘을 어떻게 갖게 되는지에 대해서 알아보아야 한다.
- 성차별: 학생들은 성차별과 관련된 문제들을 학습해야 한다. 학생들은 또한

성차별의식의 역사적 배경과 성차별의식이 남성들에게는 어떻게 이롭게, 여성들에게는 어떻게 불리하게 작용하는지를 이해해야 한다.
- 인종 차별: 학생들은 인종 차별과 관련된 문제들을 학습해야 한다. 학생들은 또한 인종 차별의 역사적 배경과 인종차별주의가 백인들에게는 어떻게 이롭게, 흑인들에게는 어떻게 불리하게 작용하는지를 이해해야 한다.
- 환경: 학생들은 인류의 환경복지와 자신들이 의지하고 살아야 할 자연계에 대하여 관심을 가져야 한다. 학생들은 환경 문제에 관하여 합리적인 판단을 내릴 수 있어야 하고, 환경과 관련된 정책 결정에 효과적으로 참석할 수 있어야 한다.
- 미래: 학생들은 가능하고 바람직한 대안적 미래를 연구해야 한다. 학생들은 어떠한 대안이 더 정의로우면서도 덜 폭력적인 세계를 만들어낼 가능성이 가장 크며, 새로운 세계를 위해서는 어떠한 변화가 일어나야 하는지를 이해해야 한다.

이렇듯 평화교육은 더 평화롭고 지속 가능한 세상을 만들기 위한 교육적 시도다. 평화교육은 교육의 직접적인 필연적 결과이고, 문화 내에서 지식·가치 및 사회적 규범의 전수에 관련된 하나의 과정으로 정의되며, 공식적인 학교 교육에 국한되지 않는다. 평화교육은 과정과 철학적 원칙을 구체화한다. 철학적 원칙은 우리와 일치하지 않는 사람과 직면하여 비폭력·생명 존중·동정심, 대화, 협력, 문제해결, 개인과 집단의 자유를 극대화하려고 민주적 원칙을 효과적으로 활용하는 것을 포함한다. 과정은 보살핌, 확언, 그리고 '모두에게 충분한' 것이 목표인 세상과 관련된 기술, 태도, 가치를 가르치는 것을 포함한다. 다른 기술로는 분노 조절, 경청 및 대화, 폭력에 의존하지 않고 의견 불일치 해소, 편견 감소 등이 있다. 이런 맥락에서 평화는 폭력의 부재 이상의 것이다. 가장 적극적인 의미에서 평화는 모두를 위한 정의, 환경의 지속 가능성, 빈곤·기아·영양실조를 포함하여 불안의 뿌리가 되는 구조의 근절 및 깨끗한 물과 주택을 포함하여 생활을 위한 기본적인 필수재에 대한 접근 부족의 근절을 포함한다.

이를 고려하여 젠킨스(Jenkins, 2019: 4)는 종합적 평화교육의 관점에서 평화교육의 목적, 목표, 특징을 〈표 3〉과 같이 제시한다. 종합적 평화교육은 평화교육에 대한 단절된 다양한 접근법에서 파생하는 분열의 문제를 해결하고자 한다. 그것은 폭력을 없애고, 갈등에 대한 부정적인 접근을 거부하며, 폭력의 문화를 변혁하고 초월하기 위해 평화의 문화를 촉진할 필요성을 인정한다. 그것은 변화된 세계 질서를 구상하기 위해 전체론(holism)이 필수적이라는 것을 인식하면서 전체적으로 지식을 추구한다. 따라서 종합적인 평화교육의 학습 내용은 학습자와 관련된 거시적·미시적 맥락에서 도출되어 전체론적으로 추구된다. 평화교육의 내용은 넓고 다양하고, 다학문적으로 연구되며, 평화 지식의 모든 영역에서 도출된다. 또한, 종합적인 평화교육은 인간의 번영과 웰빙에 필요한 사회적·문화적 변혁의 과제에 필수적인 정치적·심리적 측면을 모두 다루는 변혁적이고 능동적이며 미래지향적인 교수법을 중시한다. 이러한 목표와 가장 관련이 있는 혁신적 학습 유형은 페미니스트 접근법과 다양한 형태의 비판적 교육 이론으로부터 도출된 것이다. 여기에는 학습자 중심, 성찰, 통합 및 탐구 기반 학습 접근법이 포함된다. 비판적이고 성찰적인 의식을 발전시키는 것은 사회적 행동과 참여의 가능성과 더불어 선하고 의미 있는 삶을 추구하기 위한 필수적인 근거로 여겨진다.

<표 3> 종합적 평화교육

목적	인간의 웰빙과 번영 및 평화의 문화 구현에 필요한 지식을 습득하고, 기술을 발전시키며, 태도를 형성하고, 관련된 능력을 키운다.
중요한 목표	모든 형태의 폭력(직접적, 구조적, 문화적 폭력)을 감소·제거한다. 적극적인 평화 및 번영하기 위한 인간의 권리에 유리한 상태를 조성한다.
지향/성향	변혁적, 행동 지향적, 유기적·역동적, 미래 지향적, 세계적·생태적 관계, 학습 및 과정 중시
범위	종합적·전체론적, 개인적·대인 관계적·사회적·정치적·제도적·생태적 변화와 변혁에 근본적인 학습을 포함, 생애 학습, 공식적·비공식적 학습 기회 포함
변혁적 학습을 위한 교수법	학습자 중심, 성찰적, 통합적, 탐구 기반, 관점 채택 및 세계관 조사, 미래 사고 및 설계, 갈등 해결 및 변혁(회복적 관행), 성찰적·참여적·심층적인 경청 관행
내용	다학문적으로 탐색하기, 평화 지식의 모든 영역(연구, 행동, 교육)에서 끌어내기, 인권과 국제 기준에 근거하기, 젠더 평등 및 젠더 감수성 지원하기, 지속 가능한 발전 및 평화 경제, 사회 정의, 군축과 군사주의, 민주주의, 미래 사고 및 비전, 비폭력(원리와 전략), 세계 질서, 갈등 변혁/회복적 정의, 평화 구축, 학습 및 변화에 관한 이론, 갈등 공정(대인 관계적, 중재), 문화적 유창성, 세계적 행위자, 세계 시민성/세계주의, 치유 및 화해, 영성, 생태적 지속 가능성/환경 정의

우리가 평화·통일교육을 통해 학생들이 북한을 균형 있게 이해하고, 갈등을 건설적으로 해결하며, 평화를 저해하는 부정의에 적극적으로 대항하며, 확고한 통일 의지를 갖춘 학생을 육성하려면 학생들이 생활하는 교실 자체가 평화교육의 장이 되어야 한다. 교실 자체가 평화로운 교실이 되지 못하면, 그 안에서 실행되는 모든 방법이 제대로 된 효과를 낼 수 없기 때문이다. 특히 평화·통일교육 담당자로서 교사는 무엇보다도 평화로운 교실 만들기에 주력해야 한다. 그렇다면 교사로서 우리가 평화로운 교실을 만들기 위해 해야 할 것은 무엇인가? 이에 여기서는 평화로운 교실을 만들

기 위한 다섯 가지 전략에 대해 살펴보고자 한다.

4 평화로운 교실을 만들기 위한 다섯 가지 전략

평화교육이 성공하려면 학생들이 배우는 교실 자체가 평화로운 교실이 되어야 한다. 평화로운 교실은 개별 학생이 평등한 기회를 접하고, 개별 학생의 복지가 극대화되는 열린 환경이다. 교사와 학생은 건설적 방식으로 상호작용하는 방법을 배운다. 모두가 자신의 관점을 피력하고, 교사와 학생은 공동으로 행동의 한계를 설정한다. 교사와 학생은 학습 과정에 참여하는 모두에게 존중심을 드러내고 가치 있는 것을 공유한다. 평화교육에서 교사는 자신을 진리의 소유자로 자처하지 않는다. 단지 전쟁, 갈등, 평화의 문제를 학생들보다 더 자세하게 일찍 고찰한 사람으로서 교사는 학생들을 협력적 학습 모험으로 이끌고, 학생들이 심각한 인간의 문제에 관해 무엇을 할 수 있는지 스스로 결정하도록 권면한다. 평화교육에서 교사는 학생들을 빈 그릇이나 지식의 수동적 수용자로 취급해서는 안 되며, 그들을 소중한 인간이자 동료 학습자로 간주해야 한다(Harris & Morrison, 2013: 169).

볼딩(Boulding, 1974: 123-124)은 평화로운 교실이 만들고자 하는 인간형의 모습을 다음과 같이 묘사하였다.

> 이타주의, 활동가, 비폭력 실천가가 되는 아동은 자율적이고, 유능하고, 자신과 미래에 대해 자신감을 가졌으며, 스트레스를 잘 견디고, 자신과 직접 관련이 없더라도 타인과 따뜻한 인간관계를 유지하며 타인에게 책임을 느낀다. 이런 아동은 과거에 문제를 해결할 기회가 많았고, 여러 사회적 역할을 수행하였으며, 자신의 성공에 대해 보상을 받았다. 또한, 이런 아동은

다양한 종류를 사건을 접했고, 상당한 지식을 축적했으며, 복합적 세계관을 지녔다. 성인 역할 모델의 지도를 받았지만 동시에 도래 집단의 도움도 받았다. 자라는 동안 인식 능력, 정서 능력, 직관 능력을 발달시킬 최적의 기회를 접했고, 타인 배려와 유대감 성향이 공격 성향보다 훨씬 크게 작용했다. 이런 아동의 사회적 공간은 자신이 감당할 수 있는 도전으로 가득하고, 사회적 행동에 관한 풍부한 가르침을 제공하며, 자신의 주변을 건설적 변화로 이끌도록 권면하는 역할 모델이 풍부하다.

해리스와 모리슨(Harris & Morrison, 2013: 170-180)은 평화로운 교실을 만들기 위한 기본 전략을 제시했다. 그들은 민주적 공동체를 창조하기 위해 대화를 활용하기, 협력하는 방법을 배우기, 도덕적 배려와 관심의 에토스를 발달시키기, 비판적 사고를 증진하기, 변화를 향한 권한을 갖추기 위해 올바른 관계에 대한 탐색을 발달시키기를 기본 전략으로 제시하였다. 이에 여기서는 이 다섯 가지 전략에 대해 더 상세하게 살펴보고자 한다.

1) 민주적 공동체를 창조하기 위해 대화를 활용하기

세계에 평화가 가능하기 위해서는 사람들이 파괴적 폭력에 호소하지 않고 다른 사람들과 함께 살아가는 방법을 배워야 한다. 세계화 현상을 통해 오늘날 세계는 더욱 긴밀해지고 있으며 상호 의존적인 공동체를 향하여 나아가고 있는데, 이 공동체에서 사람들은 모두 유사한 목표를 가지고 있으며 이 목표를 달성하기 위해 서로 협력해야 한다는 것을 배우고 있다. 지구 공동체(global community)에서 인간은 서로에게 의존한다. 예를 들어, 시민들은 타국에서 생산된 식품과 원료가 필요하고, 회사는 상품을 판매할 시장을 필요로 하며, 우리 모두는 의식주를 위해 지구에 의존하고 있다. 이렇게 인간은 안전을 위해 서로에게 의존하고 있으며, 자신의 필요를 충족시키기 위하여 상호 의존적인 공동체를 형성한다.

전 세계를 통하여 사람들은 직접적 폭력과 구조적 폭력이 초래하는 문제를 다루기 위해 토대 공동체(base communities)를 만든다. 즉, 평화교육이 민주적 행위를 배우는 모델 실험실로서 단결된 교실 공동체를 만들고 있다. 공동체에 대한 인식이나 소속감이 없으면 사람들은 타인에 대한 책임감을 느끼지 못한다. 분열을 조장하는 교육은 희망을 키울 수가 없다. 지구에서 함께 살아가기 위해 요구되는 가치와 행위를 가르치기 위해서 평화교육자들은 상호 존중과 공유에 기초한 교실 공동체를 창조해야 한다.

이를 위해 교사들은 학습 프로그램을 만드는 데 있어서 가능한 한 학생들의 도움과 참여를 유도해야 한다. 이 말은 한편으로 학생의 관심과 경험에 기초한 프로그램을 만드는 것을 의미하고, 다른 한편으로 교실에서 허용된 행위와 제한된 행위를 학생들과 함께 결정한다는 것을 의미한다. 평화교육자들은 학생들에게 자신들이 당한 폭력 경험을 나누도록 장려해야 하는데, 그렇게 함으로써 교실 구성원들은 공감을 훈련할 수 있고 자신들의 무서운 경험이 유독 특출난 것이 아니라는 사실을 깨닫게 된다. 학생들은 또한 서로에게 폭력적 세계에서 겪게 마련인 두려움과 공포를 이겨 낼 방법을 배우게 된다. 상이한 관점을 가진 학생들이 서로 의견이 맞지 않는 경우도 있지만, 갈등과 폭력에 어떻게 대처할 것인지 각자의 의견을 듣고 다른 사람의 견해를 수용하도록 노력함으로써 민주적 학습 환경이 조성되는 법이다.

우리 삶에서 일어나는 폭력의 기원에 관한 이러한 탐구 과정에서 교사는 교실이 계속 살아 움직이도록 하는 사람이다. 교사는 질문을 던지고 그 질문에 통찰력을 줄 수 있는 새 자료를 제공한다. 때로는 의견을 보다 명료화해주고 요약해 주기도 한다. 이렇게 함으로써 교사는 토론 진행이 수업의 목표에 잘 부합되도록 할 수 있다. 또한, 교사는 토론이 구성원들에게 편안하게 진행되고 있는지 주기적으로 점검할 필요가 있다. 평화교육 수업을 진행하는 교사의 다른 중요한 기능은 각자의 관점이 충분히 주의를 받도록 하고, 상이한 관점이 누가 옳은지를 증명하는 논쟁이 아니라 긍정적인 학습 경험임을 분명히 해 주는 것이다. 평화교육자는 수업 참여자들에게 따뜻한 관심을 보여주고 그들의 기여를 인정해 주어야 한다. 이렇게 하여 민주적 교실의 교사는 학습 집단의 응집력을 유지하고 평화적 행위의 강력한 역할 모델로 기능하는 중재자가 되는 것이다.

민주적 교실은 수업에 임하는 모든 구성원의 대화를 요구한다. 참여자 각자는 자신들의 발언이 경청되고 있다고 편안하게 느껴야 한다. 교사는 질문을 제기하고 갈등과 평화 추구에 대한 자신의 경험을 학생들과 공유한다. 교사는 과묵한 학생에게 말을 하도록 용기를 북돋우고, 시간을 독점하는 학생에게는 너무 많은 말을 하지 않도록 기분 나쁘지 않을 방식으로 제지한다. 학습자와 교육자 사이의 열린 대화는 존경과 신뢰를 요구하는데, 이것은 공동체가 만들어지기 위해서 가장 중요한 구성요소다. 학습 공동체는 자신들의 삶의 경험을 공유하는 참여자들에 의해 만들어진다. 교육자는 자신의 경험을 나누고 의견들을 가설의 형태로 제시함으로써 집단적 탐구의 대상이 되게 한다. 이렇게 상호작용하는 교수법은 학생들이 교사를 새롭고 흥미로운 방식으로 알게 하는데, 이 과정은 복잡한 문제를 탐구하는 지적 존재들의 학습 공동체 개념을 풍부하게 만든다.

레이시(Lacey)는 교사들이 학생들에게 배우는 즐거움을 발견하고 자신과 타자와 세계를 위한 배려심을 발견하도록 돕는 과정을 설명하기 위해 마음속 교사(inward teacher)라는 용어를 사용하고 있다. 몬테소리처럼 레이시도 학생마다 자신의 내부에 신성한 불씨(spark of the divine)를 담고 있다고 믿는다. 교사의 역할은 이 불씨를 발견하고 키우는 것을 돕는 것이라고 본다. 파머(Palmer)는 교실에서의 훌륭한 가르침이 진행되는 과정에 대해 '사랑'이라는 용어를 사용하는 것을 주저하지 않는다. 그에 의하면 교사는 기꺼이 위험을 감수해야만 하며, '훌륭한 가르침의 원천인 따뜻한 마음을 품지 않으면' 어떠한 교육 개혁도 성공할 수가 없다. 훌륭한 가르침의 본질은 지력, 감정, 정신을 포함해야 하며, 제기하는 질문이 발견하는 답변만큼이나 중요하다(Harris & Morrison, 2013: 171에서 재인용).

민주적 교실을 만들기 위해 교사가 사용할 수 있는 기법에는 많은 것이 있다. 가장 중요한 것 가운데 하나는 처음에 다양한 소개 연습을 통해 학생들이 서로에 대해 잘 알게 하는 것이다. 학생들이 서로를 잘 알 수 있게 해 주는 것은 학급을 하나의 도덕 공동체로 만드는 데 필수적이라고 주장한다. 왜냐하면 서로에 대해서 무엇인가를 알게 될 때, 상대방을 소중히 여기고 애착을 느끼기 쉽기 때문이다. 유대감을 형성하는 일은 교실 안에서 친밀감을 형성하기에 가장 중요한 시기인 새 학년 새 학기의 첫날부터 시작해야 한다.

학생들은 급훈을 결정할 수 있고 교실에서의 적합한 행위에 관한 가이드라인을 정할 수 있다. 수업이 종료할 즈음에 교사와 학생은 약 10분 정도를 할애하여 수업 시간 동안 무엇이 진행되었는지를 논의할 수도 있다. 그런 시간을 갖는 이유는 수업 진행 과정에서 나온 아이디어를 되풀이하기 위해서가 아니라, 학생들이 자신의 참여와 다른 학생의 참여에 대해 어떻게 느꼈는지 알아보기 위해서이다. 즉, "우리는 모두 이 수업에 참여하였다. 잘못된 것은 무엇인가? 잘 된 것은 무엇인가? 더 잘할 수는 없었는가? 다음번에는 어떻게 하면 더 좋은 수업이 되게 할 수 있을까?" 등의 질문을 던짐으로써 이 과정은 학생들에게 수업에 대한 소유의식을 갖도록 한다. 이런 과정을 거침으로써 참여자들에게 수업에서의 상호작용에서 자신이 수행한 역할에 대해 성찰할 기회를 제공하게 된다.

참여하는 민주적 시민이 되는 것은 원칙에 대해 추상적으로 이해하는 것 이상을 요청한다. 민주적으로 행동하는 것은 삶의 한 방식이다. 평화교육자들은 교실 공동체가 학생들이 자신들의 행동이 미칠 결과를 고려하며 행동을 순화시키는 그런 공동체가 되도록 함으로써, 학생들이 이런 삶의 방식을 살도록 준비시킨다. 학습 공동체 수립에 참여함으로써 교사와 학생은 민주적 의사결정 기술을 획득하게 된다.

이에 왓슨(Watson, 2019, 158-159)은 학습 공동체를 구축할 때 교사가 준수해야 할 일곱 가지 사항을 다음과 같이 제시한다. 첫째, 개인적인 소식과 학급의 성취를 공유하고, 학생들이 계획과 문제해결에 참여하는 학급 회의를 활용하여 학생들의 집단 소속감을 형성한다. 둘째, 포용적인 언어를 사용한다(예: 우리 반은 배우는 것을 정말 좋아하는구나!). 교사는 전체로서의 학급을 자주 언급해야 한다. 셋째, 공유된 학습 경험을 창안하고, 학생들을 학급의 절차·관습·의식에 참여시켜 학급에 공유된 역사를 만든다. 넷째, 학생들과 함께 배우고 싶은 것의 목록을 만들어 공유된 목표를 강조하고, 이를 교육과정에 반영하고자 노력한다. 다섯째, 학생들이 어떤 대우를 받기를 바라는지 그리고 어떤 학급이 되기를 바라는지에 대해 학급 구성원 모두가 생각하도록 권장하여 공유된 가치를 강조한다. 여섯째, 학생들이 학급을 위한 책임을 떠안도록 요구하고 도와주어 독립성과 책임감을 고취한다. 일곱째, 학생들의 상호작용을 지원하도록 환경을 정비하고 학생들의 제안에 개방적인 자세를 취하여 학생들이 서로를, 학급 전체를 그리고 교사를 돕도록 장려한다.

2) 협력하는 방법을 배우기

민주적 학습 공동체에 존재한다는 것은 타인과 어떻게 협력할 것인가를 배우는 과정이기도 하다. 협력적 학습상황에서 교사는 프로젝트를 수행할 소집단을 조직한다. 따라서 평화연구 학생들은 집단 활동과 관련된 기술을 배울 필요가 있다.

존슨과 그 동료(Johnson et al., 1984: 45)는 협력적 학습에 필요한 기술을 형성 기술(forming skills), 기능 기술(functioning skills), 공식화 기술(formulating skills), 자극 기술(fermenting skills)의 네 가지로 분류하였다. 평화교육 교사들은 학생들이 집단 활동에 익숙해지도록 적절한 기술을 가르칠 수 있다. 그들은 학생들이 어떤 기술을 필요로 하는지 결정하고, 학생들이 특정한 집단 기술을 이해하도록 도우며, 연습상황을 만들어주고, 피드백과 지원을 제공한다. 교사들은 이 기술 분류를 학생들의 나이에 따라 교실 학습에 도움이 되는 방식으로 사용할 수 있다.

형성(forming) 기술은 학생들이 협동 학습 집단을 안정적으로 만드는 데 필요한 기능으로 집단에 머무르거나 돌아다니지 않기, 조용한 목소리로 말하기, 교대로 수행하기, 서로의 이름 부르기 등이 있다. 기능(functioning) 기술은 학생들이 집단의 행위를 다루고 효과적인 관계를 유지하는 데 필요한 기술로서 자신의 아이디어와 결정을 제시하기, 집단의 학습에 방향을 제공하기, 모든 구성원이 참여하도록 격려하기 등이 있다. 다시 말해, 기능 기술은 임무를 완수하고 집단 구성원들 사이에 효과적인 관계를 유지하는 노력을 관리하는 기술을 말한다. 집단 활동을 개시하게 하고 모든 참여자에게 무엇이 기대되고 있는지를 이해하도록 의제를 설명히는 것을 포함힌다. 집단 구성원들은 이 단계에서 일련의 활동 절차에 대해 합의해야 한다. 집단 내 다른 구성원에게 무엇이 진행되고 있는지 설명하고 명료화할 수 있어야 한다. 다른 사람의 기여를 전달하고 새 아이디어로 집단에 활력을 불어넣으며 필요할 경우 자신의 느낌을 표현해야 한다. 기능 기술은 이처럼 집단이 순조롭게 작동하도록 해 주는 것이다.

공식화(formulating) 기술은 학생들이 현재 학습하고 있는 자료에 대한 이해를 깊게 하고, 더 높은 수준의 추론 전략을 사용하도록 자극하며, 자료의 숙달과 파지를 극대화하는 데 필요한 기능으로서, 그 예로는 단계적인 추론 설명하기, 학습하고 있는 것과 이전에 학습한 것을 연결하기 등이 있다. 공식화 기술은 연구 중인 주제에 대해 심도 있는 이해를 가능케 하는 기술을 포함한다. 즉, 토론된 것을 요약하고, 다른 구성원들의 기여를 검토하며, 임무에 대한 상세한 설명을 요청하고, 결론을 내리기 위해 추론 과정을 분명히 하는 것들이 그것이다. 때때로 이 단계에서 집단은 다른 집단에게 자신들의 발견을 제시할 수도 있는데, 이 경우 결론을 어떻게 전달하는 것이 최선인지 결정할 필요가 있다. 이 같은 주제의 재규정은 집단 참여자에게 중요한 교육적 효과를 줄 수 있다.

끝으로 자극(fermenting) 기술은 학생들이 현재 학습 중인 학습 자료의 재개념화를 자극하고, 인지 갈등, 더 많은 정보의 추구, 자신의 결론에 대한 이론적 근거의 소통 등을 자극하는 데 필요한 기능으로서 사람이 아니라 아이디어를 비판하기, 논리적으로 설득되지 않는 한 자신의 결정을 바꾸지 않기(다수결에 지배되지 않는 것) 등이 있다. 자극 기술은 집단이 달성한 것을 고차원적으로 분석하는 것을 의미한다. 이 단계에서는 집단 구성원들이 다른 사람의 관점에 이의를 제기할 수도 있다. 학문적 논쟁이 발생하여 구성원들이 주제를 재고찰하고 결론에 대한 증거를 다시 모으며 대안적 입장을 내세우기도 한다. 여기에는 사람이 아니라 아이디어를 비판하는 기술을 포함하여 다양한 관점을 모아 단일 입장으로 정리하는 기술, 집단 구성원의 다른 발견을 포섭하는 기술, 깊이 있는 이해를 구하는 기술, 어려운 질문에 상세한 답변을 정리하는 기술, 집단의 결론을 현실에 적용하여 테스트하는 기술 등이 포함된다. 이런 기술은 집단이 상당한 지적 엄밀성을 요구하는 좀 더 높은 차원에 도달하는 것을 가능케 한다.

이러한 협력 기술을 배우는 것은 일생에 걸친 과제이다. 이 가운데 한두 가지 기술에 익숙할 수는 있겠지만 모든 기술을 갖는 것은 일생에 걸쳐 배워야 한다. 다른 사람들과 협력하며 일할 수 있는 핵심 요소는 갈등을 관리할 수 있느냐 하는 것이다. 보다 창조적으로 갈등을 해결하기 위해서 사람들은 집단 내에서 의사소통 기술을 개선하는 것이 필요하다. 교실은 갈등 해결과 관련된 기술을 테스트하는 이상적 환경을 제공한다. 갈등 해결 기술은 갈등을 평화적으로 다루고 관리하며 해결하는 데 필요한 기술로서 다음과 같은 능력이나 기술을 포함한다.

- 공격성과 부정성을 감소하고 예방하기 및 보복의 염려 없이 자신의 다른 의견과 관심을 자유롭게 표현할 수 있는 중립적인 환경을 조성하기
- 갈등 당사자 간의 수용성, 상호 이해, 신뢰를 권면하고 향상하기
- 상충하는 당사자의 힘과 지위의 차이를 인식하고, 그러한 차이가 상충하는 당사자들 간의 소통에 미칠 수 있는 영향을 줄이기 위한 방책을 마련하기
- 정서를 효과적으로 관리하고 조절하는 능력: 자신과 타인의 근본적인 정서·동기 상태를 해석하고, 자신과 타인의 정서적 스트레스·불안·위험을 처리하는 능력
- 갈등에 연루된 당사자의 다른 관점을 경청하고 이해하기
- 갈등 당사자가 가진 서로 다른 관점을 표현하고 요약하기
- 갈등 당사자가 가진 오해에 대응하여 그것을 감소하기

- 갈등 당사자들이 다른 당사자들이 갖는 관점에 관해 성찰하기 위해 때로는 침묵, 휴전, 행동하지 않는 기간이 필요할 수 있음을 인식하기
- 갈등의 원인과 기타 측면을 식별하기, 분석하기, 관련짓기, 맥락에서 살펴보기
- 갈등 당사자 간의 합의가 성립될 수 있는 공통의 근거를 파악하기, 갈등 해결을 위한 선택지를 확인하기, 가능한 타협이나 해결책을 다듬기
- 이용 가능한 선택지에 대한 이해를 높여 다른 사람이 갈등을 해결할 수 있도록 지원하기

한편, 사회적 상호의존성은 모든 사람의 목표 달성이 타인의 행동에 영향을 받을 때 존재한다. 사회적 상호의존성에는 긍정적 유형(협동)과 부정적 유형(경쟁)의 두 가지가 있다. 긍정적 상호의존성(협동)은 개인이 그와 협력적으로 연결된 다른 개인도 목표에 도달할 때만 자신의 목표를 달성할 수 있다고 인식할 때 존재한다. 따라서 참가자는 목표를 달성하기 위한 서로의 노력을 촉진한다. 부정적인 상호의존성(경쟁)은 개인이 그와 경쟁적으로 연결된 다른 개인이 목표를 달성하지 못하는 경우에만 자신이 목표를 달성할 수 있다고 인식할 때 존재한다. 따라서 참가자는 목표를 달성하기 위한 서로의 노력을 방해한다. 상호의존성이 전혀 없는 개별 시도는 상황에 있는 다른 개인이 목표를 달성했는지의 여부와 상관없이 개인이 목표에 도달할 수 있다고 인식하는 상황을 초래한다(추병완 역, 2019: 34).

사회적 상호의존성 이론의 기본 전제는 어떤 상황에서 구조화된 상호의존성의 유형이 개인이 상호작용하는 방식을 결정한다는 것이다. 그리고 상호작용 유형은 결과를 결정한다. 긍정적 상호의존성은 촉진적 상호작용을, 부정적 상호의존성은 대립적 또는 경쟁적 상호작용을 유발하는 경향이 있

으며 상호의존성이 없는 경우에는 상호작용이 부재한다. 사회적 상호의존성의 유형과 그것이 유도하는 상호작용 유형 사이의 관계는 양방향적인 것으로 가정된다. 각각은 서로를 유발할 수 있다. 긍정적 상호의존성이 촉진적 상호작용을 초래하는 것처럼, 촉진적 상호작용은 협동을 초래할 수 있다.

일반적으로 경쟁적 맥락은 다음과 같은 특징을 보여준다(추병완 역, 2019: 38-39).

- 개인은 차별적인 혜택, 즉 상황에서 다른 사람보다 더 잘하는 것에 초점을 맞춘다. 경쟁 상황에서 한 사람이 얼마나 잘하고 있는가는 그 사람의 성과가 그 상황의 다른 사람의 성과와 어떻게 비교되느냐에 달려 있다. 자신이 수행한 결과의 가치가 다른 사람의 결과와 어떻게 비교되느냐에 따라 달라지는 사회적 비교가 끊임없이 존재한다.
- 개인은 자신의 웰빙과 다른 참가자의 박탈에 초점을 맞춘다. 이기기 위해 개인은 자신에게 유익한 것뿐만 아니라 다른 사람이 이기지 못하게 하는 것에 초점을 맞춘다. 자기보다 덜 잘하는 타인에 대한 기득권이 있다.
- 개인은 모든 에너지를 승리에 집중시키는 단기간의 시간 지향을 채택한다. 좋은 관계를 유지하는 것에 거의 주의를 기울이지 않는다. 대부분의 경쟁에는 다른 경쟁자와의 향후 관계에 대해 거의 또는 전혀 걱정하지 않은 채 모든 관심이 집중되는 즉각적인 결승선이 있다.
- 의사소통을 회피하는 경향이 있으며, 의사소통이 이루어질 때는 오해의 소지가 있는 정보와 위협을 포함하는 경향이 있다. 위협, 거짓말, 침묵은 학생이 서로 갈등을 해결하는 데 도움이 되지 않는다. 경쟁은 다른 사람이 의사소통을 꺼리는 정보를 얻기 위해 스파이 행위나 여러 가지 기술을 야기하

고, 자신에 대해 상대방을 속이거나 오도하기 위한 우회적인 전략을 낳는다.
- 교정하기 어려운 다른 사람의 입장과 동기에 대한 빈번하고 일반적인 오해와 왜곡이 있다. 학생은 다른 사람을 부도덕하고 적대적인 존재로 인식하고 그에 따라 행동함으로써 자기충족적인 예언에 관여하여 다른 사람으로부터 적대감과 기만을 불러일으킨다. 왜냐하면, 선입관과 기대가 인식되는 것에 영향을 주기 때문에, 자신의 신념과 행동을 정당화하는 방식으로 사건을 보는 편향이 있기 때문에, 그리고 갈등과 위협이 지각과 인지 과정을 손상시키기 때문에 오해를 바로잡는 것이 매우 어렵다.
- 개인은 서로에 대한 의심스럽고 적대적인 태도를 가지고 있기에, 서로의 욕구와 필요를 착취할 준비성을 높이고 서로의 요구를 거절한다.
- 개인은 다른 사람의 요구, 욕구, 감정의 정당성을 부정하고 자신의 이해관계만을 고려하는 경향이 있다.

한편, 협동적 맥락은 다음과 같은 특징을 보여준다(추병완 역, 2019: 39-40).

- 개인은 상호 목표와 공유된 이해관계에 초점을 맞춘다.
- 개인은 자신과 타인의 웰빙에 관심을 둔다.
- 개인은 목표 달성 및 타인과 좋은 관계 구축에 에너지를 집중시키는 장기적인 시간 지향을 채택한다.
- 효과적이고 지속적인 의사소통은 갈등을 해결하는 데 매우 중요하다. 협동 상황에서 관련 정보의 소통은 개방적이고 정직하며, 각 사람은 다른 사람에게 정보를 알려주고 다른 사람으로부터 정보를 얻는 데 관심이 있다. 의사소통은 더욱 빈번하고 완벽하며 정확하다.

- 다른 사람의 인식과 다른 사람의 행동은 훨씬 정확하고 건설적이다. 자기 충족 예언과 이중 기준과 같은 오해와 왜곡이 자주 발생하지 않으며, 오해와 왜곡을 교정하고 명료화하는 것이 훨씬 쉽다.
- 개인은 서로를 신뢰하고 좋아하므로 서로의 요구, 욕구, 요청에 도움이 되도록 기꺼이 응답한다.
- 개인은 서로의 이해관계의 정당성을 인식하고 양측의 요구를 충족시키는 해결책을 찾는다. 갈등은 관련된 모든 사람에게 이익이 되는 방식으로 해결되어야 할 상호 문제로 정의되는 경향이 있다.

평화교육자들은 모의실험을 하거나 심리 드라마를 연출하거나 여러 갈등 상황에 관한 역할 놀이를 하도록 함으로써, 학생들이 갈등 해결 기술을 배우는 것을 도울 수 있다. 이런 역할 놀이는 참여자들에게 갈등을 직접 체험하도록 하고 그들의 수행을 평가하는 다른 사람으로부터 배울 수 있게 한다. 몬태규(Montague)는 인간 공동체에서 갖는 협력의 가치를 다음과 같이 찬미하고 있다(Johnson et al., 1984: 24에서 재인용).

> 사회는 인간을 다른 인간과 접촉하도록 하는 곳으로서 근본적으로 그리고 본질적으로 협력이 필수적인 곳이라는 사실을 잊어서는 안 된다. 구성원들의 협력이 없이는 사회는 생존할 수 없으며, 사회가 생존해 온 것은 구성원들의 협력성이 발휘되었기 때문이다. 생존을 가능케 한 것은 여기저기 흩어진 개인들이 아니라 협력한 집단이다.

협동학습(cooperative learning)은 평화교육 학생들에게 엄청난 이익을 가져다준다. 연구 결과에 따르면 협동학습 환경은 학생들 사이에 높은 수준의 성과를 가능케 하며, 개인주의적 학습 환경이나 경쟁적 학습 환경에서는 확보할 수 없는 상당한 수준에서 또래 도움을 제공한다. 학생들은 또한 협력적인 교실을 통해 중요한 감정적 이익을 얻을 수 있다. 그들은 또래에 대해 더 잘 알 수 있고, 함께 활동함으로써 얻게 되는 각자에 대한 애착은 배우고자 하는 동기를 증대시킨다. 소집단에서 학생들은 서로를 격려해 준다. 집단 구성원 간 상호의존에 기초한 협동 학습상황은 학생들에게 다른 구성원을 배려하도록 가르치고, 일생을 통해 유지할 수 있는 인간관계를 형성할 생존기술을 제공한다. 이 학습 유형은 그 자체가 도덕적이다.

협동학습에 관한 연구에서 나온 다양한 결과들은 성취 노력, 긍정적인 관계, 심리적 건강이라는 세 가지 중요한 범주들로 분류될 수 있다. 그러한 학습 결과들로부터 우리는 협동이 경쟁적인 시도나 개별적인 시도에 비하여 전형적으로 다음과 같은 결론으로 수렴하고 있음을 알 수 있다. ① 더 큰 성취 노력: 이것은 모든 학생에 의한 높은 성취, 더 많은 생산성, 장기 기억, 내재적 동기, 성취동기, 과제 수행에 보내는 시간, 고수준의 추론, 비판적 사고를 포함한다. ② 학생들 간의 긍정적인 관계: 이것은 단체정신과 배려, 헌신적인 관계, 개인적 지원과 학문적 지원, 다양성의 존중, 일관성을 포함한다. ③ 더 나은 심리적 건강: 이것은 일반적인 심리적 적응, 자아 강도, 사회적 발달, 사회적 능력, 자아 존중, 자아 정체성, 역경과 스트레스에 대처하는 능력을 포함한다.

3) 도덕적 배려와 관심의 에토스를 발달시키기

도덕의 기초는 타자에 대한 민감성과 배려이다. 민주적 교실은 학생들이 서로를 알게 되고 자신의 임무를 완수하기 위해 서로에게 의존하기 때문에 도덕적 성향을 개발하는 훌륭한 훈련장을 제공한다. 협력적 학습 상황에서는 집단의 과제를 성공적으로 수행하기 위해 각자에게 의존하므로, 한 학생이 다른 학생을 무시하기가 어렵다. 동질적이지 않은 집단에 소속되는 경우 학생들이 다양성을 경험하게 되고 이는 자신들과 다른 관점을 인정하게 되는 계기가 된다. 이런 분위기에서 인종적·문화적 차이를 인정하게 되는 것이다. 집단 학습 상황에서 나타나는 책임공유는 각 개인의 기여를 인정받게 하고 집단이 목표를 달성하는 데 있어 도움을 준 것으로 확인된다. 평화교육자들이 학생들을 집단 활동에 참여시킬 때 학생들은 무엇이 자신에게 좋은 것인지만이 아니라 무엇이 집단에 좋은 것인지를 고려하면서 결정을 내리게 된다. 학습에 있어서 타인에 대한 책임감을 발전시키는 것은 도덕적 사고의 기초가 될 수 있다. 실제 사회생활에서도 좋은 시민은 정책을 수립하고 의사결정을 내리는 데 있어서 다른 사람들과 함께 하는 법이다.

듀이(Dewey, 1916: 418)는 "모든 교육은 사회생활에서 효과적으로 공유하는 능력을 발달시킨다는 점에서 도덕적이다."라고 말하고 있다. 인간 공동체에서 폭력을 유발하고 영속화하는 실제 삶의 상황에 직면하여, 평화교육은 학생들에게 사회문제와 그것에 수반되는 가치의 문제에 관해 깊이 있는 연구를 하도록 한다. 평화교육자들은 전쟁과 평화 문제를 도덕 문제로 제기함으로써, 학생들에게 최초의 원자폭탄 투하, 제2차 세계대전 당시 드레스덴(Dresden) 폭격, 군비경쟁의 강화와 같은 정치적 결정에 관해 조사하도록 한다. 이런 문제의 성격은 대단히 복잡하여 쉽고 적절한 해결책을 찾기 어려우므로, 학생들이 이러한 딜레마를 조사하다 보면 도덕적 추론 능력을 기르게 된다. 이런 문제의 복잡성을 이해하기 위해서는 인간성에 대해 그리고 군국주의를 초래하는 사회조직의 유형에 대해 천착해야 한다.

여성 심리학자인 길리건(Gilligan)은 여성에 관한 자신의 연구에 근거하여 콜버그의 이론에 도전을 제기하였다. 길리건의 이론은 상당히 사변적이고 직관적인 언어로 표현되어 있으나, 콜버그의 상당히 추상적이고 관조적인 담론의 영역에 맞서서 특정한 사회적·개인적 맥락에 대한 풍부한 묘사를 제공해 주고 있다. 길리건의 논제의 근본적인 핵심은 여성의 독특한 도덕적 주제와 비전에서 배려와 책임감의 언어 그리고 타인에게 해로움을 주지 않는 것을 강조한다. 길리건에 따르면, 여성은 남성과는 '다른 목소리로' 이야기를 한다. 그에 따르면, 전통적으로 여성은 타인의 요구에 초점을 맞추어 왔기 때문에 친밀한 인간관계를 생성·유지하는 것의 중요성을 강조하는 배려(care)의 언어를 발전시켰다. 이와는 반대로, 전통적으로 남성은 기획(예: 비즈니스, 의약품, 법)의 세계에 헌신했기 때문에 상호 합의한 규칙의 사용을 강조하는 정의의 언어를 발전시켰다. 콜버그의 연구에 토대를 두고 추정을 하는 가운데, 길리건은 남성의 언어가 개인의 권리와 의무 및 그에 수반하는 그것들의 보호라는 관점에서 정형화되지만, 여성의 도덕적 언어는 배려와 대인 관계적 책임감, 비폭력이라는 관점에서 정형화된다고 주장하였다.

길리건(Carol Giligan)은 그의 책 「다른 목소리로」에서 개인의 도덕 발달 단계를 세 수준으로 밝히고 있다(박병기·추병완, 2017: 355). 첫 번째 수준은 자기 이익 지향이다. 도덕적 추론의 가장 간단한 단계에서 여성은 실용주의적으로, 그리고 자기중심적으로 자기 이익과 생존에 집착한다. 여성은 도덕성을 사회에 의하여 무력한 주체에게 부과된 제재들을 준수하는 것으로 본다. 임신한 여성의 주요 관심사는 바로 자기 자신을 보호하는 것이다. 이 수준에서 도덕적 고려는 행위자 자신의 욕구에 갈등이 있을 때만 도덕적 추론으로 들어가게 된다. 만약 그러한 일이 생긴다면 그녀는 무엇이 자기에게 더욱 중요한 것인가를 평가하게 될 것이다. 이 수준에서는 다른 사람에 대한 많은 고려가 결여된 가운데 자신에게 최상의 것이 무엇인가에 의해 최종 결정이 이루어지게 된다.

두 번째 수준은 선과 타인에 대한 책임감을 동일시하는 것이다. 자기 이익은 점차 뒤로 사라지고 다른 사람들을 기쁘게 해주려는 욕구, 심지어 자기의 욕구를 희생해서라도 다른 사람이 원하는 것을 하려는 욕구가 전면에 등장하게 된다. 이 수준에서 여성은 이기심으로부터 타인에 대한 관심, 타인에 대한 중요한 책임감, 그리고 자기희생의 능력으로 발달해 가게 된다. 젊은 여성은 그녀의 남편, 그녀의 연인, 그녀의 연인의 부인 혹은 그녀의 부모들이 낙태를 원하기 때문에 낙태에 동의할 수도 있다.

세 번째 수준은 자아와 타인 사이의 역동성에 초점을 맞춘다. 많은 사람이 도달하지 못하는 도덕적 추론의 세 번째 수준에 있어서 개인은 하나의 보편적인 입장을 발달시키게 된다. 낙태에 관한 결정에 있어서 여성들은 그들 자신의 독립적인 권리를 주장하게 된다. 그러나 동시에 다른 사람들에 대한 그들의 책임감에 동등한 고려를 부여한다. 이 수준의 여성들은 더 이상 자신들을 무력하거나 복종적인 존재로 여기지 않는다. 이제 의사결정 과정에 있어서 적극적이고 동등하게 타당한 참여자가 되는 것이다. 그러므로 이제 다음과 같은 질문들이 중심을 이루게 된다: 어떤 행동이 다른 사람들과 자기 자신에게 해를 끼치는 것을 최소화할 수 있는가? 또한 이 수준에서의 도덕적 기초는 비폭력(nonviolence)에 대한 확약과 모든 관련된 사람들에게 고통을 최소화하려는 의무다. 이 수준에서 배려는 이제 하나의 보편적 의무가 되는 것이다.

길리건의 도덕 발달 이론에서 가장 높은 수준은 비폭력의 도덕으로서, 여기서는 배려가 보편적 의무가 된다. 비폭력은 타자를 다치게 하는 모든 행위의 금지를 포함하여 모든 도덕 판단과 행동을 지배하는 지위로까지 격상된다. 평화교육자들은 비폭력에 대해 잘 이해하고 있으므로 교실에서 이 단계의 도덕 발달을 촉진할 수 있다. 평화교육자들은 구성원 모두의 이익, 관심, 필요를 존중하는 교실을 만듦으로써 비폭력적 행위를 장려할 수 있다. 그들은 인간적인 집단 기술을 사용함으로써 학습자에게 비폭력을 실천할 수 있게 한다. 비폭력적 교실을 운영함으로써 교사들이 학생들을 위해 중요한 도덕적 행위의 모델을 제공한다는 것은 자명하나 사실이다.

평화교육은 그 핵심 자체가 도덕적 관심이다. 평화연구는 육체적 삶과 정신적 삶 모두에 봉사하며, 생명 유지에 기여하고, 지구의 신성함을 주창한다. 평화교육에서 학생들은 논쟁적인 사회문제를 체계적으로 고찰하고, 폭력 행위를 규명함으로써 중요한 사회적, 윤리적, 법적 문제에 대해 자신의 입장을 재고한다. 학생들은 사실들을 확인하고 자신의 입장을 재규정하고 재정립함으로써 다양한 패턴의 논점들을 탐색할 수 있다. 평화교육자들은 모든 관점이 합리적으로 존중되고 이슈들이 철저히 다루어지는 엄격한 지적 환경에서 학생들의 가정에 의문을 제기하기 위해 변증법적 스타일을 활용할 수도 있다. 교실에서의 이런 접근은 세상의 모든 것들이 긍정적이라고 보지도 않으며 타인의 불행에 대해 모른 체하지도 않는다. 인생의 목적이 남들보다 앞서는 데 있다고 보는 이기적 개인주의를 가르치지 않고, 해결책을 찾기 위해서는 함께 모여 협동 노력으로 풀어야 할 심각한 문제로 가득 찬 세계를 보여준다.

평화교육은 사람들에게 다른 사람들과 합심하여 세계에서의 폭력을 줄임으로써 자신들의 삶에 대한 통제권을 행사하는 능력을 부여하고자 한다. 평화교육자들은 학생들에게 공공문제에서 영향력을 행사하도록 가르칠 수 있는데, 이것은 그들이 유능한 시민이 되어 언어나 글로 효과적으로 의사 표현을 하고, 공적 관심사에 관한 정보를 수집하고 해석하며, 정치적·법적 의사결정 과정을 이해하고, 공공문제와 행동전략에 관한 자신의 결정을 정의와 민주주의 원칙에 따라 정당화할 때 가능해진다. 지역공동체에서의 인턴 역할이나 다른 활동을 통해 학생들은 교실에서 배운 바를 시험해 볼 수 있는데, 이 과정은 관심 있는 시민이 자신들의 도덕적 인식을 표현하기 마련인 정치 과정을 좀 더 잘 이해하게 한다.

4) 비판적 사고를 증진하기

전쟁 문제가 인간의 생존을 오늘날의 수준까지 위협하게 된 것은 인간이, 특히 정치적, 경제적, 문화적 권력을 가진 자들이 "올바른 사고를 하지 않기 때문"인지는 논쟁의 대상이 될 수 있다. 무엇이 핵무기와 같은 대량살상 수단을 통해 전 지구를 날려 버리는 것을 정당화할 수 있을까?

오랜 기간 교육자들은 교실에서 비판적 사고 능력을 키우는 것을 지지해 왔다. 비판적 사고는 성찰적 사고, 다양한 사고, 추론, 추리능력, 분석적 사고 등으로 불리기도 하는데, 교육자들은 이런 사고를 통해 다루어야 할 문제가 학생들에게 주어져야 한다고 강조해 왔다. 이 접근법 뒤에 있는 중요한 가정은 한 개인이 언어와 논리 사이의 관계를 이해하지 못하는 한, 그 개인은 아이디어를 분석하고 비판하고 주창할 능력을 발전시킬 수가 없다는 것이다. 수학, 과학, 공학에서 다루는 기술적 문제와 인문·사회적 문제 사이에는 차이가 있다. 실제 '현실 생활'의 문제는 상반되는 관점, 모순된 추론 과정, 권력 관계의 현실, 가치와 결부된 가정 등으로 인해 합리적 방식으로 잘 해결되지 않는다. 사회 세계와 문화 세계에 존재하는 모호성 때문에, 평화교육 수업에서 장려하는 비판적 사고 유형은 학생들이 다른 사람들의 얘기를 경청하고 상이한 관점 사이를 이리저리 왔다 가며 신념체계를 따져볼 수 있도록 변증법적인 것이 되어야 한다. 저명한 인류학자 섬너

(Sumner)는 평화교육 수업에서 장려해야 할 비판적 사고 능력을 다음과 같이 그리고 있다(Paul, 1984: 10에서 재인용).

비판적 사고 습관이 사회에서 일상적인 것이 되면 삶의 문제를 다루게 되므로 더 많은 위력을 발휘할 것이다. 비판적 사고를 교육받은 사람들은 선동정치가에 의해 속지 않고 선동술에 넘어가지 않는다. 쉽사리 믿지 않을 것이고 요모조모를 재면서 증거를 기다리고 증거를 따져볼 것이다. 다른 사람들이 강조하고 주장하는 바에 그다지 영향을 받지 않으며, 편견과 감언이설을 물리칠 수 있다. 비판적 능력의 교육은 좋은 시민을 만드는 유일한 교육이다.

평화교육 수업 참여자들은 현 정부의 정책을 평가하고 자신들의 신념체계를 따져보며 정의와 관련된 자신들의 행동과 행동하지 않음을 평가하도록 장려되어야 한다. 이런 능력은 다음 단계를 포함하는 사회연구를 통해 가르칠 수 있다. (1) 난제를 제시하고 명료화하며, (2) 그 문제를 탐구할 가설을 제기하고, (3) 가설을 규정하며, (4) 가설의 가정, 함의, 논리적 타당성을 탐색하고, (5) 가설을 지지할 사실과 증거를 수집하며, (6) 해결책을 제시한다. 이 모델에서 교사는 논점을 날카롭게 만들고 학생들의 질문과 관심에 초점을 맞추며 조언을 함으로써 학생들이 한 단계에서 다음 단계로 이동할 수 있도록 도와준다. 학생들은 사회문제를 탐구하는 결론을 내리는 책임을 공유하는 동등한 자격을 가진 사람으로서 토론을 이끌어 간다. 이 토론은 모두의 참여를 요구한다. 교사들은 필요할 때 자료를 제공하고 전문가의 의견을 소개할 수 있다. 이런 식으로 평화교육 수업을 성공적으로 수행하게 되면 학생들은 협상의 능력을 갖게 되고 갈등을 초래하게 되는 다양한 가치를 파악하게 된다.

  비판적 사고 능력을 배우기 위해 학생들이 이슈에 대한 자신들의 잠정적 입장을 수립하고 다른 사람들 앞에서 그것을 옹호하는 것이 도움이 될 수 있다. 평화교육 수업을 듣는 학생들은 일상생활에서 사건에 대해 다양한 방식으로 바라보는 사람들을 만나게 된다. 부모나 또래 친구들이 자신들과 다르게 문제를 인식할 수도 있고, 갈등과 딜레마를 제대로 다루지 못하는 자신들의 무능력에 좌절할 수도 있다. 비판적 사고 능력을 가르치는 교사들은 넓이(breadth)와 변화(change)를 중시해야 한다. '넓이'란 모든 관련 요소를 포함하는 인식 지도(perceptual map)를 만들고자 하면서 주어진 상황을 더 넓게 더 깊이 바라보는 것을 말한다. '변화'란 문제를 다른 각도에서 바라보는 것을 의미한다. 이런 접근법은 더 복합적인 방식으로 사물을 바라볼 수 있도록 하며, 문제를 창조적으로 해결할 학생들의 능력을 증대시킬 것이다.

  평화교육 수업을 듣는 학생들은 인간이 직면하는 가장 어려운 문제 가운데 하나인 갈등 해결을 위해 무력을 사용하는 문제를 다루게 된다. 교사들은 이 문제가 순전히 인식 상의 문제가 아님을 학생들이 이해하도록 해야 한다. 성공적 문제해결은 느낌, 직관, 육감을 포함한다. 문제해결자가 되기 위해서 학생은 자신의 느낌을 확인하고, 직관을 발휘하며, 육감을 따를 필요도 있다. 인간 행동의 우호적인 측면이 문제를 해결하고자 하는 사람을 돕는 데 중요한 역할을 할 수 있다. 또한, 문제해결은 혼자만의 고독한 활동이 되어서는 안 된다. 대부분의 효과적인 문제해결은 집단에 의해 이루어진다. 문제해결은 본래 개인들의 공동 목표를 달성하기 위해 함께 하는 협력적 과정이다. 따라서 민주적 교실을 만들려는 교사의 시도는 효과적인 문제해결을 위한 기초를 제공할 수 있다.

5) 변화를 향한 권한을 갖추기 위해 올바른 관계에 대한 탐색을 발달시키기

평화교육은 갈등이 초래하는 문제를 학생들이 성공적으로 다루도록 무력감을 극복하는 것을 목표로 한다. 각 개인은 가족과 환경 내에서 자신의 자아 개념, 정신건강, 리더십, 인간관계 유지 기술을 결정하게 되는 일련의 사건을 경험하게 된다. 연구에 따르면 어떤 기술과 속성은 세계를 변화시킬 기술을 지닌 이타적 인간을 창조하는 데 기여한다. 사람들이 변화를 이끌 자신들의 힘을 확인하도록 하는 것은 문제해결에 대한 과거의 성공적 경험이다. 즉, 스트레스를 견뎌 내고, 사회에 대한 낙관적 관점을 유지하며, 자신을 믿고, 타인들의 복지에 대한 책임을 인식하며, 따뜻한 감정을 경험하고, 도와주는 행위로부터 보상을 받는 그런 과거의 경험이 큰 도움이 된다.

사람들은 일상생활에서 무력감을 느끼도록 하는 공포감을 경험할 수 있다. 평화교육 수업에서 이런 경험을 공유하면 이 문제에 대한 인식에 도움이 되고, 이런 문제가 자신들에게만 국한된 것이 아니라는 사실로부터 힘을 얻게 된다. 다른 사람들도 비슷하게 느끼는 것이다. 이로부터 개인의 행동과 집단의 행동이 필요하다는 인식을 하게 된다.

민주적 교실에서는 모두의 의견이 존중된다. 학생의 평화 경험을 중심으로 수업을 운영하면 학생의 참여를 높일 수 있고 자신의 경험에 의미를 부여하도록 만들 수 있다. 사람들이 살아가는 사회현실을 고찰함으로써 학생들은 평화 메시지를 절대적으로 필요로 하는 세계를 이해할 수 있다. 평화교육 수업 시간에 교사들은 계속해서 질문을 제기하고 반론을 던지며 평화에 기여할 수 있는 행동에 대해 성찰하도록 한다.

이렇게 일상의 경험을 다루는 것은 학생들이 윤리적 자세를 견지하는 것을 도울 수 있다. 몬테소리 원칙에 따라 교실을 운영하면 학습자들은 자신들의 속도에 맞춰 배우고자 하는 것을 탐구하게 된다. 몬테소리에 의하면 인간은 작업하고자 하는 근본적 욕구를 가지며, 따라서 인간이 사물, 아이디어, 지식을 생산하고 생산적 활동으로부터 만족감을 느끼는 것은 본능적이다. 학생들도 마찬가지로, 성과를 올리면 자존감이 커진다. 따라서 평화교육 수업을 진행하는 교사는 학생들에게 그들이 달성할 때 창조성과 진취성에 대한 보상을 받을 수 있는 구체적 임무를 부여해야 한다. 협력적인 교실에 관한 연구에 따르면 민주적 환경 속에 있는 학생들은 다른 경우보다 더 큰 위험을 감수하는데, 이것이 학생들을 평화건설자로 준비시키는 데 있어서 도움이 될 수 있다. 긍정적 자존감은 행동으로부터 나온다. 평화교육 학생들은 어떻게 세계에 평화를 가져올 것인가에 대한 자신의 육감과 아이디어를 실제상황에서 시도해 볼 필요가 있다. 자존감은 중요한 타자로부터 그리고 어떤 종류의 성과로부터 도출된다. 중요한 타자는 주로 부모, 교사, 존경하는 사람이지만, 봉사 프로그램에 종사해 온 학생들은 자신들의 봉사 경험이 자존감을 키우는 데 큰 도움이 되었다고 계속해서 보고한다. 궁극적으로 건강한 자존감은 자기를 둘러싼 세계에 대한 봉사에 기초한 자기 자신의 성취감에서 우러나온다.

평화에 대한 자기의 생각을 행동으로 옮기면서 학생들은 갈등의 성격에 대해 그리고 그것에 관해 무엇을 할 수 있는가에 관해 더 현실주의적 이해를 하게 된다. 이것은 학생들이 세계를 보다 평화적인 것으로 만들기 위해 일하는 경험을 쌓게 되는 봉사 학습의 기회를 통해, 현장실습을 통해, 그리고 인턴십을 통해 이루어질 수 있다. 집단의 지지와 적절한 감독을 받을 때 학생들은 자신의 행위에 대한 통찰력을 갖게 되고, 평화건설자로서 자신의 장단점을 현실적으로 파악할 수 있다.

긍정적 평가는 능력감을 배양하는 데 필수적이다. 때때로 학생들은 빈정

거리거나 평가절하하는 태도를 보이면서 일상적인 칭찬에 인색한 문화에 살고 있다. 이런 상황에서는 새로운 것을 배우는 데 따르는 어려움을 극복하려 하기보다, 포기하고 다른 사람의 판단에 순응해 버리기 쉽다. 이에 비해 긍정적 평가는 자신감을 불어 넣는다. 진정한 자신감은 자기 자신의 내부에서 만들어지는 것이긴 하지만, 우리가 잘하고 있다는 칭찬을 들을 때 우리는 계속 일 하고 싶어지는 법이다. 교사는 자신이 사랑받고 있고 존중받고 있다는 느낌을 학생들이 받도록 긍정적 평가를 자주 활용해야 한다. 집단 내에서 편안함을 느끼고 긍정적 평가를 받고 있으며 각자를 잘 알고 있다는 인식은 집단의 긍정적 분위기를 만들어 가는 핵심 요소다.

    교사가 학생을 칭찬할 때 각각의 행위를 칭찬해야지, 성격 특성을 평가하지 말아야 한다. 평가를 기준으로 한 칭찬은 상대방의 마음에 동요를 일으키고, 상호 간에 선을 그어 놓으며, 의사소통을 딱딱하게 만들어 결국에는 관계가 종말에 이르게 한다고 한다. 따라서 학생의 전반적인 성격 특성을 칭찬하는 것(예: "너는 참 착한 아이다!")보다는 그 학생의 특정한 행동을 칭찬해 주는 것(예: "자료를 잘 정리했구나!")이 더 바람직하다. 또한, 평가적 칭찬("이거 정말 멋진 그림이구나!")보다는 해설적 칭찬("네 그림은 색깔이 정말 생생하고 밝아서 좋구나!")이 더 효과적이다. 직접적으로 평가하는 식의 이야기는 누군가가 배심원석에 앉아 잘못을 따져서 비판했을 경우 비난할 수도 있다는 것을 암시하고 있어 사람을 불편하게 만드는 경향이 있다. 즉, 평가를 동반한 칭찬은 불안을 낳고, 의뢰심을 초래하며, 학생들을 방어적으로 만든다고 한다. 예를 들어, 철수가 교실에서 만원을 잃어버렸다고 가정해보자. 그리고 가람이가 그 돈을 찾아 선생님에게 가져다주었다고 가정해보자. 이 경우 교사들은 대부분 가람이에게 "너는 정직한 아이로구나. 선생님은 네가 한 일을 자랑으로 여긴다."라고 말한다. 이 경우 가람이가 대부분 아이가 그런 것처럼 이전에 정직하지 못한 일을 한 적이 있다면, 선생님이 자신의 정직함을 칭찬하는 경우 가람이는 그리 마음이 편하지 못하게 된다. 가람이는 이 경우에 "만일 선생님께서 그 일을 알게 된다면…"라는 식으로 생각하기 때문이다. 오히려 교사가 "가람아! 돈을 찾아 주어 고맙구나. 이젠 철수가 잃어버린 돈에 대해 걱정을 하지 않겠구나?"라고 말해준다면, 가람이는 자신의 행동에 대해 무척이나 기뻐할 것이다.

칭찬과 관련된 지금까지의 연구 결과들에 의하면, 학생들은 평가적 칭찬보다는 묘사적·해설적 칭찬을 받을 때 더 긍정적인 행동의 변화를 나타낸다고 한다(추병완, 2004: 823). 왜냐하면, 학생들은 자신의 행동에 대한 타인들의 묘사적·해설적인 칭찬으로부터 자기 자신에 대한 긍정적인 정보를 얻기 때문이다. 또한, 학생들은 묘사적·해설적 칭찬을 통하여 자신을 칭찬하는 방법을 배울 수 있는 장점이 있다. 프로이트 이론에서 암시된 바와 같이, 자기 칭찬은 도덕 발달에 아주 긍정적인 효과가 있다. 프로이트(Freud)로 대변되는 정신분석학적 관점에서의 도덕 발달은 양심과 자아 이상이라고 불려지는 초자아의 발달과 관련되어 있다. 초자아는 일생을 거쳐 계속 발달하지만, 그중에서도 특히 5~6세 경에서부터 시작하여 12세까지 두드러지게 발달한다. 그리고 이 시기 동안에 초자아의 발달에 가장 커다란 영향을 미치는 것은 부모, 또래 집단, 학교 공동체 등과 같이 직접적인 권위를 갖는 대상들의 행위, 말, 태도이다. 프로이트는 그중에서도 부모의 행동이 아동의 도덕 발달에 있어서 가장 결정적인 역할을 한다고 보았다. 예를 들어, 부모가 아이에게 항상 정직하게 말하면서 정직한 것이 바람직하다고 가르친다면, 그 아이는 자신의 초자아에 이러한 기준을 스스로 내면화하게 된다. 그리고 이러한 내적인 기준은 그 아이가 정직할 때 좋은 감정과 기분으로 자신을 칭찬하고, 정직하지 못할 때 나쁜 감정과 기분으로 자신을 징벌하는 역할을 수행한다. 따라서 프로이트에게 초자아는 일종의 내면화된 자기 통제력으로서 주로 자기 자신에 대한 칭찬(자아 이상)과 죄책감을 느끼게 만드는 자기 자신에 대한 징벌(양심)을 통하여 발달하게 된다. 즉, 프로이트의 도덕 발달 이론에서 칭찬은 초자아의 한 부분인 자아이상의 발달에 있어서 필수 불가결한 요소인 셈이다(추병완, 2004: 819).

교사들이 학생의 도덕·인성 발달을 촉진하기 위하여 학생들의 특정한 행동에 대해 묘사적·해설적 칭찬을 해 줄 때 주의해야 할 일반적인 사항을 밝히면 다음과 같다. ① 중복을 피하려고 칭찬을 다양하게 해야 한다. ② 칭찬할 행동을 하는 데 있어서 일관성을 유지한다. 과거에는 별로 칭찬을 하지 않았던 교사들은 차츰차츰 칭찬 횟수를 늘려서 자기 자신이나 학생들에게 의심을 사지 않게 해야 한다. ③ 칭찬은 진지한 마음에서 우러나와야 한다. ④ 칭찬할 때는 학생의 눈을 쳐다보고 즐거운 표정과 목소리로 찬사를 보내야 한다. ⑤ 칭찬은 보통 즉각적으로, 학생이 그 행동을 하는 동안에 해 주는 것이 가장 효과적이다. ⑥ 부정적인 언급이나 비교를 덧붙여 칭찬의 효과를 반감시키지 않아야 한다. ⑦ 칭찬은 객관적인 것이어야 한다. ⑧ 칭찬에는 학생의 행동이나 노력의 가치를 인정하고 존중한다는 의미가 담겨 있어야 한다. ⑨ 학생의 성공을 운이나 과제의 쉬움보다는 노력과 능력에 귀인 하는 칭찬을 해 준다. ⑩ 칭찬은 다른 학생과 비교하거나 경쟁하기보다 학생 자신의 행동에 관심을 갖게 하는 방향으로 이루어져야 한다.

교실에서 자존감을 증대시키도록 교사가 할 수 있는 다른 일로는 동료 지도, 동료 충고, 동료 조언을 들 수 있다. 학생들이 배우는 데 있어 각자를 도울 때 자신감이 커지는 것처럼 그 주제에 대한 지식도 증가한다. 어떤 대학 수준의 평화연구 프로그램에서는 학생들이 다른 학생에게 어떤 과정을 들을지 또는 어떤 경력이 자신에게 적합한지 정하는 것을 도와주는 동료 조언자 역할을 하기도 한다. 교수들은 종종 너무 바쁜 관계로 자신들의 미래에 대해 의심과 불안을 가진 학생들에게 조언을 주기 어렵다. 이럴 때 동료 조언은 무섭고 혼란스러운 세계를 다루는 데 있어서 애정 어린 지원이 됨으로써, 평화연구 프로그램의 중요한 갭을 메울 수 있다.

많은 교사에게 교실에서의 일상적 분쟁은 자신들의 갈등 관리 기술에 대한 가장 직접적인 도전이 된다. 학생들에게 비폭력적 문제해결 기법을 가르치는 것은 교사들에게 자신의 행동에 대해 책임질 기회를 주게 된다. 학생을 교실 운영에 참여시켜 협력적 기술을 발휘한 교사들은 학생들 사이에 부적절하고 무반응적이며 수업을 방해하는 행위가 줄어들었다는 사실을 발견해 왔다. 학생들이 각자에게 미치는 영향은 성취를 위한 더 많은 동료의 칭찬과 교실에서의 임무에 대한 더 큰 관심을 가져온다.

교실과 학교에서의 '궁극적 민주주의'란 하나의 이상에 불과하다. 따라서 교실에서의 민주주의란, 교사가 전적으로 지배하는 교실이라는 하나의 극단과 교실 생활의 모든 면에서 교사와 학생이 완전히 동등한 지위를 갖는 다른 극단 사이의 중간 어딘가에 위치하는 것으로 보아야 할 것이다. 교장과 학교운영자들도 학교 운영과 관련한 의사결정에서 교사나 학생과 같은 다른 구성원들과 협의함으로써 학교에서의 민주적 행위 달성에 기여할 수 있는데, 이 과정은 일반적으로 현장 기반 경영(site-based management)으로 알려진 방식이다. 교장과 학교 운영자들은 자신들이 장려하고자 하는 민주적 행위의 직접적 모델이 될 수도 있다. 감독기관도 협력적 학습에 대한 연수 기회 제공, 평화 활동과 정의 활동을 포함하도록 커리큘럼을 수정하는 작업에 대한 상여금 지급, 협동 학습을 활성화하는 교사에 대한 포상 등을 통하여 민주적 행위 증진에 기여할 수 있다. 감독기관은 또 평화교육에 관심을 가진 교사들을 위하여 전문가 지원단을 창설할 수도 있다. 또한, 교장과 학교 운영자들은 평화적 행위의 학습을 강화하는 학교 분위기를 만들 수 있다.

　대규모 학교는 흔히 비인간적이고 소외된 환경을 만든다. 그 결과, 교사들은 엄격한 일정표에 따라 일해야 하고 학생들은 비인간적인 일상의 반복에 종속된다. 일부 교육자는 협력과 실험정신을 북돋우기 위해 대안학교를 설립하였다. 그중 지금까지 가장 효과적인 것으로 밝혀진 것은 정의 공동체(just community) 접근법이다.

　콜버그는 더욱 정의롭고 동정심이 있는 사회를 발전시키기 위한 중간 단계의 맥락과 과정으로서 정의 공동체 학교를 구상하였다. 콜버그의 정의 공동체 접근법은 학교의 잠재적 교육과정을 정의(justice)의 교육과정으로 탈바꿈시키는 것 또는 학교의 도덕적 분위기를 교육적 민주주의로 대체하려는 혁명적인 시도였다. 콜버그에게 있어서 도덕적 분위기란 공동체 의식과 연대감 그리고 응집성을 의미하는 것이었기에, 개인에 초점을 맞춘 당시 미국의 교육 풍토에서 볼 때는 거의 혁명적인 발상이다.

　정의 공동체 접근법은 학교 자체의 조직, 실천, 문화를 통해 학생들의 도덕적 발달과 도덕적 책임감을 증진하는 것을 목표로 삼는다. 정의 공동체 접근법은 학생들의 도덕 발달을 증진하는 것 그리고 학교의 도덕적 분위기를 도덕적 공동체로 변형시키는 것이다. 정의 공동체 접근법은 1974년 9월에 케임브리지에 소재한 학교 안의 작은 학교인 클러스터 학교(Cluster school)의 개교와 더불어 시작되었다. 이 학교는 케임브리지 고등학교 안의 2개의 인접 교실에서 9~12학년의 60명의 학생과 6명의 교직원을 성원으로 하여 시작되었다. 이후 정의 공동체 접근법은 미국, 유럽, 아시아 지역에서 여러 연구자에 의해 실행되었다(추병완, 2017: 38-39).

　정의 공동체 접근법은 학교생활과 훈육에 영향을 미치는 제도, 실천, 문화에 초점을 맞춘다. 그것은 별개의 교육과정이 아니라, 규범·가치·의사결정 과정·보상과 처벌 체제와 같은 학교의 잠재적 교육과정을 다룬다. 우리가 학교의 잠재적 교육과정에 세심한 주의를 기울이지 않을 경우, 그것은 학교의 공식적인 도덕교육 프로그램들을 훼손할 수 있기 때문이다. 정의 공동체의 기본적인 구조적 요소는 오리엔테이션, 공동체 회의, 핵심 집단 또는 자문 집단, 의제 위원회, 훈육 위원회 또는 공정 위원회이다.

2주 동안의 오리엔테이션에서는 학생들에게 그 학교의 기본 방향을 소개하고, 학생들이 참여하는 데 필수적인 기술(예: 주의 깊게 듣기, 효과적으로 말하기, 문제를 비판적으로 고려하여 해결하기, 규칙을 제정하기)을 연습하는 기회를 부여한다. 오리엔테이션은 상호 신뢰를 두텁게 하고, 학생들에게 장차 민감한 문제를 제기하고 서로 대립하며 어려운 결정을 내릴 수 있게 하는 토대를 마련하는 시간이다.

정의 공동체 접근법은 100명 남짓의 학생과 교사로 구성되며, 하루 1시간 이상의 학과 수업과 최소한 1시간 소요되는 매주 2회의 미팅으로 구성된다. 학과 수업은 소크라테스 방식의 질문과 토론을 사용하는 도덕적 딜레마를 활용한다. 학생과 교사는 자문 집단과 공동체 회의를 통해 매주 2회의 미팅을 한다. 정의 공동체의 생활과 훈육에 영향을 주는 결정의 많은 부분은 학생과 교사가 동등한 투표권을 갖고 의무적으로 매주 참여하는 공동체 회의(community meeting)에서 민주적으로 결정된다. 교사와 학생은 공동체 회의를 준비하기 위해 매주 자문 집단(advisory groups)에서 만난다. 정의 공동체 프로그램은 공정성을 추구하고 집단 연대성을 구축하는 것을 특징으로 하는 공유된 도덕적 생활에 대한 강한 헌신을 통해 실행된다. 정의 공동체 프로그램에서 교사는 학생들의 참여를 촉진하는 가운데 공동체의 이상을 옹호함으로써 도덕적 리더십을 발휘한다.

<표 4> 정의 공동체 프로그램의 조직 구조

제도	성원	과업
의제 위원회 (agenda committee)	10~12명의 학생과 1명의 교사	·토론을 위한 문제의 우선순위 정하기 ·공동체 회의를 위한 의제를 준비하기
자문 집단 (advisory group)	20~25명의 학생과 1명의 교사나 자문 위원	·개인적 문제를 토론하기 위한 신뢰 분위기 조성하기 ·공동체가 직면한 문제에 대한 제안과 해결 방안 창출을 위해 도덕적 토론을 실행하기
공동체 회의 (community meeting)	모든 학생과 모든 교사가 동등한 구성원으로서 1인 1표를 행사함.	·도덕적 토론 ·민주주의를 통해 문제를 해결하기 ·규칙을 제정하기 ·위원회 결정의 호소
훈육 위원회 또는 공정 위원회 (discipline or fairness committee)	10~12명의 학생과 1명의 교사	·규칙 위반, 대인 관계적인 갈등 사례에 대한 청문회 ·제재를 가하기 ·결정을 내리는 모든 사람의 역할채택에 초점을 맞춤.

정의 공동체 학교에서는 교사와 학생들이 공동체 회의을 조직하여 학교를 위한 규칙과 정책을 결정하는 관리부로 운영하고 있다. 전체 학교 공동체의 협의 없이는 어떠한 주요 결정도 내릴 수 없다. 처음에는 교사들이 회의를 주재하였으나, 시간이 흐르면서 학생들이 회의 주재 방식을 익히게 되자 이제는 학생들이 회의를 주재한다. 회의의 안건은 미리 배포되고 주요한 사안은 최대 12명을 넘지 않는 집단에서 미리 토론을 거친다. 이런 방식으로 학생들은 사안에 개인적으로 연계되고 공동체 의식을 갖게 된다. 학생들은 자기 자신의 교육에서 능력을 발휘하는 것이다.

위에서 언급한 기술을 가르침으로써 평화교육에 접근한다고 해서, 세계가 즉각적으로 평화로운 왕국으로 전환되는 갑작스러운 혁명이 일어나는 것은 아니다. 오히려 이 과정은 민주적 전통에 큰 가치를 부여하는 시민들이 가정에서, 직장에서, 지역공동체에서, 국가에서, 세계에서 그 민주적 전통이 유지되도록 하는 점진적인 진화를 의미한다. 교육환경 내에 민주적 절차를 채택하는 것은 다양성에 대한 존중, 각 개인에 대한 가치 부여, 지구적 복지를 향한 운동을 가능하게 할 것이다.

지금까지 살펴본 바와 같이, 평화교육은 폭력적 행위에 반대하는 평화 의식을 키움으로써 사회를 변혁하고자 한다. 교사는 학생들에게 평화 구축 기술을 가르칠 수 있다. 그 시작은 교실을 평화로운 공간으로 만드는 것이다. 그러나 평화교육에는 단점도 없지 않다. 평화교육의 불리한 점은 즉각적인 위협에 대해 장기적인 해결책만을 제시한다는 것이다. 평화교육이 효과를 발휘하려면, 수천 년간의 인간 역사를 통해 전개되어 온 사고방식 자체를 변혁해야 한다. 평화·통일교육의 출발점은 바로 교실 자체를 평화로운 공간으로 만드는 것부터 시작해야 한다. 학생들은 평화로운 교실 안에서 평화 의식을 계발하고 폭력적 행위에 반대하며 갈등을 건설적으로 해결하는 방식을 체화해야 한다.

06장
자민족중심주의의 특징과 원인

　앞에서 통일 역량으로서 상호 문화 역량을 강조하면서 부분적으로 자민족중심주의를 살펴보았다. 세계화 시대의 이념에 부합하는 진정한 국민국가를 형성하려면 자민족중심주의는 마땅히 극복 대상이다. 하지만 많은 나라는 입으로는 세계화를 외치면서도 실제로는 국익을 위해 자민족중심주의를 더 강화하는 모습을 보이기도 한다. 여기서 나는 자민족중심주의의 기본 특징과 원인에 관해 알아보고, 그것이 평화 구축에 주는 시사점이 무엇인지를 탐색하고자 한다.
　자민족중심주의는 인간을 민족 집단과 강력하게 연결하는 현상을 나타내는 근본적인 사회과학 개념이다. 자민족중심주의는 마치 그 집단이 모든 것의 중심에 있고 모든 것이 그 집단을 중심으로 돌아가는 것처럼 사람들이 그들의 민족 집단에 부여하는 강한 중요성을 포함한다. 최근의 여러 세계 사건은 하나의 현상으로서 자민족중심주의가 전 세계적으로 부활하고 있음을 보여준다. 예를 들어, 미국에서 도널드 트럼프의 당선, 영국에서 브렉시트에 대한 광범위한 지지, 그리고 전 세계적으로 우익 포퓰리즘 지도자들의 인기는 다른 사람들보다 그들의 민족을 훨씬 더 강하게 중시하는 사람들에게 크게 의존한다. 자민족중심주의는 COVID-19 팬데믹에 직면하여 단일 민족 집단을 주축으로 건설된 많은 나라가 빠르게 국경을 폐쇄하는 시도를 했다는 점에서도 잘 드러난다. 유럽 연합의 일부 국가 정상은 의료 물자를 사재기하고 국경을 폐쇄하는 동시에 불우한 회원국의 도움 요청을 단호하게 거부했다.

1 자민족중심주의의 개념 정의

어원적으로 볼 때, 자민족중심주의는 그리스어로 민족을 뜻하는 ethnos와 중심을 의미하는 kentron이 결합되어 생긴 말이다. 이 개념은 적어도 1870년대부터 존재했고, 이 개념을 처음 사용한 사람은 검플로비치(Gumplowicz)이다. 독일어와 폴란드어로 쓰인 책과 논문에서 그는 자민족중심주의라는 용어를 사용했다. 섬너(Sumner)는 20세기 초반에 이 개념을 채택하여 대중화시켰다. 섬너가 자민족중심주의에 대한 검플로비치의 연구를 참조하지 않았기에, 이후의 많은 연구자는 섬너가 자민족중심주의라는 용어를 처음 사용한 것으로 오해한다. 검플로비치는 자민족중심주의를 지구중심주의(geocentrism)나 인류중심주의(anthropocentrism)와 유사한 개념으로 보았지만, 자신의 민족 집단이나 사람들에게 분명하게 초점을 맞추었다. 그는 자민족중심주의를 자신의 민족 집단이 다른 어떤 집단보다 더 중요하고, 우월하고, 더 낫다는 믿음으로 보았다(Bizumić, 2019: 1-2). 이와 비슷하게 섬너(Smmner, 1911: 11)는 "어떤 외집단에 대한 우월감 및 외집단에 대항하여 내집단의 이익을 옹호하려는 준비성을 담고 있는 응집성의 감정, 내적 동료의식 그리고 내집단에 대한 헌신"을 일컬어 자민족중심주의라고 정의하였다. 섬너는 자민족중심주의가 필연적으로 전쟁으로 귀결되지는 않는다고 했음에도, 이후의 많은 연구자처럼 그는 자민족중심주의가 집단 간의 갈등에 이바지하고 실재적인 적대 행위와 전쟁으로 이어질 수도 있다고 보았다. 그 결과, 집단 간 관계에 대한 이러한 자민족중심주의의 부정적 영향은 심리학과 사회과학에서 자민족중심주의에 대한 기본적 개념 규정의 하나로 자리를 잡게 되었다.

자민족중심주의라는 개념은 다문화교육에서 매우 중요한 의미를 갖는다. 왜냐하면 자민족중심주의가 다문화 국가에서 민족 집단 간의 갈등과 폭력에 상당 부분 기여하기 때문이다. 따라서 자민족중심주의의 원인을 이해하는 것은 다문화 사회에서 소극적 평화와 적극적 평화의 효과적인 증진에 도움을 줄 뿐만 아니라, 집단 간 조화와 성공적인 평화 구축에 크게 기여할 수 있다. 자민족중심주의는 통일교육에서도 중요하다. 통일의 준비 과정과 통일 이후의 국가 형성에서 우리는 자민족중심주의를 경계해야 하기 때문이다. 만약 우리가 통일과 관련하여 자민족중심주의를 강조한다면, 주변 국가로부터 통일에 대한 협력을 요청하는 것이 아주 어려울 수 있다.

비주믹과 그 동료(Bizumić et al., 2009)는 자민족중심주의를 "4가지의 집단 간 표현과 2가지의 집단 내 표현을 담고 있는 민족 집단의 자기 중요성(self-importance)과 자기 중심성(self-centeredness)에 대한 강한 감정"이라고 정의하였다. 여기서 4가지의 집단 간 표현은 내집단이 외집단보다 더욱 중요하고 외집단보다 자신의 내집단을 더욱 선호하는 것을 포함하는 관점, 내집단 우월성에 대한 신념, 민족적 순수성에 대한 소망, 내집단의 욕구 충족을 위해 외집단을 착취하고 이용하는 것에 대한 승인을 포함한다. 2가지의 집단 내 표현은 자신이 속한 집단이 그 집단의 개별 성원보다 더욱 중요하다는 관점 그리고 집단 응집성과 내집단 헌신에 대한 욕구를 포함하고 있는 관점과 관련되어 있다.

그들은 자민족중심주의 척도를 개발하여 조사 연구를 실시한 결과, 자민족중심주의는 선호, 우월성, 순수성, 착취를 포함하는 집단 간 자민족중심주의와 집단 응집성과 헌신을 포함하는 집단 내 자민족중심주의로 구성되어 있다는 사실을 밝혀내었다. 그러므로 자민족중심주의는 선호, 우월성, 순수성, 착취, 집단 응집성, 집단 헌신이라는 여섯 가지 차원으로 구성된 조작적 개념이다(Bizumić, 2012: 37). 이제 그것의 구체적인 의미를 살펴보면 다음과 같다.

① 선호(preference)

선호는 다른 집단과 그 성원들보다 자신이 속한 집단과 그 성원들을 더욱 좋아하는 성향을 의미한다. 선호라는 용어는 사람들이 외집단보다 내집단에 주관적인 애정과 호의를 갖고 있음을 상정한다. 그러나 선호가 내집단을 우월하게 보거나 민족적 순수성을 옹호하는 것을 반드시 포함하지는 않는다. 내집단 선호는 집단 간 차별의 기저를 이루는 일차적인 과정이다. 선호는 신뢰와 좋아함과 같은 긍정 정서로 구성되어 있으며 내집단 성원을 목표로 하는 것이지, 외집단 성원을 목표로 하지는 않는다. 사람들은 내집단을 신뢰하는 것이 외집단을 신뢰하는 것보다 덜 위험하기 때문에 내집단을 선호한다. 내집단 안에는 외집단 성원으로 확대되지 않는 대인 관계적 신뢰와 협동이라는 일종의 상호성 협정이 존재한다. 수많은 연구가 인위적이거나 실제적인 집단 모두 내집단 선호를 보인다는 사실을 입증하였다. 쉐리프(Sherif, 1973)의 연구는 집단 구분이 없는 경우, 참가자들은 친구를 선택할 때 개인적 선호에 따랐지만, 일단 집단이 형성되면 외집단보다는 내집단으로부터 친구를 선택할 경향성이 더욱 크다는 것을 보여주었다. 사회 정체성 이론(Tajfel & Turner, 1986)은 최소 집단에서 조차 사람들은 내집단 선호를 보인다는 결과를 설명하기 위해 개발된 것이다. 여기서 최소 집단이란 인위적으로 구성된 집단으로서 집단 성원들 간의 상호작용이 전혀 없고, 다른 집단 성원이 누구인지도 알지 못하는 집단 성원들로 구성된 집단을 의미한다.

② 우월성(superiority)

우월성은 자민족중심주의의 특성 중 가장 널리 강조되는 개념이다. 우월성은 자신이 속해 있는 민족 집단이 타 집단보다 여러 차원에서 더 좋거나 우위에 있다는 신념을 의미한다. 여기서 차원은 도덕성, 역사, 영성, 사회성, 경제, 발달, 군대 등을 포괄할 수 있다. 이러한 과정은 민족 집단이 상대적 우위를 가져올 수 있는 비교 차원을 선택하는 것을 통해 사회적 창의성을 포함할 수 있다. 이전의 연구들에 의하면, 긍정적인 집단 평가는 내집단 역량이나 사회성과 관련된 차원들보다는 주로 도덕성 차원에 토대를 둔다. 내집단 우월성 신념은 확산되어 있다. 자민족중심주의의 대표 사례들은 섬너가 제시한 바와 같이 민족 집단들이 종종 다른 집단들보다 우월하다고 믿는 것을 보여준다. 산업화를 겪지 않은 많은 원시 부족과 사회는 세계가 그들 집단과 함께 유래되었다고 믿거나 또는 그들이 어떤 방식으로든 선택된 사람들이라고 믿는다. 경험 연구들은 집단 우월성 신념이 상당히 확산되어 있음을 보여준다.

③ 순수성(purity)

자민족중심주의의 순수성 측면은 자신이 속한 민족 집단의 순수성을 유지하고 외집단과의 혼합을 거부하는 것을 포함한다. 집단의 자기 중심성(self-importance)은 사람들이 주로 혹은 배타적으로 내집단 성원들과 연합하는 반면, 외집단 성원은 원거리에 있거나 회피된다는 의미에서 표현된다. 섬너를 비롯한 많은 학자는 순수성을 자민족중심주의의 중심 요소로 간주하였다. 아도르노와 그 동료(Adorno et al., 1950)는 자민족중심주의적인 사람들이 여러 가지 전략, 즉 외집단 제거, 외집단 종속시키기, 외집단 차별하기와 같은 전략을 펼친다고 주장하였다. 아도르노와 그 동료가 개발한 자민족중심주의 척도를 언급하면서 올포트(Allport, 1954: 72)는 그 척도를 위한 더 나은 명칭은 고립주의(isolationsim)라고 주장했다. 왜냐하면 안전의 섬(island of safety) 관점이 항목들에 만연해있기 때문이다. 아도르노와 그 동료가 개념화한 바와 같이, 자민족중심주의적인 사람들은 위협감을 느끼고 다양한 방어책을 설정한다. 결과적으로 그들은 민족적 순수성에서 안전의 섬을 발견한다. 베리와 케이린(Berry & Kalin, 1995: 303)은 자민족중심주의의 개념 정의에서 이 순수성 측면을 강조했다. 그들은 자민족중심주의는 모든 외집단을 향한 보편적인 적대감과 동의어라고 보았다. 자민족중심주의는 문화적 다양성의 승인 결여, 모든 외집단에 대한 무관용, 외집단 성원보다 내집단 성원을 선호하는 것을 보여준다. 이러한 문화적 다양성의 승인 결여는 외집단에 대한 부정적 고정관념, 부정적 편견, 부정적 행동을 유발한다.

민족적 순수성은 외집단 부정성 개념과 밀접하게 연관되어 있다. 외집단을 거부하는 것은 부정 정서의 증거이다. 그러나 두 개념이 동일하지는 않다. 사람들은 자신의 민족 집단이 민족적으로 순수해야만 한다는 신념을 견지하지 않는 가운데 외집단 부정성을 보일 수 있다. 나아가 사람들은 외집단을 싫어해서가 아니라 공통 경험이나 목적의 결여, 이방인을 다루는 것의 어려움, 사회적 규범 때문에 외집단을 거부할 수 있다. 예를 들어, 차별 금지 동안에 많은 미국 백인은 흑인을 좋아하였으나 혼혈을 금하는 지배적인 집단 규범 때문에 흑인과의 혼혈을 회피하였다. 사실상 매우 적은 숫자의 사회만이 흑백 잡혼을 완전하게 승인하고 있지만, 이것은 모든 사회가 외집단을 증오한다는 것을 의미하지는 않는다.

④ 착취(exploitativeness)

자민족중심주의의 착취 측면은 자신이 속한 민족 집단의 이해관계가 가장 중요하고, 그것을 추구할 때 외집단의 관점과 감정을 거의 혹은 전혀 고려하지 않는다는 신념을 통한 민족 집단의 자기중심성을 표현한다. 착취는 자신이 속한 민족 집단의 이해관계가 연루될 때 외집단을 강탈하고, 노예로 삼고, 살상하고, 착취하는 것을 승인한다. 섬너가 말했듯이, 집단은 어떤 다른 외집단에 대항하여 자기 집단의 이해관계를 추구하는 경향이 있다. 착취는 어떤 민족 집단이 다른 민족 집단의 성원들을 착취하는 빈번하고 영속적인 경향성을 표상한다(Harding et al., 1969: 56).

착취는 부정적인 의미를 내포한다. 그러나 그것은 외집단 부정성과 동일한 것이 아니다. 사실 착취가 반드시 외집단 부정성을 포함하는 것은 아니기 때문이다. 착취는 외집단에 대한 무관심 혹은 심지어 외집단 선호에 의해서도 수반될 수 있다. 캑먼(Kackman, 1994)은 지배 집단은 종종 착취를 당하는 집단을 좋아한다고 주장한 바 있다. 그렇게 착취를 당하는 집단은 유아적이고, 기분 좋고, 참을성이 있고, 부주의한 것으로 보일 수 있다. 그래서 노블레스 오블리제(nobles oblige)가 착취를 당하는 내집단의 관계에

퍼져나갈 수 있다(Van den Berghe, 1967). 그러나 착취는 착취하는 집단이 현상을 변경하고자 시도할 때 또는 외집단 부정성이 착취 행동을 정당화하는 데 사용될 때는 외집단 부정성과 관계될 수 있다.

⑤ 집단 응집성(group cohesion)

집단 응집성은 민족 집단 내 개별 성원의 욕구보다 우선하는 내집단 전체 차원의 욕구와 더불어 높은 수준의 통합, 통일, 협동이 민족 집단에 확산되어 있어야 한다는 관점을 포함한다. 내집단이 그렇듯 높은 중요성을 갖는다는 인식은 민족 집단과 민족 집단의 통일을 위하여 모든 집단 성원이 개인적 자유를 거부해야만 한다는 관점 속에 잘 드러나 있다. 자민족중심주의에 관한 많은 개념 정의가 집단 응집성을 자민족중심주의의 한 측면으로 포함하지 않음에도, 응집성이라는 용어는 섬너에 의해 자민족중심주의의 주요 측면으로 인식되었으며, 이후 학자들에게서도 마찬가지였다.

다윈(Darwin, 1879)은 어떤 집단이 성공적으로 기능하기 위해서는 집단 응집성이 필수적이라고 여겼다. 집단 응집성은 집단이 위협을 당할 때 증가한다. 섬너와 현실적 갈등 이론은 외집단과의 갈등이 집단 응집성을 높인다고 주장하였다. 집단 응집성이 자신을 집단과 함께 범주화하는 것의 산물임에도, 그리고 그것이 반드시 위협으로 유발되는 것은 아님에도, 집단 응집성은 위협의 결과로 증가할 수 있다.

⑥ 헌신(devotion)

자민족중심주의의 헌신 측면은 강렬하고, 열렬하고 무조건적인 충성, 애착 그리고 자신이 속한 민족 집단과 민족 집단의 이해관계에 대한 헌신을 포함한다. 이렇듯 강한 헌신은 자신의 민족 집단이 집단 성원에게 최상의 중요성을 갖는다는 관점에서 유발된다. 이것은 집단의 행동에 대한 맹목적이고 무조건적인 지지를 제공하고, 심지어 집단을 위해 개인의 생명을 희생할 준비를 하도록 만든다. 이런 관념은 섬너와 아도르노 등의 저술에 잘 나타나 있다.

아도르노와 그 동료는 내집단에 대한 단순한 사랑(단순한 내집단 긍정성과 유사한 것)과 자민족중심주의적인 내집단 사랑을 구별하였다. 자민족중심주의적인 내집단 사랑은 어떤 민족 문화적인 가치에 대한 맹목적 애착과 지배적인 집단 방식에 대한 무조건적인 동조를 포함한다. 맹목적 애국심 관점 역시 내집단 헌신을 다룬다. 맹목적 애국주의자는 그들 집단에 강하게 애착되어 있고, 집단의 관행을 무비판적으로 지지한다. 집단에 대한 모종의 비판은 불충으로 여겨진다. 건설적인 애국심과 달리 맹목적 애국주의자는 무비판적으로 집단에 애착되어 내집단 우월성과 외집단에 대한 정당한 지배를 믿는 경향이 있다.

이러한 자민족중심주의의 여섯 가지 특징은 민족 집단의 자기 중요성을 표현한다. 그러나 자민족중심주의는 두 가지 유형으로 구분될 수 있음에 유념해야 한다. 선호, 우월성, 순수성, 착취는 내집단이 외집단보다 더욱 중요하다는 것을 말해주는 것이고, 집단 응집성과 헌신은 전체로서의 내집단이 분리된 내집단 개별 성원들보다 더욱 중요하다는 것을 언급한다. 따라서 자민족중심주의는 집단 간 자민족중심주의와 집단 내 자민족중심주의로 구분된다.

2 자민족중심주의의 원인

왜 자민족중심주의가 존재하는가? 왜 사람들은 민족적으로 외집단에 속하는 사람들보다 내집단에 속하는 사람들을 선호하고, 외집단보다 내집단을 더 좋게 보고, 외집단을 착취하고 거부하며, 민족 집단을 위해 그들의 개별성과 개인의 자유, 때로는 그들의 삶까지도 희생하는가? 사회과학 이론들은 자민족중심주의의 6가지 원인을 제시한다. 위협과 불안, 자기 확장, 집단 내 유사성과 외집단 차이, 단순화 및 무지 경향성, 사회적 요인 혹은 개인 외적인 영향력, 진화적 요인이 바로 그것이다. 많은 이론은 이러한 원인 중 둘 혹은 그 이상이 자민족중심주의를 이해하는 데 중요하다는 것을 인정한다. 여기서는 각 이론이 자민족중심주의의 핵심 원인으로 제시하는 것을 근거로 유형을 구분하고자 한다(Bizumić, 2012: 40-52).

가. 위협과 불안

많은 이론은 자민족중심주의가 여러 유형의 위협이나 불안에서 야기된다고 가정한다. 이런 관점에 따르면 자민족중심주의는 그런 위협에 대한 개인이나 집단의 반응을 의미하는 것이다. 현실적 집단 갈등 이론, 권위주의적 성격 이론, 공포 관리 이론이 그런 관점을 취한다.

① 현실적 집단 갈등 이론(realistic group conflict theory)
현실적 집단 갈등 이론가들은 자민족중심주의와 외집단 적대감이 영토, 고용, 물질적 이득과 같은 자원을 둘러싼 경쟁이나 갈등 또는 그 자원에 대한 내집단의 접근이나 획득 가능성에 대한 위협에서 유래한다고 본다. 위협은 집단 서열, 위신, 지위와 같은 덜 유형적인 자원을 목표로 할 수도 있다. 이 이론은 기능주의적이고, 자민족중심주의가 집단 목표에 이르기 위해 유익한 것이라고 주장한다. 집단 간 경쟁이 내집단 목표에 도달하는 데

필수적이라면, 자민족중심주의와 외집단 적대감은 경쟁하는 집단에서 나타난다. 한편, 집단 간 협력이 목표에 도달하는 데 필수적이라면, 집단 간 조화가 나타난다.

일반적으로 연구 결과는 이 이론의 기본 교의를 확인시켜 준다. 쉐리프(Sherif, 1966)의 현지 실험은 한 집단만이 실현할 수 있는 어떤 한 목표를 향해 여러 집단이 경쟁할 때 집단 애착, 선호, 내집단 수행에 대한 과대평가와 같은 자민족중심주의의 특성이 빠르게 증가한다는 것을 보여주었다. 실험연구에 대한 분석을 토대로 하여 터너(Turner, 1981)는 집단 간 경쟁이 집단 내 중심성과 집단 간 중심성을 모두 증가시킨다고 주장했다. 그러므로 사람들은 위협에 처했을 때 자신이 속한 집단에 더 많은 중요성을 부여하는 경향이 있다.

현실적 집단 갈등 이론을 앞에서 언급한 자민족중심주의의 개념 정의 작업에 적용하면, 자민족중심주의의 여섯 가지 모습이 모두 위협과 경쟁에 대한 기능적 반응임을 드러낸다. 부족한 자원을 둘러싼 제로 섬 경쟁에서 한 집단이 공평무사하여 외집단에 대한 충분한 고려를 보이거나 또는 내집단 성원의 완전한 개인적 자유나 불충(disloyalty)을 허용한다면, 아마도 그 집단은 편파적이고 분별없고 응집적인 외집단에 맞서 성공적으로 경쟁할 수 없을 것이다.

이 이론에 대한 비판은 상이한 집단 위협의 유형들을 명확하게 구별하지 않은 채 지나치게 광범위하고 대략적이라는 점이다. 모든 위협이 자민족중심주의를 증가시키지 않는 것이 가능하며, 어떤 위협은 외집단 선호와 외집단 우월성의 지각을 초래할 수도 있다. 예를 들어, 베텔하임(Bettelheim, 1947)은 나치 포로수용소의 많은 죄수는 외집단 위협 때문에 종종 강력한 외집단인 독일군 보안 요원을 동일시했으며, 독일군 보안 요원들이 더 우월하다는 것을 느꼈다고 주장한 바 있다. 마찬가지로 낮은 지위나 소수 집단은 높은 지위나 다수의 외집단으로부터 위협에 대한 반응에서 내집단을 싫어하고 외집단을 선호할 수도 있다. 그러므로 일부 외집단의 위협은 자민족중심주의를 지워버리거나 역전시킬 수 있다.

② 권위주의적 성격 이론(authoritarian personality theory)

아도르노와 그 동료(Adorno et al., 1950)가 개발한 권위주의적 성격 이론은 불안한 유형의 성격인 권위주의적 성격이 자민족중심주의가 될 수 있음을 가정한다. 이러한 성격은 권위에 대한 굴종, 엄격한 인습주의, 냉소주의, 미신, 권력에의 집착 등과 같은 9가지 특성을 갖는다. 이 이론은 심리역동적이다. 징벌에 의한 엄격한 양육 때문에 권위주의적인 개인들은 그들의 부모와 여타의 권위 있는 인물을 두려워한다고 가정한다. 결과적으로 그들은 양면 가치감을 느끼고, 권위 있는 인물에 대한 적대감을 억누른다. 이에 대응하기 위해 권위주의자들은 이분법적 사고와 전위(displacement) 경향성과 같은 방어기제를 사용하게 되는데 그것이 자민족중심주의를 유발한다(Adorno et al., 1950: 451). 권위주의적 성격 이론은 자민족중심주의의 6가지 요소를 모두 포함하고, 외집단 부정성도 포함한다고 가정한다.

권위주의와 자민족중심주의의 여러 척도들 간의 연결은 경험적으로 입증되었다. 불행하게도 자민족중심주의의 많은 척도는 외집단 부정성을 포함하는 경향이 있다. 한편, 권위주의의 아동기적 기원, 양면가치, 전위에 대한 이론은 입증되지 않았다(Duckitt, 1973). 연구 결과들은 사회적 위협과 대인 관계적 위협이 권위주의를 유발하는 데 심리 내적 위협보다 더 중요한 역할을 한다는 것을 보여주었다.

자민족중심주의에 대한 권위주의의 인과적 효과는 명확하게 수립되어 있지 않으며, 자민족중심주의가 권위주의를 유발하거나 위협과 같은 어떤 외적인 변인이 둘 모두를 유발할 수 있다는 사실도 가능할 수 있다. 덧붙여 이론과 연구들은 권위주의가 9개가 아닌 단지 세 측면(권위주의적 굴종, 인습주의, 권위주의적인 공격)으로만 이루어져 있고, 권위주의는 성격 성향이 아니라 사회적 신념이나 태도라는 것을 보여주었다(Duckitt, Bizumic, Krauss & Heled, 2010).

③ 공포 관리 이론(terror management theory)

베커(Becker, 1962)의 아이디어에서 기원한 공포 관리 이론은 그린버그와 그 동료(Greenberg et al., 1990)에 의해 인기를 얻게 되었다. 공포 관리 이론은 죽어야 할 운명(mortality)이라는 심리 내적 위협에서 유발된다고 주장한다. 문화적 가치 체계는 죽음 불안에 대한 완충 작용을 수행한다. 사람들이 자신의 죽음을 떠올릴 때는 언제나 심리 내적 위협을 경험하게 되므로 사람들은 자신들의 문화적 세계관을 거듭 주장하거나 자민족중심주의를 보여주는 것에 그 위협을 극복하려는 시도를 한다. 즉, 사람들은 자신이 속한 민족적 내집단과 그 세계관의 중요성을 강조한다. 연구 결과는 사람들이 외집단보다 내집단을 더욱 선호하는 경향이 있다는 것을 보여줌으로써 이 이론을 간접적으로 입증한다(Castano et al., 2002; Greenberg et al., 1990).

이렇듯 심리학자들은 위협과 자민족중심주의를 연결시키려는 일군의 이론들을 고안하였다. 전술한 이론들 가운데 현실적 집단 갈등 이론과 공포 관리 이론은 경험적인 근거를 갖고 있지만, 권위주의적 성격 이론은 그렇지 못하다. 자민족중심주의는 민족 집단 성원들에게 위협에 대응하는 기능적 역할을 수행한다. 민족 집단 성원들이 외집단보다 내집단에 더 많은 중요성을 부여하고, 내집단에 헌신하며, 집단 응집성에 관여한다면, 그들은 위협에 맞서서 자신들을 잘 방어할 수 있다. 민족 집단 간의 전쟁으로 많은 사람이 목숨을 잃는 것은 자민족중심주의 경향을 증가시킨다. 이때 자민족중심주의는 죽음이라는 심리 내적 위협에 대한 방어책으로 간주된다.

많은 위협이 실재하지만, 엘리트와 미디어가 위협을 조장하기도 한다. 그들은 여러 형태의 공포와 불안을 확산한다. 엘리트 집단은 위협이 자민족중심주의와 권위주의에 미치는 영향력을 잘 알고 있으므로, 국민 사이에 위협을 과장하고 강조한다. 위협을 받은 집단 성원들은 민족 집단에 더욱 헌신하여 엘리트의 지배를 받으며 개인적 자유를 거부한다. 이것은 집단 성원들을 엘리트에게 예종하게 만들고, 다른 민족 집단을 희생시키는 행동에 연루되게 한다.

자민족중심주의가 위협과 불안으로 야기된다는 이론이 평화 구축에 주는 시사점은 무엇인가? 평화 구축을 위한 시도는 무엇보다도 민족 집단 성원이 안전함을 느낄 수 있는 조건을 창출해야 한다. 엘리트와 미디어는 위협 인식을 만들고 강조하는 방식과 동일하게 안전 인식을 만들고 강조할 수도 있다. 민족 집단을 위한 상위의 목표를 만들어내는 것은 긍정적인 민족 간 관계를 창출하는데 도움이 되고, 집단 간 및 집단 내 자민족중심주의를 감소시킨다. 끝으로, 공포 관리의 관점에서, 영원한 죽음 불안에 맞서는 유일한 보호적인 완충 장치로서 민족성을 반드시 강조할 필요는 없다. 오히려 공포 관리를 위해 우리는 상이한 세계관을 강조해야 한다. 개방성, 관용, 조화에 관심을 갖는 것은 죽음 불안에 맞서 민족 집단을 보호하고, 조화로운 집단 간 관계를 증가시킬 수 있기 때문이다.

나. 자기 확장

자민족중심주의는 개인적인 자기 확장(self-aggrandizement)과 집단적인 자기 확장에 의해 유발된다고 가정하는 이론들이 있다. 기본 아이디어는 이런 것이다. 사람들은 그들 자신이나 그들의 집단을 타인이나 타 집단보다 우월하게 여기도록 동기화되어 있으며, 자신과 자신이 속한 집단의 이기적인 욕구를 위해 외집단을 이용하거나 착취한다. 이런 생각을 다룬 대표적인 이론은 사회 정체성 관점, 엘리트 이론, 사회 지배 이론이다. 이중 처리 인지-동기 이론은 이런 생각들을 통합한 것이지만, 자민족중심주의를 이해할 때 위협도 마찬가지로 중요하다고 주장한다.

① 사회 정체성 관점(social identity perspective)

사회 정체성 이론(Tajfel & Turnerr, 1979)과 자기 범주화 이론(Turner et al., 1987)을 포함하는 사회 정체성 관점은 사람들이 상이한 유형의 정체성(개인적, 사회적, 인간과 같은 상위의 정체성 등)을 갖고 있다고 상정한다. 사회 정체성은 집단 과정과 자민족중심주의에 중심적인 것으로 여겨진다. 사회 정체성은 사회적 집단에 소속되어 있다는 것 그리고 그 소속감에 부착된 가치와 정서적 중요성에 대한 지식으로부터 연유하는 자아개념의 일부분이다(Tajfel, 1981: 255).

이 이론적 접근법은 처음엔 최소 집단에서 내집단 선호를 설명하기 위해 개발되었다. 이 관점의 옹호자들이 내집단 선호와 자민족중심주의에 영향을 주는 상이한 변인들을 제안하지 않았음에도 불구하고, 두 가지의 중심적인 심리 변인인 '집단 범주화'와 '긍정적인 집단 특이성'을 향한 욕구는 자기 확장을 포함한다.

사람들이 그들 자신을 어떤 집단의 성원으로 범주화할 때, 그들의 사회적 정체성은 현출되어 그들은 자신을 내집단의 다른 성원들과 상대적으로 교환 가능한 존재로 지각하는 탈개인화(depersonalization)를 경험한다. 그래서 그들의 개인적 정체성과 개별적 차이점들은 대부분 사라지고, 그들은 분리된 개인이 아닌 집단의 성원으로서 행동한다. 이런 상황에서 사람들은 내집단을 선호하는 차별적인 행동을 일삼는다. 왜냐하면 그들은 긍정적인 집단 특이성에 대한 감정이나 상대적인 집단 우위성을 갖기를 원하기 때문이다.

사회 정체성 이론은 집단 간 자민족중심주의 그리고 자기 범주화 이론은 집단 내 자민족중심주의에 더 관련된다. 일단 사람들이 그들 자신을 민족 집단 성원으로 범주화하면, 그들은 자기가 속한 민족 집단을 외집단보다 더욱 중요한 것으로 본다. 왜냐하면 이런 상황에서 그들은 자기 확장에 의해 동기화되기 때문이다. 다른 한편에서, 탈개인화를 유도하는 자기 범주화 이론은 자민족중심주의의 집단 내 측면을 잘 설명한다. 탈개인화는 집단 응집성을 향상하는 가운데 개인적인 자기 이익을 집단 이익으로 변화시킨다.

② 엘리트 이론(elite theory)

엘리트 이론은 밀스(Mills, 1956), 모스카(Mosca, 1939), 파레토(Pareto, 1935)와 관련되어 있고, 마르크스의 지배 계급 관념으로부터 비롯한다. 이 이론에 의하면, 사회는 사회의 잔여 부분을 지배하기 위해 다양한 기제를 사용하는 영향력 있는 엘리트를 발전시킨다고 한다. 이 이론을 자민족중심주의에 적용한 연구자들은 자민족중심주의가 그런 기제의 하나라고 가정한다. 랜터너리(Lanternari, 1980: 57)에 의하면, 자민족중심주의는 이데올로기적 기능, 즉 지배 계급에 의해 위로부터 부과된 허위의식을 상정한다. 내 집단이 극단적으로 중요하다는 신념은 집단 간 현상유지를 보전하기 위해 그리고 엘리트의 프로젝트를 위해 집단을 동원하려는 엘리트에 의해 사용된다. 이 이론은 사회심리학자들이 간과해 온 자민족중심주의에 대한 영향을 설명하는데 유용하지만, 자민족중심주의의 수동적인 수혜자인 비(非)엘리트의 영향을 과소평가한다는 비판을 받는다(Smith, 2001).

③ 사회 지배 이론(social dominance theory)

사회 지배 이론(Sidanius & Pratto, 1999)은 집단 불평등을 승인하는 것에서 개인차를 설명하기 위하여 개인차 변인인 사회 지배 지향(social dominance orientation)을 제안한다. 이 이론에 의하면, 진화적 영향 때문에 사람들은 집단에 근거한 사회적 위계를 형성하려는 인간의 기본적인 경향을 발달시켰다고 한다(Sidanius & Pratto, 1999: 38). 사회 지배 지향이 높은 사람은 집단 불평등을 조장하는 이데올로기를 지지하고, 사회 집단에 상이한 가치를 할당하려는 태도, 가치, 속성을 갖고 있다. 자민족중심주의가 외집단보다 민족적 내집단에 더 많은 가치를 부여하는 것을 포함한다는 사실을 고려할 때, 자민족중심주의는 이론적으로 사회 지배 지향과 연결된다. 연구 결과는 자민족중심주의의 여러 척도들과 사회 지배 지향의 연결을 지지한다(Duckitt, 2001; Prattom 1999).

자신이 속한 집단만이 극단적으로 중요하다는 아이디어는 민족 집단 간 위계를 정당화하는 데 사용될 수 있다. 특히 내집단이 지위와 권력에서 높을 때에는 더욱 그렇다. 자민족중심주의의 여섯 가지 모든 측면이 이것과 관련되어 있음에도, 집단 간 측면은 사회 지배 지향에 관계되고 있는 것처럼 보인다. 반면에 개인적인 자기 초월을 강조하는 집단 내 측면은 사회 지배 지향과 직접적으로 관련되지 않는다.

④ 이중 처리 인지-동기 이론(dual process cognitive-motivational theory): 위협과 자기 확장의 통합

더킷(Duckitt, 2011)의 이중 처리 인지-동기 이론은 자민족중심주의에서 개인차를 해명하기 위해 위협 이론과 자기 확장 이론을 통합한다. 이 이론은 서로 독립적으로 평행하게 작동하는 두 개의 과정을 제안한다. 하나의 과정은 동조 인성을 산출하는 징벌적인 사회화로 시작한다. 그런 사람은 세계를 위험한 장소로 지각한다. 이것은 안전을 향한 욕구를 활성화한다. 그래서 권위주의적 신념을 갖게 된다. 다른 과정은 거친 마음의 인성을 산출하는 애정이 없는 사회화로 출발한다. 이런 사람들은 세계를 경쟁의 정글로 간주하는 경향이 많다. 이 이론은 권위주의와 사회 지배 지향이 독립적으로 자민족중심주의에 영향을 준다고 가정한다. 이것은 높은 사회 지배 지향에서 표현되는 지배와 우월성 욕구를 활성화한다. 이 모델은 뉴질랜드, 미국, 남아프리카에서 검증되었고, 그 이론을 지지하는 결과를 얻었다.

이 이론은 자민족중심주의의 발생 원인에서 위협과 자기 확장의 역할에 대해 동등한 중요성을 부여한다는 점에서 독특하다. 반면에 대부분 다른 이론은 위협이나 자기 확장 중 어느 하나를 강조한다. 덧붙여, 이 이론은 자민족중심주의에 대한 먼 그리고 간접적인 영향력을 설명하고자 시도한다. 자민족중심주의의 6가지 측면이 위협과 모두 관련이 있는 반면에 집단 간 측면만이 자기 확장에 직접적으로 관계된다.

지금까지 살펴본 바와 같이, 자기 확장 이론은 자민족중심주의의 여섯 가지 표현 모두에 적합하지만, 자민족중심주의의 집단 간 표현을 설명하는 데 더 타당한 것으로 보인다. 이 이론은 우리가 평화를 구축하려면 엘리트

와 민족 집단 성원의 자기 확장을 최소화해야 한다는 것을 함축한다. 이것은 제도적 개혁과 법치를 통해 엘리트가 권력을 남용하는 것을 예방하고, 다른 민족 집단에게 동등한 중요성을 부여해야 한다는 것을 뜻한다. 자기 확장은 집단 형성과 밀접하게 관련되어 있음을 고려하여, 자기 확장을 덜 파괴적인 방식으로 권면하는 것이 매우 중요하다.

다. 유사성 선호

일부 이론은 사람들이 유사성을 선호하기 때문에 자민족중심주의가 발생한다고 규정한다. 첫 번째 관점은 신념 일치 이론(belief congruence theory)으로 이 이론은 자신과 유사한 신념을 가진 사람에 대한 선호를 포함한다. 두 번째 관점은 최적 특이성 이론(optimal distinctiveness theory)이다. 이 이론은 사람들이 내집단과 유사하고 외집단과 구별된다는 지각을 통하여 차별과 포용의 기본적인 욕구를 충족한다는 생각을 담고 있다.

① 신념 일치 이론(belief congruence theory)

신념 일치 이론은 사람들이 그들과 유사한 가치·신념·태도를 가진 사람들을 선호한다고 주장한다. 로키치(Rokeach, 1960: 13)에 따르면, 심리 과정이 연루되는 한, 신념은 사회적 차별의 결정 인자로서 민족·인종 소속감보다 더욱 중요하다고 한다. 연구 결과는 이 이론의 주요 전제를 확인하였다(Rokeack, 1960; Silverman, 1974). 한편, 인스코와 그 동료(Insko et al., 1983)에 의하면, 신념 일치는 일반적인 호감이 연루되어 있을 때 특히 중요한 반면, 집단 소속감은 결혼 상대자나 데이트 상대자 선택에서 더욱 중요하다. 나아가 일부 연구는 집단 소속감이 무선으로 할당되었음을 참가자들이 알고 있을 때, 신념의 유사성이 없는 가운데 범주화만으로도 내집단 선호를 유발할 수 있음을 보여주었다(Billig & Tajfel, 1973). 신념 일치 이론은 자민족중심주의의 집단 간 측면인 차별적 선호에만 관련된다. 사람들은 외집단 성원보다 내집단 성원을 더욱 선호하는데, 그 이유는 민족적으로 내집단에 속하는 성원이 그들과 유사한 신념을 갖고 있다고 보기 때문이다.

② 최적 특이성 이론(optimal distinctiveness theory)

브루어(Brewer, 1991)가 제시한 최적 특이성 이론은 사람들이 자신들의 포용(타인과의 유사성)과 차별 욕구를 충족하기 위해 집단을 동일시하도록 동기화되어 있다고 주장한다. 성원들에게 그러한 욕구들 간의 균형을 이룰 수 있게 해 주는 집단은 대부분 만족을 제공하며, 그 결과 사람들은 그러한 내집단을 특별하게 동일시하고, 외집단보다 더욱 선호한다. 이 이론의 기본 전제는 사람들이 특히 소수자 내집단을 선호한다는 사실인데, 그 이유는 소수자 내집단이 포용과 차별 욕구를 더욱 잘 충족시키기 때문이며, 그것은 한 연구에 의해 입증된 바 있다(Leonardelli & Brewer, 2001). 집단 내 자민족중심주의인 집단 응집성과 헌신은 사람들의 소속감 욕구와 타인과 유사해지려는 욕구로부터 유래할 수 있다. 반면에 집단 간 자민족중심주의는 주로 차별 욕구를 충족시켜 준다.

자민족중심주의의 선호 측면에만 주로 관련된 신념 일치 이론과는 대조적으로, 최적 특이성 이론은 자민족중심주의의 여섯 가지 측면을 모두 포함한다. 집단 내 유사성은 주로 집단 내 자민족중심주의에 영향을 미치고, 집단 내 유사성과 외집단 차별은 집단 간 자민족중심주의에 영향을 미친다. 이 이론들은 평화 구축을 위해서는 자민족중심주의를 약화시키기 위해 상이한 민족 집단 간에 비(非)민족적인 기반을 가진 차원에서의 유사성을 강조하고 차이점을 부각시키지 말아야 한다는 것을 우리에게 알려준다.

라. 단순화 경향성

인간은 세계의 복잡성을 완벽하게 처리할 수 없으므로 세계를 단순화한다(Allport, 1954). 그래서 사람들은 대상, 여타의 생명체, 인간을 포괄하는 범주를 형성한다. 세계를 단순화하려고 사회적 범주를 형성하는 과정은 자민족중심주의와 관련된다. 왜냐하면, 사회적 범주화는 매우 용이하게 다룰 수 있는 우리/내집단과 그들/외집단이라는 2가지 범주만을 포함하기 때문이다. 사람들은 내집단을 중요하고, 신뢰할 수 있으며, 바람직한 것으로 여기지만, 외집단은 덜 중요하고, 신뢰할 수 없으며, 바람직하지 않다고 생각한다.

비록 모든 사람이 사회적 세계를 단순화할 경향성이 있음에도, 일부 사람은 특히 그럴 가능성이 매우 크다. 이것은 교조주의(Rokeach, 1960), 모호성에 대한 무관용(Adorno et al., 1950), 단순 구조에 대한 개인적 욕구(Neuberg & Newsome, 1993), 폐쇄 욕구(Kruglanski & Webster, 1996) 등과 같은 용어를 사용하여 연구된 바 있다. 이 개념들은 서로 다르지만, 공통 변인을 공유하고 있고(Stangor & Thompson, 2002), 자민족중심주의와 관련되어 있다. 샤와 그 동료(Shah et al., 1998)는 높은 폐쇄 욕구가 민족 차원의 외집단보다 내집단에 대한 긍정적 감정과 관련되어 있음을 보여주었다. 단순화 경향성의 여러 척도(예: 구조에 대한 개인적 욕구, 모호성에 대한 무관용, 인지적 폐쇄 욕구)는 내집단 선호와 관련된 한 가지 요인을 이룬다는 것을 밝힌 연구도 있다(Stangor & Thompson, 2002). 단순화하려는 경향성이 특별히 많은 사람은 집단 내 자민족중심주의를 수용하기 쉽다. 예를 들어, 집단 응집성의 단순성은 개인적 신념, 자유, 불일치의 복잡성을 허용하는 것보다 그런 사람들을 더욱 충족시킨다. 이런 맥락에서 버드너(Budner, 1962)는 모호성에 대한 무관용이 집단 인습성의 증가 및 검열 수용과 상관된다는 것을 밝혀내었다.

② 무지의 역할(role of ignorance)

사람들은 사회적 세계의 복잡성에 대해 무지하므로 사회적 세계를 단순화할 수 있다. 외집단에 대한 지식의 결핍은 종종 자민족중심주의나 편견과 관련된다. 맥기(McGee, 1900: 830-831)는 자민족중심주의를 무지와 관련시키면서 이렇게 말했다. "외부 세계에 대해 아는 것이 적다는 것은 부족민들로 하여금 모든 다른 것이 공전하는 중심에 자신과 자신이 속한 집단을 세우게 한다." 외집단에 대한 지식은 집단 간 태도를 증진하고 편견을 감소시키지만(Stephan & Stephan, 1984), 단순 지식과 외집단과의 낯익음만으로는 충분하지 않다(Allport, 1954; Duckitt, 1992). 올포트의 접촉 가설(contact hypothesis)에 따르면, 사람들은 집단 간 관계를 향상시키기 위해 외집단과 적정한 접촉을 할 필요가 있다. 이러한 접촉은 참가자의 동등한 지위, 접촉을 위한 제도적 지원, 공통의 집단 관심, 집단 간 협동에 의해 특징지어진다. 이를 확증하기 위한 페티그루와 트롭(Pettigrew & Tropp, 2000)의 메타 분석은 최적의 접촉 형태를 경험한 참가자들은 다른 사람들보다 외집단에 대한 태도가 개선되었다는 것을 보여주었다.

민족에 대한 태도에 영향을 미치는 것에서 지식과 접촉의 역할을 다룬 대부분의 연구는 주로 외집단에 대한 편견을 다루었다. 그럼에도, 무지와 접촉의 결핍은 자민족중심주의의 개념화와 분명히 관계된다. 사람들은 낯익음 때문에 내집단 성원을 선호하고, 외집단의 다름을 취약점으로 보기 때문에 우월성을 채택할 수 있다. 그들은 외집단과 섞이는 것을 피할 수 있는데, 그 이유는 알려지지 않은 것에 대한 공포 때문이다. 알려지지 않은 사람들의 곤경은 동정심을 유발하지 못하기 때문에 외집단을 착취하고 이용하는 것을 승인할 수 있다. 끝으로, 무지와 익숙하지 않음에 대한 공포는 사람들로 하여금 익숙한 것에 매달리게 하고, 그것에 헌신하게 하며, 내집단 변화나 혁신을 거부하도록 이끌 수 있다.

인지적 단순성과 무지는 자민족중심주의의 발생 원인을 설명하는 데 유용하다. 인지적 복잡성과 외집단에 대한 지식은 자민족중심주의를 감소시킬 수 있다. 따라서 평화 구축을 위해서는 민족적 외집단의 특징과 관점을 이해하게 하고, 세계에 대해 더욱 복합적인 관점을 갖도록 해야 한다.

마. 사회적 요인

자민족중심주의적인 사회 규범의 사회화나 그것에 대한 동조 때문에 자민족중심주의가 생길 수 있다. 쉐리프(Sheriff, 1973: 3)는 사회 규범을 개인들의 접촉 결과로 표준화된 관습, 전통, 기준, 규칙, 가치, 패션과 모든 여타의 행동 기준이라고 정의하였다. 사람들은 대개 사회화를 통해 사회적 규범을 내면화하지만, 그것을 내면화하지 않더라도 그것에 동조하도록 압력을 받는다(Harding et al., 1969). 연구 결과는 사회 규범이 자민족중심주의에 영향을 미친다는 것을 확인시켜 준다. 예를 들어, 미나드(Minard, 1952)는 미국 백인과 흑인 광부들은 작업에서 동등한 기반에서 상호작용을 했음에도, 그들이 속한 공동체의 인종 간 분리 규범에 일치하여 행동하였다고 보고하였다. 주로 외집단 편견에만 초점을 맞춘 가운데 페티그루(Pettigrew, 1958)는 미국이나 남아공처럼 편견적인 사회 규범을 가진 사회에서 사회 규범은 개인차보다는 편견을 결정하는 데 더 중요한 것임을 밝혀내었다. 한편, 싱과 그 동료(Singh et al., 1998)는 공정한 마음가짐의 규범이 집단 간 차별을 예방하거나 약화시키는 반면, 내집단 편향 규범은 차별을 강화한다는 것을 밝혀내었다.

사회적 표상(social representation) 개념은 자민족중심주의 및 그와 관련된 현상에 관계된다(Moscovici, 1973). 사회적 표상은 공유된 집단 신념, 관념, 관행이고, 이것은 집단 성원들이 행동하고 소통하는 것을 가능하게 한다. 밴 다익(Van Dijk, 1993)은 민족적 태도를 이해할 때 우리는 사람들이 자신의 내집단, 외집단 그리고 내집단과 외집단의 관계에 대해 갖고 있는 사회적 표상에 초점을 맞출 필요가 있다고 주장했다. 이와 맥락을 같이 한 연구들은 집단 동일시와 외국인 혐오증의 관계가 내집단이 무관용적으로 표상되었을 때는 정적이고, 내집단이 관용적으로 표상되었을 대는 부적이라는 사실을 보여준다(Billiet et al., 2003; Maddens et al., 2000).

폭넓은 규범적 그리고 사회적 표상을 자민족중심주의에 적용하는 것은 간단하다. 자신의 민족 집단이 극단적으로 중요하다는 규범적 신념을 동일시하거나 그에 동조하는 것은 개인에게 자민족중심주의를 유발한다. 페티그루(Pettigrew, 1991)에 의하면, 규범적 설명에 대한 일반적인 비판은 그것이 그러한 규범의 기원을 설명하지 못한다는 데 있다. 덧붙여, 개인차의 역할이 대개 간과된다는 사실이다. 끝으로, 아동이나 성인 모두 집단 태도의 수동적인 수혜자가 아니라는 주장도 제기된다(Aboud, 1988; Duckitt, 1992).

이 이론이 평화 구축에 시사하는 바는 무엇인가? 우리 사회는 오랜 기간 단일 민족 논리에 빠져 있었다. 그것은 우리 사회에 자민족중심주의적인 규범과 사회적 표상의 만연을 초래하였다. 또한, 남북 분단 상황에서 정치 지도자들은 끝없이 위기 프레임(crisis frame)을 조장하여 내집단에 대한 위협을 강화했고, 전쟁 경험과 같은 부정적인 집단 간 경험은 자민족중심주의적이고 편향적인 내집단 규범의 생성과 확산에 기여했다. 그러므로 한반도에 평화 구축을 위해서는 사회적 캠페인, 제도 개혁, 입법, 교육 등을 통해 자민족중심주의적인 규범과 사회적 표상을 직접 다룰 필요가 있음을 시사한다.

바. 진화적 요인

진화 이론가들은 자민족중심주의가 민족 집단의 생존을 향상시킨다고 주장한다. 다윈(Darwin, 1879)은 집단 간 경쟁이 사람들에게 내집단 성원과 더욱 협력하게 만들고, 그러한 협력적인 집단은 비협력적인 집단보다 번성할 가능성이 크다고 가정하였다. 사회적 다윈주의자인 스펜서(Spencer, 1892: 471)는 다음과 같이 말했다. "지속적인 외부 적대감의 삶은 공격, 경쟁, 복수가 주입되는 코드를 생성하는 반면, 평화로운 활동은 비난을 받는다. 반대로 정착된 내적인 우호는 조화로운 협동, 정직, 진실성, 타인 주장의 존중에 도움이 되는 미덕을 주입하는 코드를 만들어낸다." 스펜서에 따르면 근대와 비산업 사회에 공히 위의 2가지 도덕 코드가 존재한다. 그러한 생각은 섬너(Sumner, 1906)에 의해서도 제기되었다. 케이스(Keith, 1949)에 의하면, 집단 생존은 집단 내 협동과 집단 간 경쟁이 결합되어 균형을 이룰 때에만 가능하다. 그렇지 않고 너무 많은 협동이나 너무 많은 경쟁은 집단 생존에 해롭다.

더 최근의 진화론적 설명은 사회생물학 이론에 근거한 것으로, 자민족중심주의를 친족 집단 선택의 기저를 이루는 기본 기제의 확장이라고 본다. 자민족중심주의에 대한 밴 덴 버그(van den Bergh, 1978; 1995)의 설명은 이러한 접근법을 잘 예시한다. 그는 협동하는 것은 인간을 포함하여 동물에게 이로운 것이고, 협동을 위한 중요한 유전자적 기제는 포괄 적합도(inclusive fitness)를 극대화하는 친족 선택이라고 주장한다. 포괄 적합도는 유전자가 직접적인 그리고 친족의 재생산을 통해 후손에게 전달될 수 있음을 가정한다. 그러므로 동물은 그 친족과 협동하는 경향이 있다. 동물은 비(非)친족보다 친족을 선호한다. 진화적 유용성 때문에 인간은 그들의 친족 집단을 민족 집단으로 확대하였다. 밴 덴 버그가 말하는 바와 같이, 자민족중심주의는 오랜 기간에 걸쳐 진화하였고, 적어도 수천 년 동안 친족 선택의 확장으로서 진화해 왔다.

진화론적 설명은 자민족중심주의에 대한 오늘날의 개념화에 적용될 수 있다. 타 집단보다 민족 집단의 중요성을 강조하는 것은 민족 집단의 생존을 도와주고, 확대된 친족 집단으로서 민족 집단의 유전자적 자료를 전달하는 것을 향상시킨다. 하지만, 자민족중심주의에 대한 진화론적 설명은 비판을 받아 왔다. 자민족중심적인 집단이 타 집단보다 더욱 생존력이 있다는 것을 확실하게 보여주지 않았기 때문이다. 또한, 친족 집단 선택을 민족 집단에 확장하는 것을 가능하게 해 주는 기제가 무엇인지 분명하지 않다(A. D. Smith, 2001). 덧붙여, 사회생물학적 설명의 중심 요소는 검증 불가능하고, 데이터에 대한 대안적 설명이 얼마든지 가능하며, 친족 집단 안에서의 적대행위, 비협조, 파괴와 같은 일부 데이터는 이론과 모순된다(Ross, 1991).

진화 이론은 자민족중심주의가 일반적으로 변화시키기 어렵고 종종 갈등과 전쟁으로 귀결된다는 것을 암시하면서 인간성에 대한 암담한 그림을 그리고 있다. 자민족중심주의가 인간 진화에서 생물학적 기원을 가질 수도 있지만, 필연적으로 생명 결정론적 회의주의(biodeterministic pessimists)에 의해 가정된 그런 부류의 것은 아니다(Smith, 1992: 84). 지구상에서 대부분 민족 집단들 간의 관계는 상대적으로 조화로운 경향이 있거나 중립적이지 반드시 갈등적인 것은 아니다. 그럼에도, 자민족중심주의의 상당 부분은 모든 민족 집단에 존재할 수 있고, 아마도 그것은 진화적 영향력 때문일 것이다. 비록 자민족중심주의가 진화적이라 해도 민족 갈등이 어떤 민족 집단에 내재하는 진화적 성향에 의해 직접적으로 야기된 것이 아님은 대부분 학자가 주장하는 내용이다. 진화적 영향력은 상당히 먼 것이고, 반드시 갈등으로 귀결되지는 않는다.

지금까지 살펴본 바와 같이 자민족중심주의는 위협, 자기 확장, 유사성 선호, 단순화 경향성, 사회적 요인과 진화의 산물로 여겨질 수 있다. 이 요인들이 다르기는 하지만 반드시 모순적이지는 않으므로, 보완적인 것으로 생각할 필요가 있다. 따라서 자민족중심주의를 유발하고 강화하는 다양한 인과적 경로의 복잡성에 초점을 맞추어 포괄적인 평화 구축 전략을 수립하는 것이 필요하다.

07장
통일교육에서 논쟁 이슈

    민주 시민은 태어나는 것이 아니라 만들어지고 형성되는 것이다. 민주적 가치와 기술은 우리의 유전적인 특질이 아니라 사회화와 학습을 통해 우리가 습득하는 것이므로, 학생들은 상호 존중과 협력에 근거한 평화적인 방식으로 논쟁 이슈(controversial issues)를 분석하고 논의하는 능력을 계발할 필요가 있다. 듀이(Dewey, 1939: 345)는 민주적 습관·사고·행동이 사람들이 가진 기질의 일부가 되지 않는 한, 정치적 민주주의는 불안정할 수밖에 없다고 주장하였다. 이것은 민주주의가 고립되어 홀로 존재할 수 없으며, 모든 사회적 관계에서 민주적 방식의 실천이라는 버팀목이 필요하다는 사실을 강조한다.

    듀이의 사상에 동조했던 여러 진보주의 학자들 역시 학생들이 논쟁 이슈에 관한 심의와 의사결정과 같은 민주적 과정을 학교에서 경험한다면 민주 시민이 갖추어야 할 지식·기술·태도·성향을 더 잘 습득할 것이라고 주장하였다(Hahn, 2012: 48). 이후 민주주의가 제대로 지속하려면 학생들이 사회에서 중요한 미해결의 공적인 논쟁 이슈에 관해 조사하고 논의할 기회를 가져야만 한다는 것은 시민교육에서 하나의 권위 있는 교리로 자리를 잡았다.

시민교육에서 논쟁 이슈 교수·학습의 중요성은 심의 민주주의를 통해 더욱 분명해졌다. 심의는 어느 하나에 고정되지 않는 광범위한 영역의 이상에 목소리를 내는 사회적·정치적인 실천을 분석하고 논의하며 평가하는 정치적 과정을 뜻한다(Noddings, 2013: 16). 따라서 심의 민주주의 개념에서 핵심이 되는 것은 바로 더 나은 논거(better argument)라는 이상이다. 시민은 상대방을 지배하려는 강제력을 사용하지 않는 가운데 더 나은 논거라는 이상에 근거한 의사소통을 해야 한다. 이 이상은 모든 시민이 존중과 상호 이해를 추구하고, 서로에 대한 지배력을 최소화하는 의사소통 관계를 형성할 것을 강조한다(Moos, 2012: 38).

우리 사회 및 세계의 미해결 문제와 시사적이고 논쟁적인 공적 이슈에 대한 논의를 통해 학생들은 민주 시민에게 필요한 여러 가지 능력을 기를 수 있다. 이것은 우리가 자신의 신념을 표현하고 동시에 타인의 신념을 귀담아들을 때 강력하고 계몽적이며 변혁적인 생각과 해결책이 생성될 수 있다는 믿음에 뿌리를 두고 있다. 학생들은 주체적이고 책임 있는 시민으로서 민주적인 담론에 관여하기 위해 다양한 관점을 읽고, 듣고, 표현한다. 학생들은 이슈를 분석하고 사실을 수집·조직화하며, 사실과 견해 간의 차이를 식별하고, 이성에 근거한 지성적인 결론을 도출하며, 소수 의견을 정당하게 존중하는 가운데 다수결의 원칙을 수용한다. 또한, 학생들은 논쟁 이슈에 대하여 심층적인 지식에 근거한 결정을 내리기 위해 정보를 수집하고 다른 관점을 논의한다. 이렇게 볼 때 논쟁 이슈의 교수·학습은 민주주의에서 시민성을 위한 교육의 심장에 해당한다(Hahn, 2012: 48). 즉, 교실에서 논쟁 이슈에 초점을 맞춘 교수·학습은 정치학자인 샌들(Sandel, 1996: 6)이 힘주어 강조했던 자치(self-government)를 실질적으로 수행할 수 있는 시민의 성품 특질을 함양하는 데 초점을 맞추는 형성 정치학(formative politics)의 전형적인 사례에 해당한다.

하지만 상당수 교사는 여러 가지 이유에서 논쟁 이슈를 수업에서 다루는 것을 기피한다. 이것은 통일교육에서도 마찬가지이다. 통일 문제 자체가 우리 사회에서 진영 정치와 깊게 연결되어 있으므로, 교사들은 통일교육에서 논쟁 이슈를 다루는 것을 꺼린다. 이러한 현상의 가장 큰 이유는 교실 수업에서 다루어지는 특정한 주제를 검열하고자 하는 집단으로부터 자신이 공격의 표적이 되는 것을 대부분 교사가 심각하게 우려하기 때문이다. 특히 최근 우리 사회처럼 진보와 보수의 진영 논리가 첨예하게 대립하는 상황에서 공적인 논쟁 이슈를 교실 수업에서 다루는 것은 양쪽 진영 모두로부터 공격을 당할 수도 있다는 위기감이 교사들 사이에 점차 확산되는 추세다. 이에 따라 공적인 논쟁 이슈에 대한 교사의 엄격한 자기 검열이 더욱 심해지면서, 논쟁 이슈의 교수·학습은 학교 현장에서 확고하게 뿌리를 내리지 못한 상태다.

이러한 사회적 흐름과 분위기는 논쟁 이슈의 교수·학습에서 교사의 역할에 대한 학문적 논의의 중요성을 다시 일깨워 준다. 다른 배경을 가진 학생들의 민감성을 보호하는 방법, 교실에서의 의견 대립과 마찰을 예방하는 방법, 논쟁적인 자료를 공정하게 다루는 방법, 고정관념과 편향의 위험을 피하는 방법, 학문적 자유 및 교사 자신의 신념과 가치의 역할에 관련한 질문(Kerr et al., 2016: 8) 등과 같은 여러 문제는 사실상 논쟁 수업에서 교사의 역할을 명료화하는 것을 통해 충분히 밝혀질 수 있기 때문이다. 이에 여기서는 문헌 분석을 통해 논쟁 이슈의 본질과 중요성을 규명하고, 학교 현장에서 논쟁 수업의 제약 요인을 분석하며, 논쟁 수업을 위한 교사의 역량에 관한 여러 학자의 의견을 분석하여 논쟁 이슈의 교수·학습에서 교사의 역할을 명료하게 제안하고자 한다.

1 논쟁 이슈의 본질과 중요성

논쟁 이슈의 개념 정의

오늘날 우리가 아무 거리낌 없이 사용하는 논쟁 이슈라는 용어를 명확하게 정의하는 것은 생각처럼 그리 쉽지 않다. 왜냐하면 논쟁 이슈에 대한 개념 정의 자체가 상당한 논란의 대상이 되기 때문이다. 일반적으로 논쟁 이슈는 보편적으로 확실하게 견지되는 관점이 부재하는 이슈라고 말할 수 있다. 어떤 한 집단이 상반된 설명이나 결론을 제시할 수 있기 때문에 논쟁 이슈는 일반적으로 사회나 집단을 분열시킨다. 논쟁 이슈는 그 이슈나 갈등을 촉발한 사람이 누구인지, 그 이슈를 해결할 수 있는 방법이 무엇인지, 그리고 어떤 조치를 취해야 하는지를 둘러싸고 발생할 수 있다.

논쟁 이슈의 개념 정의는 그 기준에 따라 다를 수 있다. 베일리(Bailey, 1975: 122)는 논쟁 이슈를 사회적 사실의 문제로 간주한다. 많은 사람이 그 이슈와 관련한 진술과 주장에 동의하지 않는 것으로 관찰될 때 그 이슈는 논쟁적인 것이다. 이렇듯 베일리는 논쟁 이슈를 규정하면서 행동 기준을 중시하였다. 이와 유사하게 영국의 크릭 보고서(QCA, 1998: 56)는 논쟁 이슈를 하나의 고정된 또는 보편적으로 견지된 관점이 부재하는 이슈라고 규정하였다. 논쟁 이슈는 일반적으로 사회를 분열시키고, 그 때문에 중요한 집단들이 상충하는 설명과 해결책을 제시한다. 이를테면, 문제가 어떻게 발생했는지, 그 문제에 대한 책임이 누구에게 있는지, 앞으로 내려야 할 결정을 안내할 원칙이 무엇인지에 관해 상충하는 견해가 생길 수 있다. 그러나 디어든(Deardon, 1981: 38)은 논쟁 이슈의 개념 정의에서 인식론적 기준을 중시하였다. 그에 의하면, 상반되는 의견이 이성에 모순되지 않으면서 견지될 수 있다면 그 문제는 논쟁적인 것이다. 여기서 이성은 초시간적이고 무역사적인 것이 아니라 어떤 주어진 시점에서 그때까지 발전한 일군의 공적인 지식, 진리 기준, 중요한 표준, 입증 절차를 의미한다.

핸드(Hand, 2008: 218)는 디어든의 인식론적 기준을 옹호하면서 그 기준을 지지할 강력한 논거를 제시한다. 그는 교육의 근본 목적은 학생들이 합리적 사고와 행위를 할 수 있는 능력과 경향성을 갖추게 하는 것이라는 사실에서 출발한다(Hand, 2014: 79). 이러한 주장의 근거는 합리성이 인간의 번영에 본질적이면서도 도구적이기 때문이다(Hand, 2008: 218). 이러한 전제에서 그는 사람들이 진정으로 반대되는 견해를 갖는지 상관없이, 교사는 견해를 뒷받침하는 관련 증거와 논거가 결정적이라는 사실을 지지하고 보증할 책무가 있다고 주장한다. 이렇듯 그는 관점이나 견해는 그것을 지지하는 증거나 논거에 의해 판정된다는 인식론적 기준을 선호한다. 동시에 그는 논쟁적인 것이라고 여겨지는 이슈와 논쟁적인 것으로 배워야 할 이슈를 구분하는 것이 중요함을 적시한다.

한편, 옥스팜과 유럽 평의회는 논쟁 이슈가 갖는 특징을 중심으로 논쟁 이슈 개념을 정의하였다. 옥스팜(Oxfam, 2006: 3)은 논쟁 이슈의 특징을 ① 강한 감정과 견해를 불러일으키는 것, ② 사람들이 사는 사회·문화·경제·환경 맥락에 영향을 주는 것, ③ 가치와 신념의 질문을 다루므로 개인과 공동체 및 더 커다란 사회에서 의견을 대립시키는 것, ④ 사람들이 자신의 경험·이해관계·가치·개인적 맥락에 근거한 강한 견해를 갖고 있어서 분명한 해결책이 없는 채로 매우 복잡한 것, ⑤ 지역·국가·세계 공동체에 영향을 주는 규모 범위에서 발생하는 것, ⑥ 인권·젠더 정의·이민·기후 변화와 같은 광범위한 주제를 포함하는 것, ⑦ 시간과 장소에 따라 다를 수 있는 것이라고 규정하였다. 그러므로 개인이나 집단이 사건, 다음에 일어날 일 또는 문제를 어떻게 해결해야 하는지에 대해 상이한 설명을 제시한다면 사실상 거의 모든 주제는 논쟁적인 것이 될 수 있다.

올튼과 그 동료(Oulton et al., 2004: 412) 역시 논쟁 이슈의 특징에 근거하여 논쟁 이슈를 규정한다. 첫째, 사회 내의 집단이 그것에 대해 다른 견해를 갖고 있다. 둘째, 각 집단은 상이한 정보에 근거한 견해를 갖고 있거나 동일한 정보를 다른 방식으로 해석한다. 셋째, 그러한 해석은 개인이나 집단이 세상을 이해하거나 바라보는 상이한 방식 때문에 생기는 것이다. 넷째, 개인은 상이한 가치 체계를 고수하기 때문에 상이한 세계관이 생긴다. 다섯째, 논쟁적인 이슈는 이성·논리·실험에 의해 항상 해결되는 것이 아니다. 여섯째, 논쟁적인 이슈는 더 많은 정보와 증거가 가용해지면서 어느 정도 해결될 수 있다.

끝으로 유럽 평의회는 논쟁 이슈를 강한 감정을 유발하고 공동체와 사회를 분열시키는 이슈라고 규정하였다(Kerr et al., 2016: 13). 논쟁 이슈는 시사적인 논란이나 문제를 의미하고, 강한 감정을 유발하며, 대안적인 신념이나 가치에 근거한 상충하는 설명과 해결책을 생성하기 때문에 사회를 분열시키는 경향이 있다. 논쟁 이슈는 종종 아주 복잡하고, 단순히 증거에 호소하여 해결되지 않는다(Kerr et al., 2016: 13).

이상의 논의에 근거하여 나는 논쟁 이슈를 다음과 같이 정의하고자 한다. '논쟁 이슈는 인간의 다양성에서 유래하는 자연스러운 현상으로서 타당한 근거를 갖춘 의견 불일치를 생성하여 사회적 합의점이 부재하고 사회를 분열시키는 이슈'를 의미한다. 이를 구체적으로 설명하면 다음과 같다. 첫째, 논쟁 이슈는 인간의 다양한 신념, 가치 체계, 개인적인 경험에서 비롯하는 지극히 자연스러운 현상이므로 논쟁 이슈를 금기시하거나 논쟁 이슈를 부정적으로만 바라볼 필요가 없다. 이것은 논쟁 이슈가 생기는 근본 원인을 규정한다. 둘째, 논쟁 이슈가 되려면 상반되는 의견이나 주장이 나름의 타당한 근거를 갖추어야 한다. 달리 말해, 상반된 주장이 모두 합당한 근거를 갖고 있어야 한다. 이것은 논쟁 이슈의 인식론적 근거를 규정한다. 셋째, 논쟁 이슈는 사회적 불일치라는 사회적 현상이나 사회적 사실을 의미한다. 이것은 앞서 언급한 행동 기준을 적시한다. 넷째, 논쟁 이슈는 그와 관련된 사람들에게 적잖은 영향력을 미치기 때문에 관련된 당사자는 논쟁 이슈 자체에 매우 민감하고 강한 감정을 표출하며, 결과적으로 사회를 분열시킨다. 이것은 논쟁 이슈의 영향력과 결과를 규정한다.

여기서 한 가지 우리가 주목해야 할 사항은 논쟁 이슈를 구성하는 것이 시간의 흐름과 맥락에 따라 달라질 수 있다는 사실이다(Misco, 2011: 8). 이를테면 논쟁 이슈는 시대마다 그 현저함과 강도에서 차이가 있을 수 있고, 국가나 사회가 처한 맥락에 따라서 매우 다를 수 있다. 어떤 국가의 학교나 교실에서 논쟁 이슈로 여겨지는 것이 다른 국가의 학교나 교실에서는 논쟁 이슈로 여겨지지 않을 수도 있다. 한편 우리는 논쟁 이슈를 피상적으로 논쟁적인 것과 본래적으로 논쟁적인 것으로 구분할 수도 있다. 피상적으로 논쟁적인 것은 우리가 증거에 호소하여 해결이 가능하지만, 본래적으로 논쟁적인 것은 기본 신념이나 가치 판단의 문제에 근거하여 나온 것이기 때문에 우리가 쉽게 나눌 수 없는 특징을 갖는다(Kerr et al., 2016: 14).

논쟁 이슈의 중요성

논쟁 이슈 교수·학습의 필요성과 교육 효과에 대해서는 이미 상당한 연구가 축적되어 있다. 지금까지의 연구 결과는 교실에서 논쟁 이슈에 관해 논의하는 것이 학생의 시민성·도덕성·인성 발달에 매우 효과적임을 보여 주었다(Johnson, 2015; 최윤정·추병완, 2020; 추병완·최윤정·정나나·신지선, 2020). 전통적으로 논쟁 이슈의 교수·학습에 가장 적극적인 사회과교육에서는 논쟁 이슈를 수업에서 다루는 것이 궁극적으로 학습자의 권능 강화(empowerment)를 목표로 한다고 규정한다(Evans, Newmann & Saxe, 1996: 2). 미국 사회과교육학회는 이슈 중심 교육을 조화되지 않는 편향과 가치를 학생들이 표현하는 것으로 여겨서는 안 됨을 분명히 한다. 오히려 이슈 중심 교육의 목표는 학문적 탐구와 사려 깊고 심층적인 연구에 근거하여 타당한 이유를 갖춘 조리 정연한 반응을 발달시키고, 진리에 대한 상대주의적인 개념을 초극하는 것이다. 동시에 이슈 중심 교육은 건설적인 변화와 사회적 변혁을 추구하려는 학생의 비판적인 의식을 발달시키는 것을 강조한다(Evans, Newmann & Saxe, 1996: 2).

논쟁 이슈 교수·학습의 정당화 근거는 보이텔스바흐 합의, 크릭 보고서, 옥스팜의 논쟁 이슈 가이드북에도 잘 나타나 있다. 최근 우리에게 잘 알려진 바와 같이 독일의 보이텔스바흐 협약은 정치교육의 최소 조건 세 가지 사항을 담고 있다. 세 가지 원칙은 강압·교화 금지, 교실에서 논쟁 재현, 학습자의 이익 인지다(심성보, 2018: 256). 보이텔스바흐 협약의 두 번째 조건인 교실에서 논쟁 재현은 정치 영역과 학계에서 논쟁이 되는 것은 수업에서도 가능하면 논쟁적으로 다루어져야 한다는 것을 의미한다. 얼핏 보기에는 세 가지 원칙 가운데 두 번째 조건만이 논쟁 이슈의 교수·학습을 정당화하는 것처럼 보이지만, 사실 세 가지 원칙 모두 교실에서 논쟁 이슈를 다루는 것을 강조한다. 왜냐하면 첫 번째 원칙은 학생들이 스스로 판단을 내리는 것을 중시하고 있고, 세 번째 원칙은 정치교육이 추상적이거나 공허한 내용을 다룰 것이 아니라, 배우는 사람 자신의 삶을 이해하고 분석할 수 있도록 지원해야 한다는 것을 강조하기 때문이다(심성보, 2018: 257). 특히 세 번째 원칙은 자신의 이해관계를 바탕으로 정치 상황에 영향을 줄 수 있는 조작적 행위 능력을 강조한다(허영식, 2018: 32).

영국의 크릭 보고서는 학교에서 논쟁 이슈를 다루어야 할 이유를 두 가지로 제시한다(QCA, 1998: 57). 첫째, 즉각적이고 실용적인 수준에서 볼 때 논쟁 이슈를 다루는 것 자체가 의미 있는 일이고, 논쟁 이슈에 대해 알게 하는 것 또는 논쟁 이슈에 관해 논의하는 것을 생략하는 것은 학생들의 교육 경험에 크고 심각한 격차를 초래하여 학생들이 성인 생활을 준비하는 데 실패하기 때문이다. 많은 논쟁 주제는 일상의 주요한 이슈다. 윤리적·경제적·정치적·종교적 이슈는 학생들의 삶에 직접적인 영향을 미치거나 학생들은 민주 사회에서 어떤 방식으로든 그 이슈의 결과에 영향을 미치는 데 참여할 것이기 때문에, 학생들은 그런 논쟁 이슈에 관해 알고 있어야만 한다.

둘째, 좀 더 심오한 의미에서 논쟁의 여지가 있는 주제를 생략하는 것은 지식과 인간 경험의 중요한 영역뿐만 아니라 가치 있는 교육을 구성하는 것의 본질을 배제하는 것이기 때문이다. 교사들이 아무리 유용하더라도 그들의 노력을 지식 주입과 기술 전수에만 국한하는 것은 학교 교육의 기획을 단지 훈련 도식으로 제한하는 것이다. 교육은 단순한 훈련과는 반대로 집단 의사결정에 적극적으로 침여하고, 좋은 기억력을 넘어서서 마음의 특질을 더욱 발달시키는 것과 같은 여러 가지 다른 경험과의 만남을 요구한다. 크릭 보고서는 논쟁 이슈를 다루면서 학생들이 향상할 수 있는 마음의 특질로서 ① 타인의 이해관계·신념·관점을 지각하고 이해하려는 의욕과 공감, ② 추론 기술을 문제에 적용하고, 의견을 형성하고 지닐 때 진리와 증거를 존중하는 것을 중시하려는 의욕과 능력, ③ 의사결정에 참여하고, 자유를 소중히 여기며, 대안 중에서 선택하고, 의사결정과 판단의 근거로서 공정성을 중시하려는 의욕과 능력을 강조한다(QCA, 1998: 57).

옥스팜(Oxfam, 2018: 4)은 학생들이 서로 다른 관점을 공유하는 이슈에 초점을 맞춤으로써 서로 의사소통하는 방법을 배울 수 있음을 강조한다. 안전한 공간에서 대화하면서 학생들은 이슈에 대한 지식과 이해를 얻을 수 있고, 자신의 가치와 태도를 비판적으로 평가할 수 있다. 이렇게 함으로써 학생들은 자신의 생활 및 지역사회에서 도전적인 상황에 대처하는 데 필요한 능력과 기술을 계발할 수 있다. 동시에 옥스팜은 교실에서 논쟁 이슈를 다루어야 할 부가적인 이유 세 가지를 다음과 같이 제시한다(Oxfam, 2018: 4-5). 첫째, 논쟁 이슈는 이미 영국의 학교 교육과정에 들어 있으므로, 그것을 다루는 것은 자연스러운 현상이다. 둘째, 학생들은 세계적인 논쟁 이슈에 대해 알고 싶어 한다. 셋째, 논쟁 이슈는 사고 기술(예: 정보 처리, 추론, 탐구, 창의적 사고, 평가)을 발달시키는 데 도움을 준다.

이렇듯 교실 수업에서 논쟁 이슈를 다루어야 할 정당성은 크게 보아 본래적 이유와 도구적 이유로 구분할 수 있다. 본래적 정당화 논리에 따르면, 논쟁 이슈는 그 자체로 중요한 것이다. 달리 말해, 이슈는 우리 시대의 중요한 사회적·정치적·경제적·도덕적 문제와 관련되어 있거나 학생의 삶과 직접 관련되어 있기 때문에, 논쟁 이슈 자체가 학생의 발달 및 교육적 성취에 중요하다. 이러한 입장은 영국의 크릭 보고서에서 가장 잘 드러난다. 한편 도구적 정당화 논리는 학생들이 논쟁 이슈에 관여하여 얻는 도구적 이득에 초점을 맞춘다. 이를테면 교과 학습과 관련하여 논쟁 이슈 수업은 논쟁을 두려워 할 것이 아니라 민주주의에서의 삶의 일부라는 것을 이해하는 것, 시민적이고 생산적인 방식으로 논쟁적인 문제를 토론하는 능력, 그러한 토론에 참여하는 전략 습득, 민주주의에서 모든 것이 그렇듯이 자신의 관점이 중요하다는 것을 깨닫는 것에 도움을 준다. 동시에 논쟁 이슈 수업은 언어 능력과 의사소통 능력, 자신감과 대인관계 능력, 고차적인 대화 및 사고 능력, 정보 처리 능력, 추론, 탐구력, 창의적 사고력 및 평가 능력 등과 범교과적인 능력 및 기술 함양에 효과적이다. 또한 시민 행동과 관련하여 논쟁 수업은 더 큰 정치적 관심, 민주적 가치 함양, 더 많은 정치적 참여, 더 많은 시민 지식, 학교 밖에서 공공문제를 토론하는 것에 대한 더 큰 관심, 장차 성인으로서 투표하고 자원 봉사를 할 가능성의 증가에 기여한다.

다시 말해, 논쟁 이슈에 대한 수업을 통해 학생들은 ① 중요한 이슈에 대해 더욱 심층적으로 이해한다. ② 의견 불일치를 처리하고 다른 관점을 인정하며 갈등을 해결하는 방법을 배운다. ③ 자신과 타인의 감정을 이해하는 방법을 배운다. ④ 협력적으로 일하는 방법을 배운다. ⑤ 의사소통 기술을 계발하고 공감 능력을 키운다. ⑥ 자신의 감정 및 감정 반응을 더 잘 관리할 수 있게 된다. ⑦ 다른 사람의 관점을 존중하는 방법을 배운다. ⑧ 더 높은 수준의 자존감과 자신감을 갖는다. ⑨ 고차적인 사고 기술을 습득하고, 비판적·성찰적으로 사유하는 방법을 익힌다. ⑩ 자신의 생각과 가치를 명료화하는 방법을 배운다. ⑪ 스스로 생각하는 방법을 배운다. ⑫ 도덕적 추론 능력을 기른다. ⑬ 더 많은 지식과 정보를 얻고, 사회에 긍정적으로 공헌할 수 있는 **준비 태세를 갖춘다**. ⑭ 시민적·정치적 의미에서 더 잘 참여한다.

그러므로 우리가 학생들의 시민성·도덕성·인성을 함양하기 위해서는 교실에서 논쟁 이슈를 적극적으로 다룰 필요가 있다. 무엇보다도 논쟁 이슈는 이미 도덕과 교육과정 및 교과서에 풍부하게 내재하고 있으니만큼, 우리는 도덕 수업에서 논쟁 이슈의 교수·학습에 더 많은 강조점을 두어야 한다. 도덕 수업에서 논쟁 이슈를 다루는 것은 도덕교육의 본령에 충실함을 의미한다. 이와 더불어 학생들은 논쟁 이슈에 관한 토론에 참여하면서 심의 민주주의나 시민 공화주의가 강조하는 시민 심의 기술과 시민의 덕을 함양할 수 있다. 학생들은 논쟁 이슈 수업을 통해 과거 또는 현재와 관련된 사회적·공적인 이슈를 연구하는 능력 및 정보에 입각한 결정이나 결론을 내릴 수 있는 능력, 중요한 이슈 및 아이디어의 연구 및 분석에서 비판적 추론 및 증거 기반 평가를 사용할 수 있는 능력, 다른 관점이 사회적 담론의 한 부분으로서 가치 있고 정상적이라는 인식, 합당한 타협이나 합의가 종종 민주적 의사결정 과정의 중요한 부분이라는 사실을 인식하는 능력, 자신의 의견이나 이해관계를 표명하고 타인의 의견이나 이해관계에 공감하고 주의를 기울이는 성향과 능력을 키울 수 있다. 그러므로 도덕 수업에서 논쟁 이슈를 활용하는 것의 강점과 이득은 아무리 강조해도 지나치지 않는다.

2 논쟁 수업의 도전과 제약 요인

일찍이 리코나(Lickona, 1991: 박장호·추병완, 1998: 315)는 논쟁만큼 사고를 조장하거나 관심을 불러일으키는 것은 아무 것도 없음에도 불구하고 대부분의 학교는 논쟁을 마치 역병처럼 피하고 있다고 지적하였다. 그는 학교가 논쟁 이슈를 다루는 것을 기피하면서 고수준의 도덕 추론과 민주 시민성 함양을 위한 교육의 기회가 학교에서 거의 상실되고 있다는 사실을 강조하였다. 포괄적인 가치교육을 강조했었던 커센바움(Kirschenbaum, 1995; 추병완·김항인·정창우, 2006: 344) 역시 논쟁적인 주제를 학습하고 토론하는 것은 학생들이 가치와 도덕적 신념을 계발하고 심화할 수 있는 유익한 기회를 제공한다고 주장하였다. 또한 최근에 나딩스와 브룩스(Noddings & Brooks, 2017; 정창우·김윤경, 2018: 28)는 논쟁 이슈에 관한 비판적 사고를 통해 학생들은 민주 사회에서 서로 효과적으로 소통할 수 있는 능력을 기를 필요가 있음을 강조하였다. 특히 나딩스는 비판적 사고는 논거에 대한 평가만이 아니라 도덕적·사회적 중요성을 지닌 문제, 즉 개인의 의사결정, 행동, 신념에 우리의 이성을 부지런하고 능숙하게 사용하는 것이라고 말한다(Noddings, 2006: 4). 이러한 비판적 사고를 활용함으로써 우리는 건강한 인간관계와 강력한 참여 민주주의를 지속할 수 있다.

하지만 논쟁 이슈를 활용한 도덕 수업에 대해 상당수 교사는 적잖은 위협감과 부담감을 느끼고 있다. 최근 시민교육을 강조하는 교육부의 정책에 부응하여 학교 현장에서 논쟁 수업의 활용이 강조되고 있지만, 우리의 교육 현장은 크게 달라진 것이 없다. 물론 이것은 비단 우리나라만의 현상은 아니다. 시민교육을 강조하는 북미와 유럽의 많은 국가도 우리와 공통된 문제에 직면해 있다. 왜 그럴까? 학교 현장에서 논쟁 이슈를 활용한 교수·학습 활동에 대한 도전과 저해 요인은 무엇인가? 여기서는 국내외 연구 결과 분석을 통해 이 문제에 대한 그럴듯한 해답을 찾고자 한다.

국외 연구 결과

수업에서 논쟁 이슈를 다루는 것은 교사에게 적잖은 도전을 제기한다. 교사들 사이에 회자되는 대표적인 이유를 열거하면 다음과 같다. ① 논쟁 이슈를 가르치는 것에 대한 교사의 자신감과 경험이 부족할 수 있다. ② 학생들이 효과적으로 토론에 참여하도록 하는 문제나 기술에 대한 교사의 지식과 이해가 부족할 수 있다. ③ 학생들의 정서적 반응을 다루기 어렵다. ④ 비록 교사가 논란이 되는 문제들에 대한 가르침을 계획할 수 있지만, 그것은 여전히 교사가 예상하지 못한 결과로 이어질 수 있다. ⑤ 학생들 사이에 의견 불일치가 있을 수 있으며, 찬반 진영 간에 열띤 토론이 있을 수 있다. 이것은 일부 학생을 불안하게 하고 화나게 할 수 있다. ⑥ 효과적인 토론을 촉진할 수 있는 교사의 기술이 부족하다. ⑦ 논쟁 이슈를 다루는 것은 학생들의 행동과 감정을 관리하는 것과 관련하여 교사에게 새로운 문제를 일으킨다. ⑧ 논쟁 이슈에 관해 가르치는 것은 학부모와 지역사회로부터의 불만이나 비판을 유발할 수 있다. ⑨ 학교의 풍토와 에토스가 특정한 논쟁 이슈를 가르치는 것을 지지하지 않을 수도 있다.

스트래딩(Strading, 1984: 124-125)은 학교에서 논쟁 이슈를 가르치는 것에 대한 제약 요인을 명료하게 갈파하였다. 그는 논쟁 이슈를 가르치는 것에 대한 제약 요인으로 교사, 학교, 학교 외부, 이슈 특유라는 4가지 변인을 제시하였다. 첫째, 교사 변인은 매우 복잡한 동시대의 이슈에 관한 지식 부족, 자신이 가르치는 교과의 목표·내용·방법에 대한 교사의 인식, 가르치기 위한 교재로서의 수용 여부에 대한 교사의 인식, 교사의 성격을 포함한다. 이 가운데 가장 빈번하고 일관된 문제점은 교사의 성격 요인과 자신이 가르치는 교과의 본질에 대한 교사의 인식이다. 예를 들어, 일부 교사는 공정성을 유지하는 것이 어려운 자신의 성격 때문에 중립적인 사회자 역할을 수행하는 것이 어렵다고 토로한다. 일부 교사는 자신이 통제하거나 주도할 수 없는 개방적인 논의를 진행하는 것이 불편하다고 말한다. 또한 일부 교사는 자신이 가르치는 교과는 논쟁적인 이슈를 다루기에 적합하지 않다고 단호하게 말한다.

학교 변인은 학교의 구조와 조직에서 유래한다. 이것은 교과의 시수, 잠재적 교육과정, 학교장의 거부, 동료 교사의 잠재적인 거부, 교사가 가르치는 과목의 위상 및 교사가 채택하는 방법과 관련하여 학교 안에서의 지배적인 풍토를 포함한다. 또 다른 제약은 교실 안에서 작동한다. 이것은 학생의 신념과 편견, 교과의 목적과 내용에 관한 학생의 기대, 교사가 설계하는 교수 방법의 유형에 대한 학생의 친숙함 부족을 포함한다. 이 가운데 가장 만연되어 있는 심각한 문제점은 모종의 교수 방법을 활용하는 것을 향한 학교 내에서의 지배적인 풍토와 그것에 대한 학생의 친숙함 부족이다. 대다수 교사가 주로 강의식 방법에 의존하는 학교에서 소집단 토의, 찬반 토론, 건설적 논쟁, 역할놀이, 게임, 시뮬레이션 및 여타의 체험 학습 형태를 활용하는 것은 학생들에게 매우 이국적이고 낯선 것으로 느껴질 수 있다. 학생들이 그러한 방법에 익숙하고 편안하게 느끼기 시작하면서 교사의 희망대로 반응하려면 몇 주 이상이 소요되는 신중한 사전 준비 과정이 반드시 필요하다. 하지만 최악의 경우 학생들이 그런 방법에 대한 친숙함과 편안함을 전혀 보이지 않는 가운데 오히려 지나친 소음 발생과 같은 학급 경영 문제를 수반할 수도 있다.

외부 변인은 학부모, 학교 운영위원회, 교육청, 지역사회, 정부 당국의 거부에 대한 두려움이다. 논쟁적인 이슈를 가르치는 것에 대한 학교 체제 외부에서의 주된 비판은 바로 교화와 편향의 위험성이다. 학교 바깥에서는 교사가 중립적인 입장을 벗어나 특정한 교리·이념·신조를 학생들에게 편향되게 가르쳐서는 안 된다는 목소리가 매우 강하다. 많은 교사는 학생들을 교화한다는 의심이나 오명을 피하려고 논쟁 이슈를 수업 시간에 다루는 것을 매우 꺼린다.

끝으로 이슈 특유의 제약은 어떤 이슈를 가르치는 데 내재하는 제약 요인이다. 이것은 특정한 이슈 유형으로 제기되는 제약과 어떤 논쟁적인 이슈가 교사에게 부과하는 제약의 두 가지로 구성된다. 먼저 특정한 유형의 이슈에 의해 제기되는 제약은 다음과 같다. 성차별주의에 대해 가르치는 것은 여학교나 남녀 공학 학교에 비해 남학교에서 상이한 제약에 직면한다. 유색 인종 학생이 많은 지역에서 인종 관계와 인종차별주의에 대해 가르치는 것과 유색 인종 학생이 매우 적어 인종 차별이 만연한 학교에서 그것을 가르칠 때 접하는 제약 요인과는 사뭇 다르다. 한편 어떤 논쟁적인 이슈에 의해 교사에게 부과되는 제약은 다음과 같은 것을 포함한다. 현재 논란이 되는 이슈를 가지고 수업을 진행할 경우 우리는 현재 사건의 중요성과 관련하여 사후 깨달음의 이득을 전혀 얻을 수 없다. 왜냐하면 그 이슈는 아직 해결되지 않았고, 그 결과를 어느 누구도 예측하기 어렵기 때문이다. 이때 교사는 이미 교실 밖에서 시작되었고 가정과 대중 매체에 의해 강화되고 있는 학습 과정에 개입하는 것이다. 교사가 이용해야 할 근거 또는 정보의 출처는 불완전하고 편향적이며 모순될 수 있고, 유효한 증거나 정보를 구성하는 것을 결정하기 위한 기준을 정하는 것도 여전히 어렵다.

유럽 평의회는 논쟁적 이슈를 가르칠 때의 도전을 크게 다섯 가지 범주로 구분하였다(Kerr et al., 2016: 15). 스트래딩의 분석이 포괄적이라면, 유럽 평의회는 주로 교사 변인에 초점을 맞추고 있다. 첫째는 교수 스타일이다. 논쟁 이슈를 가르치는 것은 학생들을 일군의 합의된 지식으로 입문시키는 것과는 질적으로 다르다. 교사와 학생이 교실에서 드러내는 태도와 의견은 항상 교수·학습에 영향을 주므로 교수·학습이 중립을 지키는 것은 아주 어렵다. 이러한 이유 때문에 논쟁 이슈를 가르칠 때 편향의 위험성이 중요한 문제 가운데 하나로 부각된다. 어떤 경우에는 편향의 위험성만이 아니라 편향 혐의에 대한 두려움도 존재한다. 이러한 불안감은 특히 교육의 정치적 중립성과 현대 교육 체제의 특징인 책무의 문화에 의해 더욱 과장될 수도 있다.

둘째는 학생의 민감성을 보호하는 것이다. 이것은 논쟁 이슈를 다루는 것이 학생의 정서나 자존감에 부정적인 영향을 미칠 수 있는 위험을 적시한다. 교실에서 학생들이 인종이나 민족과 관련한 논쟁 이슈에 대해 자유롭게 말할 때 소수 인종·민족의 학생들 가운데 일부는 상처를 받거나 주변화되었다는 느낌을 가질 수 있다. 따라서 논쟁 이슈에 관한 토론에서 학생들이 엄격한 자기 검열을 통해 자신의 의견을 개진하지 않는 한, 일부 학생들의 정서나 자존감에 손상이 생길 위험성이 항시 존재한다.

셋째는 교실 풍토와 통제다. 이것은 과열된 교실 토론의 위험성에 초점을 맞춘다. 강한 정서가 담긴 의견의 교환이 교실에서 행해질 때 학생들은 쉽게 양극화되어 학생들 간의 적대감이 생길 수 있는데 이것은 교실 풍토와 훈육을 위협할 수 있다. 이것은 학생들 간의 갈등이 도를 넘어서 걷잡을 수 없게 되면 교사의 권위를 훼손하여 추후 교사와 학생의 관계를 어렵게 만들 수 있다는 것에 대한 두려움을 드러낸 것이다.

넷째는 전문 지식의 결핍이다. 이것은 논쟁 이슈를 다루려면 교사의 상당한 전문 지식이 필요함을 강조한다. 논쟁 이슈의 복잡함을 교실에서 제대로 다루려면 교사는 적어도 그 이슈와 관련된 정치적·경제적·사회적·역사적·심리적 요인에 관한 최소한도의 지식이 필요하다. 최근의 논쟁 이슈일수록 이러한 요구는 더욱 거셀 수밖에 없다. 특히 시사적인 논쟁 이슈일수록 가변성이 크고 그 결과나 향배를 예측하기 어려우므로 교사가 그 흐름을 석설하게 따라가거나 논쟁 이슈에 대한 충분한 지식과 이해력을 갖추는 것이 생각처럼 쉽지 않다.

끝으로 우발적이고 즉흥적인 발언과 질문을 다루는 것이다. 이것은 논쟁 이슈에 대한 학생들의 우발적인 발언과 질문에 대해 교사가 최상으로 반응하는 방법의 문제에 초점을 맞춘다. 특히 학생들은 인터넷 검색이나 소셜미디어 접속을 통해 여러 가지 정보와 지식을 구하기 때문에 교사의 입장에서는 학생들이 다음에 어떤 논쟁 이슈를 제기할지 그리고 그것이 교실 및 학교 풍토와 다른 학생들에게 어떤 영향을 미칠지에 대해 예측하는 것이 아주 어렵다.

국내 연구 결과

논쟁 이슈에 초점을 맞춘 수업의 저해 요인을 다룬 권위 있는 국내 연구는 찾아보기가 힘들다. 그 이유는 대부분 연구자가 통일교육이나 시민교육의 저해 요인과 같은 거대 담론을 중시하고, 논쟁 이슈 수업과 같은 미시 담론에 관심을 두지 않았기 때문이다. 그렇지만, 미스코(Misco, 2016: 339)는 한국의 학교 교육에서 논쟁 수업이 활성화되지 않은 이유로 3가지를 제시한 바 있다. 그는 한국의 사회과 교수 및 교사를 대상으로 한 질적 연구를 통해 교과의 본질, 환경, 교사 요인이 학교에서 논쟁 수업이 활발하지 못한 이유라고 규정하였다. 첫째, 한국의 교과 수업은 입시 지향 수업으로 이루어지므로 논쟁적인 이슈를 다룰 여지가 없다. 둘째, 집단주의 지향의 문화, 위계적인 상의하달의 행정 전통, 부정적인 것을 회피하고 전통적인 역할·기대·행위를 고수하려는 독특한 환경이 논쟁적인 이슈를 활용한 수업을 방해한다. 셋째, 교사는 정치적으로 편향되었다는 인식이나 평가를 피하려고 애써 중립적인 입장을 취하는 데 익숙하여 논쟁적인 이슈를 소홀히 한다. 국가보안법과 같은 특정한 법률이 논쟁적인 이슈를 다루려는 교사의 의도를 제한했던 것이 사실이다. 미스코의 연구 결과는 한국의 입시 제도, 교과서, 행정적인 감독, 학교문화가 시민교육에서 논쟁적인 이슈를 활용한 수업을 방해하고 있다는 것을 잘 보여주었다.

　논쟁 이슈를 활용한 수업의 중요성에도 불구하고, 이렇듯 현실적으로 교실에서 논쟁 이슈를 다루는 것을 제약하는 여러 가지 요인이 존재한다. 하지만 논쟁 이슈의 교수·학습이 갖는 의미와 중요성을 고려할 때, 교사는 이러한 제약 요인에 맞설 수 있는 용기와 자신감을 가져야 한다. 이에 다음 장에서는 교실에서 논쟁 이슈를 다루기 위한 교사의 구체적인 역할에 대해 살펴보고자 한다.

3 논쟁 이슈를 다루기 위한 교사의 역할

　논쟁 이슈를 활용한 수업에서 교사는 매우 중요한 역할을 수행한다. 논쟁 수업은 지식 전수보다 더욱 복잡하고 예민한 교사의 촉진적인 역할을 요구하기 때문이다. 핸드와 레빈슨(Hand & Levinson, 2012: 627)은 교실 수업 관찰에 근거하여 논쟁 이슈 수업의 성공 조건으로 효과적인 준비, 접근 가능한 주제, 강력하고 다양한 관점 개진, 적절한 촉진을 제시하였다. 논쟁 수업에서 도덕 교사의 역할과 관련하여 김윤경·박균열(2019: 170)은 민주적·도덕적 분위기 조성, 효과적인 논쟁 수업을 위한 교육과정 설계, 사려 깊은 시민으로서의 모델을 제시한 바 있다. 여기서 나는 이러한 국내외 연구 결과를 비판적으로 수용하여 확장하는 입장을 취할 것이다. 그래서 나는 교실 수업에서 논쟁 이슈를 다룰 때 도덕 교사의 역할을 패러다임 전환, 논쟁 이슈 선정, 안전한 교실 풍토 조성, 논쟁 수업에서의 기본 규칙 설정, 논쟁 이슈 교수·학습을 위한 교사의 역량으로 구분하여 논의를 전개하고자 한다.

패러다임 전환

  도덕 교사가 수업에 논쟁 이슈를 도입하여 논쟁 이슈에 대한 학생들의 논의를 활성화하려면 우선적으로 교사의 패러다임 전환이 필요하다. 나는 교사의 패러다임 전환이 다음의 네 가지 측면에서 이루어져야 한다고 생각한다. 첫째, 사회의 본질과 관련하여 교사는 모든 사회에는 그 나름의 논쟁 문제가 존재하여 갈등이 존재한다는 것을 인식해야 한다. 또한 교사는 사회는 다원적이고 부단히 변한다는 것 그리고 갈등은 민주적인 공적 생활의 특징이라는 사실을 중시해야 한다. 둘째, 지식의 본질과 관련하여 교사는 지식은 어디까지나 잠정적인 것이고, 절대적인 것이 아님을 인식해야 한다. 지식은 항상 입증(verification)을 필요로 하는 것이고, 사려 깊고 참여적인 민주 시민은 진리 주장(truth claims)에 항상 회의적이어야 한다. 셋째, 교수(teaching) 활동의 본질과 관련하여 교사는 논쟁 이슈에 관해 가르치는 것은 학생들이 논쟁 이슈를 정의하고 그 이슈를 상호 존중과 협력을 통해 해결하는 것을 돕는 촉진 과정이라고 생각해야 한다. 논쟁 이슈를 가르치는 목적은 학생들이 공적인 논쟁 이슈를 해결하는 것을 돕는 과정이 되어야 한다. 교사는 논쟁 이슈를 가르침에 있어서 상호작용을 중시해야 하고, 교사와 학생은 모두 학습자인 동시에 서로에 대한 교사라는 변혁적인 생각을 가져야 한다. 넷째, 학습자 및 학습의 본질과 관련하여 교사는 논쟁 이슈를 활용한 수업에서 학생들이 적극적으로 참여하는 반성적인 과정을 중시해야 하고, 모든 학생을 사회적 논쟁 이슈에 관심을 가진 '지금 그리고 여기에서의 시민'으로 대우해야 한다. 모든 학생은 사회적 논쟁 이슈에 대해 호기심이 많은 탐구자이므로, 교사는 학생들이 논쟁 이슈에 대해 스스로 생각하고 자기 나름의 생각과 입장을 구성하고 명료화할 수 있는 적극적이고 자율적인 지식 구성자라는 사실을 명심해야 한다.

논쟁 이슈 선정 원칙

 논쟁 이슈 교수·학습에서 교사가 수행해야 할 가장 중요한 역할 중 하나는 논쟁 이슈를 선정하는 것이다. 일찍이 마시알라스(Massialas, 1996: 45)는 교사가 논쟁 이슈를 선택하는 다섯 가지 기준으로 적절성, 성찰, 행동, 실현 가능성, 이해의 깊이를 제시한 바 있다. 첫째, 적절성 기준은 논쟁 이슈가 교육과정, 교과서, 학생의 흥미, 학생의 이전 경험, 학생의 발달 수준과 적절하게 관련되어야 한다는 것을 의미한다. 둘째, 성찰 기준은 논쟁 이슈가 열려 있는 논의가 가능하고, 학생들의 합리적 사고를 촉진할 수 있어야 함을 강조한다. 이것은 논쟁 이슈가 학생들 간의 의견 차이를 유발하고, 학생의 경험이 일반화될 수 있어야 함을 강조하기도 한다. 셋째, 행동 기준은 논쟁 이슈에 관한 논의가 행동으로 이어질 수 있는지의 여부를 강조한다. 이를테면 논쟁 이슈에 관한 비판적 분석이 사회적 행동으로 이어질 수 있어야 한다. 이것은 사회 변화를 위한 학생과 교사의 관여 및 참여의 중요성을 언급한다. 넷째, 실현 가능성 기준은 논쟁 이슈 교수·학습의 결과가 활용 가능하고 실행 가능한 것인지 그리고 학생들의 시도를 지원할 충분한 인적·물적 자원이 가용한 것인지에 초점을 맞춘다. 끝으로 이해의 깊이 기준은 학생들이 다루는 논쟁 이슈가 인류의 영속적인 문제에 대한 성찰을 촉진하고, 상이한 역사적 시점·문화·종교 배경을 가진 사람들이 경험했던 것과 관련될 수 있는지를 중시한다.

 마시알라스의 기준은 우리가 도덕 수업에서 논쟁 이슈를 선정하는 데 많은 도움을 주는 것이 사실이다. 여기서는 위의 다섯 가지 기준에 충실한 가운데 도덕 수업에서 논쟁 이슈를 선정하기 위한 교사의 구체적인 역할을 제시하고자 한다. 첫째, 교사는 이슈에 관한 균형 잡힌 이해 및 토론이 가능한지를 고려해야 한다. 이것은 이슈에 대한 상이한 관점을 당사자들이 최상의 논거와 공정한 청문 절차를 거칠 수 있는지의 문제와도 깊이 관련된다. 교사는 교육과정과 교과서의 내용과 적절하게 관련되어 있으면서도 관점이나 견해의 근거와 공정한 청문 절차를 확실하게 확보할 수 있는 논쟁 이슈를 선정하는 것이 바람직하다. 둘째, 논쟁이 실제로 가능한지를 고려해야 한다. 논쟁 이슈는 학생의 발달 수준 입장에서 실제로 논쟁적인 것으로 여겨질 수 있어야 하고, 그들의 삶과 밀접하게 관련된 것이어야 한다. 논쟁 이슈의 선정 과정에서 교사는 이렇듯 학생의 입장과 관점을 반영해야 하지만, 간혹 학생들의 의견 중 일부는 전혀 논쟁의 소지가 없는 것을 포함할 수도 있다. 이를테면 노예제는 그 자체가 도덕적으로 옳지 않으므로 논쟁의 여지가 별로 없다. 하지만 이때 교사는 프레임을 바꾸어 노예제를 논쟁 이슈로 발전시킬 수 있다. 이를테면, 노예의 후손들에게 속죄의 의미로 정부가 금전적인 보상을 해 주는 제도를 마련하는 것은 논쟁의 소지가 다분하다. 셋째, 교사는 논쟁 이슈가 학생들의 시민성과 도덕성 발달에 도움을 줄 수 있는지를 세심하게 고려해야 한다. 이를 위해서는 현재 문제시되는 논쟁 이슈가 중요한 도덕적·민주적 가치를 반영하고 있는지를 살펴보는 것이 중요하다. 특히 교사는 학생들이 논쟁 이슈를 통해 개인적 자유 및 권리와 공동체의 공동선을 조화할 수 있는 경험이 가능한 기회를 제공하는 것이 바람직하다.

안전한 공간 조성

논쟁 이슈를 활용한 수업에서 성공적인 접근법의 핵심은 학생들이 자신의 생각을 탐구할 수 있는 안전한 공간으로 교실을 인식하도록 보장하는 것이다. 이것은 학생들이 교실을 서로 협력하고 신뢰하며 존중하는 공간으로 여길 수 있어야 함을 함축한다. 또한 이것은 학생들이 비판적이고, 심도 있고, 서로를 존중하는 논의를 원활하게 진행할 수 있도록, 교실이 학생들의 다양한 견해를 시험·검증할 수 있는 열린 대화의 기회를 제공하는 공간이 되어야 함을 의미한다(Oxfam, 2018: 10). 논쟁 이슈를 다루는 교실 수업에서 일부 학생은 빈곤, 갈등, 이민과 같은 민감한 이슈로부터 개인적으로 영향을 받을 수 있다. 따라서 교사는 계획된 수업 절차에서 학생들이 다음 단계로 이동하기 전에 논쟁 이슈를 다루는 것에 만족하는지를 수시로 점검할 필요가 있다. 논쟁 이슈를 다룰 때 개인의 표현의 자유 못지않게 그 표현으로 영향을 받을 수도 있는 다른 학생의 인권도 존중하고 보호하는 것이 매우 중요하기 때문이다.

일반적으로 학생들은 자신에게 영향을 주는 사회·정치적 이슈에 호기심을 갖는 경향이 있다. 미국 고등학생 초점 집단을 대상으로 수행한 연구에 따르면(McDevitt & Kiousis, 2006: 5), 학생들은 자신과 관련된 정치적 이슈에 관한 교실 토론이 정치적 관심을 높이는 데 가장 중요한 역할을 한다고 믿는다. 많은 교사가 통일 문제와 같은 논쟁적인 사회적·시민적 이슈를 교실에서 다루는 것을 피하고자 시도함에도 불구하고, 오히려 학생들은 교실에서 논쟁적인 이슈에 관해 토론하는 것이 적극적인 시민 정체성을 갖는 데 가장 중요하다고 여긴다(Rubin, 2007: 77).

하지만 모든 학생이 논쟁적인 이슈에 관한 토론을 선호하는 것은 아니다. 대부분 학생이 논쟁적인 이슈에 관해 토론하는 것을 좋아하지만, 일부 학생은 그런 토론에 적극적으로 참여하지 않으며 교실에서 다른 학생과 상반된 관점을 표명하는 것을 주저한다. 특히 초기 청소년 시기에 해당하는 학생들은 동료의 승인을 얻으려는 욕구가 강하기 때문이다. 어떤 학생이 하나의 의견을 표명할 때 그는 동료 학생에게서 멀어질 수도 있다는 위험을 감수해야 한다. 학생들은 동료 학생에게 자신이 어떻게 비추어질 것인지를 심각하게 우려하기 때문에 사실상 좋은 의견 제시에 대한 교사의 칭찬이나 수행평가 성적보다는 동료의 압력이 더 중요하기 마련이다. 일부 학생은 교실 토론에서 동료 학생과 의견 불일치가 생기면 자신의 교우 관계가 위험에 처할 수 있다거나 또는 동료 학생과 상반된 의견을 제시하는 것은 친구에게 무례한 행동을 저지르는 것이라고 생각한다. 이것은 다음에서 살펴볼 논쟁 이슈 교수·학습을 위한 기본 규칙이 필요한 이유를 잘 제시한다.

논쟁 이슈 교수·학습의 기본 규칙

학생들이 안전한 교실 환경에서 논쟁 이슈에 관한 자기 생각이나 의견을 있는 그대로 표현하려면, 교사는 그것을 제도적으로 보장하는 기본 규칙을 학생들과 협력하여 설정해야 한다. 일례로, 옥스팜(Oxfam, 2018: 10)은 논쟁 이슈의 교수·학습에서 기본 규칙을 다음과 같이 제시한다. 첫째, 타인이 말하는 것에 끼어들지 말고 한 번에 한 사람씩 차례대로 의견을 개진해야 한다. 둘째, 타인의 의견에 존중심을 표현해야 한다. 셋째, 사람이 아닌 아이디어에 도전을 제기해야 한다. 넷째, 불쾌한 지적이 아닌 적절한 언어를 사용해야 한다. 다섯째, 모든 학생의 의견을 들어주고 존중한다는 것을 보장하기 위해 모든 학생이 자신의 견해를 드러낼 수 있게 한다. 여섯째, 학생들에게 왜 그런 특정한 관점이나 의견을 갖게 되었는지의 이유를 말해 보도록 장려해야 한다.

그러므로 교사는 논쟁 이슈의 교수·학습에서 학생들이 준수해야 하는 일련의 규범적 기대 사항을 마련하는 것이 중요하다. 특히 논쟁에서 이기는 것이 목표가 아니라 논쟁 이슈에 대한 심층적 이해와 비판적 사고 기술의 함양을 통해 도덕적·민주적 시민으로서 역량을 강화하는 것이 더 중요한 것임을 학생들이 공감할 수 있게 해야 한다. 또한 교사는 비록 자신이 동의하지 않더라도, 모든 학생의 입장과 의견에 귀를 기울이고 다른 사람의 입장을 공감하고 학습하는 것이 중요하다는 것을 학생들이 인식할 수 있게 해야 한다. 이와 더불어 논쟁 이슈에 대한 논의 과정에서 상대방의 더 나은 논거의 영향을 받아 논리적으로 그렇게 하도록 설득되었을 경우 자신의 마음을 언제든지 바꿀 수 있으며 그것은 전혀 부끄러운 일이 아님을 학생들이 알게 해 주어야 한다.

논쟁 이슈 교수 · 학습을 위한 교사의 역량

논쟁 이슈를 활용한 교수·학습을 효과적으로 수행하기 위해서는 교사가 그에 필요한 역량을 갖추고 있어야 한다. 유럽 평의회는 논쟁 이슈 교수·학습을 위한 교사의 역량을 개인적·이론적·실제적 차원에서 다음과 같이 제시하였다.

첫째, 개인적 차원의 역량은 ① 자신의 신념과 가치에 대한 인식, 자신의 신념과 가치가 개인적인 경험과 성찰을 통해 형성된 방식, 자신의 신념과 가치가 논쟁 이슈를 가르치는 데 미치는 잠재적인 영향에 대한 인식, ② 자신의 신념과 가치를 학생들에게 드러내는 것의 장단점 그리고 자신의 신념과 가치를 학생들에게 드러내는 것에 관한 자신의 개인적인 정책이 학생에게 주는 이득과 개인적 진실성에 대한 의식에 근거하여 결정한 것인지에 대한 인식 및 자기 성찰을 포함한다.

둘째, 이론적 역량은 ① 민주적 대화와 평화적인 갈등 해결의 역할을 포함하여, 민주주의에서 논쟁이 어떻게 발생하고 어떻게 해결되는지를 이해하는 것, ② 논쟁 이슈를 가르치는 것의 목적과 목표, 방법과 도전, 그 도전을 극복하는 방법을 포함하여, 민주 시민성을 위한 교육과 인권교육에서 논쟁 이슈를 가르치는 것의 역할을 이해하는 것을 포함한다.

셋째, 실제적 도전은 ① 교사가 다양한 교수 활동 역할(예: 중립적인 의장, 균형적 접근, 악마의 옹호자, 헌신적 진술자 등)을 활용하고, 상황에 맞게 그 역할을 선정하여 실행하는 것, ② 적절한 교수 전략(예: 기본 규칙 제정, 탈개인화, 거리두기 전략, 구조화된 논쟁 형식 활용 등)의 선정 및 실행을 통해 논쟁적인 교재를 민감하고 안전하게 관리하는 것, ③ 문제 기반 학습이나 탐구 기반 학습을 통해 중립적·균형적·종합적인 정보 출처가 없는 상태에서도 이슈를 공정하게 제시하는 것, ④ 논쟁적인 본질에 관한 우발적·즉흥적인 발언과 질문을 자신감 있게 처리하여 긍정적인 교수 활동의 기회로 삼는 것, ⑤ 학생들의 학습 경험을 풍부하게 하고, 논쟁 이슈 교수·학습에 대한 책임감 및 도전을 기꺼이 받아들이기 위해 논쟁 이슈의 도입 및 교수 활동에 관하여 다른 이해 당사자(예: 교직원, 부모 등)와 협력하는 것을 포함한다.

여기서 가장 주목을 끄는 것은 교사가 논쟁 이슈를 다룰 때 상황에 맞게 다양한 역할을 담당해야 한다는 사실이다. 논쟁 이슈의 교수·학습에서 교사가 취해야 할 입장에 관해 학자마다 의견이 분분하다. 일찍이 켈리(Kelly, 1986: 130)는 논쟁 이슈 교수·학습에서 교사의 역할을 교육과정에 논쟁 이슈를 도입하지 않으려는 배제적인 중립성(exclusive neutrality), 의식적이든 무의식적이든 경쟁적 관점의 적절한 제시를 배제하는 수단을 통해 학생들이 논쟁 이슈에 대해 올바르고 선호하는 특정한 입장을 수용하도록 유도하려는 의도적인 시도를 의미하는 배제적인 편파성(exclusive partiality), 논쟁 이슈에 대해 교사가 자신의 견해에 대해 침묵을 지켜야 한다는 중립적인 공정성(neutral impartiality), 교사가 공적인 논쟁 이슈에 대한 개인적인 의견을 적극적으로 표명하는 헌신적인 공정성(committed impartiality)의 네 가지로 구분하면서 헌신적인 공정성을 가장 중시하였다.

여기서 헌신적인 공정성은 두 가지 신념을 수반한다. 첫째, 교사는 논쟁적인 이슈에 대한 자신의 입장이나 견해를 감추기보다는 명시적으로 학생들에게 진술해야 한다. 둘째, 교사는 경쟁적인 관점이 비판적인 담론을 통해 공명정대한 청문 절차를 거치도록 보장함으로써 진리 추구를 촉진해야 한다.

켈리는 논쟁 이슈에 대해 교사가 자신의 의견을 표출하는 것을 모델링, 민주적 권위, 협력적인 멘토의 관점에서 정당화한다(Kelly, 2986: 132-133). 첫째, 교사가 자신의 의견을 표명하는 것은 이성에 근거한 확신을 가진 사람으로서 교사의 개인적 진실성을 학생들이 관찰하고 모방할 수 있는 본보기를 제공한다. 둘째, 학생들은 학교에서 참되고 지지적인 방식에서 권위에 도전할 수 있는 기회를 가져야 하는데, 헌신적인 공정성을 실행하는 교사는 학생들에게 민주적 권위를 경험할 수 있는 기회를 제공한다. 셋째, 교사와 학생의 관계가 협력적인 멘토 관계일 때 학생의 사회적 발달이 가장 잘 촉진될 수 있다. 교사는 강요하지 않고 깔보지 않는 방식의 상호작용을 통해 학생의 지식과 흥미에 대한 진정한 존중심을 보여주고, 가식적으로 행동하지 않으면서 타인과 관계하는 모습을 실천할 수 있다.

하지만 하우드(Harwood, 1986: 52)는 논쟁에서 교사가 자신의 견해를 표현하는 정도에 따라 교사의 역할을 여섯 가지로 구분하였다. 논쟁 이슈에 대해 교사가 자신의 관점을 자유롭게 공표하는 헌신적(committed) 역할, 교사가 자신의 입장을 밝히지 않고 가능한 모든 관점에 대한 설명을 전수하는 객관적·학문적(objective or academic) 역할, 교사가 자신의 관점에 상관없이 학생들에게 도발적이고 반대되는 입장을 채택함으로써 의도적으로 학생들과 대립하는 악마의 옹호자(devil's advocate) 역할, 교사가 가능한 모든 관점을 제시하고 자신의 입장을 이유를 들어 진술하면서 결론을 내리는 옹호자(advocate) 역할, 교사는 학생 진술이나 출판된 출처를 통해 모든 관점이 표현되도록 보장하고, 교사 스스로 절차적 규칙을 준수하여 학생의 기여를 조직화하고 촉진하지만, 자신의 입장을 밝히는 것을 자제하는 공정한 의장(impartial chairperson) 역할, 학생들이 나중에 편견을 더 잘 판단할 수 있도록 교사 자신의 관점을 선언하는 것으로 시작한 후에 교사가 가능한 한 객관적으로 가능한 모든 입장을 제시하는 선언적 관심(declared interest) 역할이 그 여섯 가지 역할에 해당한다. 하우드는 여섯 가지 역할 중 공정한 의장 역할을 가장 중시하였다. 공정한 의장 역할은 교사가 교실에서 모든 관점이 제시되는 것을 보장하지만, 자신의 의견이나 관점을 말하지 않는 가운데 학생들의 토론을 촉진한다. 하우드는 공정한 의장 역할, 객관적·학문적 역할, 악마의 옹호자 역할에 대해서는 우호적이다. 하지만 그는 헌신적 역할, 옹호자 역할, 선언적 관심 역할에 대해서는 매우 부정적이다(Harwood, 1986: 53). 그는 논쟁 수업에서 교사가 대부분의 시간 동안 취해야 할 역할로 공정한 의장 역할을, 때때로 취해야 할 역할로 객관적·학문적 역할과 악마의 옹호자 역할을, 그리고 교사가 결코 취해서는 안 될 역할로 헌신적 역할, 옹호자 역할, 선언적 관심 역할을 언급하였다.

헤스(Hess, 2004: 259)는 자신의 경험 연구에 근거하여 논쟁 이슈를 다루는 것에 대한 교사의 역할로 거부(denial), 특권(privilege), 회피(avoidance), 균형(balance)을 제시하였다. 거부는 교사가 어떤 이슈가 논쟁적이라는 사실을 거부하면서 그 문제에 대한 올바른 답이 존재한다고 믿는 것을 뜻한다. 따라서 교사는 이슈를 논쟁적인 것으로 취급하지 않으면서 학생들이 그 답을 발전시키도록 가르친다. 특권은 교사가 어떤 이슈가 논쟁적이라는 사실을 인정하지만, 그 이슈를 가르치면서 특정한 관점에 특권을 부여하는 것을 의미한다. 이 경우 교사는 논쟁적인 이슈에 대한 분명한 정답이 존재한다고 생각하므로, 학생들이 그 입장을 채택하도록 한다. 회피는 교사가 어떤 이슈가 논쟁적이라고 생각하지만, 그 이슈에 대한 자신의 개인적 신념이 너무 강하여 그것을 공정하게 가르치는 것을 두려워하거나 또는 교화의 위험성을 우려하여 논쟁 이슈를 수업에서 다루는 것을 회피하는 것을 뜻한다. 끝으로 균형은 교사가 어떤 이슈가 논쟁적이라는 사실을 인정하고, 특정한 관점을 선호하지 않는 가운데 이슈에 대해 가르치는 것을 의미한다.

헤스는 균형 접근법을 강조하면서 교사가 논쟁 이슈를 교실 수업에 도입하되, 여러 입장이 최상의 논거와 공정한 청문 절차를 거치도록 중립적인 입장을 취해야 한다는 사실을 강조하였다. 헤스는 논쟁적인 정치 이슈에 관해 가르치는 것은 필연적으로 논쟁을 수반한다고 주장한다. 하지만 교사는 그것을 피해서는 안 된다. 사회가 직면하고 있는 수많은 정치적 논쟁을 옳고 효과적으로 다루도록 학생들을 가르치는 것의 중요성을 교사가 진지하게 생각한다면, 논쟁 이슈를 가르치는 데 내재된 도전에 직면하는 것은 필수적이기 때문이다(Hess, 2004: 260).

논쟁 이슈의 교수·학습에서 도덕 교사는 위에서 언급한 어느 한 가지 입장만을 고수해서는 절대 안 된다. 교실의 맥락과 논쟁 이슈의 성격에 따라서 중립적 공평성, 악마의 옹호자, 객관적·학문적 역할을 취하는 것이 바람직하다. 경우에 따라서 교사는 자신의 의견을 말하지 않고 다양한 관점을 객관적으로 제시하는 객관적·학문적 역할을 취할 수 있고, 학생들의 의견에 대해 반대 입장을 취하며 토론을 자극하는 악마의 옹호자 역할을 수행할 수도 있으며, 교사의 의견을 말하지 않는 가운데 토론을 공정하게 진행하는 공정한 의장형 역할을 수행할 수도 있다. 하지만 이것이 논쟁 이슈를 다루는 도덕 수업에서 교사가 자신의 입장을 절대 드러내서는 안 된다는 것을 함축하지는 않는다.

논쟁 이슈에 대해 교사가 자신의 의견을 학생들에게 드러낼 때, 교사는 그것이 하나의 개인적인 의견에 불과하다는 것을 분명히 밝힘과 동시에 그 의견의 근거가 되는 증거를 기꺼이 학생들에게 제공해야만 한다. 또한, 논쟁 이슈에 대한 논의에서 표현되는 모든 견해는 질의와 면밀한 조사의 대상이 되기 때문에, 교사 역시 기꺼이 자신의 입장을 성찰하고 학생들이 그것에 도전할 수 있도록 해야 한다. 어떤 논쟁 이슈에 대해 입장을 취하는 것은 민주 사회의 모든 시민이 가진 고유한 권리지만, 교사는 그렇게 함으로써 논쟁 이슈를 자유롭고 비판적으로 검토할 수 있는 학생들의 능력에 부정적인 영향을 미치지 않도록 주의해야 한다.

이러한 교사의 입장에 대해 도덕교육에서 논쟁 이슈 토론에 대해 가장 적극적이었던 리코나(Lickona, 1991; 박장호·추병완, 1998: 318)는 다음과 같이 말했다. "나는 이 문제에 대해 나름의 견해를 갖고 있다. 그리고 나중에 내 생각을 여러분과 공유할 수 있는 것을 아주 기쁘게 생각한다. 그러나 나는 지금은 공평한 입장을 취하고자 한다. 왜냐하면 이 단원의 목표는 여러분이 내가 생각하고 있는 것을 배우는 것이 아니기 때문이다. 모든 주장과 증거를 주의 깊게 평가하고, 여러분이 생각하는 것이 가장 옹호할 만한 입장이라는 데 도달하게 만드는 것은 바로 여러분 자신이다."

한편 논쟁 이슈에 관해 교사가 자신의 의견을 드러내는 것의 위험성은 편향과도 밀접하게 관련되어 있고, 또한 그것이 강압이나 교화로 쉽게 이어질 수 있기 때문에 교사는 매우 조심해야 한다. 논쟁 이슈의 교수·학습에는 늘 편향의 위험성이 도사린다. 이에 크릭 보고서는 논쟁 이슈를 가르칠 때 교사가 다음과 같은 경향성을 억눌러야만 편향의 위험성을 피할 수 있음을 강조한다(QCA, 1998: 58). 즉, 교사는 ① 증거의 특정 사실이나 항목을 선택하는 것을 강조함으로써 여타의 동등하게 관련된 정보보다 그런 사실이나 항목에 더 많은 중요성을 부여하는 것, ② 정보가 대안적인 해석·조건·모순에 전혀 열려 있지 않은 것처럼 정보를 제시하는 것, ③ 사실의 문제만이 아니라 의견의 문제에 대해서도 교사가 자신을 유일한 권위자로 설정하는 것, ④ 의견과 여타의 가치 판단이 사실인 것처럼 제시하는 것, ⑤ 여러 이익 집단 스스로가 표현한 실제 요구와 주장을 사용하는 것 대신에 타인의 관점에 대한 자신의 설명을 부여하는 것, ⑥ 얼굴 표정, 몸짓, 목소리 음색 등으로 교사가 자신의 선호를 드러내는 것, ⑦ 특정한 학생을 선택하거나 또는 모든 학생이 논의에서 자기 관점을 드러낼 기회를 주지 않으면서 학생의 특정한 반응을 선택하거나 교사가 자신의 선호를 암시하는 것, ⑧ 너무 쉽게 의견의 일치가 생기는 것에 도전하는 것을 게을리 하는 것을 반드시 억압해야만 한다.

우리가 학생들의 바람직한 통일관을 형성하려면 교실에서 논쟁 이슈를 적극적으로 다룰 필요가 있다. 왜냐하면 학생들은 논쟁 이슈에 관한 논의에 참여하면서 심의 민주주의나 시민 공화주의가 강조하는 시민 심의 기술과 시민의 덕을 함양할 수 있기 때문이다. 시민 공화주의의 심의 이론에 따르면(Peterson, 2011: 118), 시민들은 심의를 통해 그들의 이해관계를 공유하고 다른 사람들의 이해관계를 배우게 된다. 공동 대화에 참여함으로써 시민들은 무엇보다도 공동선의 개념 및 시민의 덕의 내용과 범위를 논의할 수 있다. 그러므로 논쟁 이슈에 관한 수업은 학생들이 공적인 생활에 참여할 수 있는 능력을 갖춘 직극적이고 책임감 있고 도덕적으로 깨어 있는 시민이 되는 방법을 가르치는 것이다. 또한 논쟁 이슈는 통일 문제를 비롯하여 이미 도덕과 교육과정 및 교과서에 내재하고 있으니만큼 우리는 도덕 수업에서 논쟁 이슈의 교수·학습에 더 많은 강조점을 두어야 한다. 하지만 논쟁 이슈의 교수·학습은 교사의 역할에서 상당한 변화를 요구한다. 논쟁 수업에서 교사의 역할은 교과 지식의 권위자라는 지시적인 입장으로부터 촉진적·지지적·탐색적인 입장으로 변모할 것을 요구하기 때문이다. 이에 여기서 나는 문헌 분석을 통해 논쟁 이슈의 본질과 중요성을 규명하고, 학교 현장에서 논쟁 수업의 제약 요인을 분석하며, 논쟁 수업에서 교사의 역할에 관한 여러 학자의 의견을 분석하여 논쟁 이슈의 교수·학습에서 도덕 교사의 역할을 명료하게 제안하였다.

  도덕 수업에서 논쟁 이슈에 관한 유익한 논의를 전개하는 것은 교사나 학생 모두 상당한 기술과 실천을 필요로 하는 하나의 기예에 해당한다. 특히 교사는 논쟁 이슈의 선정, 안전한 교실 환경 조성, 논의 기법 숙달을 위한 학생 훈련, 논쟁 수업 수행 역량 함양 등을 통해 생산적이고 유익한 논쟁 이슈 교수·학습이 전개될 수 있도록 해야 한다. 교사는 학생들에게 가용한 정보 출처를 다양하게 제공하고, 논쟁 이슈에 관한 토론과 논의에서 학생들이 초점과 방향을 유지할 수 있게 지도해야 하며, 학생들의 평등하고 완전한 참여를 권면하고, 지적인 균형을 잘 유지해야 한다. 그리고 필요하다면 학생들의 입장에 이의를 제기하는 악마의 옹호자 역할을 통해 학생들의 논의를 촉진해야 한다. 경우에 따라서는 교사가 자신의 사적인 의견을 학생들에게 제시할 수도 있지만, 이때 교사는 그것이 시민사회의 한 구성원으로 자신의 개인적인 견해임을 명시함과 동시에 그 근거를 학생들에게 제시하고 그것에 대해 학생들이 도전할 수 있는 기회를 부여할 수 있어야 한다. 특히 무엇보다도 교사는 자유로운 생각과 의견의 표현이 가능한 안전한 교실 환경을 조성해야 한다. 학생들이 개방적이고 지지적인 교실 풍토에서 논쟁 이슈에 관해 논의하는 것은 학생들의 사회 이슈에 대한 흥미, 정치적 관심, 자기 효능감, 자신감, 신뢰, 시민적 관용 증가에 기여하기 때문이다.

굿먼(Gutman, 1999: 44)은 좋은 삶과 좋은 사회에 대한 경쟁적인 개념을 이성적으로 심의하는 것은 민주 사회에서 교육의 본령이라고 주장했다. 학교는 도덕적인 인간과 정의로운 시민을 교육하는 목적으로 설립된 공공 장소이고 그곳에는 다양한 배경과 관점을 가진 사람들이 공존하기 때문에 논쟁 이슈를 다루는 데 매우 적합한 장소다. 따라서 도덕 교사는 교실 수업에서 논쟁 이슈의 교수·학습을 통해 학생들이 사회 문제에 대한 흥미와 관심을 갖고, 사회 문제 해결을 위해 적극적으로 참여하도록 권면해야 할 것이다.

08장
시민 심의와 건설적 논쟁

　오늘날 우리 사회는 정치·경제·환경·통일 등과 같은 공공 이슈에 관하여 심각한 대립과 분열을 경험하는 중이다. 주말마다 행해지는 거리 집회에서 분출되는 다양한 정치적 분노를 접하는 것이 우리에게 이제는 어느 정도 익숙할 정도로 사회 구성원 간의 갈등과 불일치가 표면화되고 있다. 불행하게도 이러한 갈등과 불일치는 앞으로 더욱 심화할 것이 분명하다. 왜냐하면, 우리 사회가 다문화 민주 사회로 급격하게 변모하면서 상호 문화적인 갈등(intercultural conflicts) 역시 증가할 수 있기 때문이다. 물론 서구 사회와 같은 심각한 종교 전쟁이나 군사적 대결 형태는 아닐지라도 공평한 정치적 표현이나 사회·경제적 불평등, 인종·민족적인 혐오 범죄, 교육 문제나 사회 정책을 둘러싼 소규모 문화 전쟁의 발생 가능성은 얼마든지 가능하다. 특히 우리 사회에서 통일 문제는 이념과 진영 논리에 따라 상당한 시각 차이와 온도 차이를 보이는 아주 민감한 이슈다.

문화적으로 다양한 사회에서 발생하는 상호 문화적 갈등의 평화적인 해결은 공정하고 지속 가능한 다문화 민주주의의 존속과 발전에 필수적인 것이다(Valadez, 2001: 1). 우리가 지향하는 다문화 민주 사회는 이성적인 공적 심의를 시민들이 집단적으로 구속력이 있으며 동시에 일반적으로 정책 결정에 도달할 수 있는 정당한 수단으로 인식하는 사회가 되어야 한다. 이러한 형태의 다문화 민주 사회에서 시민들은 사회의 모든 성원의 관점을 통합하도록 설계된 개방적인 공적 포럼에서 정책 대안의 이유와 함의를 이성적으로 평가한다. 집단적인 결정은 단순히 시민들의 기존 욕구를 종합하여 이루어지는 것이 아니다. 오히려 정치 공동체의 구성원들은 서로의 입장을 교양 있고 사려 깊게 고찰하여 서로 비판함으로써 서로의 의견에 영향을 미치려 한다. 공적 심의 포럼에서 참가자들은 타인의 관점과 요구를 이해하려고 노력하고, 상호 명료화 및 정당화 과정을 통해 모두의 요구 사항과 이익을 최대한 수용하는 해결책을 모색한다. 심지어 가장 근본적이고 소중히 여겨지는 가치와 신념조차도 이러한 공적 심의 과정에서 도전을 받을 수 있으며, 시민들은 다른 구성원들이 공유하지 않을 수도 있는 근본적인 가정과 정당화 방식을 옹호할 것으로 예상된다. 이때 시민들은 사회 정책의 일차적인 정당화 요소가 되어야 하는 것은 정치력이나 강압이 아니라 오히려 더 나은 주장이나 논거의 힘이라는 사실을 인정한다(Valadez, 2001: 6). 이렇듯 심의 민주주의의 핵심적인 기대 사항은 이러한 공적 심의에 참여하여 발언함으로써 시민들이 정책적인 선택 사항에 대한 이해를 높이고 상호 존중과 타협을 위한 능력을 계발하며 집단적 이익에 대한 이해를 심화하는 것이다.

   심의 민주주의의 장점은 성찰적이고 자율적인 시민의 의사결정을 향상할 수 있는 능력에 있다. 우리가 자율성을 적어도 부분적으로는 일차적 욕망과 선택을 비판적으로 평가하고 고차적 선호에 근거하여 이를 수정하는 2차적 능력으로 이해한다면, 심의 민주주의는 특히 개인과 집단의 자율성을 촉진하는 데 효과적이라고 말할 수 있다. 개인과 집단은 그들의 1차적인 선호도를 심의 중인 공개 포럼의 비판적 조사에 적용함으로써 그들의 1차적인 욕구와 선택권을 평가하여 그들의 자율성을 높일 수 있는 더 나은 위치에 서게 될 것이다(Dworkin, 1988: 20). 통일 문제를 포함한 많은 정치적 결정은 본질적으로 개인적인 결정이 아니라 항상 다른 사람의 이익이 관여하는 공공의 차원을 가지고 있으므로, 시민들은 공적 심의를 통해 그들의 개인적 선호도가 개인, 집단, 그리고 일반적인 사회적 이익과 일치하는지를 잘 판단할 수 있을 것이다. 간단히 말해서, 심의 민주주의는 정치적 심의를 위한 구조적인 무대를 제공하고 민주 시민성에 적합한 능력을 함양하게 함으로써 국민의 자치 능력을 더욱 제고한다(Valadez, 2001: 6).

굿먼과 톰슨(Gutmann & Thompson, 1996: 359)은 민주주의를 더욱 심의적인 것으로 만들고자 하는 시도에서 정부 이외의 가장 중요한 단일 제도는 바로 교육 제도라고 주장하였다. 그러므로 심의 민주주의에 근거한 시민교육으로서 통일교육은 학생들이 공적인 이슈에 대해 논의할 수 있는 시민 심의 기술을 학습하는 것을 중시한다. 통일교육을 통해 학생들은 사회의 중요한 관심 사안인 통일 문제에 대한 공적인 심의에 참여하는 기회를 통해 심의 기술을 체화할 수 있어야 한다. 학생들은 먼 미래의 시민이 아닌 지금 그리고 여기에서의 학생 시민으로서 통일 이슈와 같은 사회의 공적인 이슈에 대해 심의하는 체험을 통해 논리적으로 생각하고, 이슈의 복잡함을 다양한 측면에서 평가하며, 자신과 상대방의 주장을 비판적으로 성찰하고, 공적인 이슈에 관한 판단을 내리기 전에 관련된 대안을 신중하게 고려하며, 합당한 해결 방안을 찾기 위해 서로 적극적으로 협력하는 기술을 습득할 수 있다(Brice, 2002: 67).

학교에서 이러한 시민 심의 기술을 가르치는 데 가장 적합한 방법은 바로 건설적 논쟁(constructive controversy)이다. 건설적 논쟁은 한 사람의 아이디어·정보·결론·이론·의견이 다른 사람의 그것과 양립할 수 없어서 두 사람이 문제의 해결책이나 그 상황에서 취해야 할 행동 방안에 대한 합의를 모색할 때 존재한다(최윤정, 2019: 3). 달리 말해, 건설적 논쟁은 문제의 해결책이나 행동 방안에 대한 합의를 모색하는 과정에서(최윤정, 2019: 25) 그리고 상호 이익을 위해 서로 반대되는 관점을 개방적으로 토론할 때 발생한다(추병완·최윤정·유진옥, 2019: 9). 건설적 논쟁에 내재하는 지적인 도전은 고수준의 추론 전략 활용, 복잡하고 일관된 개념 구조의 발달, 비판적 사고 기술의 함양, 다양한 관점에 대한 이해 및 인식 제고, 복잡한 이슈에 대한 사고의 정교화, 불확실성을 해결하는 것에 대한 관심 증가, 타인의 관점에 대한 이해 및 흥미 증진, 복잡한 이슈에 대한 심층적인 지식 획득, 다양한 입장을 종합하는 기술 증진이라는 매우 유익한 결과를 수반한다(Johnson, Johnson & Smith, 2000: 34).

이 장에서는 시민 심의를 위한 교수 방법으로서 건설적 논쟁의 활용 방안을 제시하고자 한다. 이러한 목적 달성을 위해 나는 먼저 시민 심의의 중요성을 강조하고, 시민 심의로서 건설적 논쟁의 가치를 규명하며, 학생들의 시민 심의 기술 향상을 위한 건설적 논쟁 활용 방안을 제시할 것이다.

1 도덕 교과에서 시민 심의의 중요성

도덕 교과에서 논쟁 이슈의 중요성

오늘날 모든 사회는 논쟁의 소지가 다분한 이슈를 갖고 있다. 여기서 논쟁이란 사회 내의 상당수 사람이 하나의 결론에 이르지 못한 채 그 이슈에 대해 논의하는 것을 의미한다. 논쟁의 근거는 종교, 문화, 도덕 등과 같은 여러 요인의 차이에서 비롯한다. 이를테면 종교적 신념은 동성애를 둘러싼 논쟁을 유발한다. 문화적 차이는 인종과 지능의 관계에 대한 논쟁을 낳고, 도덕적 관점의 차이는 생명 공학 기술을 활용한 인간 향상에 대한 논쟁을 수반한다. 그러므로 어떤 사람이 논쟁이 되는 것에 대해 말할 때, 그것은 단순히 사람들 간의 불일치를 말하는 것이 아니다.

일반적으로 논쟁적인 이슈는 ① 안락사, 경제적 삭감 조치, 사회 복지 지출, 이민 등과 같이 사회와 공동체를 심각하게 분열시키는 이슈, ② 정치적 입장, 인종차별주의, 동성애자 권리 등과 같이 개인적으로 견지하고 있는 가치와 신념에 도전을 제기하는 이슈, ③ 팔레스타인과 이스라엘의 갈등과 같은 역사적 사건에 대해 상충하는 설명을 창출하는 이슈, ④ 범죄, 투옥, 교육, 낙태, 장애 등과 같이 강한 정서적인 반응을 유발하는 이슈, ⑤ 가정 교육 경험이나 또래 집단의 입장과 상당히 다르므로 학생들이 위협감이나 당황스러운 느낌을 갖게 하는 이슈(CDVEC Curriculum Development Unit, 2012: 13), ⑥ 자유와 평등처럼 경쟁적인 가치들 간의 명확한 갈등을 포함하는 이슈(Malikow, 2006: 106) 등으로 분류될 수 있다. 이렇듯 논쟁적인 이슈는 분열, 도전, 상충, 정서 반응, 위협감, 당황과 같은 핵심어를 특징으로 한다.

대부분의 논쟁적인 이슈는 정치적·사회적 또는 개인적 영향력을 미치고, 감정을 유발하며, 가치나 신념의 문제를 다루는 것을 포함하기 마련이다(Oxfam, 2006: 2). 논쟁적인 이슈는 대안적인 가치 체계에 근거한 상충적인 설명과 해법을 생성하므로 사회를 심각하게 분리시킬 수 있다. 사형제도, 동성애, 인종, 종교 등과 같은 논쟁의 소지가 다분한 이슈를 다루는 것은 대부분 아주 복잡하다. 왜냐하면 그러한 이슈에 대해 손쉽게 대답하기가 어렵고, 이해 당사자들은 종종 그 이슈에 대해 상반된 의견과 동기를 갖고 있기 때문이다. 사람들의 상이한 경험·흥미·가치관은 그들이 지역적 그리고 세계적인 이슈를 바라보는 시각에 영향을 미친다. 그러므로 대부분 이슈는 논쟁과 의견 불일치를 초래한다.

위에서 제시한 옥스팜의 개념 규정과 다르게 논쟁에 대해 더 전체론적인 입장을 취하는 사람들도 있다. 그들은 논쟁적인 이슈는 민감하고 강한 감정을 유발하며 사람들 간의 갈등을 초래하는 것만이 아니라, 상반된 관점이 이성에 어긋나지 않는 가운데 얼마든지 제기될 수 있다고 주장하였다. 이를테면 논쟁에 관한 디어든(Deardon)의 개념 정의는 논쟁에서 반대자가 동일한 정보를 다르게 해석하는 경우에 초점을 맞추었다. 그는 이렇게 말하였다(Deardon, 1981: 38). "이성에 어긋나지 않는 반대 의견을 고수할 수 있다면, 그 문제는 논쟁적인 것이다. 예를 들어, 그것은 논란을 결정하기 위한 충분한 증거가 확보되지 않은 경우, 확실하게 예측할 수 없는 미래 사건에 따라 결과가 달라지는 경우, 그리고 그 이슈에 대한 판단이 그것에 대해 알려진 다양한 정보를 평가하거나 가치를 부여하는 방식에 의존하는 경우를 포함한다." 이런 입장에 따르면, 어떤 한 이슈를 진정 논쟁적인 것으로 만드는 것은 그 이슈에 대한 두 의견이 모두 옳거나 또는 적어도 옳은 것으로 추론될 수 있는 경우다.

비슷한 맥락에서 크룩과 트러스콧(Crook & Truscott, 2007: 130)은 논쟁이란 이슈를 해결하는데 불충분한 사실 또는 알려진 사실의 상대적인 가치에 대한 불일치로부터 발생한다고 주장한다. 그들은 창조론 대 진화론 논쟁을 불충분한 증거가 논쟁을 유발하는 전형적인 사례로 거론한다. 또한 그들은 사실 자체가 논쟁적이지는 않더라도 그 사실에 대한 상이한 해석이나 평가가 논쟁을 유발할 수도 있음을 지적한다. 예를 들어, 학교는 학생에게 더 나은 교육을 제공하기 위해 많은 돈이 필요하고 복권이나 카지노는 단기간에 많은 자금을 마련할 수 있다는 사실에 모든 사람은 동의한다. 이런 사실은 전혀 논쟁적이지 않다. 하지만 복권이나 도박에서 마련된 돈을 학교 교육에 투자하는 것이 바람직한 것인지에 대해서는 논란의 여지가 충분하다. 이것은 논쟁적인 이슈가 경제, 종교, 문화, 지리, 시간에 뿌리를 내릴 수 있는 더욱 큰 맥락을 만들어낸다. 이것은 우리가 결코 피할 수 없고, 동시에 앞으로 학생들이 살아야 할 세상의 일부분이다.

이상의 논의를 토대로 논쟁적인 이슈의 6가지 특징을 밝히면 다음과 같다(Oulton et al., 2004: 412). 첫째, 사회 내의 집단이 그것에 대해 다른 견해를 갖고 있다. 둘째, 각 집단은 상이한 정보에 근거한 견해를 갖고 있거나 동일한 정보를 다른 방식으로 해석한다. 셋째, 그러한 해석은 개인이나 집단이 세상을 이해하거나 바라보는 상이한 방식 때문에 생기는 것이다. 넷째, 개인은 상이한 가치 체계를 고수하기 때문에 상이한 세계관이 생긴다. 다섯째, 논쟁적인 이슈는 이성·논리·실험에 의거하여 항상 해결되는 것이 아니다. 여섯째, 논쟁적인 이슈는 더 많은 정보와 증거가 가용해지면서 해결될 수 있다.

이러한 개념 정의를 고려할 때, 논쟁적인 이슈의 범위는 매우 광범위하다. 이슈의 내용은 국지적 문제에서부터 국제적인 맥락에 이르기까지 매우 다양하다. 동물원 폐지, 난민 수용, 사형제도, 군축, 비핵화 등은 논쟁적인 이슈를 논의하기 위한 풍부한 주제에 해당한다. 이들 각각은 상이한 수준에서 공적인 정책 수립에 대한 문제 영역을 반영하지만, 매우 상이한 관점과 견해를 조장할 수 있는 핵심 주제에 해당한다.

그렇다면 이러한 논쟁적인 이슈를 다루지 않으면서 도덕을 가르치는 것이 가능한가? 우리는 이에 대해 단호하게 불가능하다고 말한다. 왜냐하면 도덕교육과 이슈 중심 교육과정을 분리하는 것이 매우 어렵기 때문이다. 도덕적 가치·덕목을 가르치는 것은 본질적으로 논쟁을 포함하기 마련이다. 만약 교사가 도덕 수업을 통해 누구나 수긍할 수 있는 안전한 가치·덕목만을 선별하여 논쟁이 전혀 없는 채로 가르친다면 그것은 진정한 도덕 수업이 아닌 허울에 불과하고 현상을 왜곡한 것에 불과하다. 사실 모든 가치·덕목은 어느 정도의 이견을 담고 있으므로, 때로는 학교가 가르치고자 하는 가치·덕목과 인종·민족·종교에서 상이한 배경을 가진 학부모가 가르치기를 바라는 가치·덕목 간의 충돌이 얼마든지 있을 수 있다. 이것은 문화 다양성이 풍부한 서구 사회의 도덕교육에서 '누구의 가치·덕목을 가르칠 것인가?'라는 문제가 늘 화두를 차지한 것을 통해 분명해진다.

특히 우리가 도덕교육을 통해 가르치고자 하는 시민적 가치의 경우에는 정치 공동체의 구성원 사이에 상당한 논쟁 가능성이 항시 존재한다고 보아야 한다. 이를테면 충성이나 애국심과 같은 가치를 학교에서 가르치는 것은 사회적 논쟁의 대상이 되기 쉽다. 그러므로 도덕교육은 논쟁적인 이슈로부터 결코 자유로울 수 없다. 논쟁적인 이슈를 가르치는 것은 민주주의에서 시민교육의 심장에 해당하고(Hahn, 2012: 48), 도덕교육은 민주 사회에서 도덕적으로 선한 시민을 양성하는 것을 목표로 삼기 때문이다.

하지만 우리의 도덕교육은 지극히 개인적인 차원에서 논쟁적 이슈만을 중시하였다. 우리에게 익숙한 도덕 딜레마 토론이 논쟁의 여지가 충분한 소재를 활용하는 것은 사실이다. 하지만 도덕 딜레마 토론은 개인적인 차원에서 논쟁의 소지가 될 수 있는 소재를 활용하고, 학생이 하나의 입장을 선택하여 자신의 판단을 입증할 수 있는 타당한 근거를 상대방에게 제시하면서 학생 각자의 도덕 추론 단계를 상향 이동시키는 데에 초점이 맞추어져 있다. 그곳에서는 논쟁적 이슈에 대한 해결 방안을 모색하는 것이 금기시된다. 하지만 우리가 사는 실세계에서 발생하는 많은 사회 공공 차원에서 논쟁적인 이슈는 어떻게든 우리가 합의해야 할 필요성을 갖는다. 아쉽게도 우리의 도덕교육에서는 사회 구성원 사이에 논쟁의 소지가 많은 공공 이슈에 대해 논쟁하고, 가능한 해결 방안을 모색하는 교수·학습 방법을 활용하는 데 매우 소홀하였다.

일찍이 스트래딩과 그 동료(Strading et al., 1984: 3-4)는 학교에서 논쟁적인 이슈를 가르쳐야 할 정당성을 산출과 과정 측면에서 논의하였다. 먼저 산출 측면에서 정당화는 논쟁적인 이슈를 가르치는 것이 중요한 사회적·정치적·경제적·도덕적 문제와 관련되어 있고, 그것은 동시에 학생들의 삶과도 밀접하게 연관되어 있기 때문이다. 우리는 이러한 정당화를 영국의 크릭 보고서(Crick Report, 1998: 27)에서 확인할 수 있다. "논쟁적인 이슈는 그 자체로 중요하다. 논쟁적인 이슈에 관한 정보를 생략하는 것과 논쟁적인 이슈에 대해 논의하는 것은 학생들의 교육 경험에서 광범위하고 심각한 격차를 남긴다." 이와는 약간 다른 또 하나의 정당화는 논쟁적인 이슈를 다루는 학습이 그 자체로 가치가 있기 때문이다. 그리고 교실에서 논쟁적인 이슈를 가르치는 것은 미디어에서 일부 이슈를 일방적이고 혼란스러운 방법으로 제시하는 것을 어느 정도 보완할 수 있기 때문이다. 오늘날 대중 매체는 명료화와 논의가 필요한 민감한 이슈에 학생들이 접촉할 경향성을 증가시켰다. 특히 우리 사회의 논쟁적인 이슈에 대한 가짜 뉴스가 대중 매체를 통해 확산되고 있다는 사실은 교실에서 논쟁적인 이슈를 다룰 필요성을 더욱 강화한다.

한편, 과정 기반의 정당화 추론은 논쟁 이슈 그 자체보다 그러한 이슈에 관여하면서 생길 수 있는 학습 역량이나 시민적 태도 및 행동을 더 중요한 것으로 간주한다. 이것은 교과 수업, 범교과 학습, 시민 행동을 포함한다. 이를테면 교과 수업 과정을 통해 학생들은 논쟁이 민주주의에서 두려운 것이 아니라 삶의 일부라는 것을 이해하는 것, 교양 있고 생산적인 방법으로 논쟁적인 문제를 토론할 수 있는 능력, 그러한 토론에 참여하기 위한 전략, 자신의 견해가 민주주의에서 다른 모든 것처럼 중요하다는 사실에 대한 인식 등을 학습할 수 있다. 학생들은 범교과 학습 과정을 통해 언어 및 소통 기술, 자신감과 대인관계 기술, 고차적인 대화 및 사고 기술, 정보 처리·추론·창의적 사고·평가 기술을 학습할 수 있다. 또한 학생들은 시민 행동을 통해 정치적 관심 증가, 친(親)민주적 가치 및 시민 지식 습득, 학교 밖에서 공적 사안을 논의하는 것에 대한 관심 제고, 장차 성인으로서 투표 및 자원봉사 참여에 대한 강한 의욕 등의 가시적인 성과를 얻을 수 있다(Kerr et al., 2016: 16).

이렇듯 도덕 교과에서 논쟁 이슈를 다루어야 할 필요성과 중요성에 대해서는 여러 가지 논거가 가능하지만, 우리는 여기서 3가지 측면에 국한하고자 한다. 첫째, 논쟁 이슈는 학생들의 시민성 준비에 필수적이다. 우리는 도덕 수업을 통해 학생들이 여러 분야의 사회 문제와 씨름해보는 기회를 제공해야 한다. 민주 시민의 중요한 역할 중 하나는 공적인 선의 본질과 그것을 실현하는 방법에 관해 다른 시민과 심의하는 것이다. 따라서 도덕 수업이 진행되는 교실은 학생들이 지금 그리고 여기에서의 시민 학생으로서 민주적 절차와 과정을 다양하게 실험해보는 실험실 기능을 수행해야 한다.

둘째, 논쟁 이슈를 가르치는 것은 학생들이 도덕적 동기와 헌신에 근거한 비판적 사고 능력을 발달시키는 데 매우 효과적이다(Noddings & Brooks, 2017: 32). 논쟁적 이슈에 대한 토론을 통해 학생들은 가설을 설정하는 것, 증거를 수집하여 평가하는 것과 같은 인지 기술을 계발할 수 있다. 논쟁을 통해 학생들은 동료 학생과 정보를 공유하는 것에서 통찰력을 얻을 수도 있다.

셋째, 논쟁 이슈를 가르치는 것은 학생들의 대인관계 기술을 발달시키는 데 효과적이다. 학생들은 논쟁에 참여하면서 주의 깊게 경청하는 것, 공감적으로 반응하는 것, 설득력 있게 말하는 것, 집단의 다른 성원들과 신속하게 협력하는 것 등과 같은 중요한 태도와 기술을 습득할 수 있다. 논쟁 이슈를 다루는 수업이 잘 진행된다면, 학생들은 어떤 하나의 이슈에 대한 다양한 견해를 관용할 수 있는 태도도 기를 수 있다.

시민교육에서 시민 심의의 중요성

아주 넓은 의미에서 시민교육은 시민들이 민주주의에서 더 나은 역할을 수행하도록 촉진·권면하는 것을 목표로 삼는다(Davies, Gorard & McGuinn, 2005: 342). 이것을 구체적으로 표현하면, 시민교육은 시민성에 필요한 지식·기술·태도·성향을 가르치려는 형성적인 시도를 포함한다. 벨라미(Bellamy, 2008: 17)는 시민성의 구성요소를 성원 자격(membership) 또는 소속감, 권리, 참여로 규정하는 가운데 시민성 개념을 다음과 같이 규정하였다. "시민성은 시민 평등의 조건이다. 그것은 모든 시민이 동등한 기준에서 사회 협력의 조건을 결정할 수 있는 정치 공동체의 구성원으로 구성되어 있다. 이러한 지위는 정치적 결사체가 제공하는 집단적인 선을 향유할 권리를 확보할 뿐만 아니라, 민주 시민성 자체의 선을 포함하여 그 집단적인 선을 증진하고 유지해야 할 동등한 의무도 수반한다."

이러한 시민성 함양을 위해 시민교육은 공민 과목에 대한 수동적인 임기 학습부터 더 적극적이고 참여적인 시민 참여에 이르기까지 매우 다양한 형태를 보일 수 있다. 시민교육은 교실 기반 수업, 교실 밖에서의 수업, 교실과 학교의 민주적 풍토, 지역사회에서의 활동 등을 모두 포괄할 수 있다. 시민교육은 공식적인 학교 교육만이 아니라 정치 공동체 안에서의 전반적인 법률 체계, 제도, 시민 참여를 포함하는 하나의 확산된 과정이다. 달리 말해, 시민교육은 학생이 학교를 떠나면서 끝나는 것이 아니다. 시민교육은 복잡한 형성 과정 체계를 통해 성인기에도 계속된다.

학교 교육에서 도덕교육의 중요한 목표 중 하나는 학생의 시민적 인성을 함양하는 것이므로, 시민교육에서 도덕 교과가 차지하는 위상은 매우 크다. 이에 2015 개정 도덕과 교육과정에서는 도덕 교과를 통해 길러내고자 하는 인간상으로 도덕적 인간과 정의로운 시민을 설정한 바 있다(교육부, 2015: 4). 동시에 도덕적 인간과 정의로운 시민이 갖추어야 할 네 가지의 핵심 가치로 성실·배려·정의·책임을 제시하였다. 또한 시민교육과 가장 밀접한 관련을 맺고 있는 '사회 및 공동체와의 관계'에서 공정성을 토대로 바람직한 사회를 추구하는 '정의'를 중심에 둔다고 명시하고 있다(교육부, 2015: 3). 시민 심의가 도덕과 교육과정에서 공식적으로 등장하는 용어는 아니라고 할지라도, 교육과정에 명시된 내용 요소와 기능을 고려할 때 도덕 교과는 시민 심의 기술을 함양하는 것과 밀접하게 관련되어 있음을 얼마든지 추론할 수 있다.

그렇다면 시민 심의란 무엇이고, 시민교육에서 시민 심의가 중요한 이유는 무엇인가? 시민 심의는 의사결정이라는 목표 달성을 위해 논쟁거리가 되는 공적인 이슈에 대한 상충 관점을 사려 깊고 심각하게 고려하는 행위다. 진정한 심의가 이루어지려면 논쟁이 되는 이슈가 존재하고, 그 이슈에 대한 견해의 정당한 차이가 인정되며, 심의가 공적으로 진행되어야 하고, 모든 사람이 심의에 동등하게 참여할 수 있어야 한다. 심의 민주주의를 옹호하는 많은 학자는 다양한 배경의 보통 사람이 실제적인 공적 이슈에 관하여 심도 있게 사유하려고 함께 모일 수 있는 공적인 공간을 구상한다 (Avery et al., 2013: 105). 이런 의미에서 민주주의는 정부 형태라기보다는 오히려 공통의 이슈에 관해 상이한 관점을 함께 모여 해결해 나가는 생활 방식이다.

공적인 포럼에서 이슈에 관해 추론하는 것은 심의 민주주의의 초석이다. 심의 포럼에서 시민은 이슈를 연구하고 대안적인 해결 방안과 잠재적인 결과를 고려하며 그 이슈를 다루기 위한 방법에 관한 모종의 합의를 이루어 낸다. 이것은 모든 참가자가 합의된 입장에 동의한다는 것이 아니라, 그 이슈에 대한 사려 깊은 고려를 통해 합의된 영역이 두드러진다는 것을 말하는 것이다. 것먼(Guttman, 2000: 75)은 시민이 공적 이슈에 대해 말할 수 있는 가장 좋은 방법 중 하나는 심의를 통한 것이라고 주장하였다. 그에게 심의란 하나의 정당화할 수 있는 해결책에 도달하는 것을 목표로 삼는 공적인 논의와 의사결정을 의미한다. 그리고 이때 이슈는 분별 있는 사람들이 이치에 맞는 의견의 불일치를 보이는 것이어야만 한다. 이를테면 우리의 아이들을 교육하는 방식과 교육 내용에 관한 심의는 정당한 이슈에 속한다. 하지만 우리의 아이들을 교육해야만 하는지의 여부는 우리가 심의해야 할 공적 이슈가 아니다. 왜냐하면 아이들을 교육해야만 한다는 것은 시공을 가로질러 보편적인 합의를 이루고 있기 때문이다.

그러므로 심의의 본질을 이해하려면 심의가 아닌 것을 고려하는 것도 도움이 된다(Avery et al., 2013: 106). 심의는 토론(debate)이 아니다. 토론에는 승자와 패자가 있기 마련이다. 토론의 목표는 논거와 반대 논거를 능숙하고 영리하게 배열하는 것을 특징으로 하는 언어적인 말나둠을 통해 토론에서 이기는 것이다. 토론에서 참가자는 자신의 논거가 지닌 약점이나 상대방이 지닌 논거의 강점을 무시하거나 감소시키면서 자신의 입장을 위해 가장 가능한 주장을 제시한다. 하지만 심의의 목표는 대안을 신중하게 고려하는 것을 통해 이슈에 대한 가능한 최상의 해결 방안에 도달하는 것이다. 심의에서 집단은 대인적인 입장을 위해 가능한 최상의 이론적 근거를 모색하고, 자신의 약점을 찾으며, 대안적인 입장과 관련된 있음직한 단기적·장기적인 결과를 고려한다.

심의 과정을 옹호하는 사람들은 그것이 개인, 집단, 민주 정치 조직에 가져다주는 이점을 강조한다(Johnson, 2015; 추병완, 2020: 51). 개인은 심의 과정을 통해 이슈에 대해 더 많이 알게 된다. 집단의 일원으로서 개인은 다양한 관점을 고려하면서 이슈에 대한 이해를 제고한다. 집단 과정 그 자체는 합의를 이루려는 상호 목표를 향해 노력하는 성원으로서 공동체 의식을 촉진시켜 줄 잠재력을 갖는다. 심의 과정에서 내려진 결정은 나의 최상의 사고나 이익이 아닌 우리의 최상의 사고나 우리의 공유된 이익에 근거한다. 달리 표현하면, 심의 과정에서 '나'는 '우리'가 되는 것이다. 심의 과정은 민주적 과정의 정당성에 대한 신념을 향상시켜 준다. 집단의 일원으로서 나는 집단의 합의된 입장을 좋아하지 않을 수도 있다. 하지만 그 과정이 공정하고 모든 관점을 동등하게 청취한 것이라면 나는 집단의 결정에 대해 긍정적인 감정을 가지게 된다. 심의 과정 그 자체는 민주주의의 핵심 교의에 해당하는 공정성, 평등, 관용, 협동에 대한 신념을 더욱 확고하게 해 준다(Avery et al., 2013: 106).

학교는 민주 시민을 교육하는 목적으로 설립된 공공장소이고 그 곳에는 다양한 배경과 관점을 가진 사람들이 공존하기 때문에 심의를 포함한 토론에 매우 적합한 장소다. 킴리카(Kymlicka, 2002: 293)에 따르면, 민주 시민은 상호 이해의 목적을 가지고 공적으로 행동하는 사람이다. 민주 시민은 개인적인 이득을 위해 전략적으로 행동하지 않는다. 민주 시민은 적극적으로 참여할 뿐만 아니라 협상이나 위협을 통해 개인적 이득을 배타적으로 모색하는 것이 아니라 심의를 통해 상호 이해를 모색하는 데 헌신한다.

비슷한 맥락에서 것먼(Gutman, 1999: 44)은 좋은 삶과 좋은 사회에 대한 경쟁적인 개념을 이성적으로 심의하는 것은 민주 사회에서의 교육의 본질이라고 주장했다. 것먼은 심의 인성(deliberative character)과 민주 인성(democratic character)을 상호 교환적으로 사용하면서, 심의 인성을 계발하는 것이 초등학교에서 정치교육의 목표가 되어야 한다고 주장하였다 (Guttman, 1999: 52). 것먼은 심의가 개념 정의와 실제에서 민주주의 발전과 밀접하게 연관되어 있다고 생각했다(Guttman, 1999: 52). 개인적 수준에서 심의는 결정에 대해 하나의 견해를 가진 주의 깊은 고려로 그리고 제도적 수준에서 심의는 일군의 입법부 의원이 어떤 조치에 대해 찬성하거나 반대하는 이유를 고려하고 논의하는 것으로 규정된다.

한편 실제적인 면에서 심의 인성의 계발은 민주적 주권 사회의 이상을 실현하는 데 필수적이다(Guttman, 1999: 52). 민주주의는 시민 간의 상호 헌신과 신뢰에 기반을 둔다. 민주 사회에서 시민은 법규가 민주적 주권의 기반이 되는 기본 원칙에 위배될 때를 제외하고는 민주적 과정을 통해 제정된 법규를 준수해야만 한다. 심의하는 시민은 적어도 부분적으로는 습관의 깨우침을 통해 민주적인 삶의 일상적 요청에 부응하여 생활하는 데 헌신하지만, 그와 동시에 인간 존중과 같은 민주적 주권의 기본 이상이 위협을 받는 것처럼 보일 때는 언제나 그러한 요청에 대해 헌신적으로 의문을 제기한다. 심의하고자 하는 자발적 의욕과 능력은 도덕적으로 진지한 시민을 궤변론자나 선동주의자와 구별되게 한다. 궤변론자는 자신의 이익을 독선적인 대의명분으로 끌어올리는 교묘한 논거를 사용하고, 전통주의자는 자신의 이성을 불공정한 대의명분에 종속시키기 위해 확립된 권위를 사용한다. 법규의 도덕성을 진지하게 고려하는 사람은 자기 이익에 맞지 않는 법규를 지지하고 존중할 것으로 기대될 수 있으며 동시에 민주적 원칙에 위배되는 법규에 반대할 것으로 기대된다. 그리고 필요하다면, 심의하는 시민은 다수의 양심에 호소하면서 그 법규를 바꿀 의도를 가진 채 궁극적으로 그 법규에 불복종할 것이다. 따라서 민주 사회에서 학교는 심의하는 시민을 길러낼 막중한 책무를 갖고 있다. 특히 초등학교는 심의의 민주적 덕목을 학생들이 함양하도록 하는 것과 관련된 영역을 독점하고 있지는 않지만, 그 영역의 가장 많은 부분을 점유하고 있다(Guttman, 1999: 52).

2 시민 심의로서 건설적 논쟁의 가치

논쟁 이슈에 대한 심의의 중요성

민주 사회의 발전이 자신과는 다른 견해를 가진 사람들과 이성적인 심의에 참여하는 시민의 능력에 달려 있다면(Barton & McCully, 2007: 13), 학생들이 그러한 능력을 구비하도록 돕는 것은 도덕교육자로서 우리에게 부여된 당연한 소명이다. 교육에서 심의는 학생들이 공공 정책의 이슈를 논의하고, 그 논의의 목표가 여러 대안을 이해하면서 하나의 합의된 대안을 선택할 때 가장 적절하다. 브리지스(Bridges, 1979: 16)는 우리가 어떤 것에 대해 심의한다고 말할 수 있는 세 가지 필요 충분 조건을 다음과 같이 제시하였다. 첫째, 한 주제에 관해 적어도 한 개 이상의 관점이 제시되어야 한다. 둘째, 제시된 다양한 관점을 조사하고 그것에 반응할 준비가 되어 있어야 한다. 셋째, 심의 중인 문제에 대한 자신의 지식·이해·판단을 발전시킬 의도를 가져야 한다.

이러한 심의 조건으로부터 브리지스(Bridges, 1979: 21-23)는 집단 심의에 참여하는 사람들이 공유해야 할 도덕적 성향을 도출하였다. 그 도덕적 성향은 합당성, 평온함, 질서 정연, 진실성, 자유, 평등, 인간 존중을 포함한다. 이것은 교실에서 심의의 질이 학생들이 이러한 성향을 얼마나 보유하는지의 정도에 달려 있다는 것과 더불어 심의에 참여하는 방법을 배우는 것 자체가 이러한 성향의 발달에 도움을 준다는 중요한 사실을 함축한다.

그렇다면 논쟁적인 이슈를 학생들에게 가르칠 때 교사들이 심의를 가장 선호해야 할 이유는 무엇인가? 이 질문에 대해서는 적어도 두 가지 답변이 가능하다. 첫째, 심의는 논쟁에서 다른 입장을 평가적으로 이해하는데 그리고 그 다른 입장을 펼치는 사람들에 대해 공감하는 것에 유익하기 때문이다(Hand & Levisnson, 2012: 617). 학생들에게 논쟁의 여지가 있는 문제에 관한 이론적 이해를 지시적 또는 주입식 방법으로 전달하는 것은 상대적으로 매우 쉬운 일이다. 하지만 그런 방식으로는 경쟁 관계에 있는 상대방의 관점이 갖고 있는 열정과 성실함, 다른 배후 가정(background assumptions)의 맥락에서 경쟁 관점이 갖는 타당성과 호소력, 그리고 경쟁 관계에 있는 상대방의 관점이 그 사람의 정체성, 소속감 및 삶의 경험과 복잡하게 얽혀 있는 방식을 이해하기 어렵다. 집단에서 경쟁 관점이 표현될 때, 심의는 모종의 평가적인 이해를 가능하게 한다. 심의를 통해 학생들은 논쟁 이슈의 이론적 스펙트럼에 대한 추상적인 입장을 더 이상 다루지 않고, 그들의 급우들이 깊이 간직하고 있는 공약이나 헌신을 구체적으로 다룰 수 있다. 예를 들어, 낙태에 대한 찬반 논쟁을 알고 있는 것과 낙태에 대해 자신과 반대 의견을 갖고 있는 사람과 주의 깊고 열린 마음으로 논의하는 것은 별개의 일이다. 학생들이 심의를 통해 더 깊이 이해하게 되는 것은 그들 자신의 견해와 반대되는 관점에 국한되지 않는다. 학생들은 자신의 견해를 뒷받침하는 가정과 가치들이 심의를 통해 점차적으로 분명해지기 때문에 자신의 견해를 더욱 포괄적인 관점에서 바라볼 수 있게 된다.

심의를 통해 논쟁 이슈를 가르쳐야 할 두 번째 이유는 그 정당화의 방향을 거꾸로 뒤집는다. 심의는 논쟁 이슈에 대한 학생들의 평가적인 이해를 가능하게 하는 것만이 아니다. 논쟁 이슈는 학생들을 심의에 참여시킬 수 있는 가장 유망한 기회를 실제적으로 제공한다(Hand & Levisnson, 2012: 617). 학생들에게 심의에 참여할 수 있는 능력과 성향을 기르는 것 자체가 시민교육에서 중요한 교육 목표인데, 이 목표는 논쟁의 여지가 있는 이슈를 학생들에게 가르침으로써만 달성될 수 있다. 심의는 진리 추구와 관련된 행동만이 아니라 많은 가치 있는 활동에서 중심적인 역할을 수행한다. 모든 중요한 탐구 형식은 자유로운 의견 교환, 상이한 견해에 대한 주의 집중, 그리고 반대 논거에 대한 정밀 조사를 매우 중시한다. 우리는 학생들이 이러한 활동과 그 밖의 가치 있는 활동에 참여할 수 있도록 준비 태세를 갖추기를 바라기 때문에 논쟁 이슈에 대한 심의를 수업에서 적극적으로 활용해야만 한다(추병완 외 3인, 2020: 55).

민주적 정치 담론에서 건설적 논쟁의 중요성

민주주의를 살아 움직이게 만드는 것은 바로 사려 깊고 합리적인 판단을 내릴 수 있는 주권자로서 시민의 능력이다. 민주주의에서 시민은 열린 마음을 유지하고 결론을 잠정적인 것으로 여기는 가운데 상충하는 입장을 옹호해야 한다. 각각의 대안적인 행동 방안이 완전하고 공정한 청문 절차를 거치고, 그것의 강점과 약점을 밝히기 위해 비판적 분석 활동이 이루어져야만, 시민은 국가가 취해야만 할 중요한 행동 방안에 대해 가장 합리적인 판단을 내릴 수 있다. 따라서 시민은 자신의 입장을 조사하고 옹호하며, 반대 입장을 비판적으로 분석하고 그것에 도전하며, 모든 관점에서 논쟁 이슈를 동시에 살펴보고, 모든 면에서 최상의 정보와 추론을 활용하는 종합을 모색하도록 서로 협력할 수 있어야 한다(Johnson, 2015; 추병완, 2019: 229-230).

민주 사회에서 집단적 의사결정은 정치 담론을 수반한다. 정치 담론은 모든 시민을 의사결정에 포함하고자 한다. 또한 정치 담론은 모든 시민 사이에 도덕적 유대감을 형성하고자 한다(Johnson, 2015; 추병완, 2019: 230). 정치 담론에 참여하는 시민들은 타당한 정보와 논리를 통해 서로를 설득하고, 어떤 행동 방안이 사회 문제를 해결하는 데 가장 효과적인지를 명료화한다. 그러므로 정치 담론은 시민 심의와 밀접하게 관련될 수밖에 없다. 심의는 사회적 문제를 해결하기 위해 정당한 결정에 도달하는 것을 목적으로 공개 토론하는 것 또는 결정을 내릴 수 없게 되더라도 해결할 수 없는 합당한 의견 불일치를 존중하며 살아가는 것을 뜻한다. 최초의 결정에 불일치하는 시민들은 향후 그 결정을 뒤집거나 수정할 기회를 그들이 가지고 있다고 믿으며 그러한 불일치를 수용한다. 왜냐하면 심의 민주주의는 자유롭고 평등한 시민이 현재 모든 시민에게 구속력이 있지만 추후에 도전에 열려져 있는 어떤 결론에 도달하려는 목적을 가지고, 상호 수용할 수 있고 일반적으로 접근 가능한 이유를 서로 제시하는 가운데 의사결정을 정당화하는 정부 형태를 표상하는 것이기 때문이다(Gutmann & Thompson, 2004: 7).

특히 시민 공화주의 사상은 심의가 민주 공화국에서 중요한 기능을 수행한다는 사실을 강조한다. 시민들이 자신의 이해관계를 공유하고 다른 사람의 이해관계에 대해 배우는 것은 오직 심의를 통해서 가능하다고 보기 때문이다. 공동 대화에 참여하면서 시민들은 무엇보다도 공동선의 개념과 시민적 덕의 내용 및 범위에 대해 논의할 수 있다. 특히 경연(contestation) 개념으로 규정되었을 때, 공화주의적인 심의는 결정과 공공 정책에 더욱 고

조된 정통성 주장을 제공할 수 있다. 이러한 정통성은 대중 주권뿐만 아니라 공적 담론의 반성적 성격에서 얻어진다. 심의가 깊은 공동의 가치관이나 정치적 협약의 관점에서 합의를 지향하는지는 공화주의자들 사이에 어느 정도 견해 차이가 있다. 그렇지만 다양한 포럼에서 대중의 관심사를 논의하기 위해 한자리에 모임으로써, 공화주의 시민들은 정치 공동체에 대한 그들의 헌신을 분명하게 입증할 수 있다(Peterson, 2011: 118).

한편, 존슨(Johnson)은 긍정적인 정치 담론이 6단계의 절차로 구성된다고 주장하였다(Johnson, 2015; 추병완, 2019: 231-232). 첫째, 시민은 현재 고려하고 있는 문제를 해결할 것이라 여겨지는 행동 방안을 제안할 자유와 기회가 필요하다. 둘째, 시민은 사회적 문제를 해결하기 위해 어떤 행동 방안이 필요한지를 먼저 결정한다. 셋째, 시민은 자기 입장에서 가능한 최상의 사례를 제시하고, 반대편의 발표를 주의 깊게 경청한다. 넷째, 시민은 옹호·논박·반박을 특징으로 하는 열린 토론에 참여한다. 다섯째, 시민은 그 이슈를 모든 관점에서 동시에 바라보고, 반대편 입장을 정확하고 완전하게 요약하여 자신의 이해를 입증하려고 노력한다. 여섯째, 시민은 옹호된 다양한 입장을 포섭하거나 또는 적어도 모든 관점에서 최상의 정보와 추론을 통합하는 하나의 종합을 창조하기 위해 노력한다.

그런데 시민이 심의 과정에서 이러한 절차를 항상 자동으로 따르지는 않는다. 왜냐하면 이러한 절차는 학생들이 어릴 적부터 몸에 익혀서 완벽해져야만 필요한 시점에서 쉽게 드러날 수 있는 것이기 때문이다. 그래서 시민은 효과적인 심의에 필요한 능력과 기술을 배울 필요가 있다(Peterson, 2011: 118). 학생들은 민주적 심의에 참여하는 다양한 기회를 통해 사회적 역량과 상호작용 기술, 민주적 가치 지향, 성찰 능력·관점 채택·언어적 이해, 민주적 참여에 필요한 지식 습득, 의사결정과 갈등 해결, 집단 결정에 대한 책임 인식 및 집단 결정의 질을 향상하려는 지속적인 시도를 배울 수 있어야 한다(Reich, 2007: 192). 학교는 학생들이 이러한 절차를 배워야 할 가장 논리적인 장소이고, 건설적 논쟁은 논쟁적인 공공 이슈에 관한 심의에 학생을 참여시키는 가장 효과적인 방법 가운데 하나다. 우리가 공적인 논쟁 이슈에 대한 심의 기술을 갖춘 시민을 양성하고자 한다면, 학생들에게 건설적 논쟁을 접하고 체험할 수 있는 풍부한 기회를 제공해야 한다.

3 수업에서 건설적 논쟁의 적용 방안

건설적 논쟁의 과정

건설적 논쟁은 각기 다른 입장과 견해를 가진 사람들이 자기의 주장을 제시하고 비판하는 대화에 참여하는 과정이다. 건설적 논쟁은 동의-추구(concurrence-seeking), 토론(debate), 개인적 차원에서의 결정(individualistic decisions)과 대조된다(최윤정, 2019: 5). 동의-추구는 토론을 억제하고 합의를 강조하므로, 구성원들의 다양한 의견을 통해 얻을 수 있는 대안적 아이디어와 현실적인 아이디어를 생성하는 것이 어렵다. 토론은 논쟁과 마찬가지로 둘 이상의 양립할 수 없는 입장에서 시작된다. 그러나 판정관이 가장 우수한 입장을 결정하므로 참가자들이 토론에서 이기기 위해 언어적인 말다툼을 한다는 점에서 건설적 논쟁과는 구별된다. 개인적 차원에서의 결정은 다른 사람의 목표나 의견과는 독립적으로 이루어진다는 면에서 건설적 논쟁과 구별된다.

건설적 논쟁은 서로 다른 의견이나 그로 인해 발생하는 문제들을 말다툼이나 일방적인 결정이 아닌 협동하여 해결책을 함께 만드는 과정을 포함하고 있다. 즉, 상대방의 입장을 주의 깊게 듣고, 상대방의 이해를 돕기 위해 여러 가지 자료를 제공하고자 노력하며, 관점을 바꾸어 논거를 펼치는 과정에서 창의적인 해결 방안을 모색한다. 이러한 과정을 구체적으로 제시하면 [그림 1]과 같다.

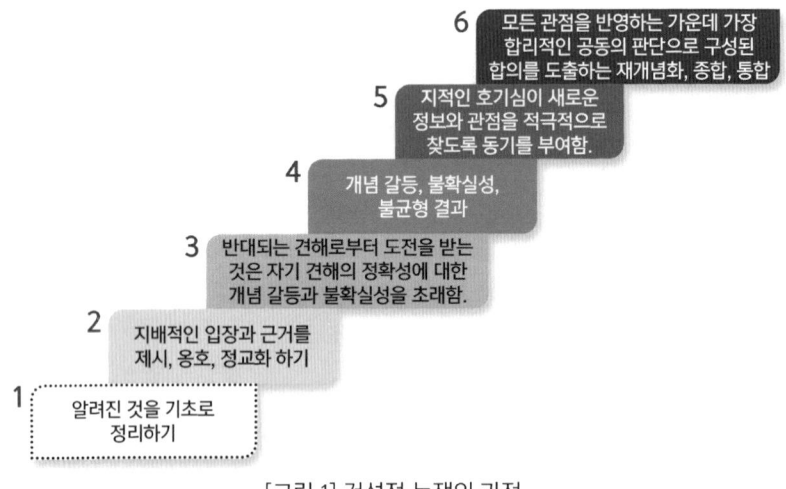

[그림 1] 건설적 논쟁의 과정

1단계에서는 정보를 조직화하여 초기 결론을 내린다. 학생들은 주어진 논쟁의 주제에 대한 자기 입장을 뒷받침하는 정보를 학습하여 설득력 있는 논거로 조직화하고 그에 따른 논리적 결론을 내린다. 또한 자기 입장을 효과적으로 옹호하려는 방법을 계획한다. 학생들은 자기 입장을 효과적으로 옹호하기 위해 논리적인 개념화 및 체계화 과정을 통해 지식을 생성하고 동시에 자기 입장에 대하여 확신한다. 이와 같은 지식의 생성과 확신은 확산적 사고를 통해 더 많은 아이디어를 활용하는 유창함과 이를 적용하는 유연함으로 발전될 수 있다. 이에 따라 관련된 증거를 찾고 다른 구성원들과 협력하여 논리적인 근거로 조직화기 위한 노력을 기울이면, 자기가 옹호하는 입장에 대해 보다 건설적으로 대처할 수 있다.

  2단계에서는 자신의 관점을 제시하고 그에 대한 근거를 통해 자신의 관점을 옹호한다. 1단계에서의 초기 결론에 다른 사람들을 수렴시키기 위해서는 자기 입장에 대한 이유를 분명하게 제공해야 한다. 이에 따라 의견을 제시하고 다른 사람들이 자신의 의견을 최선의 것으로 수용하도록 설득력 있는 근거와 논쟁 및 반론의 과정을 준비한다(최윤정, 2019: 12). 이 과정에서 학생들은 인지적 예행 연습과 고차원의 추론 전략을 활용함으로써 문제에 대한 해결책을 깊이 있게 이해하고 상대방의 의견을 비판적으로 분석한다. 학생들은 상대방 역시 자신의 의견을 비판적으로 분석할 것이라는 사실을 인식함으로써 더 설득력 있는 근거를 마련하고자 더욱 애쓰게 된다(Johnson, 2015; 추병완, 2019: 87). 서로를 설득하기 위한 근거로 제시한 여러 가지 정보는 집단 내의 일치가 목적이기에 일관성과 확신을 유지하도록 도우며, 학생들에게 신뢰감과 영향력을 제공한다. 이 단계와 이후의 과정에서 건설적인 논쟁이 이루어 질 수 있도록 교사는 학생들이 서로 주의 깊게 듣고, 이해되지 않은 내용은 상호 질의응답을 통해 명확히 파악할 수 있도록 도와야 한다(Johnson et al., 2012: 115).

  3단계에서 학생들은 반대 의견 옹호 학생들의 입장에 도전하고 자신의 의견을 뒷받침한다. 서로 다른 입장의 의견으로 인해 생겨난 인지적 불균형 상태에서 학생들은 자기 입장을 뒷받침하기 위해 가능한 많은 근거를 제시하면서 설득력 있게 논쟁한다. 또한 반대편 의견에 대해 반박하고 자신들의 입장에 대한 공격에 대응하면서 초기 결론보다 더욱 향상되고 좋은 결론을 생성한다(Johnson, 2015; 추병완, 2019: 100). 이때 학생들은 사람이 아닌 의견에 대한 반박과 대응이라는 것을 인식하는 것과 동시에 서로의 입장을 비판적으로 분석하여 약점뿐만 아니라 강점도 분별한다(Johnson,

2015; 추병완, 2019: 90). 이처럼 모든 의견을 분석하는 것은 논쟁의 상황에서 합리적이고 본질적인 결론을 통합해 나가도록 이끈다. 또한 논쟁 상황에서 불일치가 발생할지라도 확산적 사고를 통해 창의적인 결론을 만들어 간다. 의견이 대치되는 상황에서 갈등과 다툼이 아닌 이해의 격차를 보완하기 위해 더 다양한 지식을 찾아보는 건설적 논쟁의 측면은 논쟁이나 의견보다는 과정 자체에서 그 유익함이 있다.

4단계는 건설적 논쟁 과정에서 다른 대안이 옹호되거나 자기 입장이 비난과 논박의 대상이 될 때 개념 갈등, 비평형, 불확실성을 경험하는 단계다. 개념 갈등은 양립할 수 없는 생각이 어떤 한 사람의 마음속에 동시에 존재하거나 자신이 접한 정보가 자신이 이전에 알고 있었던 것과 잘 일치하지 않는 것처럼 보일 때 주로 발생한다(Johnson, 2015; 추병완, 2019: 104). 비평형은 현재의 지식 및 그것과 연관된 인지적 틀, 환경에서 마주하는 것 사이에 심각한 불균형이 생길 때 존재한다(Johnson, 2015; 추병완, 2019: 105). 불확실성은 반대 의견에 직면할 때, 자신의 관점과는 다른 관점이 가능하다는 사실을 깨닫게 될 때 생긴다(Johnson, 2015; 추병완, 2019: 106). 개념 갈등, 비평형, 불확실성은 논쟁의 과정에서 자신의 관점에서 벗어나서 다른 사람의 입장을 진지하게 고려하고 인지적으로 성장하고 발전할 기회를 제공한다. 그러나 이것을 극대화하기 위해서는 협동적이어야 하며, 자유로운 의견 표현, 반대되는 정보와 추론에 대한 정확한 인식, 정보 과부하 상태의 부재, 반대되는 정보, 집단 성원으로부터의 도전이 반드시 이루어져야 한다.

5단계는 학생들이 인식론적 호기심을 경험함으로써 논의되는 주제에 대해 더 많은 정보를 찾으며 반대되는 관점을 명확하게 이해하는 단계다. 협동적인 맥락에서 논쟁하며 지적인 반대에 접할 때, 개인은 더 많은 정보를 요청하고 그 이슈의 모든 측면에서 정보를 살펴보려고 하며, 사실을 파악하는 더 많은 방법을 활용하는 경향이 있다(Johnson, 2015; 추병완, 2019: 114). 또한 논쟁에 참여하는 사람들은 다른 사람의 입장을 알도록 그리고 그것을 이해하고 인식하는 것을 발전시키도록 동기가 부여되는 경향이 있다(Johnson, 2015; 추병완, 2019: 116). 그러므로 학생들이 반대되는 관점을 명확하게 이해하도록 그 입장에 서 보는 과정은 의사소통 기술과 논쟁에서 일어나는 정보 교환 과정에서 서로 친숙함을 느끼도록 함으로써 보다 창의적이고 건설적인 결론을 얻을 수 있도록 한다.

6단계에서 학생들은 모둠 내에서의 의견을 모아 새롭게 지각되고 재구성 된 하나의 결론을 도출한다. 이때 학생들은 초기 결론이나 개인적 관점에 대한 옹호를 모두 포기하고, 모둠 구성원들이 모두 동의할 수 있는 공동의 입장으로 여러 의견을 통합한다. 이 단계에서 학생들은 더 높은 수준의 사고와 추론 과정을 사용하고, 정보를 비판적으로 분석하며, 연역적 추론과 귀납적 추론을 모두 사용하여 종합에 도달한다. 종합은 학생들이 잠정적인 결론을 내리고, 반대되는 관점을 정확히 이해하며, 새로운 정보를 그들의 개념적 틀에 합병하고, 그들의 태도와 입장을 바꿀 것을 요구한다. 그러므로 학생들은 자신의 초기 결론보다 더 우수한 논리와 질을 갖춘 새로운 입장과 결론에 도달할 수 있다(최윤정, 2019: 16).

건설적 논쟁의 적용 조건

건설적 논쟁은 독일의 보이텔스바흐 협약(Beutelsbacher Konsens)이나 영국의 크릭 보고서에서 제시한 일반적인 친반 토론 방식의 논쟁 형식과는 질적으로 다르다. 건설적 논쟁은 그 전개 과정에서 상대방의 입장을 공식적으로 취하는 절차 및 양측이 두 입장을 종합하여 하나의 해결 방안을 제시하는 절차를 공식적으로 강조하기 때문이다. 이런 형태의 논쟁은 다른 논쟁 형식에서는 찾아볼 수 없는 아주 독특한 방식이다. 도덕 수업에서 학생들의 시민 심의 기술 함양을 위해 건설적 논쟁을 적용하려면, 교사는 다음과 같은 세 가지 조건들에 특히 유념해야만 한다.

① 효과적인 준비

건설적 논쟁에 관한 연구 결과는 철저한 준비의 필요성을 강조한다. 일반적으로 건설적 논쟁의 효과를 매개하는 조건은 협력적 맥락을 확립하는 것, 건설적 논쟁 절차를 확립하는 것, 논쟁에서 자신에게 맡겨진 역할을 채택하고 그것을 효과적으로 수행하는 것, 논쟁 참가자들이 규범적 기대를 준수하는 것을 포함한다(최윤정, 2020: 66-67). 하지만 도덕 교과에서 공적인 도덕적 논쟁 이슈에 관한 건설적 논쟁 수업을 실시할 때 이것만으로는 충분하지 않을 수도 있다.

건설적 논쟁의 질을 제고하려면 학생들이 주장을 분석하고 평가할 수 있는 능력과 조사 주제에 대한 관련 배경 정보를 충분히 갖추어야만 한다. 건설적 논쟁에서 학생들은 입장에 대한 최상의 사례를 연구하고, 설득력 있고 납득할만한 사례를 제시하며, 자신의 입장에 대한 공격을 반박하면서 상대방의 입장을 비판적으로 분석·반박하며, 이슈를 양쪽 관점에서 모두 바라보고, 가능한 최상의 합리적인 판단에 관한 합의에 이르기 위해 양쪽으로부터 최상의 추론을 종합하는 방법을 배워야 한다. 이때 옹호와 비판의 목적은 상대방을 이기는 것이 아니라 여러 행동 방안의 강점과 약점을 명료화 하여 현재 시점에서 최상의 합리적인 판단을 내리는 것에 대한 공동 합의를 이뤄내는 것임을 학생들이 이해하는 것이 중요하다(Johnson, 2015; 추병완, 2019: 207-208).

한편, 건설적 논쟁이 효과적으로 진행되려면 학생들이 심의해야 할 탐구 주제에 대한 배경 정보가 충분해야 한다. 공적인 논쟁 이슈에 관한 학생들의 사전 지식이 건설적 논쟁의 전제 조건임은 분명하다. 하지만 우리는 여기서 두 가지 사항에 유념해야 한다. 첫째, 교사가 학생들에게 논쟁 이슈에 대해 너무 많은 배경 정보를 제공하면서 마치 그 주제의 전문가인 양 행동하는 것은 바람직하지 않다. 간혹 어떤 공적인 이슈에 대해서 교사와 학생 모두 어느 정도 무지할 수도 있지만, 그것이 반드시 나쁜 것은 아니다. 오히려 교사가 학생들과 해당 이슈에 대한 어느 정도의 무지를 공유하는 것은 학생들이 그 논쟁 이슈의 중요성을 인식하는 것에 오히려 도움을 줄 수 있고(Hand & Levinson, 2012: 622), 그래서 그 이슈에 대한 더 많은 정보를 검색할 동기를 부여할 수 있기 때문이다(Johnson, 2015; 추병완, 2019: 115).

둘째, 교사는 정보 과부하의 위험에 주의를 기울여야 한다. 학생들이 반대 견해와 상반되는 정보를 접할 때, 정보 과부하 및 이슈의 복잡함으로 인해 건설적 논쟁의 질이 떨어질 수 있다. 주어진 시간에 인간이 처리할 수 있는 정보의 양에는 한계가 있다. 학생들이 다룰 수 있는 것보다 더 많은 정보에 노출되면 정보 가운데 많은 것을 잃을 수 있다. 너무 많은 정보가 단기간에 머릿속에 꽉 차서 거의 모든 정보를 잃게 되는 경우를 일컬어 정보 과부하라고 부른다(Johnson, 2015; 추병완, 2019: 108). 지나치게 방대하고 잘 이해가 안 되는 지식을 접한 학생들이 건설적 논쟁 과정을 압도하는 것이 오히려 심의나 논의의 흐름을 심각하게 방해할 수 있다는 사실을 교사는 알아야만 한다.

접근이 쉬운 윤리적 논쟁 이슈 선정

도덕 수업에서 건설적 논쟁을 실행하려면 교사와 학생 모두 접근하기 쉬운 윤리적 논쟁 이슈를 선정해야 한다. 이를테면, 장기 이식, 안락사, 유전공학, 사형제도, 인간 향상 등은 윤리학이나 도덕교육에서 이미 널리 알려진 논쟁 이슈에 속하고, 이것에 대한 찬반 논거가 이미 매우 풍부하다. 이러한 윤리적 논쟁 이슈를 선택하는 것은 학생의 참여를 촉진하고, 현재 문제가 되고 있는 논쟁 이슈에 초점을 맞춘다는 장점이 있다.

도덕 수업에서 접근이 쉬운 윤리적 논쟁 이슈를 선정할 때 몇 가지 기준을 제시하면 다음과 같다. 첫째, 교육과정 및 교과서 내용과의 적합성을 중시하여 논쟁 이슈를 선정해야 한다. 둘째, 교사와 학생 모두에게 흥미를 끌 수 있는 논쟁 이슈를 선택해야 한다. 셋째, 적절한 논쟁 이슈를 선택해야 한다. 논쟁 이슈가 너무 광범위하면 학생들이 정보 과부하에 시달릴 수 있고, 논쟁 이슈가 너무 협소하면 학생들이 충분한 정보를 얻기 어렵기 때문이다. 넷째, 가까운 장래에 해결될 소지가 많은 시간 제약적인 논쟁 이슈를 선택해야 한다. 유사 이래로 아직 해결되지 않은 윤리적 논쟁 이슈보다는 5년 이내 또는 10년 이내 등 가까운 장래에 시민 심의를 통해서 어떻게든 시민들이 해결해야 할 윤리적 쟁점 이슈를 선택해야만 논쟁 이슈의 현실 적합성을 높일 수 있기 때문이다. 다섯째, 지리적 범위를 고려하여 윤리적 논쟁 이슈를 선택해야 한다. 이를테면 그 논쟁 이슈가 우리 지역의 문제인지, 우리나라의 문제인지, 동북아시아의 문제인지 또는 세계적인 문제인지를 고려하여 선택해야 한다. 처음부터 학생들의 삶과 지리적으로 매우 유리된 논쟁 이슈를 선택하면 학생들의 참여가 제한될 수 있으므로, 건설적 논쟁에 학생들이 어느 정도 익숙해진 후에 지리적으로 먼 그리고 다소 추상적인 차원의 논쟁 이슈를 선택하는 것이 바람직하다. 여섯째, 윤리적 논쟁 이슈를 선택할 때는 교과서, 신문 기사, 학술 자료 등을 참고로 하되, 이슈 선정 과정에서 학생들의 의견을 적극적으로 반영해야 한다.

교사의 적절한 촉진 활동

건설적 논쟁이 제대로 이루어지려면 학생들이 논의하는 논쟁 이슈가 열려진 것이고, 교사 역시 그 이슈에 대한 정확한 답을 모른다는 사실을 학생들이 인식해야 한다. 하지만 이로부터 건설적 논쟁 수업에서 교사와 학생의 역할을 전혀 구별할 수 없다는 사실이 나오는 것은 아니다. 교사는 학생들 사이에서 건설적 논쟁을 촉진하고 진전시키기 위해 중요한 역할을 수행해야 한다. 대부분의 논쟁 이슈 교수·학습과 마찬가지로 건설적 논쟁 역시 학생들이 준수해야 할 기본 원칙(ground rule)을 제시하고 있으며, 존슨(Johnson)은 이것을 규범적 기대 사항이라고 부른다(Johnson, 2015; 추병완, 2019: 71). 그러한 규범적 기대 사항은 논쟁에서 이기는 것이 목적이 아니라는 것, 참가자는 사람이 아니라 아이디어에 대해 비판적이어야 한다는 것, 참가자는 비록 자신이 동의하지 않더라도, 모든 사람의 입장에 귀를 기울이고 다른 사람의 입장을 배워야 한다는 것, 참가자는 입장을 통합하려고 시도하기 전에 먼저 입장을 구별해야 한다는 것, 참가자는 논리적으로 그렇게 하도록 설득되었을 때는 자신을 마음을 바꿀 필요가 있다는 것을 포함한다(Johnson, 2015; 추병완, 2019: 71).

건설적 논쟁이 초등학생의 인성 발달에 미치는 효과를 알아보기 위한 실험 연구를 수행하면서 나는 건설적 논쟁 수업에서 중요한 교사의 역할을 몇 가지 더 발견하였다(추병완·최윤정·유진옥, 2019). 이를 구체적으로 제시하면 다음과 같다. 첫째, 민감한 이슈에 대한 토론이 원활하도록 상호 신뢰에 근거한 안전하고 편안한 교실 환경을 제공해야 한다. 둘째, 교사는 대립하는 관점과 견해에 동등한 중요성을 부여해야 한다. 셋째, 교사는 논쟁 중인 이슈에 대해 권위자인 양 설교하거나 행동해서는 한 된다. 넷째, 토론의 초기에 집단에서 일방적인 합의가 이루어지면, 교사가 그것에 이의를 제기할 수 있음을 학생들에게 미리 알려주어야 한다. 다섯째, 개별 학생의 요구에 민감해야 한다. 일부 토론은 제기된 이슈에 의해 영향을 받는 학생에게 부정적인 영향을 미칠 수 있다. 여섯째, 몸짓이나 얼굴의 표정을 통해 교사 자신의 견해가 의도치 않게 폭로되지 않도록 신경을 써야 한다. 일곱째, 교사의 생각을 학급의 학생들과 공유하는 것을 선택할 수 있지만, 그 경우에 자신의 견해는 교사가 아닌 사적인 한 시민으로서의 견해임을 강조해야 한다(김윤경·박균열, 2919: 178; 박장호·추병완, 1998: 318; Hess, 2005: 47). 끝으로, 교사의 의견을 학생들에게 적극적으로 표명해서는 안 된다고 해도, 인종차별주의나 성차별주의처럼 공동체나 인류 보편의 가치에 명백하게 반하는 학생들의 관점에 대해서는 교사가 반드시 이의를 제기해야만 한다.

대화와 토론은 오래전부터 민주주의 교육 이론과 연계되었다. 소크라테스(Socrates)부터 듀이(Dewey), 하버마스(Habermas)에 이르기까지 교육적인 대화는 학습자들이 대안적인 견해를 경청·방영·제안·통합함으로써 이해를 제고할 수 있는 공적인 포럼을 표상하였다(Michaels, O'Connor & Resnick, 2008: 284). 많은 철학자에게 논의를 통한 학습은 민주주의의 기반으로서 교육의 가능성과 희망을 드러내었다. 특히 듀이는 민주주의의 개념을 정의하면서 이치에 맞는 토론을 그 핵심으로 상정하였다. 그는 공정한 의사결정을 위해 토론, 상담, 설득, 논쟁을 강조하는 사회적 탐구의 양식으로서 민주주의를 언급하였다(Dewey, 1966: 66). 시민 공화주의를 옹호하는 학자들 역시 시민들이 폭넓은 정치적 합의에 도달할 수 있는 민주적 과정에 관여할 필요성을 역설하였다. 페팃(Pettit, 1999: 187)은 심의를 통해 사람들은 어떤 관련된 고려 사항을 공동으로 인식하고 그 고려 사항의 본질과 중요성을 조사하여 그리고 어떤 결정이 그 고려 사항을 지지하는지의 질문에 대한 대답에 수렴하면서 합의된 결과를 향해 나아간다고 주장하였다. 이것은 정치적 합의가 반드시 심층적인 공유된 가치의 결과라기보다는 오히려 상이한 관심을 가진 시민이 자유롭고 열린 대화의 결과로서 공동의 입장에 도달하도록 관여시키는 것임을 강조한다.

학생들을 공적인 논쟁 이슈에 참여시키는 것은 시민 참여, 비판적 사고 능력, 대인관계 기술, 이슈에 대한 심층적인 이해, 정치적 활동을 증가시킴으로써 지금 그리고 여기에서의 학생-시민들이 시민 심의에 필요한 기술을 발달시키는 기회를 제공한다. 공적인 논쟁 이슈를 다루면서 학생들은 시사 문제 및 사회 문제에 대한 흥미와 관심을 높이고, 상대방을 존중하고 관용하는 방식을 체화함으로써 하나의 생활방식으로서 민주주의를 몸소 체험할 수 있다. 건설적 논쟁은 학생들이 참된 의미에서의 다양한 관점 채택을 통해 자기 입장과 관점을 재개념화하는 기회를 제공한다. 건설적 논쟁에서 학생들은 자신의 초기 입장을 버리고 상대방의 입장을 택해 보는 활동을 해 보면서 궁극적으로 양측이 모두 합의하는 하나의 해결책을 생성해야 한다.

도덕 교과가 정의로운 시민을 양성하려는 목표를 달성하려면, 사회의 도덕적 이슈에 관해 학생들이 건설적으로 논쟁하는 기회를 제공해 주어야 한다. 학생들은 건설적 논쟁을 통해 논쟁 이슈를 지성적으로, 민감하게, 관용적으로 그리고 도덕적으로 다루는 데 필요한 기술을 습득할 수 있다. 도덕 수업에서 건설적 논쟁을 활용하는 것은 학생들이 시민들 간의 불신과 불일치를 타개하는 시민 심의 방법을 학습하고, 도덕 수업이 이루어지는 교실을 다양한 생각과 아이디어의 자유로운 방출이 가능한 일종의 성역이자 공론의 장으로 여길 수 있게 해 준다. 민주주의는 해결하기 어려운 모순을 인정하고 심의하는 것을 포함하는 지속적인 과정이다. 학생들이 건설적 논쟁을 통해 민주주의를 경험하는 것 자체가 학생들에게는 강력한 시민 심의의 학습 경험이 될 수 있다. 민주적이고 열린 교실 풍토에서 공적인 논쟁 이슈에 대해 학생들이 자유롭게 논의하면서 하나의 해결책을 모색하는 것은 도덕교육자로서 우리가 학생에게 제공할 수 있는 가장 큰 민주적 선물임을 우리는 반드시 기억해야 할 것이다.

09장
긍정심리학과 시민교육

긍정심리학은 인간의 최적의 기능 수행에 관한 과학적 연구다. 긍정심리학은 개인과 공동체가 번영하도록 돕는 요인을 이해하고, 그것을 실제 삶에 적용하는 것을 목표로 삼는다. 긍정심리학의 기본 원리를 상담, 심리 치료, 행동 수정, 학교 교육에 적용할 때 기본 관점은 개인에게 발견된 문제를 교정하려는 시도에 그치는 것이 아니다. 오히려 그 과정에서 개인 각자의 강점에 주의를 기울여 강점을 적극적으로 활용하고 나아가 강점을 더욱 강화하는 데 있다. 학교에서 전통적인 접근법은 주로 주어진 문제를 해결하는 데 초점을 맞추었지만, 긍정심리학은 예방에 초점을 맞추는 가운데 능력과 강점을 계발하는 것을 중시한다. 따라서 긍정심리학에 근거한 개입 활동은 문제의 교정과 강점 계발 간의 균형을 적극적으로 추구한다.

한편, 오늘날 대부분의 민주 국가는 청소년의 정치적 무관심과 공동체에 대한 관여 및 참여 부족을 해결하기 위해 시민교육에 주력하고 있다. 적극적 시민성은 민주주의 토대임에도 불구하고, 청소년의 시민 관여 및 공동체 의식의 저하가 날로 심해지고 있다는 것은 민주주의 자체가 위협을 받고 있다는 분명한 증거라고 볼 수 있다. 이에 많은 국가는 학생들이 장차 좋은 민주 시민이 되는데 필요한 지식, 기술, 덕을 갖출 수 있도록 학교에서 시민교육을 강화하려는 다양한 정책과 노력을 펼치는 중이다. 이것은 우리나라에서도 결코 예외가 아니다. 교육부는 차별과 혐오가 없고, 누구도 배제하지 않는 포용적 민주주의를 실현하기 위해 민주시민교육이 그 어느 때보다 필요한 상황이라는 전제 아래, 2018년 11월에 민주시민교육 활성화를 위한 종합 계획을 수립하여 발표하였다.

긍정심리학은 6개의 보편적인 덕과 24개의 성품 강점 제시를 통해 덕과 웰빙의 관련성을 이해하는 데 많은 공헌을 하였다. 특히 긍정심리학이 중시하는 24개의 성품 강점 가운데 상당수는 시민적 덕을 표상하므로, 긍정심리학은 시민교육과 상당한 친화성을 갖고 있음에도 불구하고 국내외의 많은 학자는 긍정심리학과 시민교육의 관련성을 깊이 있게 논의하지 못하였다. 최근에 '긍정 도덕교육'이라는 명칭 아래 긍정심리학과 도덕교육의 관계에 초점을 맞춘 연구는 어느 정도 활성화되어 있으나(추병완, 2019a 참조), 시민교육과의 관련성을 다룬 연구는 아직 미진하기 이를 데 없다. 또한, 긍정심리학을 다룬 국내의 많은 연구 역시 긍정심리학의 기저를 이루는 이론에 대한 논의를 도외시하였다. 이에 이 장에서는 긍정심리학의 토대가 되는 기본 이론을 살펴보고, 그 이론에 기초한 시민교육의 필요성을 제시하며, 긍정심리학의 기본 이론을 활용한 시민교육의 구현 방안을 제시하고자 한다.

1 긍정심리학의 기본 이론

긍정심리학은 여러 이론과 구인을 포섭하는 우산과 같은 용어이므로 단일의 이론에 바탕을 둔 것이 아니라 여러 이론을 결합하면서 발전을 거듭하는 중이다. 이를테면 자기 효능감 이론, 희망 이론, 자기 결정 이론, 음미 이론, 플로우(flow) 이론 등 긍정심리학의 토대에 해당하는 여러 이론이 있지만, 여기서는 시민교육에 더 많은 시사점을 줄 수 있는 강점 이론, 긍정 정서의 확장 및 축적 이론, 회복탄력성 이론, 플로리시(flourish) 이론을 중심으로 살펴보고자 한다. 이 이론들은 사실 처음에는 긍정심리학과 무관한 채 개별적으로 존재하였으나 긍정심리학과 결합하면서 이론적으로 더 견고해지고 다양한 실천 맥락에 적용되어 그것의 효과성을 입증하였다.

강점 이론

강점 이론은 약점을 교정하기보다는 강점을 이해하고 구축하는 것이 성장과 웰빙에 더욱 중요하다는 사실을 근본 신조로 삼는다. 이런 생각은 이미 1950년대 초반부터 시작되었다. 그 당시 일부 심리학자는 심리학 분야가 거의 전적으로 사람들에게 잘못된 것을 연구하는 것에 얽매여 있음을 목도하였다. 그들은 병리를 진단하고 치료하는 것이 심리학에서 매우 중요하고 필요한 일이지만 그렇다고 해서 인간의 강점을 구축하는 것을 배제해서는 안 된다고 생각하였다(Hodges & Asplund, 2010: 213). 이후 갤럽(Gallup)의 연구진은 성공한 사람들의 자연스러운 생각·감정·행동을 이해하려고 수많은 심층 면접을 실시하였다. 연구진은 사람들이 자신의 고유하고 자연적인 선물을 지렛대로 활용할 때, 탁월성을 발휘할 수 있는 기회가 더욱 많아진다는 사실을 발견했다. 그 결과 사람들이 잘 하고 있는 것에 초점을 맞춘 강점 심리학이 비로소 빛을 보기 시작하였다(Hodges & Asplund, 2010: 213). 그 중에서도 버킹엄(Buckingham)과 클리프톤(Clifton)은 강점에 초점을 맞춘 새로운 심리학을 주도한 대표적인 학자다. 그들이 주도했던 강점 혁명은 사람들이 소유하고 있는 강점을 이해하는 것으로 주류 심리학의 연구 초점을 바꾸는 것이었다(Linley, 2009: 959). 그들은 자신의 약점을 교정하기 위한 시도보다는 자신의 가장 뛰어난 재능에 근거한 시도를 할 때 개인이 더 많은 이득과 혜택을 볼 수 있다는 사실을 경험 연구와 심층 면접을 통해 확인하였다. 특히 클리프톤은 기술과 지식으로 자신의 지배적인 재능을 정련하면서 개인은 자기 나름의 강점을 얼마든지 생성할 수 있다고 주장하였다(Clifton & Harter, 2003: 111). 그리고 셀리그먼이 미국 심리학회 회장 취임 연설을 통해 기존의 질병 모델에서 벗어나 강점에 초점을 맞춘 긍정심리학의 중요성을 역설하면서(Seligman & Csikszentmihalyi, 2000: 5) 강점 이론은 긍정심리학의 중요한 이론적 원리로 자리매김을 하였다.

강점 이론에서 강점은 특정한 과제를 거의 완벽에 가깝게 일관되게 수행하는 능력을 뜻한다(Clifton & Harter, 2003: 111). 강점을 구성하는 요소는 기술, 지식, 재능이다(Hodges & Asplund, 2010: 213-214). 기술은 기계의 일부분을 작동하는 것처럼 기본 과제를 수행할 수 있는 기초 능력을 의미한다. 기술은 자연적으로 생기는 것이 아니다. 기술을 습득하려면 훈련과 연습이 필요하다. 지식은 교육과 경험을 통해 축적된 사실과 원칙을 이해하는 것을 의미한다. 재능은 경쟁하려는 내적 충동, 타인의 요구에 대한 민감성, 사회적 모임에서 외향적인 경향성의 경우처럼 자연적인 사고·감정·행위 방식을 언급한다. 재능은 자연적으로 존재하는 것이므로, 기술과 지식을 얻을 수 있는 방식으로는 습득할 수 없다.

강점은 사용자에게 진실하고, 활력을 주는 특정한 행동·사고·감정을 위한 기존의 능력이며, 최적의 기능·발달·수행을 가능하게 한다. 린리(Linley, 2008: 5)는 강점 접근의 다섯 가지 특징을 다음과 같이 제시한다. 첫째, 강점 접근은 잘 되고 있는 것, 효과가 있는 것, 강한 것에 초점을 맞춘다. 둘째, 강점은 인간 본성의 일부분이므로 이 세상 모든 사람은 강점을 갖고 있고, 그 강점에 대해 존중을 받을만하다. 셋째, 우리의 가장 큰 잠재력이 있는 분야가 우리가 가장 강점이 있는 분야다. 넷째, 우리가 자신의 강점을 가장 잘 사용할 때에만 우리의 약점을 고치는 데 성공할 수 있다. 다섯째, 자신의 강점을 활용하는 것은 우리가 가장 큰 차이를 만들어내기 위해 할 수 있는 가장 작은 일이다.

오늘날 개인의 강점을 확인하고 식별하는 데 사용되는 가장 대표적인 도구는 StrengthsFinder와 VIA(Values in Action)이다. StrengthsFinder는 온라인(https://www.strengthsfinder.com)에서 실시되며, 34가지 재능 테마(theme)를 측정하는 178개의 문항 쌍으로 구성된다(Rettew & Lopez, 2008: 3). 이 도구는 가장 높은 점수를 받은 5가지 재능, 즉 5가지 대표 테마(five signature themes)에 대한 정보를 제공한다. VIA는 24개의 성품 강점의 목록을 순서대로 제시하며 상위 5개에 해당하는 것이 그 사람의 대표 강점(signature strengths)에 해당한다. 이것도 온라인 조사(https://www.viacharacter.org)가 가능한 240개의 문항으로 구성되어 있으며, 조사 결과는 개인이 잘 할 수 있는 것을 편하고 간략하게 알려준다(Rettew & Lopez, 2008: 5).

긍정 정서의 확장 및 축적 이론

프레드릭슨(Fredrickson, 2009: 9-11)은 우리에게 널리 알려진 긍정 정서의 확장 및 축적 이론(broaden-and-build theory)을 통해 긍정성에 관한 6가지 중요한 사실을 밝혔다. 첫째, 긍정성은 기분이 좋은 것이다. 둘째, 긍정성은 우리의 마음이 작용하는 방식을 변화시킨다. 셋째, 긍정성은 우리의 미래를 변화시킨다. 넷째, 긍정성은 부정성에 제동을 건다. 다섯째, 긍정성은 티핑 포인트(tipping point)를 따른다. 여섯째, 우리는 긍정성을 높일 수 있다.

프레드릭슨에게 긍정 정서의 목적은 부정 정서의 목적과는 판이하게 다르다. 긍정 정서는 새로운 적응 행동으로 이어질 수 있는 특이하지 않은(nonspecific) 행동 경향성을 우리에게 제공한다. 예를 들어, 아이에게 기쁨(joy)의 감정은 놀이하고, 탐색하며, 조사하고, 창조하려는 충동과 관련된다. 성인에게 기쁨의 감정은 타인과 상호작용을 하고, 새로운 경험을 모색하며, 창조적인 도전을 시도하고, 도움이 필요한 사람을 도와 줄 경향성을 높여준다. 기분이 좋을 때 우리는 세상에 대해 더욱 열려 있고 호기심이 풍부해진다. 또한 긍정 정서는 새롭고 더욱 적응적인 사고-행동 경향성으로 이어질 수 있는 인지 활동에서의 변화를 위한 불씨를 제공한다. 이것은 사람들이 특정한 방식으로 행동하는 것을 의미한다. 그 이유는 사람들이 어떤 인지 활동이나 사고방식을 어떤 행동과 연합하는 방식을 학습했기 때문이다. 아이가 놀이하는 경우를 생각하자. 아이가 기쁨의 감정으로 동기 부여가 되어 쾌활한 활동에 행복하게 관여할 때 아이는 자신을 둘러싸고 있는 환경과 자신에 대해서도 무언가를 배울 수 있다.

긍정 정서의 확장 및 축적 이론에서는 긍정 정서가 장·단기적으로 서로 다른 효과를 보인다고 가정한다. 긍정 정서는 단기적으로 행동의 선택 가능성을 확장하여 창의성을 증대시키는데, 이는 부정 정서가 좁은 범위의 행동을 유발하는 것과 직접적으로 대비된다. 또한, 긍정 정서는 주의 폭을

넓혀, 사람들이 환경을 더 많이 알아차리고 주변에서 진행되는 것을 더 잘 인식하도록 돕는다. 부정 정서가 초점을 좁혀 안전하고 친숙한 것을 취하고 새로운 경험을 거부하도록 하는 것과는 반대로, 긍정 정서는 새로운 경험에 대한 개방성도 높인다. 이처럼 부정 정서는 근본적으로 사고·행동·흥미의 선택 가능성을 축소시키는 반면, 긍정 정서는 이를 확장시킨다.

그러므로 프레드릭슨의 확장 및 축적 이론은 긍정 정서가 우리의 인식을 확장하고 미래의 정서적·지적 자원을 생성하기 위한 결과로서 발생하는 학습 내용을 축적한다. 프레드릭슨은 이에 대해 다음과 같이 설명한다(Fredrickson, 1998: 307). "긍정 정서는 개인의 순간적인 사고-행동 경향성을 확장하는 특징을 공유할 뿐만 아니라 각자의 개인적인 자원을 축적하는 특징을 공유하고 있다. …(중략)… 긍정 정서를 경험하는 것의 부수적인 효과는 다른 상황이나 정서 상태에서 나중에 뽑아내는 안정적인 개인적 자원을 증대한다."

사고-행동 반응을 확장하는 것은 잠재적인 선택지에 관한 인식을 높이는 것에 덧붙여 사람들의 정보 처리 방식에 변화를 준다. 프레드릭슨은 긍정 정서성의 증가가 인지적 유연성과 경험에 대한 개방성, 마음 챙김을 높여주고 의미감의 생성에 기여한다고 주장한다(Fredrickson et al., 2008: 1045). 긍정 정서는 긍정 정보에 대한 주의력 편향을 유발하여 장래에 긍정 정서를 더 많이 알아차리는 것을 돕는다(Strauss & Allen, 2006: 156). 하지만 부정 정서에서 사고-행동 경향성은 오히려 사고와 행동의 선택지를 축소한다.

긍정 정서의 또 다른 이득은 긍정 정서가 부정 정서의 바람직하지 못한 효과에 대한 해독제로서 작용할 수 있다는 사실이다. 프레드릭슨의 취소 가설(undoing hypothesis)에 따르면, 긍정 정서는 부정 정서의 영향 이후에 우리의 몸과 마음이 균형감, 유연성, 평형을 되찾는 데 도움을 준다(Fredrickson et al., 2000: 237). 이것은 긍정 정서가 부정 정서의 조절에 관여한다는 것을 의미한다. 여러 경험 연구 결과는 긍정 정서가 스트레스 반응의 사후 효과의 지속 시간 감소에 기여한다는 것을 잘 보여주었다. 예를 들어, 매우 스트레스가 많은 실수를 한 후에 우리가 큰소리를 내어 웃을 수 있다면, 우리는 심리적 긴장을 경감하고 체내의 스트레스 호르몬이 감소하는 효과를 경험할 수 있다(Compton & Hoffman, 2013: 39). 이상의 내용을 간략하게 요약하면 [그림 2]와 같다.

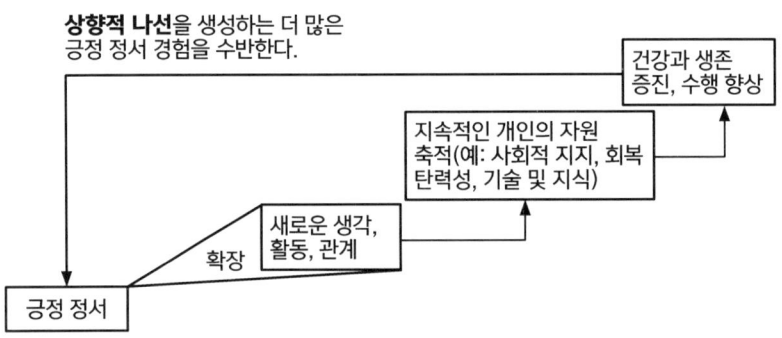

[그림 2] 긍정 정서의 확장 및 축적 이론

회복탄력성 가설

  회복탄력성에 관한 거의 모든 개념 정의는 곤란, 고난, 역경, 도전에 대처하는 데 필요한 개인적 강점을 증명할 수 있는 개인의 역량을 언급한다. 회복탄력성은 삶에서 조우하는 변화·도전·좌절·실망·곤란한 상황·역경에서 지속하고, 적응적으로 대처하며, 되튀어 나와서 자신에게 합당한 웰빙 수준으로 복귀할 수 있는 능력을 의미한다. 그것은 또한 어려운 상황에 적응적으로 반응하고 계속 번영할 수 있는 능력을 의미한다. 회복탄력성은 도전에 직면한 이후에 정신 건강이나 신체 건강에서 유지·회복·증진을 의미하기도 한다. 그러므로 회복탄력성 구인에서 가장 중요한 두 가지 구성 요소는 바로 역경과 긍정적인 적응이라고 말할 수 있다(Luthar et al., 2014: 126). 회복탄력성에 관한 연구는 역경에서의 긍정적 적응에 영향을 주는 다양한 보호 요인과 위험 요인을 발견하였다(추병완, 2017b: 50).

회복탄력성 연구는 긍정심리학이 태동하기 훨씬 이전부터 수행되었지만, 연구 결과에서 긍정심리학과 공통점이 많기에 긍정심리학의 핵심 이론으로 쉽게 부상할 수 있었다. 두 분야의 연구에서 공통적으로 확인된 가장 중요한 결과는 바로 관계의 중요성이다. 회복탄력성 연구와 긍정심리학 연구는 공통적으로 회복탄력성과 웰빙에서 관계가 중요하다는 사실을 입증하였다(Luthar et al., 2014: 135). 이것은 회복탄력성이 근본적으로 관계에 근거한다는 주장(Luthat, 2006: 780)과 회복탄력성은 본질적으로 사회적인 것이라는 주장(Zautra, 2014: 185), 그리고 긍정심리학을 세 단어로 요약하면 '타인이 중요하다(Other people matter.)'는 표현에서(Peterson, 2006: 249) 가장 잘 드러난다.

오늘날 긍정심리학 관점에서 회복탄력성 가설은 웰빙의 상향 나선이 긍정 정서의 확장 효과에 의해 촉발한다고 상정한다(Tugade & Fredrickson, 2007: 317). 개념의 관점에서 웰빙의 상향 나선은 우울증의 하향 나선과는 정반대에 해당한다. 부정 정서는 일종의 터널 비전을 유발하므로 그런 상태에서는 협소하고 제한된 사고만이 가능하다. 이러한 부정적인 사고는 더 많은 부정적인 영향을 초래하고, 이것은 매우 빠르게 밑바닥으로 향할 수 있다. 이와는 내조적으로, 긍정 정시는 우리의 시야를 제한하는 눈가리개를 제거하여 사람들이 더 많은 가능성을 보고 더욱 낙관적으로 생각할 수 있게 한다. 긍정 정서를 아주 빈번하게 경험하는 사람은 웰빙의 상향 나선을 경험할 가능성이 더욱 크다. 긍정 정서는 그 자체로도 즐겁지만, 그것보다 더 중요한 것은 웰빙의 상향 나선이 사람들의 대처 기술의 도구 상자를 만드는 데 도움이 된다는 사실이다(Tugade & Fredrickson, 2007: 320). 따라서 긍정 정서를 더욱 자주 경험하는 사람은 삶에서 직면하는 역경과 도전에 더 잘 대처하면서 회복탄력적인 방식으로 생활할 수 있다.

플로리싱 가설

플로리싱은 오늘날 긍정심리학을 대변하는 핵심 용어 가운데 하나다. 플로리싱 또는 번영한다는 것은 개인적 성장, 생식성, 회복탄력성처럼 최적으로 생활하면서 좋은 것을 경험하는 것을 뜻한다(Keyes & Lopez, 2002: 45). 번영은 긍정적인 정신 건강 상태를 언급한다. 번영하는 사람은 정신 질환이 없을 뿐만 아니라 정서적인 활력이 가득하기 때문에 자신의 삶의 사적인 분야와 사회적인 분야 모두에서 긍정적으로 기능을 수행한다. 키즈(Keyes)를 비롯한 여러 학자는 정신 건강과 정신 질환이 단일의 측정 연속체의 반대쪽 끝이 아니라고 주장하면서, 정신 건강은 정신 질환 연속체와 정신 건강 연속체의 두 가지 차원으로 구성된 완전한 상태로 보아야 한다고 제안하였다(Michalec, Keyes & Nalkur, 2009: 392). 따라서 정신 질환의 부재와 정신 건강은 동일한 것이 아니다. 정신 건강 증상은 개인의 주관적인 웰빙으로 이루어져 있고, 개인의 주관적인 웰빙은 한 개인의 삶에 대한 인식과 평가를 그 사람의 정서 상태와 심리적·사회적 기능 수행 측면에서 반영한다. 정신 건강 모델이 활용하는 도구는 정서적 웰빙(긍정 정서, 행복, 삶의 만족), 기능적인 심리적 웰빙(자기 수용, 개인적 성장, 삶의 목적, 환경 지배, 자율성, 타인과의 긍정 관계), 기능적인 사회적 웰빙(사회적 수용, 사회적 실현, 사회적 기여, 사회적 정합성, 사회적 통합)을 표상한다. 우울증이 쾌감 상실 증상을 특징으로 하는 반면에 정신 건강은 쾌감 증상, 정서적 활력, 타인에 대한 긍정적인 감정을 특징으로 한다(Michalec, Keyes & Nalkur, 2009: 392).

이에 따라 키즈와 로페즈는 [그림 3]과 같이 정신 건강 기능 수행의 4가지 유형을 개발하였다(Compton & Hoffman, 2013: 5에서 재인용). 이 유형에 따르면, 웰빙 수준이 높고 정신 질환이 낮은 사람이 바로 번영하는(flourishing) 사람이다. 웰빙 수준과 정신 질환이 모두 높은 사람은 몸부림치는(struggling) 사람이다. 이런 사람은 전반적으로 삶을 잘 영위하고 있지만, 지금 어떤 문제에서 심각한 고통을 겪는 중이다. 웰빙 수준은 낮고 정신 질환이 높은 사람은 허우적대는(floundering) 사람이다. 허우적댄다는 것은 매우 어려운 상황을 묘사한다. 끝으로 웰빙 수준과 정신 질환이 모두 낮은 사람은 쇠약한(languishing) 사람이다. 이런 사람은 심각한 정신 건강 문제를 갖고 있지는 않지만 자신의 삶에서 만족감이나 실현감을 전혀 경험하지 못한다.

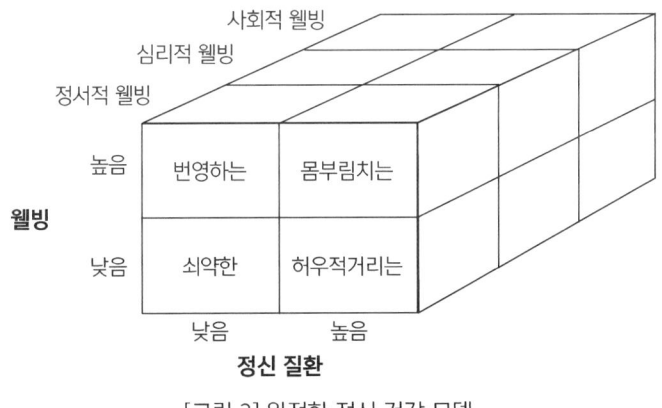

[그림 3] 완전한 정신 건강 모델

한편 셀리그먼(Seligman, 2011: 12)은 긍정심리학의 주제는 웰빙이고, 웰빙을 측정하는 기준은 번영(flourishing)이며, 긍정심리학의 목표는 번영을 증가하는 것이라고 주장하였다. 그는 웰빙의 5가지 구성 요소를 긍정 감정(positive feeling), 관여(engagement), 관계(relationships), 의미(meaning), 성취(accomplishment)라고 규정하면서, 앞 글자를 따서 간단히 PERMA라고 표현하였다(Seligman, 2011: 16). 그는 이 다섯 가지 요소가 웰빙에 실제적으로 기여하고, 많은 사람은 그 자체를 위해 이 요소를 추구하며, 각 요소는 다른 요소로부터 배타적으로 정의되고 측정될 수 있다고 주장하였다.

2 시민교육에서 긍정심리학의 중요성

기존 시민교육의 문제점

오늘날 시민은 민주주의에 대한 지식을 알고 있고, 책임 있게 행동하며 의사결정에 참여하여 사회에서 적극적인 삶을 영위할 것으로 기대된다. 이에 선거연수원(2014: 1)은 "시민교육은 국민이 주권자로서 책임 있는 자세로 선거·정치 과정에 능동적으로 참여할 수 있도록 민주적 가치와 지식·능력 등을 체계적이고 지속적으로 함양하는 학습을 말하며, 민주 정치의 건전한 발전에 기여함을 목적으로 한다."라고 밝힌 바 있다. 최근에 교육부는 학교 민주시민교육 활성화를 위한 최소 기준을 마련하면서 민주시민교육을 "학생들이 스스로 주권자임을 자각하고, 민주주의의 이념과 제도·가치와 절차를 이해하고 이를 자신과 사회에 적용하여 민주적인 공동체를 형성하도록 지원하는 교육"이라고 잠정적으로 규정하였다(신두철, 2019: 14). 사실 해방 이후 우리는 좋은 시민을 양성하기 위한 다양한 형태의 교육을 실시하였다. 그럼에도 불구하고 시민교육이 우리 국민의 시민성 함양에 도움을 주었다는 긍정적인 평가를 접하는 것은 매우 어렵다. 심지어 기존의 시민교육은 신민교육에 불과했다는 혹평을 하는 사람도 상당수에 이른다. 왜 그럴까? 기존의 시민교육에 대한 많은 연구자의 진단에서 나온 공통된 목소리는 다음과 같다(서준원, 2002: 80; 김성수 외 2015: 59; 송두범·강수현, 2017: 6; 정문성, 2018: 70-71). 시민교육이 참여를 위한 교육으로서보다는 체제와 질서에의 순응·적응을 확보하기 위한 수단으로 사용되어 왔다는 점, 학교에서의 시민교육이 실제 생활에 적용하여 의사결정이나 문제를 해결할 수 있는 산지식이 아니라 맹목적인 지식 전달 위주로 진행된다는 점, 민주시민교육의 개념과 내용에 대한 합의가 부족했다는 점, 민주시민교육에 대한 무관심과 인식의 결여가 사회 일반에 존재하였다는 점 등을 여러 학자들이 진단을 통해 공통적으로 지적하였다.

여기서 우리는 이러한 문제점에 덧붙여 두 가지 사실을 더 추가하고자 한다. 첫째, 기존의 시민교육은 지나치게 학교 위주로 이루어져 왔다. 동시에 학교 위주의 시민교육은 개별 학생의 변화를 목표로 삼다보니 지나치게 개인주의(individualism)에 경도되었다는 사실이다. 기존의 시민교육은 개인으로서 학생들이 민주 시민이 마땅히 갖추어야 할 적절한 지식과 기술, 올바른 가치와 성향을 결여하고 있다는 기본 가정에서 출발하였다. 이것은 학생들이 보이는 시민성 문제의 원인을 학생 각자에게 귀인 하여 마치 학생 각자가 시민으로서 기능 수행을 다 하지 못한 것에 대한 책임을 전적으로 져야 한다는 신자유주의 노선을 은연중에 따르는 것이었다. 또한 기존의 시민교육은 좋은 시민성이란 일군의 적절한 지식·기술·가치·성향을 개인이 습득하는 것이라는 제안을 하면서 시민성 자체를 개별화 하였다. 이렇듯 개별 학생에 초점을 맞춘 기존의 시민교육은 그 학생이 속해 있는 더 큰 사회적 맥락을 제대로 고려하지 못했다. 우리는 시민교육에서 학생이 살면서 배우는 맥락의 중요성을 간과하였다. 학생들이 안고 있는 시민성 문제의 상당 부분은 오히려 그들이 처해 있는 맥락, 즉 경제적·사회적·문화적 위치 및 의미 있는 참여를 위한 기회에 있다. 그러므로 오늘날 학생들이 보여주는 시민성의 문제점을 개별 학생이나 학교의 탓으로만 돌리는 것은 크나큰 오류다. 또한, 학교는 좋은 시민을 길러내기 위한 필요조건이지 충분조건은 결코 아니다. 시민성과 관련하여 우리는 지나치게 학교에 많은 것을 요구하는 가운데 정작 그 학교가 존재하는 사회 구조와 맥락의 역할 및 중요성에 대해서는 큰 관심을 기울이지 않았다. 그러다보니 우리의 시민교육은 철저하게 지역사회로부터 유리된 채 학교가 지역사회로부터 마땅히 받아야 할 지원을 제대로 받지 못했다. 그러므로 학교, 지역사회, 청소년 단체 등 더 큰 사회적 맥락의 여러 단체와 기관이 협력하여 시민교육을 전개하는 것이 중요하다.

둘째, 기존의 시민교육은 시민성을 주로 교육 경로(educational trajectory)의 결과로만 이해했다. 결과로서 시민성 관념은 시민교육에서 강력한 도구주의 지향을 드러낸다. 기존의 시민교육은 좋은 시민성이 실제로 무엇인지에 대한 진지한 질문과 탐색보다는 오히려 좋은 시민성을 계발하기 위한 효과적인 수단을 찾는 데만 초점을 맞추었다. 우리는 시민교육에서 우리 사회가 지향해야 할 이상적인 시민성의 모습이나 대안적이고 경쟁적인 시민성의 모습에 대한 지속적인 공적 숙의와 비판적인 조사에는 게으른 채 오로지 학생에게 시민성을 가르치는 적절한 방법과 접근법을 찾는 데에만 주력하였다. 공적인 숙의와 비판적 조사는 민주적 삶의 핵심인 동시에 시민교육의 본질을 이루는 중요한 것임에도 불구하고, 우리는 결과로서 시민성에만 얽매여 효과적인 수단을 모색하는 데에만 주력했다.

결과로서 시민성 관념은 또 다른 문제를 내포한다. 왜냐하면 그것은 시민성이 특정한 경로를 거친 후에만 개인이 도달할 수 있는 지위라는 가정에서 출발하기 때문이다. 우리는 시민성을 성취하고 유지할 수 있는 지위로만 이해하는 것에서 탈피하여 그것을 사람들이 지속적으로 실행해야 할 어떤 것, 즉 실천으로서 시민성을 중시해야 한다. 달리 말해 시민성은 단지 누군가가 가질 수 있는 어떤 정체성에 그치는 것이 아니다. 그것은 공통의 관심거리가 되는 공적인 이슈를 식별·확인하여 숙의하는 실천이다. 이것은 참여 문화가 민주 시민성의 중심적이고 필수적인 요소라는 사실을 함축한다. 우리가 시민성을 결과로 이해하는 한, 우리가 가르치는 학생을 아직 시민이 아닌 존재로 여기게 된다. 지금까지 우리는 시민성을 성인의 경험으로만 간주하는 잘못을 범했다. 하지만 학생들은 이미 여러 경로를 통해 사회에 참여하고 있는 엄연한 시민이다. 그들의 삶은 이미 더욱 큰 정치·사회·문화·경제적 세계에 복잡하게 얽혀 있다. 따라서 결과로서의 시민성 관념에는 '지금 그리고 여기에서의 학생 시민'이라는 관점이 들어설 여지가 전혀 없다. 시민이 된다는 것은 어떤 고정된 핵심 가치와 성향을 단순히 습득하는 것 이상을 함의한다. 시민이 된다는 것의 본질은 참여하는 것이고, 그 자체가 시민교육의 과정에 내재되어 있는 것이다. 우리는 시민교육을 학생들이 비판적 탐구와 판단을 통해 사회 속에서 자신의 위상과 역할을 이해·모색·표현하는 과정의 변환으로 이해해야 한다.

긍정 시민성의 의미와 중요성

하나의 독립된 학문 분과로서 긍정심리학은 긍정 경험, 긍정 특질, 긍정 제도에 초점을 맞추었다. 하지만 긍정심리학은 긍정 경험과 긍정 특질에서는 상당한 신척을 이루었지만, 긍정 제도의 측면에서는 기다란 성과를 아직 보이지 못하고 있다. 긍정심리학은 행복하고 건강한 가족, 학교, 직장, 공동체와 같은 긍정 제도의 특성과 실현 방법을 탐구하는 것을 목표로 하지만(권석만, 2008: 24), 긍정 경험이나 긍정 특질보다 긍정 제도에 관해서는 충분한 연구와 실천이 이루어지지 못한 것이 사실이다. 우리는 긍정심리학이 시민교육과의 만남을 통해 서로 시너지 효과를 볼 수 있다고 믿는다. 그러한 시너지 효과는 긍정 시민성(positive citizenship) 개념의 도입을 통해 가능해진다. 여기서 긍정 시민성은 긍정심리학의 긍정성 개념을 전통적인 시민교육에서의 시민성 개념과 결합한 것이다. 긍정 시민성은 시민이 참다운 플로리싱을 경험하기 위해 개인과 정치 공동체 사이에 필요한 호혜적 관계를 의미한다. 만약 정치 공동체가 시민 각자의 최고선을 추구하면서 그 공동체의 공동선을 위한 시민의 참여를 독려한다면, 시민은 진정한 자유와 해방을 경험할 수 있을 것이다. 긍정 시민성은 개인의 심리적 해방과 플로리싱을 장려하는 사회적 조건들이 유지되는 것을 보장한다.

긍정 시민성 개념을 채택하면서 시민교육은 시민의 플로리싱(flourishing)이라는 새로운 차원을 포착할 수 있게 된다. 이를테면 시민 관여와 참여는 시민으로서 권리와 의무라는 기존의 협소한 관점에서 벗어나 시민으로서 자신의 성품 강점을 활용하여 삶의 목적과 의미를 추구하고 플로리싱을 만끽하는 즐겁고 유쾌한 경험이 된다. 동시에 그것은 정치 공동체의 플로리싱 수준을 높이는 시민의 공헌과 기여를 중시하게 된다. 또한 긍정 시민성 개념을 통해 시민교육은 시민적 덕에 대한 풍부한 자원을 확보하게 된다. 24가지 성품 강점에 대한 긍정심리학의 연구 결과는 시민적 덕의 함양을 중시하였던 시민교육에 풍부한 아이디어를 제공하여 준다.

반면에 긍정심리학은 시민성 개념을 채택하면서 개인의 플로리싱에서 벗어나 시민사회 및 정치 공동체의 플로리싱으로 그 영역을 더 확장할 수 있게 된다. 그 이유는 긍정 시민성 개념을 통해 긍정심리학은 이제껏 연구가 미진했던 긍정 제도 영역에서 획기적인 진전을 이룰 수 있는 방안을 모색할 수 있기 때문이다. 긍정 시민성 개념을 통해 긍정심리학은 긍정 치료나 긍정 상담처럼 개인적이고 미시적인 수준의 변화에 초점을 맞추던 것에서 탈피하여, 개인과 공동체의 플로리싱을 지원·지지할 수 있는 최적의 가능 조건(optimal enabling conditions)을 만들어낼 수 있는 잠재력을 갖게 된다.

한편, 오늘날 시민성 개념은 더욱 확장되고 심화되는 추세를 보인다. 여기서 확장은 국가의 경계를 넘어서는 것을 언급한다. 글로벌 시민성, 생태시민성, 유럽 시민성 개념의 등장에서 볼 수 있듯이, 시민성은 국민 국가만이 아니라 지역적 혹은 초국가적 연합과도 관련된다. 심화는 시민성 개념이 정치적 시민성에 덧붙여 사회·문화 자본 역시 시민성에 속한다는 것을 의미한다. 그러므로 시민성은 우리가 서로 더불어 사는 방식 및 우리가 공유하고 있는 것에 관한 것이다. 플로리싱의 주요 구성 요소로서 긍정 관계를 중시하는 긍정심리학은 이렇듯 확장되고 심화된 시민성 개념을 시민교육이 포착하는 것을 도울 수 있다. 이를테면 긍정 시민성은 시민교육이 지속 가능한 플로리싱에 기여할 수 있게 해 준다. 긍정 시민성은 개별 시민이 타인, 미래 세대, 자연환경의 필요와 요구를 훼손하지 않는 가운데 자신의 삶의 목적이나 프로젝트에 몰입하게 하면서 지속 가능한 플로리싱을 구가할 수 있게 해 준다.

시민교육은 학생이 적극적인 시민으로 참여할 수 있도록 하는 것을 목표로 하는 독특한 형태의 교육 활동이므로, 그러한 특성에 부합하는 독특한 형태의 학습을 활용해야 한다. 시민 참여의 효과적인 방법에 관한 증거 기반의 실천이 이미 밝혀진 바 있지만(Levin-Goldberg, 2009: 15 18), 시민교육은 긍정심리학에서 입증된 효과적인 방법을 적극적으로 활용하면서 시민교육의 교수·학습을 위한 더욱 다양한 레퍼토리를 확보할 수 있게 된다.

이를테면 전통적인 시민교육에서는 시민 참여의 효과적인 방법을 강조하였지만, 시민 참여를 통해 얻어지는 자기 효능감이나 자긍심과 같은 긍정 정서를 음미하는 방법을 제시하는 데에는 미치지 못했다. 긍정심리학은 타인과의 긍정적인 관계 형성이 플로리싱에 기여함을 강조하면서 긍정적인 관계 형성에 관한 증거 기반의 실천을 강조한다. 시민교육이 이러한 방법을 차용한다면 사회 자본 형성을 위한 더욱 다양하고 효과적인 방법을 축적할 수 있을 것이다.

끝으로 긍정심리학은 학생들이 봉사 학습(service learning)에 참여하여 삶의 목적과 의미를 추구하는 것을 중시하므로 학교의 시민교육을 지역사회와 긴밀하게 연결하는 장점을 갖고 있다. 동시에 긍정심리학은 강점에 기반한 시민 참여나 사회참여를 강조하기 때문에 학생들이 교육의 과정 그 자체에서 시민성을 학습하고 민주주의를 배우는 소중한 기회를 제공한다. 그러므로 긍정심리학과 시민교육의 만남은 기존의 시민교육이 지닌 약점을 보완하면서 더욱 효과적인 시민교육의 방법을 모색할 수 있는 소중한 학문적 통로를 제공한다.

❸ 시민교육에서 긍정심리학의 기본 원리 활용

위에서 대략적으로 살펴본 바와 같이 긍정심리학과 시민교육은 상보적인 관계를 형성할 수 있다. 이제 여기서는 긍정심리학의 기본 이론에 바탕을 둔 시민교육의 구체적인 방향을 제시하고자 한다.

강점에 근거한 시민 참여

민주주의 발전에서 시민 참여는 필수적인 요소다. 시민 참여는 자신이 속해 있는 공동체에서 발생하는 문제를 다루고 공통의 관심 사항을 추구하기 위해 시민이 취하는 행동이다(추병완, 2019b: 189). 크릭 보고서(Crick report, 1998: 13)에서 시민성 개념을 사회적·도덕적 책임감, 정치적 리터러시, 공동체(지역사회) 관여로 제시한 바 있듯이, 공동체와 지역사회에 대한 적극적인 관여는 시민 네트워크를 활성화하고 정치참여를 높이는 데 매우 중요하다. 오늘날 우리나라를 비롯한 대부분의 민주 국가가 공통으로 직면하고 있는 문제점은 젊은 세대의 정치에 대한 무관심 현상 및 사회참여 부족 현상이다. 동시에 학교가 시민교육을 통해 학생들의 참여적·적극적 시민성 함양에 소홀했다는 비판도 날로 거세지는 추세다(김영인, 2007: 85). 이에 대부분 국가는 지역사회 봉사 활동 참여를 통해 청소년의 참여적인 시민성 함양에 주력하는 중이다.

앞에서 살펴보았듯이 긍정심리학은 강점에 근거한 관여와 참여를 중시한다. 자신의 강점을 활용하여 다양한 사회참여 활동에서 플로우를 경험하는 것은 학생 개인의 웰빙 수준을 높임과 동시에 민주 사회의 발전에도 기여할 수 있다. 도덕 심리학의 연구 결과는 지역사회 봉사활동에 참여하는 것이 도덕 정체성과 삶의 목적의식 발달에 도움을 준다는 것을 이미 잘 보여주었다(추병완, 2004: 159; 추병완, 2017a: 150; 추병완·최윤정·김광수, 2019: 94; Nucci, 2001: 213). 하지만 도덕교육이나 시민교육에서 우리가 간과했던 것은 바로 봉사활동 제도를 운영하는 방식의 문제였다. 봉사활동의 대상과 내용의 선정에서 학생의 자발적인 선택권을 중시해야 하고, 학생의 강점에 근거한 것일 때 비로소 시민성 함양에 기여할 수 있다는 사실을 우리는 간과하였다. 또한 우리는 봉사활동에 내한 학생의 비판직이고 직극적인 성찰을 자극하는 데에도 소홀하였다.

그러므로 긍정심리학의 기본 이론에 근거한 시민교육에서는 학생 각자의 강점에 근거한 자율적인 선택을 통해 지역사회 관여나 봉사활동의 주제와 대상을 선택할 수 있도록 해야 한다. 이때 학생이 참여 경험을 통해 플로우를 경험하려면 자신의 강점이나 기술 수준과 도전 과제의 수준이 적정해야 한다. 만약 도전 과제가 자신의 현재 기술 수준보다 너무 높으면 불안해지고, 너무 낮다면 쉽게 지루함을 느낄 수 있기 때문이다. 또한 사회참여나 봉사활동이 일회적인 사건으로 끝나지 않게 하려면 그 참여나 활동에 대한 성찰 및 자축의 기회를 마련해주는 것이 바람직하다(Nucci, 2011: 210). 강점에 근거한 시민 참여 활동을 통해 얻어진 긍정 정서와 자기 효능감은 우리나라 학생들에게 공통으로 나타나는 낮은 정치 효능감 문제를 개선하는 데 도움을 줄 수 있다(김태준, 2016: 542).

긍정 관계를 통한 사회 자본 형성

사회 자본은 상호 이득을 위한 조정과 협력을 촉진하는 네트워크, 규범, 사회 신뢰와 같은 사회 조직의 속성을 의미한다(Putnam, 1993: 35-36). 어떤 한 공동체의 사회 자본은 그 공동체의 발전에 기여한다. 특히 사회 자본의 축적은 민주주의 발전과 밀접한 관계가 있다. 사회 자본이 축적된 사회에서는 국가의 개입 없이 시민사회의 자발적 협력을 통한 공공재의 생산이 가능하기 때문이다(최종덕, 2008: 152). 사회 자본이 강하게 구축·축적될수록 시민 참여는 더욱 강화되어 민주주의 발전에 기여한다(송경재, 2014: 247). 그러므로 시민교육의 중요한 과제 가운데 하나는 사회 자본의 형성 및 축적에 기여하는 것이다. 앞에서 우리는 긍정심리학의 목표가 웰빙이고, 웰빙 실현에 중요한 요소 가운데 하나가 긍정 관계 형성임을 확인하였다. 긍정심리학에서 타인과의 긍정적인 관계는 우리의 신체·정신 건강을 증진시켜주고 웰빙 수준을 높여주는 비타민이자 미네랄과 같은 것이다.

긍정심리학은 긍정 관계 형성을 위한 소통(communication)에서 적극적이고 건설적인 반응 양식을 중시한다. 특히 상대방에게 좋은 일이 생겼을 때 적극적이고 건설적으로 반응하는 것은 좋은 관계 형성에 매우 중요하다. 상대방의 좋은 소식이나 사건에 대해 자신의 흥분을 외적으로 드러내면서 좋은 소식에 대한 긴 대화나 축하 활동을 제안하는 것과 같은 적극적-건설적 반응은 수동적-건설적 반응(예: 좋은 소식에 대해 행복해 하긴 하지만 그리 중요하지 않게 다루는 경향), 적극적-파괴적 반응(예: 회의적이고 그 좋은 소식이 전혀 좋지 않은 이유를 지적하는 경향), 수동적-파괴적 반응(예: 무관심한 반응자에 가까운 모습)과는 다르게 더욱 친밀한 관계 형성 및 번영에 기여한다(Hefferon & Boniwell, 2011: 168).

주지하는 바와 같이 소통 기술은 민주 시민이 갖추어야 할 대표적인 시민 기술(civic skills)이다. 소통 기술이 없다면 민주적인 숙의 담론 자체가 불가능하기 때문이다. 학생들이 건설적-적극적 반응 기술을 익히고 민주적인 숙의 담론을 체험하는 데 가장 좋은 교수 방법은 바로 건설적 논쟁(constructive controversy)이다. 건설적 논쟁의 교육 효과는 이미 수많은 연구를 통해 입증되었다. 건설적 논쟁은 의사결정과 문제 해결의 질, 인지적·도덕적 추론, 전문 지식 교환, 관점채택, 창의성, 열린 마음, 이해를 높이려는 동기 부여, 문제 및 과제에 대한 태도 변화, 대인 관계적 매력, 자부심 등의 여러 부분에 긍정적인 결과를 가져온다. 특히 건설적 논쟁 과정에서 자기 집단의 성원과 상대방 집단 성원의 발언에 대해 그리고 합의의 과정에서 서로의 의견에 대해 건설적-적극적인 반응 양식을 보이는 것은 인간관계 개선에 도움을 주어 교실에서의 사회 자본 형성에 도움을 줄 수 있다. 또한 학생들이 소셜 미디어에서 친한 사람이나 낯선 사람의 의견·주장에 대해 자신이 공감하는 사항을 중심으로 적극적-건설적 반응을 보이는 것은 결속적 사회 자본 및 교량적 사회 자본 형성에 기여할 수 있다. 여기서 결속적 사회 자본은 현재 구성된 강한 유대 관계를 계속 유지시키는 자본이며, 교량적 사회 자본은 새롭고 약한 관계를 새롭게 생성하는 자본이다(추병완 외 4인, 2019: 61-62). 그러므로 긍정심리학의 관계 형성 기술은 시민교육에서 강조하는 소통 기술 함양에 많은 시사점을 제공한다.

증거 기반 시민교육 교수법 활용

긍정심리학은 웰빙 증진을 위한 교육적 개입에서 증거 기반 교수법의 중요성을 강조한다. 감사 개입, 희망 개입, 음미 개입, 회복탄력성 개입 등의 긍정심리학 개입 방안은 공통으로 철저한 연구와 실험에 입각한 증거에 기반을 둔 것이다. 그러므로 긍정심리학 이론에 근거한 시민교육은 증거 기반의 교수법을 적극적으로 활용해야 한다. 최근 우리의 교육 현장에서는 시민교육을 실행하기 위한 다양한 교수법이 난무하고 있으나, 철저한 연구와 실험을 통해 입증된 방법은 아직 그리 많지 않다.

시민교육 전문가들은 공적인 생활이나 정치 생활에 대한 학생들의 무관심과 참여 부족을 일컬어 흔히 민주적 결손(democratic deficit)이라고 부른다. 이에 시민교육 전문가들은 학생들의 시민 참여를 제고하기 위한 증거 기반의 교수 방법으로 다음의 5가지 사항을 제안한다(Levin-Goldberg, 2009: 15-18). 5가지 입증된 방법은 봉사 학습 프로젝트(service learning project), 비교과 활동, 교실에서의 토론 및 논쟁 수업, 역할 놀이와 시뮬레이션, 가정과의 연계 활동이다. 여기서는 우리에게 다소 부족한 교실에서의 토론 수업에 대해 자세하게 살펴보고자 한다.

시민교육이 학생의 참여를 촉진하는 데 도움을 주려면 교실 토론이 다음의 네 가지 조건을 충족해야 한다(Levin-Goldberg, 2009: 15). 첫째, 시사 문제와 긴밀하게 연결되어야 한다. 시사 문제와 연결된 토의나 토론은 시민 참여 증가에 기여한다. 둘째, 틀린 대답은 없으며 오히려 적절한 반응만이 있다는 인식의 공감대가 형성되어야 한다. 학생들은 토의나 토론 동안에 그들이 제시한 반응이 존중받는다는 것을 알아야 한다. 또한 교사는 학생들이 자기 견해, 그것의 근거, 생각을 증거와 사실로 구체화하도록 준비시켜야 한다. 셋째, 학생이 주도해야 한다. 학생들이 직접 논쟁과 학급 토론을 이끌 필요가 있다. 그 이유는 그렇게 하는 것만이 학생들에게 강력한 소유의식, 흥미, 책임, 참여를 창출하기 때문이다. 따라서 교실 토론에서 교사의 역할은 지시자가 아닌 촉진자가 되어야 한다. 넷째, 열린 그리고 존중하는 대화 형태가 되어야 한다. 학생들은 타인의 견해와 믿음에 대해 사려 깊게 존중해주어야 한다. 교사는 학생들이 토론을 할 때 지켜야 할 규칙에 대한 훈련을 학기 초부터 시행하여 학생들이 토론의 절차와 규칙에 익숙해지게 해야 한다.

또한 시민교육에서 입증된 중요한 사실 가운데 하나는 바로 학교와 교실 자체가 하나의 민주적 공간이 되어야 한다는 사실이다. 민주주의와 마찬가지로 민주적인 학교는 저절로 생기는 것이 결코 아니다. 민주적 학교는 민주주의를 학교생활에 용해하고 실천하려는 교육자의 시도와 노력 없이는 불가능하다(Beane & Apple, 1995: 9). 우리는 민주적인 학교가 다음의 3가지 주요 특징을 공유한다고 생각한다. 첫째, 민주적인 학교는 자기표현과 상이한 관점의 탐색을 생성하는 민주적 에토스를 촉진한다. 둘째, 민주적인 학교는 학생회처럼 학생이 자기 의견을 목소리로 낼 수 있는 기회를 허용하는 구조를 갖고 있다. 셋째, 민주적인 학교는 학생의 리더십을 권면한다. 즉, 민주적인 학교는 민주적인 풍토가 잘 조성된 곳이고, 그곳에서 학생은 시민의 덕과 역량을 함양하게 된다. 민주적인 풍토는 학생이 자기 생각을 표현하도록 권면하는 것, 학생의 관용과 개방성을 발달시키는 것, 사회적 책임감을 증진하는 것, 정치적 갈등에 대한 인식을 심화시키는 것, 시민적 지식을 증가시키는 것, 애국심에 대한 헌신을 유발하는 것, 도움이 필요한 사람을 돕는 것과 긍정적으로 관련된다(Castro & Knowles, 2017: 302).

삶의 목적의 불씨로서 시민적 · 정치적 목적 형성

삶의 의미와 목적은 긍정심리학에서 웰빙의 중요한 구성요소 중 하나다. 의미 있는 삶 그리고 목적을 추구하는 삶은 번영하는 사람이 보여주는 독특한 특징 가운데 하나다. 긍정심리학에서 삶의 목적에 관한 연구는 시민교육에서 중시하는 시민 참여 및 책임과 관련하여 매우 소중한 아이디어를 제공한다. 긍정심리학에서 많은 연구는 삶의 의미와 목적을 추구하는 것이 적극적인 시민 참여 활동과 밀접하게 관련되어 있다는 사실을 입증한 바 있다(van Tongeren et al, 2016: 225).

브랑크(Bronk, 2014: 109)는 삶의 목적을 '의미 있는 방식으로 자신을 넘어선 세계에 관여하려는 일반화된 헌신'이라고 규정하였다. 특히 브랑크는 삶의 목적이 헌신, 목표 지향성, 개인적 유의미성, 자신을 넘어섬이라는 네 가지 구성요소로 이루어져 있다고 주장하였다. 삶의 목적은 주로 가족, 종교, 직업, 예술 추구, 시민 활동 분야와 관련되어 있다. 시민적 · 정치적 목적은 삶의 목적의 대표적인 유형 가운데 하나지만, 실제로 시민적 · 정치적 목적을 삶의 목적으로 설정하는 학생들은 매우 적다.

시민교육에서 우리가 학생들이 시민적 · 정치적 목적을 삶의 목적으로 추구하도록 권면하려면, 그러한 목적의 불씨(sparks)에 관심을 가져야 한다. 이것의 구체적인 사례를 브랑크는 다음과 같이 제시하였다(Bronk, 2014: 124). "리드(Reid)가 7세 때 담임 선생님은 제 3세계 국가에서 깨끗한 식수를 구하는 것이 얼마나 어려운지를 수업 시간에 설명하셨다. 그 수업은 리드의 마음을 움직였다. 그는 자신이 도울 수 있는 방법에 대해 자세히 배우기로 결심했다. 부모님과 선생님의 지원을 받는 가운데 리드는 자신이 충분한 돈을 모금하면, 전체 지역사회에 깨끗한 물을 공급할 수 있는 우물을 건설하는 일을 도울 수 있다는 사실을 발견했다. 리드는 그 또래의 아이에게서 흔치 않은 집중력과 인내심으로 그 도전을 헤쳐 나갔다. 기금 마련을 위해 리드는 1년 이상 동안 집 주변에서 잡일을 하고, 지역 초등학교에서 연설을 했으며, 여러 언론 매체의 인터뷰에 응하기도 하였다. 1년 후에 리드는 우물을 건설하는데 필요한 돈을 모았고, 우물 건설을 위해 관련 조직과 접촉하였다. 마침내 그는 우물을 만들었다."

이것은 아주 어린 학생도 나중에 시민적·정치적인 목적으로 발달하게 될 목적의 불씨를 갖고 있음을 단적으로 보여준다. 모든 아이는 자신을 고무시켜주는 불씨나 흥미를 갖고 있지만, 성인은 그것을 인식하는 데 실패하여 시간이 지나면서 불씨가 미발달한 형태로 흐지부지되거나 쇠약해진다. 그러므로 교사는 잠재적으로 시민적·정치적 목적이 있는 다양한 활동을 학생들에게 소개하는 것이 매우 중요하다. 지역사회에서 자원봉사 활동을 하는 것, 불우한 처지에 놓인 사람을 돕는 것, 난민을 돕기 위한 모금 활동을 하는 것, 소셜 기부에 참여하는 것 등은 시민적·정치적 목적의 불씨가 되는 유익한 활동이다. 물론 이러한 활동에 관여하는 모든 학생이 계속해서 시민적·정치적 목적을 발달시키는 것은 아니지만, 시민적·정치적 목적을 발달시킨 대부분의 젊은 사람은 아주 어린 나이에 그런 유형의 활동에 참여했다고 보고한다(Bronk, 2014: 94). 그러므로 교사는 학생들이 개인적으로 의미가 있고 자신에게도 매우 적합한 시민적·정치적 열망과 포부를 발견할 수 있는 기회를 제공해야 한다. 또한 교사는 아직 발아 중인 시민적·정치적 흥미와 관심에 대해 학생들과 대화하고, 그것에 입각해 행동하는 방법을 학생들이 발견하도록 도와주면서 학생들이 목적의 씨앗이나 불씨를 발현하도록 적극적인 비계 설정을 해 주어야 한다.

긍정심리학은 주관적 경험, 정신 건강, 플로리싱, 플로우, 긍정적인 미덕과 성품 강점에 초점을 맞춘 일군의 주제를 통합한 우산과 같은 포섭적인 용어다. 긍정심리학자는 '무엇이 잘못되었는가?'라고 질문하는 대신에 '무엇이 잘 되고 있는가?'라는 질문을 더욱 중시한다. 그래서 긍정심리학의 초점은 개인 각자가 역기능적 정서·인지·행동을 감소시키도록 돕는 것, 역경과 도전을 관리할 기술과 자신감으로 무장하도록 돕는 것, 긍정 정서 상태와 부정 정서 상태가 이상적인 비율로 현존하게 하여 웰빙의 최적 상태를 촉진하고 유지하도록 돕는 것에 맞추어져 있다. 긍정심리학을 학교 맥락에 적용하는 여러 시도가 있었지만, 시민교육의 차원은 아직 예외였다.

우리는 긍정심리학이 시민교육과의 만남을 통해 서로 시너지 효과를 볼 수 있다고 믿는다. 그러한 시너지 효과는 긍정 시민성(positive citizenship) 개념의 도입을 통해 가능해진다. 여기서 긍정 시민성은 긍정심리학의 긍정성 개념을 전통적인 시민교육에서 시민성 개념과 결합한 것이다. 긍정 시민성은 시민이 참다운 플로리싱을 경험하기 위해 개인과 정치 공동체 사이에 필요한 호혜적 관계를 의미한다. 만약 정치 공동체가 시민 각자의 최고선을 추구하면서 그 공동체의 공동선을 위한 시민의 참여를 독려한다면, 시민은 진정한 자유와 해방을 경험할 수 있을 것이다. 긍정 시민성은 개인의 심리적 해방과 플로리싱을 장려하는 사회적 조건들이 유지되는 것을 보장한다.

이에 이 장에서는 긍정심리학의 기본 이론을 살펴보고, 그 이론에 부합하는 시민교육의 실현 방안을 제시하는 데 초점을 맞추었다. 이 장에서 나는 긍정심리학의 기본 이론에 근거한 시민교육은 강점에 근거한 시민 참여, 긍정 관계를 통한 사회 자본 형성, 증거 기반 시민교육 교수법 활용, 삶의 목적의 불씨로서 시민적·정치적 목적 형성을 지향해야 한다는 네 가지 사실을 강조하였다. 학교 시민교육은 공동선을 추구하고 사회 문제 해결에 적극적으로 참여하는 시민을 양성하는 데 기여해야 한다. 시민교육이 긍정심리학의 기본 이론을 충실하게 활용한다면, 개인 및 정치 공동체의 플로리싱에 기여하는 적극적인 시민성을 갖춘 학생 시민을 양성하는 데 성공할 수 있을 것이다.

10장
행동 윤리학과 시민교육

민주주의는 지속하는 것이 매우 어려운 생활방식이다. 민주주의의 토대가 되는 기본적인 도덕 원칙인 공정성, 자유, 이익 고려 원칙은 인간의 강하고 원시적인 경향에 부과되는 원칙이다. 민주주의의 감정적 기반인 인간 존중과 인간으로서 타인에 대한 박애의 감정은 합리적인 인간만이 가질 수 있는 것이다. 민주주의는 시민이 공무에 관한 지식과 관심을 가지고 그 제도를 운용하려는 광범위한 의지를 요구한다. 흔히 말하는 것처럼, 민주주의는 개인의 자유에 대한 침해를 막기 위한 지속적인 경계와 그러한 경계가 구현될 수 있는 제도적 안전장치를 요구한다. 민주주의를 운영하는 사람들은 버섯처럼 저절로 솟아나는 것이 아니다. 그들은 훈련을 받아야만 한다(Peters, 1966: 319).

피터스의 오래된 경구는 민주 사회에서 시민교육이 필요한 이유를 일목

요연하게 보여준다. 민주주의와 법치주의는 역사적 필연으로서 우리에게 그냥 주어지는 것이 아니라 모든 개별 시민의 마음과 행동에서 끊임없이 강화되고 새로워져야 하는 도덕감(moral sense)의 산물이다. 민주주의는 자신과 사회의 발전을 위해 정치 과정에 헌신적으로 이바지할 의지와 능력이 있는 적극적이고, 지식과 정보에 밝으며, 책임감이 투철한 시민을 필요로 한다. 시민교육은 시민에게 정치, 경제, 시민사회, 언론, 법을 포함한 민주사회의 제반 특징을 이해하고, 정치 과정과 사회의 문제 해결에 적극적·비판적으로 참여할 수 있는 지식과 기술, 가치와 태도를 제공한다. 이에 버츠(Butts, 1980: 132)는 민주 시민성의 기본 아이디어와 가치가 교양 있는 시민을 위한 교육과정 설계에서 핵심이 되어야 한다고 주장했다. 그는 효과적인 시민교육 프로그램은 학습자에게 필요한 정치 지식과 정치 참여 기술을 제공할 뿐만 아니라 정의, 평등, 권위, 참여, 공공선을 위한 참여, 자유, 다양성, 프라이버시, 공정한 절차, 국제적 인권과 같은 민주적인 시민의 가치를 함양하는 기회를 부여해야 한다고 역설했다(Butts, 1980: 128).

포퓰리즘(populism), 독재, 부패, 민주적 규범과 절차 무시, 부와 소득을 포함한 기타 불평등, 시민의 정치적 무관심과 정치 참여 부족, 가짜 뉴스, 정치적 양극화, 기후 변화 위기 등은 현대 사회에서 민주주의를 위협하는 대표적인 요인이다. 시민교육은 시민성(citizenship) 함양을 통해 이러한 위협에 맞서는 하나의 교육적 보루다. 하지만 시민교육에서 중시하는 시민성은 민주주의의 안정성과 관련하여 이중적일 수 있다. 일반적으로, 시민성은 민주주의의 안정을 위한 토대로 여겨진다. 시민성은 정치적 리터러시, 사회적·도덕적 책임감, 공동체 참여의 세 가닥으로 구성된다(Qualifications and Curriculum Authority, 1998: 13). 시민은 평화롭고 책임감 있는 방식으로 법을 바꾸는 데 필요한 정치적 기술을 갖추어야 한다. 시민은 사회적·도덕적으로 책임 있게 행동해야 한다. 자원봉사와 공동체에 대한 참여는 시민 사회와 민주주의의 필요조건이다. 이렇듯 시민성은 다원적인 민주 사회에서 집단과 공동체의 목표를 정의하고 설정하는 데 필요한 최소한의 국민 통합을 이루고, 통치 엘리트에게 조정 장치로서 정당성을 확립하여 전달한다.

하지만, 이러한 국민 통합이 취약할 때 시민성은 불안정의 원천이 된다. 시민성이 정치화되어 당파적일 때, 시민성은 민주주의를 불안정하게 만드는 원천이 된다. 일반적으로, 당파성은 개인이 자신의 견해를 공유하는 정치 엘리트에게 관심을 기울이게 하고, 그렇지 않은 정치 엘리트에 반대하도록 이끄는 사회 정체성의 한 유형이다(Goodman, 2022: 15). 민주 사회에서 시민성은 기본적으로 당파적 파벌주의를 대체하는 민주적 규범에 헌신하는 정체성이지만, 당파적 시민성은 어려운 시기, 특히 민주주의에 대한 위협 자체가 정치화될 때 활성화된다. 그 결과, 개인은 시민으로서가 아니라 특정한 이념과 사상의 열렬한 추종자로서 민주주의에 대한 위협에 대응한다. 이렇듯 분열된 시민성은 민주주의의 문제를 더 악화한다. 즉, 그것은 패거리주의(sideism)를 강화하여 시민들 간의 유대를 약화하고 사회 자본을 훼손하며, 공유된 국가 목표를 유지하고 민주적인 정권에 정당성을 전달하는 데 필요한 최소한의 국민 통합을 근본적으로 방해한다.

안타깝게도 우리나라를 비롯하여 오늘날 많은 민주 국가는 시민성이 민주주의의 불안정을 초래하는 위기에 처해 있다. 적극적·비판적 정치 참여자, 권리와 의무의 담지자로서 시민의 위상과 역할을 팽개친 채 사람들은 자기 이익과 낭파석 이해관계에 매몰되어 보고 싶은 것만 보고, 믿고 싶은 것만 믿으면서 분열·진영 정치의 충직한 전사로 변모하는 중이다. 이것은 비단 정치적 영역에만 국한되는 것이 아니다. 약속 위반, 사재기, 새치기,

쓰레기 무단 투기, 탈세와 체납, 교통 신호 위반, 문화재 훼손 등 시민의 기본적 의무를 다하지 않거나 교양 없는 행동을 일삼는 사람들이 점점 늘어나면서 우리는 시민의식의 실종을 곳곳에서 쉽게 목격할 수 있다. 요약하면, 지금 우리는 이론적인 시민성의 이상(ideals)과 비교하여 매우 저급하고 불충분한 시민성 수준을 보여주는 시민적 결손(civic deficit)의 모습을 보인다.

이런 상황에서 시민성이 민주주의의 발전과 안정성에 기여할 수 있는 제대로 된 시민교육을 설계하여 실행하는 것은 우리에게 주어진 시대적 과제다. 지금까지 시민교육은 이상적인 좋은 시민의 특징과 요소를 선정하여 그것을 가르치는 것에 중점을 두었다. 나는 이제 우리가 정반대의 관점에서 시민교육을 다시 설계할 필요가 있다고 생각한다. 그래서 우리가 먼저 답해야 할 가장 중요한 질문은 이런 것이다. '시민으로서 우리가 법과 도덕 규칙에 어긋나는 행동을 하면서 민주주의를 위태롭게 하는 근본적인 이유는 무엇인가?' 내가 보기에, 이 질문에 대한 답을 찾는 데 가장 큰 도움을 주는 것이 바로 행동 윤리학(behavioral ethics)이다. 이에 행동 윤리학 렌즈로 바라보는 시민교육은 어떤 것이고, 그것이 이 시점에서 왜 중요한 것인지를 밝히는 것이 이 장의 목적이다.

❶ 행동 윤리학에 관한 기본적 이해

행동 윤리학의 개념 정의

연구자들은 우리 인간이 결정을 내리는 다양하고 복잡한 방식을 오랜 기간 연구해 왔다. 그러나 최근에 이르러서야 연구자들은 윤리적 의사결정에 특별히 초점을 맞추기 시작했다. 비즈니스 윤리학에서 행동 윤리학이라는 새롭고 흥미로운 분야는 인간의 윤리적 의사결정에 관한 연구를 크게 발전시켰다. 간단히 말하면, 행동 윤리학은 기술적인(descriptive) 연구 방법을 통해 사람들이 윤리적인 결정과 비윤리적인 결정을 내리는 근본 이유를 밝히고자 한다. 오늘날 사회심리학, 진화심리학, 사회학, 행동경제학, 신경과학 등 여러 학문에 기반을 둔 이 새롭고 학제적인 분야는 근본적으로 다음의 두 가지 질문에 대한 답을 찾고자 한다. ① 윤리적 딜레마에 처했을 때 사람들은 실제로 어떻게 행동하는가? ② 왜 보통 사람들(또는 단순히 좋은 사람들)은 종종 그들이 자신의 가치에 반(反)하는 행동을 하고 있다는 것을 완전히 인식하지 못한 채 나쁜 행동을 하는가? 이 두 가지 질문은 윤리학 분야에서 새로운 연구 관점을 나타낸다.

철학에 기반을 둔 전통적인 접근법은 '사람들이 어떻게 행동해야 하는가?'에 대해 논의하고 알리는 것을 목표로 한다. 공리주의와 의무론으로 대표되는 윤리학의 전통적인 접근법은 사람들이 이성적이고, 그들의 행동을 완전히 성찰한다고 가정하는 이론에 기초한다. 대조적으로, 행동 윤리학은 선의의 사람들이 비윤리적이고 심지어 불법적인 방식으로 행동하도록 이끌 수 있는 것뿐만 아니라 윤리적 행동을 조장할 수 있는 상황적·심리적 요인이 무엇인지를 이해하려고 노력한다. 그러므로 행동 윤리학은 사람들이 실제로 어떻게 행동하는지를 객관적·과학적으로 이해하려고 시도한다.

윤리학에 대한 규범적 논의가 중요한 것은 사실이다. 무엇이 윤리적이거나 비윤리적인지를 확립하는 지침이나 기준이 없다면, 우리가 다른 사람들의 행동을 판단하기가 어렵기 때문이다. 하지만, 만약 무엇이 옳은지를 아는 것이 인간의 행동을 효과적으로 개선하는 데 충분하다면, 윤리학 교수처럼 윤리학 개념에 대한 높은 전문 지식을 가진 사람들이 나머지 사람들보다 더 윤리적으로 행동하는 것이 마땅하다. 흥미롭게도, 경험적인 연구 증거나 내 삶의 경험에 비추어보면, 윤리학자가 다른 사람보다 윤리적으로 더 낫게 행동하는 경향은 거의 없어 보인다. 미국과 영국의 31개 주요 도서관을 대상으로 수행된 한 연구에 따르면(Schwitzgebel, 2009: 711), 주로 윤리학 교수와 철학 전공 상급생들이 대출하는 상대적으로 이해하기 어려운 현대 윤리학 서적은 비(非)윤리학 서적보다 분실되는 비율이 50% 높고, 1900년 이전의 고전 윤리학 서적은 분실되는 비율이 일반 서적보다 2배나 높은 것으로 나타났다. 다른 연구는 윤리학 교수들이 헌혈과 장기 기증, 투표, 채식주의, 학회 회비 납부, 학생 전자우편에 답장하기, 자선 기부, 설문조사에 대한 응답의 정직성, 심지어 어머니와 연락하는 빈도 등 잠재적으로 도덕적 차원을 가진 8가지 활동 중 어느 것에서도 다른 전공의 교수들보다 더 낫게 행동하지 않고 있다는 사실을 여실히 보여주었다(Schwitzgebel & Rust, 2013: 293). 이러한 연구 결과의 핵심 메시지는 아주 간결하고 분명하다. 엄밀한 지적 관점에서 윤리학을 공부하는 것이 반드시 사람들을 더 윤리적으로 행동하게 만들지는 않는다는 사실이다.

오히려 그 반대일 수 있다. 합리적이고 규범적인 관점에서 윤리학을 연구하는 것은 개인들이 선호하는 행동 방안을 정당화하기 위해 적절한 수사나 합리화를 사용하는 경향이 더 많아지게 할 수 있고, 따라서 비윤리적인 행동의 가능성을 증가시킬 수도 있다. 복잡한 딜레마에 관한 토론을 중심으로 전개되는 윤리학 분야에서 전통적인 교육·훈련 방식은 이러한 고도의 인지적 토론을 따분하고 지루한 연습으로 여기는 경향이 있는 사람들 사이에서 일종의 윤리 피로(ethics fatigue)를 유발할 수 있다. 하이트(Haidt) 역시 전통적인 윤리학 훈련이나 도덕적 추론 중심의 도덕교육은 사람들이 완전히 이성적·합리적이라는 20세기 중반 이론에 근거하고, 여러 도덕 기반 중 해악과 공정성에만 배타적으로 초점을 맞추기 때문에(Graham, Haidt

& Rimm-Kaufman, 2008: 275), 사람들의 행동을 효과적으로 변화시키지 못한다고 주장한다. 그는 우리의 통념과는 달리, 도덕 판단은 주로(항상 그렇지는 않지만) 직관적이고 자동적인 과정에서 비롯하고 추론이 그 뒤를 따른다고 말한다(Haidt, 2001: 817). 그러므로 인간의 도덕성과 윤리에 대한 현대의 견해는 사람들이 이성뿐만 아니라 직관, 감정, 그리고 공감에서 움직일 때 유덕하게 행동한다는 것이고, 신경과학과 사회 심리학 분야의 수많은 연구가 그 견해를 입증했다.

비즈니스 세계에서 행동 윤리학은 조직에서 사람들의 행동을 이해하는 새로운 방법을 제공함으로써 중요한 역할을 담당한다. 행동 윤리학은 사람들을 좋은 사람이나 나쁜 사람으로 분류하여 좋은 사람이 항상 윤리적으로 행동할 것으로 기대하는 대신, 대부분의 위반 행동은 인간의 심리적 복잡성과 그들이 처한 강력한 사회적 상황과 맥락에서 비롯된다는 것을 이해한다. 따라서 윤리적 행위를 근본적으로 개선하기 위해서는 인간이 항상 합리적이고 계산된 방식으로 행동한다는 관점을 넘어서서 인간의 심리적 과정, 상황적 압력, 시간적 역학의 영향을 상세하게 분석해야 한다. 이렇듯 비윤리적인 행동의 근원을 이해함으로써, 우리는 건전한 윤리적 행위가 실천하기 쉽고, 거의 자동적이며, 관례적인 것이 될 수 있는 조직과 사회를 만들 수 있다.

행동 윤리학의 기본 명제

행동 윤리학 관점에서 시민의 비윤리적 행동은 의도적이고 계획적인 선택의 결과라기보다는 모든 인간이 지닌 흔계나 경향의 산물이다. 행동 윤리학은 사람들의 의사결정에 내재하는 비합리적 본질을 식별하는 것에 초점을 맞추며, 이러한 연구의 초점은 사람들의 비윤리적 행동이 항상 의도적이거나 추론에 의한 것이 아님을 강조한다(De Cremer & Moore, 2020: 372). 행동 윤리학이 중시하는 대표적인 기본 명제를 살펴보면 다음과 같다.

① 제한된 인식

사이먼(Simon, 1983: 34)이 처음 사용한 제한된 합리성이라는 용어는 인간의 합리성이 매우 제한적이고, 상황과 인간의 계산 능력의 제한을 받는다는 의미를 서술한다. 개인은 종종 완전하고 정확한 정보를 갖지 못하며, 설령 그렇다 해도 최적의 선택에 도달하기 위한 정보 처리에 미치지 못하는 능력을 갖고 있다. 이 광의의 개념은 인간의 의사결정에 관한 전통적인 경제학자와 심리학자의 관점 차이를 잘 보여준다.

행동 윤리학자는 제한된 합리성에 근거하여 제한된 인식(bounded awareness) 개념을 발전시켰다. 제한된 인식은 우리가 쉽게 관찰할 수 있는 관련된 데이터에 우리가 초점을 맞추는 것을 방해한다. 제한된 인식은 사람들이 의사결정 과정 동안 중요하고 접근 가능하며 지각할 수 있는 정보를 보지 못하게 만든다(Bazerman & Sezer, 2016: 97). 행동 윤리학자는 이것을 흔히 초점 실패(focusing failure)라고 부른다(Chugh & Bazerman, 2007: 1). 초점 실패는 좋은 결정을 내리는 데 필요하고 가용한 정보가 의사 결정자가 고려하는 정보와 정렬될 수 없을 때 발생한다. 이를테면, 사람들은 특정 사건에만 지나치게 초점을 맞추고 다른 중요한 사건에는 초점을 맞추지 않는다(Wilson et al., 2000: 821). 예를 들어, 사람들은 좋은 사건(예: 복권 당첨)이나 나쁜 사건(예: 신체 마비)이 자신의 전반적인 행복에 미치는 영향을 과대평가한다. 사람들은 자신의 행복에 영향을 주는 수많은 다른 요소나 요인에 초점을 맞추지 않고, 오로지 특정 사건에만 초점을 맞춘다.

이렇듯 사람들은 좋은 결정을 내리는데 필요한 중요한 정보를 알아차리는 데 실패한다. 대신에 사람들은 그들 앞에 있는 데이터에만 의존한다. 덧붙여, 사람들은 고려해야 할 다른 선택지가 존재한다는 것을 알아차리는 데 실패한다. 또한, 그들은 결정 과정에 연루된 다른 당사자의 중요한 역할을 잘 인지하지 못한다(Bazerman & Sezer, 2016: 97).

② 제한된 윤리성

행동 윤리학에서 제한된 윤리성(bounded ethicality)은 매우 중요한 개념이다. 의식적인 마음의 한계와 무의식적 마음의 만연을 고려한 경험 연구 결과는 비윤리적 행동이 종종 무의식적 행동의 결과임을 입증한다. 이러한 연구는 개인의 윤리성이 제한되어 있음을 보여준다. 제한된 윤리성은 의사 결정의 윤리성에 자동적·역동적·순환적으로 영향을 미치는 우리의 윤리적 자아관(ethical self-view)을 향상하고 보호하는 체계적이고 일상적인 심리 과정을 뜻한다(Chugh & Kern, 2016: 86). 제한된 윤리성 하에서 내려진 결정은 종종 행위자의 인식 외부에 존재하며, 그가 견지하는 윤리적 가치와 일치하지 않는다. 우리의 인식 바깥에 있는 요인들은 우리가 윤리적으로 제한되도록 이끈다(Bazerman & Sezer, 2016: 99).

제한된 윤리성 개념은 사람들이 항상 완전하게 윤리적이라는 생각에 도전한다. 그것은 우리가 윤리적으로 실패하기 쉬운 존재임을 적시한다. 또한, 이러한 윤리적 실패는 드물거나 예측할 수 없는 것이 아니라 체계적이고 일상적인 심리 과정의 결과다. 행동 윤리학자는 제한된 윤리성 개념을 사용하여 우리가 의도한 윤리적 행동과 실제의 윤리적 행동 사이에 차이가 존재하는 현상을 설명하는 데 도움이 된다는 사실을 강조한다. 제한된 윤리성 개념은 우리가 생각하고 계획하며 바라는 만큼 우리가 윤리적이지 않은 다양한 현상(예: 우리는 직장에서 비용을 과다 청구하고, 결정을 내릴 때 미래를 무시하며, 이해 상충에 쉽게 휘말린다.)을 설명하는 데 매우 유용하다(Chugh & Kern, 2016: 86).

③ 도덕적 평형

행동 윤리학 분야에서 우리가 주목할 가정 중 다른 하나는 도덕성이 안정적인 개인차를 가진 것이라기보다는 역동적이고, 영향력에 취약하여 순응성이 있다는 것이다. 비윤리적으로 행동할 기회를 접할 때, 사람들은 자기 이익을 추구하는 것과 긍정적인 자아관이나 자아개념을 유지하는 것 간의 균형을 유지하고자 한다. 사람들은 자기 이익을 위해 긍정적인 자아개념을 기꺼이 희생하려는 저마다의 도덕적 평형 점(moral equilibrium point)을 갖고 있다. 그리고 이러한 평형 점은 성향적인 요인과 상황적인 요인의 상호 작용의 결과로 결정된다.

일찍이 니산(Nisan, 1991: 213)은 도덕적 균형(moral balance) 모델을 통해 개인이 주어진 시간 범위 내에서 도덕적으로 관련이 있는 행동을 바탕으로 개인의 도덕적 균형을 계산한다고 제안했다. 이를 근거로 행동 윤리학자는 사람들이 각자 도덕적 평형 채점표(moral equilibrium scorecard)를 활용한다고 주장한다. 사람들은 그들 스스로 믿는 자신의 유형과 그들의 실제 행동을 비교하는 도덕적 원장(moral ledge)을 기록한다. 사람들이 가치 있는 어떤 행동을 했다면, 계정은 잉여 상태가 되어 사람들에게 어떤 모호한 것을 할 자유의 범위, 즉 도덕적 자기 면허(moral self-licensing)를 부여한다. 사람들은 가치가 없는 결정이나 판단을 하면, 다시 도덕적 원장의 균형을 맞추려고 어떤 긍정적인 행동을 수행하여 상쇄한다. 다시 말해, 도덕적 자아 가치가 위협받을 때 도덕적 세정(moral cleansing)은 도덕적 자아 개념을 회복시키고, 도덕적 자아 가치가 너무 높을 때 도덕적 자기 면허는 행위자가 도덕적 행동을 하는 것을 제한하여 개인 나름의 편안한 수준으로 돌아갈 수 있도록 한다. 이러한 발견은 동일한 사람이 어떤 상황에서는 윤리적으로 행동하는 것을 선택하고, 다른 상황에서는 비윤리적으로 행동하는 방식을 부분적으로 설명한다.

2 행동 윤리학에서 비윤리적 행동에 대한 설명

행동 윤리학자는 성향적인 요인과 상황적인 요인을 통합하는 비윤리적 행동에 관한 하나의 모델을 제시한다. 이 모델은 비윤리적인 행동이 성향적인 요인(개인의 능력과 의지력, 성격 특질, 동기와 정체성)과 특질 관련 상황적인 요인 간의 역동적인 상호작용의 결과로 발생한다는 것을 보여준다. 여기서 특질(traits)은 다양한 상황과 시간에 걸쳐 나타나는 개인의 전형적인 사고·감정, 행동 방식을 지칭한다.

성향적인 요인

행동 윤리학자는 성향적인 요인에 대한 설명을 세 가지로 구분한다. 첫째는 인지적 도덕 발달 능력과 의지력의 문제로 비윤리적 행동을 보는 것이다. 인지적 도덕 발달은 개인이 윤리적 딜레마에 대해 생각하는 방식 그리고 주어진 상황에서 옳음과 그름을 결정하는 방식에 영향을 준다. 예를 들어, 레스트(Rest, 1986: 3)의 4 구성 요소 모델은 윤리적 행동이 인식, 판단, 동기/의도, 실행력이라는 네 가지 과정의 결과라고 본다. 레스트는 도덕적 행동에 대해 강한 행위자 모델을 제시하는 데, 이것은 윤리적으로 행동하는 데 실패하는 것은 개인의 도덕적 인식, 판단, 동기, 실행력에서 결함 때문이라고 가정한다.

한편, 자기 통제에 관한 연구는 비윤리적 행동의 전제로서 행위자의 의지력을 부각시킨다(Baumeister, Vohs & Tice, 2007: 351). 이러한 연구는 사람들이 단기적 이득 대 장기적 이득을 제공하는 행동 간의 딜레마에 직면할 때 비윤리적으로 행동한다고 가정한다. 경험 연구 결과는 개인이 자기 통제에 진력하는 것은 그의 자기 조절 자원을 고갈시켜 무관한 영역에서 비윤리적 행동을 증가시킨다는 것을 입증했다(Gino et al., 2011: 191). 특질 수준에서 낮은 자기 통제는 일군의 범죄 행동과 반사회적 행동을 유발하는 것으로 밝혀졌다. 레스트의 이론과 유사하게, 자기 통제에 관한 연구는 윤리적 유혹에 저항하는 개인의 능력을 강조한다.

둘째는 성격 특질이 비윤리적 행동에 영향을 준다는 것이다. 성격 특질에 관한 이전의 연구는 비윤리적 행동을 하는 성향을 갖게 만드는 여러 특질을 발견했다. 행동 윤리학자는 그중에서도 도덕 정체성의 자기 중요성과 도덕 이탈에 주목한다. 도덕 정체성은 일군의 도덕적 특질을 중심으로 조직화 된 자아 개념을 뜻하며, 상대적으로 안정적인 개인차를 보여준다(Aquino & Reed, 2002: 1423). 도덕 정체성은 친사회적 행동 증가 및 비윤리적 행동 감소와 정적인 상관관계가 있다. 도덕 이탈은 마음의 고통을 느끼지 않은 채 비윤리적으로 행동하는 것을 자신에게 허용하려고 인지적으로 이탈하는 개인의 경향을 언급한다. 도덕 이탈은 비윤리적 행동을 증가시킨다. 행동 윤리학자는 윤리적 행동에 영향을 주는 정서 기반 성격 특질에도 주목했다. 특질 공감은 윤리적 행동을 증가시키고 비윤리적 행동을 감소시킨다. 죄책감을 잘 느끼는 경향은 정직한 행동을 유발하고, 일탈 행동의 감소에 기여한다(Lee & Gino, 2018: 478). 이와는 반대로, 권모술수(Machiavellianism)와 사이코패스 특질은 비윤리적 행동을 증가시키는 것으로 밝혀졌다(Lee & Gino, 2018: 478).

셋째는 정체성과 동기 부여가 비윤리적 행동에 영향을 준다는 것이다. 행동 윤리학자는 비윤리적 행동을 유발하는 개인차를 조사하면서 동기적인 요인을 중시한다. 행동 윤리학자는 동기적인 요인 가운데 특히 애착과 수행 불안을 강조한다(Lee & Gino, 2018: 478). 애착은 대인 관계적인 비윤리적 행동을 낳는 강력한 사회적 동기가 될 수 있다. 성향적인 불안 애착은 거짓말과 부정행위와 같은 비윤리적 행동과 정적인 상관관계를 맺는다. 수행과 관련된 불확실성에서 촉발된 불안감은 그러한 혐오적인 상태를 감소시키기 위한 수단으로 부정행위를 촉진한다. 과제에서 저조한 수행으로 인해 '능력'과 관련한 자신의 자아개념이 위협을 받게 되면, 사람들은 속임수나 부정행위를 훨씬 더 많이 하는 것으로 밝혀졌다(Lee & Gino, 2018: 478).

개인과 상황 간의 상호작용

행동 윤리학자는 성향적인 요인에 관련된 상황의 힘을 식별하기 위해 특질 활성화(trait activation)의 상호작용 원칙을 채택한다. 즉, 특질의 행동적 표현은 특질과 관련된 상황적 단서에 의한 그 특질의 활성화를 필요로 한다. 이러한 관점은 강한 성향을 통해 개인이 다른 상황을 가로질러 일관되게 행동할 수 있는 가능성뿐만 아니라, 강한 상황은 다른 사람들이 비슷한 방식으로 행동하도록 이끌 수 있다는 사실을 허용한다.

첫째, 개인의 능력과 의지력이 인지적으로 고갈된 상황과 상호작용을 할 수 있다. 오랜 시간의 비행으로 시차 적응에 어려움을 겪는 사람을 생각해 보자. 연구 결과는 수면 부족이 비윤리적인 행동을 유발한다는 것을 보여준다(Barnes et al., 2011: 169). 또한, 사람들은 낮보다는 아침에 더 윤리적이라는 사실을 보여준다(Kouchaki & Smith, 2013: 95).

둘째, 도덕 정체성, 도덕 이탈, 특질 공감, 죄책감 경향, 권모술수, 사이코패스와 같은 상대적으로 안정된 여러 성격 특질과 그 특질과 관련된 여러 상황을 생각해볼 수 있다. 예를 들어, 자신의 비윤리적 행동을 쉽게 합리화하는 것을 허용하는 윤리적 규범은 도덕 이탈 특질이 높은 사람들이 비윤리적 행동을 하는 것을 강화할 수 있다. 예를 들어, 직장에서 상사와 신입 사원의 관계를 생각해보자. 직장 상사가 비용을 과다 청구하면서 회사에서는 누구나 다 이렇게 한다고 신입 사원에게 말했다고 가정해보자. 일반적으로 이것은 신입 사원이 직장에서 비윤리적으로 행동할 경향을 높이지만, 도덕 이탈 경향에 따라 다를 수 있다. 관리자의 도덕 이탈과 윤리적 리더십에 대한 직원의 인식 간의 부적 관계는 직원의 도덕 이탈 특질이 낮을 때 더 강력했다(Bonner, Greenbaum & Mayer, 2016: 731).

셋째, 애착과 수행 불안과 같은 동기 부여적인 힘이 상황과 상호작용하는 방식이다. 예를 들어, 월 스트리트(Wall Street)처럼 스트레스가 많은 근무 환경은 직원의 수행 불안을 강화할 수 있다. 실제로 자신의 정체성이 은행 직원이라고 생각하는 사람들이 부정행위를 더 많이 하는 것으로 나타났는데, 이것은 비즈니스 문화가 개인의 도덕적 나침반 형성에 중요한 역할을 할 수 있음을 암시한다. 마찬가지로 대인관계 갈등과 조직의 제약 조건 등과 같은 스트레스 유발 요인은 반사회적인 직무 행동을 증가시킨다(Meier & Spector, 2013: 529). 높은 수준의 불안과 회피 애착을 특징으로 하는 사람들은 자신의 상황을 스트레스가 많은 것으로 생각하므로, 스트레스가 많은 환경은 사람들이 비윤리적 행동에 관여하면서 수행 관련 스트레스를 감소시키려는 욕구를 강화하기 마련이다.

3 행동 윤리학에 근거한 시민교육의 방향

지금까지 살펴본 바와 같이, 행동 윤리학은 제한된 인식, 제한된 윤리성, 도덕적 평형 개념을 활용하여 윤리적인 행동과 비윤리적 행동이 발생하는 성향적·심리적·상황적 요인을 규명하는 데 관심을 보인다. 행동 윤리학 연구의 강력한 결과 중 하나는 부정직함을 비롯한 인간의 비윤리적 행동이 적어도 두 가지 사실 때문에 변화시키기 어렵다는 것이다. 첫째, 사람들은 종종 그들이 그렇게 하고 있다는 것을 의식하지 못한 채 비윤리적인 행동에 참여한다. 둘째, 사람들은 자신이 비윤리적으로 행동하고 있다는 것을 인식하더라도, 그들은 사회적·상황적 힘이 그들을 윤리적 경계선을 넘도록 내몰고 있다는 것을 깨닫지 못한다. 그러므로 인간의 도덕성은 역동적이고, 영향력에 매우 취약한 순응적인 것이다. 비록 우리가 윤리적인 것에 신경을 쓴다고 해도, 우리들 대부분은 특정한 사회적·상황적 압력 하에서 비윤리적으로 행동한다.

이를 고려하여 행동 윤리학자는 조직이나 사회에서 구성원의 윤리적인 행동을 촉진할 수 있는 개입 방안을 적극적으로 모색한다. 예를 들어, 베이저만과 세저(Bazerman & Sezer, 2016: 103)는 윤리성을 향상하는 방안으로 시스템 2(system 2) 사고 유형 활용과 넛지(nudge)를 제시한다. 아얄과 그 동료(Ayal, Gino, Barkan & Ariely, 205: 739)는 그릇된 행동을 촉진하는 요인을 이해하는 것이 도덕적 행동을 이끄는 데 도움이 된다는 가정하에 세 가지 원칙으로 구성된 수정 프레임워크(REVISE framework)를 제안하였다. 상기시키는 것(Reminding)은 도덕성의 현저함을 높이고 부정직함을 정당화하는 능력을 감소시키는 미묘한 단서의 효과를 강조한다. 가시성(Visibility)은 사회적 모니터링 단서를 언급하며, 이것은 익명성을 제한하고, 동료 감시를 촉진하며, 책임 있는 규범을 유도하는 것을 목표로 삼는다. 자기 관여(Self-engaggement)는 긍정적인 자아 이미지를 유지하려는 동기를 증가시키고, 도덕적으로 행동하려는 개인적인 헌신을 낳는다(추병완, 2022: 178-179). 여기서는 이러한 논의에 기초하여 행동 윤리학에서 제시하는 시민의 윤리성 함양 방안을 교육 내용과 방법의 측면에 국한하여 제안하고자 한다.

비윤리적 행동의 유발 요인에 관한 이해 증진

일반적으로 행동 윤리학자는 도덕적 추론 기술 발달에 초점을 맞춘 전통적인 도덕교육의 방법에 아주 회의적이다. 그들은 인간의 비윤리적 행동에 영향을 미치는 다양한 상황·심리·성향 요인에 대한 직접적인 이해를 증진하는 것이 중요하다고 생각한다. 앞에서 살펴본 것처럼, 제한된 윤리성 개념은 우리가 어떤 사람이 되기를 바라는 것과 실제로 우리가 행동하는 방식 간의 차이를 만들어내는 세 가지 영향력에 주의를 기울인다. 세 가지 영향력은 바로 사회적·조직적 압력(외부 압력), 심리적 편향과 정신적 지름길(내적 편향), 상황적 요인이다. 그러므로 우리는 시민교육에서 시민적 결손을 초래하는 이러한 요인과 영향력에 대해 학생들이 잘 인지할 수 있도록 교육해야 한다.

전통적으로 우리는 좋은 시민의 모습을 이상적으로 설정하고, 학생들이 그러한 삶의 모습을 갖추도록 하는 데에만 골몰하였다. 법을 지키고, 투표하며, 의무를 다하고, 자기 행동에 책임을 지며, 공동선을 위해 적극적으로 참여하는 시민의 모습만을 강조할 뿐, 시민으로서 우리가 그런 이상적인 삶의 모습을 구현하는 데 자주 실패하는 요인이나 영향력을 알게 하는 데에는 매우 소홀하였다. 행동 윤리학의 연구 결과는 우리가 윤리적 시민이 되는 데 자주 실패하는 요인을 우리에게 알려줌으로써 이를 예방할 수 있는 다양한 선택지를 우리에게 제공한다. 좋은 시민이 갖추어야 할 요소를 선정하여 가르치고 함양시키는 전통적인 방식에 덧붙여, 좋은 시민이 되는 것을 방해하는 다양한 요인과 영향력을 제대로 이해시켜 윤리적 사각지대가 발생하지 않도록 예방하는 형태의 교육이 병행된다면, 우리의 시민교육은 지금보다 더 발전할 수 있는 이론적 틀을 구비하게 될 것이다.

가치와 의사결정의 시기를 정렬하기

이것은 가치와 결정 시간을 정렬하여 개인이 결정을 내린 이후보다는 결정을 내리기 전에 그것의 윤리적 함의를 고려하도록 유도하는 방안이다. 카페테리아 라인의 시작 부분에 전략적으로 샐러드를 배치하면 건강한 식습관 행동이 증가하듯이(Just & Wansink, 2009: 1), 가치에 근거한 메시지를 부정행위를 할 수 있는 기회의 사후보다 사전에 제공하면, 개인이 부정행위를 하는 경향을 줄일 수 있다. 예를 들어, 우리가 다른 사람에게 중요한 개인 정보를 제공하는 양식(예: 세금 신고서 양식, 입사 지원서, 신용카드 신청서)을 생각해보자. 대부분 양식의 경우, 우리는 중요한 정보를 제공한 후에야 우리는 우리가 진실했다는 것을 확인시키기 위해 하단에 서명한다. 그런데 왜 양식의 대부분은 마지막에 서명하도록 되어 있는가?

우리가 거짓말이나 부정행위의 기회를 마주하기 전에 윤리 규정에 서명하는 것은 적절한 순간에 우리의 윤리성을 높이고, 그 결과 우리의 부정직한 행동을 감소시킨다. 슈와 그 동료(Shu et al., 2012: 15197)는 한 자동차 회시에서 현장 실험을 실시한 결과, 마일리지 보고서 양식 하단에 서명한 사람들은 덜 정직한 것으로 나타났다. 그들은 보험 양식 상단에 있는 윤리 규정에 서명한 사람들보다 평균적으로 약 10% 더 적게 마일리지를 보고했다. 이러한 명백한 증거에도 불구하고, 양식 제작자들은 여전히 사람들이 비윤리적인 방식으로 행동하고 그 내용의 진실성을 확인하기 위해 서명하도록 요구하는 전통적인 문서 양식을 사용한다. 그렇게 하는 것은 비윤리적인 행동을 줄이는 데 비효율적이다. 최악의 경우, 그들은 허위 보고에 의한 비윤리적인 약속이 이루어진 후에 개인들이 아래에 서명하도록 함으로써 무의식적으로 그들의 비윤리적인 행동을 정당화하거나 심지어 확대하도록 장려할 수 있다.

미래의 윤리적 결정에 대한 조기 약속

　결정과 그 결정의 실행 사이의 시간을 연장하면, 비윤리적인 행동을 상당히 줄일 수 있다(Tenbrunsel et al., 2010: 153). 개인이 미래지향적이거나 현재지향적인 정도는 개인이 도덕적 영역에서 내린 결정을 포함하여 결정을 이해하고 해석하는 방식을 형성한다. 예를 들어, 사람들은 현재 자아와 미래 자아 사이의 연속성을 보지 못할 때보다 현재의 자아가 미래의 자아와 어떻게 관련되는지가 연결되어 있을 때 비윤리적인 행동을 하는 것에 대해 더 큰 거부감을 표현한다(Hershfield et al., 2012: 298). 개인은 미래 상태를 고려할 때 더 높은 수준의 추상적인 방식으로 생각하여 자신이 해야만 하는 '당위' 결정을 내릴 가능성이 크지만, 현재에 대해 생각할 때는 선택의 본능적 경험에 대해 더 많이 생각한다는 점에서 더 세밀하고, 결과적으로 자기가 원하는 '욕망' 선택에 저항할 능력이 줄어든다. 이것을 윤리의 영역에 적용하면, 개인은 그 결정이 현재 실행될 때보다 미래에 실행될 때 비윤리적인 선택을 고려할 가능성이 줄어든다.

　현재 시점에서 사람들이 투표 계획을 구체적으로 세우도록 촉진함으로써 그들이 미래 시점에서 투표하도록 장려하는 안내 전화는 실제로 사람들의 투표 참가 비율을 9% 향상시켰다(Nickerson & Rogers, 2010: 194). 마찬가지로 독감 예방접종을 받으려는 날짜와 시간을 모두 적으라는 특정 메시지를 받은 사람들은 단순히 접종 예정 날짜를 적거나 접종 날짜를 상기시키는 전화를 받은 사람들보다 예방접종 비율이 4.2% 더 높은 것으로 나타났다(Milkman, Beshears, Choi, Laibson & Madrian, 2011: 10415). 이러한 연구 결과는 현재 시점에서 실행 의도를 명확하게 형성하는 것이 추후 관련 행동의 증가에 기여함을 잘 보여준다. 윤리적 영역에서 이러한 개입의 중요한 함의는 개인이 미래에 부정직하게 행동하려는 예상된 유혹에 맞서거나 그것을 피하려고 현재에서 결정함으로써 나중에 더 윤리적으로 행동할 수 있다는 것이다. 예를 들어, 우리는 미래에 해적판이 나돌아 인터넷에서 불법으로 다운로드하려는 유혹을 아예 회피하거나 차단하기 위해 책이나 음악 앨범을 사전에 예약 구매하는 결정을 내릴 수 있다.

시간 압력이 비윤리적 행동을 높인다는 사실을 고려할 때, 우리는 과제를 더 일찍 시작하려는 약속 계약을 함으로써 부정직함을 간접적으로 예방할 수 있다. 예를 들어, 우리는 시험 날짜가 다가오기 전에 시험공부를 열심히 하고, 부정행위를 하지 않겠다는 약속을 지키지 않으면 어떤 대가를 치르겠다는 약속을 사전에 함으로써 시험에서 부정행위를 할 가능성을 줄일 수 있다. 물론 이러한 약속 계약은 비윤리적 행동을 직접적인 표적으로 삼지는 않지만, 비윤리적 행동의 중요한 추동 요인을 표적으로 삼을 수 있는 장점이 있다.

일반적으로 우리는 현재 시점에서는 덜 윤리적인 자신이 원하는 '욕망' 결정을 내릴 가능성이 너 크고, 미래 시점에서는 더 윤리적인 해야만 하는 '당위' 결정을 내릴 가능성이 더 크기 때문에, 미래 잠금(future lock-ins) 개념의 기초가 되는 원칙은 정책 입안자들이 현재 인기가 없지만 해야만 하는 '당위' 정책을 촉진하고 실행하는 데 도움을 줄 수 있다. 로저스와 베이저먼(Rogers & Bazerman, 2008: 1)은 가능한 빨리 투표한 후 2년 후부터 실행할 가스 가격 인상 정책을 고려할 때, 사람들은 가까운 미래를 강조하는 것(가능한 빨리 투표하는 것)보다 먼 미래를 강조하는(2년 후에 시행하는 것) 정책을 지지할 가능성이 더 크다는 것을 입증했다. 그러므로 단순히 어떤 정책을 미래를 위한 결정으로 만드는 것만으로도 사람들이 장기적인 이익을 얻기 위해 즉각적이고 단기적인 비용을 부담하도록 장려할 수 있다. 이것은 기후 변화 완화 정책처럼 윤리적 함의를 지닌 시민의 행동과 매우 관련성이 큰 문제이다.

과제에서 숙고하는 기회 창출

부정행위에 대한 그럴듯한 정당화를 제거하면서 심사숙고할 기회를 부여하는 것은 비윤리적 행동의 감소에 효과적이다. 다시 말해, 도덕적 규범이 활성화될 때 개인에게 정신적으로 사건을 시뮬레이션하고, 개인적·공개적으로 자신의 행동을 숙고할 수 있는 시간을 부여하는 것은 비윤리적 행동의 감소에 기여한다. 다른 사람들이 윤리적으로 행동하고 있다고 우리가 생각할 때 사회적 심사숙고(social contemplation)는 거짓말을 하는 경우를 감소시키지만, 다른 사람들이 이기적으로 행동한다고 가정하는 이기적 행동의 기준에서 사회적 심사숙고는 실제로 거짓말을 하는 경우를 증가시켰다(Gunia, Wang, Huang, Wang & Murnighan, 2012: 13). 이러한 연구 결과는 윤리적으로 행동하는 것에 관한 사회적 규범이 있다면 윤리적인 이슈에 대한 공개적인 논의가 효과적이라는 것을 시사한다. 그렇지 않은 경우, 특히 조직의 규범이 사리사욕에 기초할 때 이러한 사회적 심사숙고는 오히려 역효과를 낳을 수 있다.

사회적 심사숙고가 가능하지 않을 때, 숙고하는 데 더 많은 시간을 할애하는 것은 정직한 행동을 증가시킨다. 이것은 특히 사람들이 부정직함에 대한 정당성이 적을 때 더욱 그렇다(Shalvi et al., 2012: 1264). 실험 연구 결과에 따르면, 주사위를 세 번 굴릴 수 있는 기회가 있지만 첫 번째 굴려서 나온 주사위의 숫자에 근거해서만 돈을 받기로 되어 있는 경우(1번은 1달러, 2번은 2달러 … 6번은 6달러), 참가자들은 시간의 압박이 없을 때보다 시간의 제약을 받는 상황에서 거짓말을 더 많이 했다. 더 많은 시간을 허락하는 것은 부정행위가 정당화될 수 없는 경우에 특히 유익하다. 주사위를 오직 한 번만 굴릴 수 있을 때, 그리고 시간 제약이 없을 때 사람들은 거짓말을 전혀 하지 않은 반면, 시간 압박에 시달리는 경우에는 이전 사례와 거의 똑같이 부정행위를 했다. 이러한 연구 결과는 일부 개인의 초기 반응이 속이는 것이었고, 시간을 더 가짐으로써 그들이 비윤리적인 행동을 자제했다는 것을 보여준다. 게다가, 사람들에게 눈을 감고 조용히 정신적으로 사건을 시뮬레이션 해 보도록 요구하는 것은 그들이 부정행위를 비윤리적인 것으로 판단하도록 이끌고, 이기적인 행동의 감소에 기여하는 것으로 나타났다. 마찬가지로, 사람들에게 그들의 결정에 대해 '신중하게 생각하라!'라고 요청하는 것도 비윤리적인 행동을 단념시킬 수 있다. 즉시 결정을 내리도록 요청받은 사람들에 비해, 자신의 미래 행동을 스스로 정신적으로 숙고하거나 윤리적인 이슈에 대해 다른 사람들과 대화함으로써 사회적 심사숙고를 할 수 있는 기회를 가진 사람들은 거짓말을 할 가능성이 더 낮았다(Zhang, Gino & Bazerman, 2014: 72).

일찍이 달리와 뱃슨(Darley & Batson, 1973: 100)은 시간 제약의 왜곡된 효과에 대한 증거를 구체적으로 제공했다. 그들이 설계한 실험에서, 목적지에 도착하기 위해 서두른 참가자들은 문간에 쓰러져 있는 사람에게 도움을 주기 위해 멈추지 않고 그냥 지나칠 가능성이 더 많았다. 개인의 종교성과 같은 성향적인 요인은 물론 순수와 관련된 개념을 접하는 것과 같은 다른 상황적 요인(즉, 그 사람이 선한 사마리아인의 우화나 도움 행동과 무관한 주제에 대해 짧은 이야기를 하러 가는 중이었는지 여부)은 일차적인 효과를 조절하지 못했다. 그러므로 사람들은 시간이 더 많고, 윤리적으로 행동하는 것에 관한 규범이 존재하고 비윤리적인 행동을 쉽게 정당화할 수 없는 경우, 다른 사람을 도울 가능성이 더 커지고 비윤리적인 행동을 저지를 가능성은 낮아진다.

자아 개념을 환경과 연결하기

비윤리적인 행동을 줄이려면, 자기 인식을 유발하는 환경을 만들어 행동과 도덕적 자아 간의 연결을 강화해야 한다. 예를 들어, 사람들은 부정행위의 유혹에 직면하여 거울에 노출되는 경우 부정행위를 저지를 가능성은 줄어든다. 마찬가지로, 익명성을 줄이는 것은 비윤리성을 줄일 수 있다. 심지어 만화 같은 눈동자 한 쌍을 방에 배치해 누군가가 지켜보는 느낌을 주는 것은 대학 구내식당의 쓰레기를 줄이고 대학 커피숍의 무인 계산대에 정직하게 음료수 값을 지불하는 행동을 높이는 것으로 나타났다(Zhang, Gino & Bazerman, 2014: 72-73). 이러한 연구 결과는 정체성과 행동의 연관성을 확립하는 것은 조직이 일반적으로 설정한 메시지와 사회적 규범에 제약을 받을 필요가 없음을 보여준다. 사람들이 일하는 물리적 공간의 단순한 설계를 통해서도 사람들이 자신의 행동과 자아 개념 사이의 연결을 만드는 정도를 얼마든지 강화할 수 있다.

현대 민주 사회는 기후 변화, 빈곤, 부·소득 및 기타 형태의 사회적 불평등, 인권 남용, 잘못된 정보와 가짜 뉴스, 포퓰리즘 운동의 성장, 민주 정치에 대한 시민들의 환멸과 무관심을 포함한 다양한 위협과 도전에 직면해 있다. 시민교육은 시민으로서 개인행동과 집단행동을 통해 이러한 전반적인 사회적 우려와 문제를 해결하고자 한다. 그것의 핵심 목표는 시민의 정치적 지식과 이해 수준을 높이고 비판적이고 적극적인 시민성을 증진하기 위해 시민사회와 정치 활동에서 주권 의식과 행위 주체성을 지닌 시민을 양성하는 것이다. 시민들은 자신이 꿈꾸고 바라는 사회 변화를 유도하기 위해 시민사회와 정치 활동에 적극적·비판적으로 참여하는 능력을 키워야 한다. 시민교육은 단순히 민주적 현상 유지를 목표로 삼지 않는다. 시민교육은 시민의 자율적인 판단과 교양 있는 행동 기술을 발달시켜 자기 결정(self-determination)과 시민 참여의 기회와 공간이 계속해서 열리고 확장되는 방식으로 정치 체제를 생성·변화·갱신하는 것을 목표로 삼는다. 시민교육은 시민과 시민사회가 이기주의, 무관심, 무기력, 당파성을 버리고, 지금보다 더 나은 새로운 사회 질서를 생성·변혁하는 것을 지향하는 민주적 행동에 책임 있게 관여하도록 그들의 마인드세트와 행동 방식을 변화시켜야 한다.

  전통적인 시민교육에서 시민은 좁은 의미에서 국가의 시민으로 여겨졌다. 그 결과 시민교육의 내용은 국가의 제도와 과정에 집중되었다. 현대 사회에서 정치 영역은 더이상 국가와 상호 교환 가능한 것으로 간주될 수 없다. 공적인 관심사에 대한 담론과 규제는 시민사회의 중요한 기능이 되었다. 국가에 대한 개념화의 이러한 역사적 변혁은 시민교육이 계속해서 국가와의 관계에서 시민만을 교육해서는 안 된다는 것을 의미한다. 이제 시민교육은 학생들을 시민사회의 행위 주체로서도 교육해야 하며, 학생들은 시민으로서 자신의 바람직한 삶을 지향하고 비(非)국가 영역에 참여하는 데 필요한 지식·기술·가치·태도를 구비해야 한다.

  이러한 과제 해결을 위해 우리는 행동 윤리학에 관심을 기울일 필요가 있다. 행동 윤리학은 제한된 인식, 제한된 윤리성, 도덕적 평형 개념을 활용하여 윤리적인 행동과 비윤리적 행동이 발생하는 성향적·심리적·상황적 요인을 규명하는 데 관심을 보이기 때문이다. 시민교육이 성공하려면 학생들이 좋은 시민이 되는 데 필요한 요소를 배우고 익히는 것도 중요하지만, 좋은 시민이 되는 것을 방해하는 다양한 요인과 영향력을 이해하는 것도 매우 중요하기 때문이다. 이 두 가지가 결합한 형태의 시민교육이 이루어질 때 우리가 지향하는 적극적이고 비판적인 시민을 양성할 수 있을 것이다. 행동 윤리학은 시민교육에서 여태껏 우리가 전혀 가보지 않았던 전혀 새로운 길의 모습을 보여준다. 기존의 경로에 이 새로운 길이 더해진다면 우리의 시민교육은 한층 발전된 모습을 보일 것이다.

11장
지속 가능한 웰빙과 시민교육

 우리는 모두 행복하고 평화로우며 만족한 삶을 영위하기를 바란다. 그러므로 인류의 역사는 웰빙(well-being)에 관한 오랜 논의를 특징으로 한다. 아리스토텔레스를 비롯한 수많은 철학자와 거의 모든 종교는 웰빙을 인간 삶의 가장 중요한 목표로 설정하였다. 웰빙에 관한 철학적 논의는 우리들 각자가 자신의 웰빙을 추구함과 동시에 타인의 웰빙에도 신경을 써야 하며, 정부는 최대 다수의 시민에게 최대한의 웰빙을 보장할 수 있는 정책을 추진해야 한다는 분명한 메시지를 우리에게 남겨주었다. 긍정심리학을 비롯한 많은 과학적 연구는 현실적이고 실용적인 웰빙의 구현 조건과 방법을 우리에게 알려주었다.

 한편, 심각한 환경 위기에 직면한 인류는 환경 보전과 발전의 양립 가능성을 심각하게 고려하면서 지속 가능성(sustainability)에 주목하였다. 1987년 브룬트란트(Brundland) 보고서 채택 이후로, 인류는 발전 개념을 주로 경제 성장에 국한하여 이해하던 전통적인 방식에서 벗어나 경제 성장, 사회 안정, 환경 보호를 포괄적으로 고려하는 지속 가능한 발전 개념을 채택하였다(WCED, 1987: 43). 이에 따라 인류는 자연 환경과 미래 세대를 포함하는 타인과의 조화로운 관계에서 인간의 필요와 욕구를 충족하는 방식을 심각하게 고민하는 중이다.

이런 긴박한 상황에서 개인의 삶의 질과 환경의 질을 동시에 향상시킬 수 있는 방법은 무엇인가? 자연 환경과 미래 세대에 피해를 주지 않는 가운데 개인, 지역사회, 국가 및 세계의 웰빙을 증진할 수 있는 방법은 무엇인가? 이 당혹스러운 질문에 대한 가장 매력적이고 설득력 있는 대답은 오늘날 지속 가능한 웰빙(sustainable well-being)이라는 새로운 개념에 근거한다. 지속 가능한 웰빙 개념은 웰빙 연구와 지속 가능성 연구의 잠재적인 시너지 효과에 주목한 여러 학자가 공통적으로 강조하는 새로운 개념이다. 웰빙 연구는 상호의존성이나 체계 사고(systems thinking)를 무시한 채 개인주의적이고 탈맥락적인 웰빙 개념에 치우쳐 왔고, 지속 가능성 연구는 웰빙 개념을 충분하게 고려하지 못하였다는 비판적 성찰을 통해 지속 가능한 웰빙 개념이 출현하였다.

지속 가능성과 웰빙이 도덕 교과의 내용 요소와 밀접한 관련을 맺고 있듯이, 지속 가능한 웰빙 역시 도덕 교과에서 중요한 위상을 차지해야 한다. 시민교육의 측면에서 도덕 교과의 중요한 목표 가운데 하나는 학생들이 시민적 인성을 함양하여 민주주의의 발전에 기여하게 하는 것이다. 다시 말해, 도덕 교과에서의 시민교육은 학생들이 시민적 인성에 근거하여 다가올 미래의 잠재적인 시민이 아니라 '지금 그리고 여기'에서의 시민 학생(citizens-students)으로서 적극적인 시민 참여와 비판적 저항을 실천하도록 돕는 것이다. 정창우(2019: 113)는 시민적 인성을 지닌 사람은 자기 자신뿐만 아니라 이 세상의 삶의 조건과 질을 향상시키기 위한 대승적 견지의 노력에 자발적으로 동참하려는 존재의 모습을 보인다고 주장한다. 이렇게 볼 때, 지속 가능한 웰빙은 학생들이 개별 시민, 지역의 시민으로서 그리고 세계 시민으로서 함양해야 할 매우 중요한 시민적 인성 특질이다. 그렇다면, 우리는 시민적 인성 특질로서 지속 가능한 웰빙을 도덕 교과의 시민교육에서 어떻게 반영하여 교육해야 하는가? 이에 이 장에서는 문헌 분석을 통해 지속 가능한 웰빙의 구체적인 의미와 중요성을 밝히고, 도덕 교과에서 지속 가능한 웰빙 교육을 구현하기 위한 방안을 제시하고자 한다.

1 지속 가능한 웰빙의 개념과 중요성

지속 가능한 웰빙의 개념 정의

지속 가능한 웰빙 개념을 최초로 언급한 사람은 캐나다의 오브라이언(O'Brien)이다. 오브라이언은 개인, 공동체, 지역사회 그리고 국가가 지금까지 행복을 추구해 왔던 방식의 결과에 대하여 깊은 우려를 나타내면서, 지속 가능한 행복(sustainable happiness) 개념을 처음으로 도입하였다. 2005년에 캐나다에서 개최된 학술대회에서 오브라이언은 타인을 착취하지 않고, 재생 불가능한 자원과 미래 세대의 행복을 고갈시키지 않는 가운데 얻는 행복이 중요하다고 발표하였다(O'Brien, 2005: 18). 그러므로 그녀에게 지속 가능한 행복은 타인, 환경이나 미래 세대를 착취하지 않는 가운데 우리가 행복을 추구하는 것을 의미한다. 지속 가능한 행복은 타인, 환경, 미래 세대의 필요와 요구를 훼손하지 않는 가운데 개인, 공동체, 세계의 행복에 기여하는 행복을 의미한다. 지속 가능한 행복은 인간의 번영과 생태 회복탄력성의 상호 관련성을 중시한다. 오브라이언은 지속 가능성에 대한 자신의 전문 지식을 긍정심리학을 비롯한 여타의 행복 연구와 결합하여 지속 가능한 행복이라는 새로운 용어를 만들었다.

오브라이언(2012: 1197-1198)은 지속 가능성을 위한 목표를 가지고 긍정심리학의 힘과 연구 결과를 활용하는 것은 잠재적으로 진보를 촉진하고, 새로운 해결책을 발견하며, 지속 가능한 행복과 웰빙을 높일 수 있다고 본다. 환경 위기의 심각성이 커지면서 지역적·국가적·국제적으로 지속 가능성 시도를 늘려야 할 전례 없는 필요성이 분명히 존재하므로, 행복과 웰빙에 관한 연구가 지속 가능성을 포섭해야 하는 것은 너무나도 당연한 처사다. 오브라이언은 긍정심리학이 지속 가능성 원칙을 일상생활에 구현하고, 지속 가능성을 실현하기 위한 정치적 의지를 구축하는 데 중요한 역할을 할 수 있다고 기대한다. 왜냐하면, 행복과 웰빙에 대한 논의는 지속 가능한 생활양식을 촉진하고, 지속 가능한 행복과 웰빙을 위한 정책을 육성하기 위한 이상적인 진입점이기 때문이다.

이에 오브라이언(2012: 1198)은 긍정심리학 분야에서 지속 가능한 행복 개념은 신체적·정서적·사회적·영적·생태적 웰빙의 경우처럼 웰빙에 대해 더 폭넓은 의미를 부여할 수 있으며, 동시에 지속 가능한 행위를 촉진하는 데 활용될 수 있다고 생각한다. 우리 모두는 행복해지려는 자연스러운 욕망을 갖고 있지만, 우리의 행복 추구가 타인과 자연 환경의 행복 및 웰빙과 밀접하게 연관되어 있다는 사실을 올바르게 인식하는 것이 중요하다. 지속 가능한 행복 개념은 지속 가능하게 생활하는 것이 우리의 삶의 질을 낮춘다는 공통된 오해를 불식시킨다. 오히려 지속 가능한 행복은 우리의 삶의 질을 높일 수 있는 풍부한 기회에 우리를 기꺼이 초대하여, 개인·공동체·세계의 웰빙에 실제적으로 기여한다(O'Brien, 2012: 1198).

오브라이언은 지속 가능한 생활 방식이 우리의 삶의 질을 높이고 웰빙에 기여하는 방식을 구체적으로 설명하려고 다음과 같은 사례를 제시한다(O'Brien, 2012: 1198). "예를 들어, 어린이와 성인의 통근 패턴을 보면 어떻게 지속 가능한 교통수단이 긍정 정서와 웰빙에 기여할 수 있는지를 보여 준다. 자녀와 함께 학교에 걸어가는 부모는 자녀를 차에 태워 학교에 데려다주는 부모보다 더 자주 행복하다고 느끼고, 마음이 편하다고 느끼는 것과 같은 긍정 정서를 더 많이 보고한다. 더욱이 적극적으로 걸어서 학교에 다니는 아이들은 자동차나 스쿨버스를 타고 학교에 다니는 아이들보다 긍정 정서를 더 자주 보고한다. 캐나다 통계청의 한 연구에 따르면, 걸어서 출근하거나 자전거를 타고 출근하는 사람은 자동차로 출근하는 사람보다 출근을 즐기는 경향이 더 높다고 한다. 행복하게 적극적으로 출근하는 것은 자신의 웰빙 수준을 높임과 동시에 지속 가능한 행위를 시범 보이는 데 기여한다."

하지만, 오브라이언은 행복과 웰빙을 거의 구분하지 않고 사용한다. 처음에는 지속 가능한 행복을 표명하였지만, 셀리그먼이 긍정심리학의 연구 대상을 행복이 아닌 웰빙으로 바꾼 이후에 오브라이언은 지속 가능한 웰빙이라는 표현을 사용하였으며, 2016년에 출판된 저서인 『지속 가능한 행복과 웰빙』에서는 행복과 웰빙을 동시에 사용하기도 한다. 오브라이언이 긍정심리학을 통해 행복 개념의 중요성을 인식하였기에, 처음에는 행복이라는 용어를 더 많이 사용하였지만, 최근에는 다른 학자들이 지속 가능한 웰빙 개념을 통해 긍정심리학만이 아니라 여타의 웰빙 연구 결과를 사용하는 것을 목도하면서 오브라이언은 행복과 웰빙이라는 두 용어를 동시에 사용하고 있는 것 같다.

오브라이언이 지속 가능한 행복의 중요성을 강조하면서 지속 가능성 연구와 긍정심리학 연구의 상호 교류와 협력을 강조한 이후로, 연구자들은 두 학문 분야 간의 교차점을 더욱 상세히 밝히고 둘 간의 연결을 더욱 강화하려는 시도를 하였다. 사실 지속 가능성에 관한 연구는 여러 학문 분야에서 그리고 간학문적으로 연구되어 왔지만, 지속 가능성 분야는 긍정심리학과 웰빙 연구가 산출한 풍부한 정보를 제대로 활용하지 못했다. 긍정심리학 역시 지속 가능성을 핵심적인 이론적 교리로 활용하지 않았다. 여러 가지 한계와 도전에도 불구하고 우리가 지속 가능한 방식으로 생활하는 방식을 학습하는 것은 우리의 안전, 행복, 평화에 매우 중요한 것이다. 우리가 지속 가능성을 고려하지 않고 무분별하게 개인적으로 그리고 집단적으로 웰빙을 추구하는 것은 지금 우리가 목도하는 것처럼 대규모의 환경 파괴와 기후 변화 등 지구 생태계의 위기와 인류의 고통을 심화시켰다. 웰빙 연구자들은 웰빙과 지속 가능성의 이러한 관련성을 더욱 명료하게 이해해야 하고, 지속 가능성 연구자들은 지속 가능한 행동을 촉진하는 것과 관련하여 웰빙 연구에서 나온 결과를 충실하게 반영해야만 한다.

지속 가능성 개념의 중요한 기여는 여러 과정과 시스템 간의 상호의존성에 있다. 지속 가능성은 고립된 단일의 활동을 언급하는 것이 절대 아니다(Jensen, 2007: 854). 오하라(O'Hara, 1998: 178)는 때때로 서로 다른 시스템이 상호 양립하지 못하는 긴장 상태에 놓인다고 주장하였다. 그 결과, 상호의존성은 한 사람의 행복이 다른 사람의 비용과 희생을 통해 지속되는 상황을 초래할 수 있다(Lélé & Noorgard, 1996: 360). 일부 학자는 긍정심리학이 상호의존성 개념을 경시한다고 비판하였다. 긍정심리학을 비롯한 웰빙 연구는 개인이 행동하는 사회적 맥락을 충분히 설명하는 데 실패했다는 비판이 제기되었다. 이를테면 라즈러스(Lazarus, 2003: 98)는 "한 사람의 행복은 다른 사람의 불행의 주요 원인이 될 수 있고, 그 반대의 경우도 사실일 수 있다. 그것은 …(중략)… 사회적 맥락의 역할을 잘 보여 준다."라고 말했다. 따라서 긍정심리학자나 웰빙 연구자가 지속 가능성에서 강조하는 상호 의존성 개념과 체계 사고를 적극적으로 수용한다면 라자루스의 우려를 어느 정도 누그러뜨릴 수 있을 것이다.

이에 일부 학자나 정부는 지속 가능한 웰빙 개념을 채택하는 것이 지속 가능한 행위의 실천이나 웰빙 증진에 모두 도움을 준다는 사실을 더욱 강조하기 시작하였다. 먼저 버두고(Verdugo, 2012: 651)는 긍정심리학과 지속 가능성 심리학의 결합 필요성을 제기하였다. 그는 긍정심리학의 웰빙 개념이 지속 가능한 행위에 대한 부정 편향을 없애는 데 도움을 줄 수 있다는 점을 강조하였다. 그는 친환경적 행동에 관한 연구를 목표로 삼는 환경심리학에서 지속 가능한 행위가 종종 부정적인 편향을 담고 있다는 데에 주목하였다. 지속 가능한 행위는 사회적·물리적 환경을 보호하는 것을 목표로 삼는 일군의 행동을 의미한다. 그러나 연구 결과에 따르면, 지속 가능한 행위는 환경 파괴로 인한 바람직하지 않은 결과를 회피하기 위해 활성화되는 부정적인 선행 정서(예: 두려움, 죄책감, 수치심)나 또는 부정적인 심리적 결과(예: 불안, 불편, 희생)와 간혹 연합되어 있다. 버두고는 긍정심리학의 연구 결과를 참조하여, 지속 가능한 행위가 긍정적인 성향 요인에서 비롯되고, 심리적 이득과 혜택에 의해 유지된다는 사실을 강조하였다.

지속 가능성에 관련된 심리학 연구 결과에 따르면, 불충분한 환경 보호 노력과 연관된 죄책감과 수치심은 사람들로 하여금 천연 자원 보존에 참여하도록 부추길 수 있다. 예를 들어, 쓰레기 매립지의 암울한 모습을 바라보는 것은 우리가 재활용 행위에 관여하도록 동기를 부여한다. 이에 일부 연구자는 환경 파괴라는 위험한 결과에 대한 공포와 두려움이 지속 가능한 행위를 촉진하는 부정 정서로 작용한다고 보았다(Malott, 2010: 179). 버두고는 지속 가능성에 관한 기존의 심리학 연구가 부정 정서를 친환경 행동의 결정 인자로 삼는 것에 불만을 표시하였다.

그는 지속 가능한 행위가 여러 가지 면에서 긍정심리학의 체계 안에 잘 들어맞는다고 주장하였다. 예를 들어, 친(親)생태적이고, 검소하고, 이타적이고, 공평한 행동은 유덕한 것으로 분류될 수 있는 관행을 구성한다. 대부분의 지속 가능한 행위는 긍정심리학에서 강조되는 성품 강점(character strengths)에 해당한다. 따라서 그는 긍정심리학이 지속 가능한 행위의 선행 결정 인자 및 심리적 결과를 재조명하는 데 기여할 수 있다는 사실을 강조하였다. 그는 환경심리학과 긍정심리학은 공통적으로 삶의 질 향상과 환경의 질 향상, 인간의 웰빙 증진을 중요한 목표로 삼는다고 본다. 행복의 추구, 모두의 웰빙을 실현하는 것, 조화로운 관계를 촉진하는 것, 인간의 능력을 계발하는 것 또한 두 학문 분야에서 공통된 주제임이 분명하다. 이에 그는 긍정심리학에서 긍정적 기능 측면과 지속 가능성 심리학에서 지속 가능한 행위의 결정 인자 간의 유사점을 〈표 5〉와 같이 제시하였다(Verdugo, 2012: 655).

〈표 5〉 지속 가능성 결정 인자와 긍정적 기능 측면의 관련성

지속 가능한 행위의 결정 요인 (지속 가능성 심리학)	긍정적 기능 측면 (긍정심리학)
지속 가능한 지향	심리 강점과 덕
검약	절제, 신중
이타주의	인류애, 친절
공평	공정
친(親)생태적인 행위	긍정적인 환경 행위
책임	책임
미래 지향	미래 성향, 희망
생태 신념	긍정적인 생태 태도

지속 가능한 행위의 결정 요인 (지속 가능성 심리학)	긍정적 기능 측면 (긍정심리학)
친환경 규범 준수	시민적 덕
긍정적인 환경 정서	긍정 정서
친환경 역량	기술, 재능, 독창성
내재적 동기	내재적 동기
만족	만족
행복	행복
심리적 복원	심리적 복원
심리적 웰빙	심리적 웰빙

덴마크 환경부 역시 지속 가능성과 행복이 결합되어야 함을 강조한다. 덴마크 환경부는 지속 가능한 행복의 중요성을 강조하기 위해 행복 지수에 주목한다. 행복 지수(Happy Planet Index)는 신(新)경제재단(New Economic Foundation)이 추진하는 프로젝트다. 신경제재단은 국가의 효율성을 측정하기 위해 국내총생산(GDP)의 대안을 제안하였다. 행복 지수는 기대 수명과 웰빙 경험(삶의 만족도)을 합산한 후에 그것을 국가의 생태적 발자국(자원 소비)으로 나눈다. 구체적으로 그것은 한 국가가 환경 입력 단위당 얼마나 많은 행복한 삶을 생산하는지 순위를 매긴다. 실제로 행복 지수는 개인의 웰빙 그리고 그것이 환경이나 지속 가능성에 미치는 영향을 포함하여 한 나라의 발전을 측정하는 새로운 방법을 가능하게 한다. 그것은 지구의 자원 능력 안에서 길고 행복한 삶을 살 수 있는 우리의 능력과 같은 중요한 질문을 다룬다. 행복 지수는 부유한 나라 대부분이 천연 자원 고갈에 상당한 압력을 가하고 있고, 자원의 공정한 분배보다도 더 많은 양을 소비하고 있다는 것을 잘 보여 준다(Landes et al., 2015: 16). 2008년도 조사 결과에 따르면, 우리나라의 행복 지수는 세계 102위로 하위권을 맴돌았다.

덴마크 환경부는 지속 가능한 행위와 행복이 연결되는 네 가지 중요한 이유를 다음과 같이 제시한다(Landes et al., 2015: 22). 첫째, 행복한 사람일수록 쓰레기를 분리하여 버리는 것을 비롯한 지속 가능한 행위에 더 많이 관여한다. 긍정 정서와 번영 의식은 행복한 사람이 자신을 둘러싼 환경을 돌보는 활동에 더 열심히 참여하도록 이끈다. 둘째, 지속 가능한 행위는 사람들의 행복을 유발한다. 재활용, 소비 줄이기, 쓰레기 줄이기와 같은 행동은 주관적 웰빙과 삶의 만족을 증가시키기 때문에 지속 가능한 행위는 행복에 도움이 된다. 셋째, 지속 가능한 행위는 환경과 시민사회를 개선하여 결국 우리의 행복을 증가시킨다. 예를 들어, 쓰레기가 줄어 더욱 깨끗해진 주거 환경이나 도시 환경은 사람들을 더욱 행복하게 만든다. 넷째, 행복과 지속 가능성은 제 3의 요인에 의해 공통적으로 야기된다. 행복과 지속 가능성은 둘 모두에 영향을 미치는 제3의 요인으로부터 영향을 받는다. 이타적인 동기는 행복과 지속 가능성 둘 모두와 연관된다. 주관적인 웰빙의 높은 수준과 지속 가능한 행위에 관여하는 경향성은 직접적으로 연결되지 않을 수 있지만, 공통적인 세 번째 요인인 이타적 특질로 인해 간접적으로 연결된다.

스웨덴의 쉘(Kjell, 2011: 255) 역시 지속 가능성과 웰빙 연구 간의 잠재적인 시너지 효과에 주목하였다. 쉘은 웰빙을 지속 가능성 이론 틀에 포함시킴으로써 지속 가능성의 역할을 더욱 향상시킬 수 있다고 본다. 예를 들어, 풍부한 웰빙 연구 결과는 지속 가능성 연구의 타당성을 더욱 제고할 수 있다. 또한 웰빙 연구에서 지속 가능성을 채택하면, 타인 및 자연과의 폭넓은 관계 속에서 웰빙을 바라볼 수 있게 된다. 현재의 웰빙 연구와 그 측정 도구는 배타적으로 개인에게만 초점을 맞추는 동시에 탈맥락적인 방식에서 개인의 웰빙을 측정하는 한계를 보인다. 따라서 쉘은 지속 가능한 웰빙 개념을 채택하는 것이 바람직하다고 주장하였다.

쉘(2011: 263)은 지속 가능성 웰빙 개념이 갖는 강점을 다음과 같이 기술하였다. 첫째, 웰빙 연구는 지속 가능성 개념 및 지속 가능성 과정에서 진전을 명료하게 설명하는 데 도움을 준다. 지속 가능성 연구는 상호의존성 및 기타 관련 개념을 상세하게 설명해 줌으로써 모든 것을 포용하는 웰빙의 증가를 촉진할 수 있다. 둘째, 상호의존성은 웰빙 연구가 어떤 웰빙을 추구해야 하는지를 분명하게 지적해 준다. 지속 가능성에서 중시하는 상호의존성 개념은 타자와 자연을 착취하지 않는 방식으로 인간의 웰빙 추구가 촉진되어야 한다는 사실을 강조한다. 셋째, 지속 가능성 과정은 그 안에 가치를 분명하게 담고 있다. 웰빙의 개념화에서도 이러한 가치의 문제가 중시되어야 한다. 웰빙 연구자는 다양한 시스템의 관점에서 웰빙의 원인, 결과, 역동적인 상이한 형태를 조사할 수 있는 방법론을 개발해야 한다. 이렇듯 지속 가능한 웰빙은 다른 시스템과의 관계 측면에서 웰빙을 정의하는 것을 포함한다. 또한 지속 가능한 웰빙 개념은 개인과 상이한 여러 시스템 사이에서 초점의 균형을 유지하는 것이 중요함을 일깨워 준다.

국내에서 지속 가능한 행복에 대한 논의를 시작한 사람은 정회성(2015)이다. 그는 『지속 가능한 행복의 길』이라는 책에서 지속 가능한 행복의 중요성을 역설한다. 아쉽게도 이 책에서 우리는 정회성이 말하는 지속 가능한 행복이 무엇인지를 분명히 알 수가 없다. 왜냐하면 그는 이 책에서 지속 가능한 행복을 명시적으로 규정하지 않기 때문이다. 그는 환경 운동과 환경교육에 대한 자신의 오랜 경험에서 쾌적한 환경이 행복의 필요조건임을 강조한다. 정회성(2015: 152)은 지속 가능한 행복을 위해서는 행복한 미래를 위한 사회계약이 필요하다고 주장한다. 이와 관련하여 그는 안전하고 행복한 미래를 위한 기초 윤리로 모든 생명은 근원적인 가치가 있다는 사실, 지구상의 에너지와 자원은 유한하다는 사실, 환경 및 문화적 다양성을 존중해야 한다는 사실, 환경에서 협력과 조화를 배워야 한다는 사실을 강조한다. 동시에 그는 행복한 환경 복지 국가를 위한 사회 합의로 새로운 문명을 향한 집단 의식화, 자연 환경에 대한 신중한 간섭, 공공 자산의 확충 및 보전, 행복교육과 훈련 강화, 낭비적이고 환경 파괴적인 소비 축소, 지속 가능한 농업과 농촌 육성, 경제 정책의 최우선 목표로서 고용 안정을 제시한다.

지속 가능한 웰빙에 대한 국외의 연구는 생태적 지속 가능성에 대한 연구와 긍정심리학과 여타의 웰빙 연구 결과를 결합하는 추세를 보이고 있지만, 아직 우리나라에서는 이에 대한 학문적 논의가 성행하지 않고 있음을 잘 알 수 있다. 아직 우리나라에서는 웰빙과 지속 가능성이 시너지 효과를 내지 못한 채, 별도의 연구자와 실천가에 의해 상호의존성과 상호관련성이 전혀 없는 채로 각자 외롭게 독립적으로 존재한다.

지속 가능한 웰빙의 중요성

지속 가능한 웰빙은 우리가 타인, 환경, 미래 세대에게 피해를 주지 않는 데 현 세대가 오랜 시간 안정적으로 웰빙을 추구하는 것을 보장한다. 지속 가능한 웰빙은 경제 성장과 발전을 동일시하려는 낡은 패러다임의 문제점을 지적함과 동시에 소비를 웰빙과 동일시하는 현대인의 그릇된 생각을 수정하는 데 매우 유용한 개념이다. 지속 가능한 웰빙은 우리가 지속 가능한 행위의 실천을 통해 우리의 웰빙을 증진하는 삶의 방식을 체화할 것을 요구한다. 그리고 여론 조사 결과에 따르면, 환경 문제에 대해 염려하면서 친환경 행위를 실천하는 사람들의 주관적인 웰빙 수준이 그렇지 않은 사람보다 훨씬 높게 나타난다(Landes et al., 2015: 16).

지금까지 정치 담론과 대중 토론에서 지속 가능성은 개인의 자유와 생활양식을 상당히 제한하는 것으로 묘사되었다. 이런 패러다임에서는 지속 가능성이 오히려 개인의 행복이나 웰빙을 제약하는 것처럼 보인다. 따라서 많은 사람은 지속 가능한 생활과 웰빙이 양립할 수 없다고 생각하기 십상이다. 그래서 사람들은 삶의 질을 선택할 것인지 아니면 환경의 질을 선택할 것인지의 딜레마에 쉽게 처한다. 사람들은 자신 및 미래 세대를 위한 건강하고 안전한 환경을 원하지만, 그와 동시에 자신의 삶의 질이 낮아지는 것을 실제로 원하지 않기 때문에 매우 어려운 선택에 직면할 수밖에 없다. 따라서 대다수 사람은 지속 가능한 행위가 우리에게 상당한 불편함과 희생을 요구한다는 그릇된 믿음을 갖기 마련이다.

우리는 삶의 질이 전적으로 경제 성장에 달려 있고, 개인의 웰빙은 소비와 물질적 풍요를 통해 높아질 수 있다는 그릇된 신념을 갖고 있다. 행복과 웰빙은 우리의 삶에서 매우 중요하지만, 소비와 행복이 종종 얽혀 있는 현대 소비 사회에서 사람들은 종종 상품 생활(goods life)을 좋은 삶의 통로로 혼동한다(Kasser, 2006: 200). 상품 생활은 우리가 행복을 구매할 수 있고, 일하고 소비하는 것이 중요하다는 믿음에 근거한다. 상품 생활은 우리가 돈, 소유물, 좋은 이미지를 갖고 있는 한, 삶은 의미가 있고 성공한 것이라는 메시지를 부추긴다. 부유한 국가의 생활양식과 소비는 덜 부유한 국가에 최대 영향을 미치는 환경 파괴를 유발한다. 부유한 사회가 항상 지속 가능한 개발과 발전의 이상적인 모델을 표상하지는 않는다. 부유한 국가에서 비만의 급증은 개발과 발전의 혼란을 보여주는 전형적인 사례에 속한다. 우리의 끝없는 행복 추구는 우리 자신, 타인, 자연 환경을 희생시킨다. 간단히 말해서 우리는 지속이 불가능한 그리고 지속 가능한 행복과 전반적인 삶의 만족으로 이어질 가능성이 아주 낮은 개인의 생활방식을 강화시키는 경향이 있는 극단적인 소비 사회에서 살고 있다.

그러나 웰빙 연구에 따르면, 물질적 풍요가 행복과 주관적 웰빙에 미치는 영향이 매우 모호함을 보여준다(Landes et al., 2015: 15). 어떤 수준에 이르기 전까지는 물질적 풍요가 삶의 만족에 영향을 주지만, 그 수준을 넘어선 후에는 추가적인 부유함과 풍요가 개인적·집단적 웰빙 수준을 높이지 못한다. 따라서 우리는 행복과 웰빙이 더 많은 물질적 풍요와 소비를 통해서 얻어지는 것이 아님을 분명하게 인식해야 한다. 지속 가능한 웰빙은 지속 가능한 행위가 희생이 아니라, 우리에게 더 많은 만족과 더 오랜 웰빙을 추구하며 살 수 있는 가장 도덕적이고 합리적인 생활방식이라는 분명한 메시지를 우리에게 전달한다.

지속 가능한 웰빙과 유사 개념의 차이

오브라이언은 자신이 만든 지속 가능한 행복이라는 용어가 일반적인 행복 개념 그리고 일부 행복 연구자가 말하는 행복의 지속적 증가와는 구별된다는 것을 분명히 하였다. 그러므로 우리가 지속 가능한 웰빙 개념을 제대로 이해하려면, 유사 개념과의 차이점을 더 상세하게 살펴보아야 한다.

① 지속 가능한 웰빙과 일반적인 웰빙의 차이

지속 가능한 웰빙을 이해하려면, 우리는 먼저 웰빙과 지속 가능한 웰빙을 엄밀하게 구별할 필요가 있다. 태풍의 영향으로 하루 종일 비가 내리는 일요일 오후에 연구실에서 이 글을 쓰면서 따뜻한 한 잔의 커피를 마시는 것은 나에게 순간의 감각적인 쾌락을 가져다준다. 눈을 지그시 감은 채 커피 향과 커피 잔의 온기를 온몸으로 느끼면서, 나는 정해진 날짜 이내에 원고를 마감해야 한다는 압박감과 불안에서 벗어나서 잠시나마 마음을 진정시키고 온전히 현재 이 순간에 머물면서 잠시 나마 마음 챙김의 기회를 가질 수 있다. 이것은 우리가 웰빙의 중요한 구성 요소인 긍정 정서를 음미할 기회를 소중한 제공한다.

그러나 엄밀히 말해서 이 글을 쓰고 있는 나는 이 세상에 고립되어 존재하는 사람이 아니다. 지속 가능한 웰빙은 내가 고립된 존재가 아님에 주목한다. 지속 가능한 웰빙의 관점에서 보았을 때, 지금 이 순간 나의 쾌락은 더욱 커다란 맥락에 놓여야만 한다. 나는 이 순간의 쾌락을 타인과 자연 환경, 지구 등 더 큰 맥락에서 반드시 바라볼 수 있어야 한다. 나는 이 커피를 통해 나의 삶과 관계된 사람과 사물에 대해 깊이 성찰해야만 한다. 만약 지금 내가 마시는 커피가 공정 무역이나 직접 거래를 통한 커피라면, 그것은 커피 생산자가 정당하고 합당한 보상을 받았으며, 커피 역시 자연 환경을 고려하는 가운데 재배된 것임을 의미한다. 커피 잔이 재사용이 가능한 텀블러인지 아니면 땅에 묻혀야 할 종이컵이나 플라스틱 컵인지도 매우 중요한 고려 대상이 된다. 남들처럼 한가로이 쉬어야 할 일요일에 연구실에 나와서 이 글을 써야 하는 지금의 나에게 긍정 정서가 매우 중요하고, 그 긍정 정서가 나의 웰빙에 중요한 기여를 하는 것이 사실이지만, 그 긍정 정서의 원천이라 할 수 있는 커피나 커피 잔이 타인이나 자연 환경을 훼손하여 온 것이라면, 그것은 결코 지속 가능한 웰빙이 될 수 없다. 이렇듯 지속 가능한 웰빙은 우리가 더 큰 맥락에서 성찰을 통한 웰빙을 추구할 것을 요구한다.

② 지속 가능한 웰빙과 지속직인 웰빙의 치이

지속 가능한 웰빙은 흔히 쾌락 적응 예방 모델에서 강조하는 지속적인 행복(sustaining happiness) 또는 행복에서의 지속적인 증가(sustainable increases in happiness)와도 구별된다. 가장 최근에 큰돈을 들여 사고 싶었던 물건을 샀을 때를 기억해보자. 이를테면 꿈에 그리던 내 집 장만을 처음으로 했던 때, 새 차를 구입했던 때, 몇 달을 저축하여 새 노트북을 샀을 때를 생각해보자. 그리고 그때 자신이 얼마나 행복했었는지를 기억해보자. 이제 그 흥분되고 행복했었던 기분이 얼마나 오래 지속되었는지를 생각해보자. 대부분의 경우 그 기간은 얼마 되지 않는다. 아주 길어야 2~3개월에 불과하다. 우리가 구매했던 물품이든 긍정적 사건이나 경험이든 그것이 무엇이든지간에 우리는 곧 그것에 적응하고 익숙해진다. 새집을 장만한 만족감도 얼마 지나지 않아 당연한 것처럼 여겨지고, 우리의 일상적인 행복의 기준점으로 다시 되돌아가기 마련이다. 이것은 새로움이나 신기함이 사라질 때 나타나는 전형적인 현상이다. 우리는 새로운 물건이나 환경에 빠르게 적응하고 익숙해지기 때문에 처음 그것을 대할 때의 흥분이나 설렘은 얼마 지나지 않아 다시 가라앉고 마는 것이다. 심리학자들은 이것을 쾌락의 쳇바퀴(hedonic treadmill)라고 부른다(추병완·최윤정, 2019: 29). 우리는 또 다른 물건이나 경험을 찾아 나서게 되지만, 그것 역시 오래지 않아 더 이상 만족을 가져다주지 못한다. 왜냐하면 우리는 그것에 쉽게 적응해버리기 때문이다. 따라서 물질에서 행복감을 얻으려는 사람은 마치 도착지 없이 러닝머신을 뛰는 사람과 같다고 볼 수 있다.

그렇다면 우리는 어떻게 해야만 행복을 더 오래 지속시킬 수 있을까? 우리는 이에 대한 가장 설득력 있는 해답을 쾌락 적응 예방 모델에서 찾을 수 있다(Bao & Lyubomirsky, 2014: 374). 쾌락 적응 예방 모델에 따르면, 적응은 긍정 정서의 감소와 포부의 증가라는 두 가지 경로를 통해 전개된다. 첫 번째 경로를 살펴보기로 하자. 우리가 남에게 친절을 베푸는 행동을 정기적으로 실행한다고 가정해보자. 그러한 긍정적인 사건은 감사나 감화와 같은 긍정 정서를 증가시켜 우리의 웰빙 수준을 높여줄 것이다. 그러나 시간이 지나면서 친절을 베푸는 것이 긍정적인 사건이 되는 것은 점점 줄어들고 마침내 우리의 웰빙은 감소하기 시작한다. 따라서 처음 친절을 베푸는 행동을 했을 때에 비해 시간이 지날수록 우리는 그 행동에 적응하여 더 많은 만족을 얻는 것이 어려워진다.

쾌락 적응 과정의 또 다른 경로는 포부 수준의 증가를 포함한다. 이것은 우리가 긍정적인 변화(예: 긍정적인 활동을 시작하는 것)를 경험하거나 시작하여 이후에 긍정적인 사건에서의 증가가 생긴 후에 전형적으로 발생한다. 여기서 포부는 긍정적인 변화와 관련된 우리의 희망과 열망을 의미한다. 시간이 지나면서 긍정적인 변화로부터 유래하는 긍정적인 사건은 우리가 기대할 수 있고 예측할 수 있는 것이 된다. 예측 가능한 사건은 예측할 수 없는 사건에 비해 흥미가 덜 하고 자극적이지도 않다. 따라서 시간이 지나면서 우리는 처음과 같은 동일한 정도의 웰빙을 누릴 수가 없다. 처음에 우리가 경험했던 긍정적인 사건과 정서는 시간이 지나면서 정상적인 것으로 여겨지게 되어, 우리가 웰빙 수준을 높이려면 더 많은 숫자의 긍정 사건과 정서를 필요로 하게 된다. 예를 들어, 우리가 도움을 제공하는 사람으로부터 더 많은 감사의 표현을 받기를 바라지만, 이러한 포부가 충족되지 않았을 경우에 그 결과는 실망이나 낙담이 될 수 있다.

그렇다면 지속 가능한 웰빙을 위해 우리가 노력해야 할 사항은 무엇인가? 바오와 류보머스키(Bao & Lyubomirsky, 2014: 376-382)는 이에 대한 구체적인 대안으로 긍정 정서와 사건, 포부, 다양성, 진가 평가를 제시한다(추병완·최윤성, 2019: 34-39). 첫째, 우리는 풍부한 긍정 사건과 정서를 생성해야 한다. 둘째, 우리는 긍정적인 활동이 가져올 잠재적인 결과에 대해 합당한 포부와 기대를 유지할 수 있어야 한다. 셋째, 긍정 사건과 긍정 정서가 다양할수록 웰빙의 지속에 훨씬 유리하다. 넷째, 우리는 긍정적인 변화에 대해 그것의 진가를 인식하고 감사할 줄 알아야 한다.

오브라이언은 쾌락 적응 예방 모델에서 강조하는 지속적인 행복 또는 행복에서의 지속적인 증가가 타인이나 자연 환경, 또는 세계 전체와 미래 세대를 고려하지 않고 있으므로 자신이 말하는 지속 가능한 행복과 구별될 수 있다고 주장한다. 물론 오브라이언은 이에 대하여 별도로 상세한 설명을 하고 있지 않지만, 자신의 입장이 류보머스키가 말하는 지속적인 행복과는 분명히 다름을 공식적으로 강조한다(O'Brien, 2012: 1198). 앞에서 살펴보았듯이, 바오와 류보머스키가 제시한 지속적인 행복 개념에는 환경이나 미래 세대에 대한 언급이 전혀 없다. 또한, 그것은 공동체와 세계의 행복과 웰빙에 대하여 언급하지 않는 가운데 오직 개인의 행복을 지속시키는 방법에만 치중하고 있다. 따라서 지속 가능한 웰빙은 쾌락 적응 예방 모델에서 강조하는 지속적인 행복 또는 행복 수준에서 지속적인 증가와는 명확하게 구분된다.

2 도덕 교과에서 지속 가능한 웰빙의 구현 방안

지속 가능한 웰빙은 타인, 환경이나 미래 세대를 착취하지 않는 가운데 우리가 웰빙을 추구하는 것을 의미한다. 그것은 지속 가능성 연구와 웰빙 연구의 교차점에서 탄생한 신조어에 해당한다. 도덕 교과는 도덕적 인간과 정의로운 시민을 이상적 인간상으로 설정하고 있다(교육부, 2015: 4). 지속 가능한 웰빙은 우리가 개인 그리고 공동체, 국가, 세계, 생태계의 구성원으로서 타인, 환경, 미래 세대의 필요와 요구를 착취하거나 훼손하지 않는 가운데 웰빙을 추구할 것을 강조한다. 따라서 지속 가능한 웰빙은 도덕적 인간과 정의로운 시민이 반드시 갖추어야 할 시민적 인성 특질이라고 말할 수 있다. 지속 가능한 웰빙의 중요성에도 불구하고, 도덕 교과에서 웰빙과 지속 가능성은 전혀 별개의 내용으로 다루어져 왔다. 따라서 여기서는 도덕 교과에서 지속 가능한 웰빙을 교육하기 위한 실천 과제가 무엇인지를 제안할 것이다.

도덕 교과 목표로서의 지속 가능한 웰빙

도덕성과 웰빙은 매우 밀접한 관계가 있다. 높은 수준의 웰빙을 영위하는 사람은 대부분 확고한 도덕 나침반을 갖고 있으며, 도덕적·친사회적·친환경적 행위 실천에 삶의 목적과 의미를 부여한다. 그러므로 지속 가능한 웰빙은 우리의 도덕교육이 지향하는 이상적인 도덕적 인간의 모습이 되어야 마땅하다. 하지만, 지속 가능한 웰빙은 아직 우리의 도덕 교과에서 마땅히 설 자리를 확보하지 못한 상태다.

2015 도덕과 교육과정에서 도덕 교과의 총괄 목표는 "도덕과는 기본적으로 성실, 배려, 정의, 책임 등 21세기 한국인으로서 갖추고 있어야 하는 인성의 기본 요소를 핵심 가치로 설정하여 내면화하는 것을 일차적 목표로 삼는다."라고 되어 있다(교육부, 2015: 4). 그리고 초등학교 도덕 교과의 목표는 "초등학교 단계에서는 '바른 생활'과에서 형성된 인성을 바탕으로 자신, 타인, 사회·공동체, 자연·초월과의 관계에서 자신의 생활을 반성하고 다양한 도덕적 문제를 탐구하며, 더불어 살아가는 데 필요한 기본적인 가치·덕목과 규범을 이해하고 도덕적 기능과 실천 능력을 함양한다."라고 되어 있다. 그리고 중학교 도덕 교과의 목표는 "중학교 단계에서는 초등학교 도덕과에서 형성된 가치·덕목 및 규범에 대한 이해와 도덕적 기능 및 실천 능력을 심화하여 현대 사회의 다양한 도덕 문제에 대한 탐구와 삶의

이야기에 대한 성찰을 바탕으로 도덕적 정체성을 구성하며, 배려적인 인간관계와 정의로운 공동체 및 자연과의 조화로운 관계를 구현하기 위해 적극적으로 참여하고 실천하는 덕성과 역량을 기른다."라고 되어 있다(교육부, 2015: 5).

위에 제시된 목표를 있는 그대로 해석하면, 초등학교는 자신의 생활 반성, 도덕 문제 탐구, 더불어 살아가는 것이 도덕적 인간상의 모습이다. 중학교는 도덕 문제에 대한 탐구, 도덕 정체성 구성, 배려적인 인간관계, 정의로운 공동체, 자연과의 조화로운 관계 구현이 도덕적 인간상의 모습이다. 초등학교와 중학교 모두 목표 설정에서 지속 가능한 웰빙의 중요성을 명시적으로 언급하지 않고 있다. 물론, 자연과의 관계에서 반성 및 자연과의 조화로운 관계 구현에서 지속 가능성 개념을 어느 정도 유추할 수 있고, 더불어 살아가는 것에서 지속 가능한 웰빙 개념을 도출할 수 있다는 억측을 할 수도 있을 것이다. 그러나 공식 문서로서 도덕과 교육과정의 총괄 목표나 학교 급별 목표에서 지속 가능한 웰빙은 분명히 설 자리를 잃고 있는 셈이다.

도덕 교과의 총괄 목표, 초등학교와 중학교 도덕 교과 목표 모두 우리가 지향하는 구체적인 삶의 모습을 명확하게 규정하지 않는 오류를 범하고 있다. 교과의 총괄 목표는 그 교과를 배운 이후에 학습자가 도달해야 하는 이상적인 인간상의 모습을 함축적으로 드러낼 수 있어야 한다. 현행 목표는 이 핵심적인 인간상의 모습을 아주 흐릿하게 병렬식으로 설명하면서, 학생이 갖춰야 할 기능이나 역량 위주로 기술하다보니 교과를 통해 도달하고자 하는 이상적인 인간상의 모습이 퇴색될 수밖에 없다. 따라서 앞으로는 자율적이고 책임 있는 도덕 행위자로서 우리가 존재하며 추구해야 할 궁극적인 목표와 관련한 이상적 인간상의 목표를 기술한다면, 지속 가능한 웰빙을 도덕 교과의 목표로 표현할 수 있는 여지가 더욱 커질 것이다.

도덕 교과 내용으로서의 지속 가능한 웰빙

   지속 가능한 웰빙과 관련하여, 현행 도덕 교과의 내용 체계가 안고 있는 가장 큰 문제점은 웰빙과 지속 가능성이 시너지 효과를 낼 수 없도록 분리된 별개 내용으로 학생이 학습하도록 설계되어 있다는 사실이다. 초등학교에서 웰빙 관련 내용은 3~4학년군의 '가족의 행복을 위해 무엇을 해야 할까?', 지속 가능성 관련 내용은 3~4학년군의 '왜 아껴 써야 할까?', '생명은 왜 소중할까?'와 5~6학년군의 '전 세계 사람들과 어떻게 살아갈까?'에 국한되어 있고, 웰빙과 지속 가능성이 전혀 별개로 다루어지고 있다. 중학교에서 웰빙 관련 내용은 '나는 어떤 사람이 되고자 하는가?', '삶의 목적은 무엇인가?', '행복을 위해 어떻게 살아야 하는가?', '마음의 평화는 어떻게 이룰 수 있는가?', 그리고 지속 가능성 관련 내용은 '세계 시민으로서 도덕적 과제는 무엇인가?', '자연과 인간의 바람직한 관계는 무엇인가?', '과학 기술과 도덕의 관계는 무엇인가?'에 집중되어 있다(교육부, 2015: 6-8).

   하지만 도덕 교과에서 웰빙 관련 내용은 주로 자신과의 관계 영역에서, 그리고 지속 가능성은 사회·공동체와의 관계와 자연·초월과의 관계에서 다루어지고 있다. 현재 초등학교 도덕 교과에서는 웰빙 관련 내용이 주로 가정의 행복에만 치우쳐서 논의되고 있으므로, 앞으로는 '도덕 시간에는 무엇을 배울까?'에서 지속 가능한 웰빙의 밑그림을 학생에게 보여줄 수 있어야 한다. 그리고 앞으로 학생들이 도덕 시간에 배울 핵심 가치를 비롯한 여러 가치·덕목이 지속 가능한 웰빙을 영위하는 데 도움을 줄 것임을 분명하게 적시할 필요가 있다. 중학교는 자신의 정체성에 대한 탐색이 이루어지는 중요한 시기다. 행복이나 웰빙이 타인, 자연 환경, 미래 세대를 충분히 고려하는 가운데 추구되어야 한다는 사실을 인식하는 것이 중요하므로, 현행 내용을 '지속 가능한 행복을 위해 어떻게 살아야 하는가?'로 수정·확대하여 다루는 것이 필요하다.

지속 가능한 웰빙을 위한 교수·학습 가이드라인

도덕 교과에서 지속 가능한 웰빙의 효과적인 교수·학습이 이루어지려면 우리는 무엇을, 어떻게 해야 하는가? 지속 가능성 연구와 웰빙 연구에서 축적된 연구 결과는 지속 가능한 웰빙을 위한 풍부한 교수·학습 가이드라인을 우리에게 제공한다. 긍정심리학의 웰빙 연구는 최근 긍정교육 운동을 통해 학교에서 학생의 웰빙과 학업 성취를 모두 향상시킬 수 있는 다양한 교육적 개입 방안의 효과를 입증하였다(추병완, 2019 참조). 지속 가능성 연구는 환경교육과 환경윤리교육을 통해 풍부한 교수·학습 방법을 우리에게 제공한다(변순용·김나영, 2010; 노희정, 2014 참조). 웰빙 연구는 지속 가능성에서 강조하는 상호의존성과 체계 사고의 중요성을 포섭하고, 지속 가능성 연구는 친환경적 행위가 희생과 부담이 아닌 삶의 질과 웰빙 수준 향상에 기여한다는 사실을 포섭함으로써, 우리는 시민적 인성 특질로서의 지속 가능한 웰빙이라는 새롭고 풍부한 도덕교육의 어휘를 만날 수 있다.

비판적 성찰 및 참여·행위 지향적인 교육이 일반적으로 강조하고 있듯이, 도덕 교과에서 지속 가능한 웰빙 교육은 지속 가능한 웰빙에 관한(about) 교육, 지속 가능한 웰빙을 통한(through) 교육, 지속 가능한 웰빙을 위한(for) 교육이 되어야 한다. 지속 가능한 웰빙 교육은 단순한 앎에서 그치는 것이 아니라 타인, 자연 환경, 미래 세대와의 유기적인 관계를 고려하는 가운데 지역적으로 행동하고 세계적으로 사고하는 실제적이고 적극적인 시민 참여 행동과 비판적인 저항 의식을 요구하기 때문이다.

지속 가능한 웰빙에 관한 교육은 지속 가능한 웰빙의 개념 정의, 의미, 중요성, 필요성 등 지속 가능한 웰빙에 관련된 내용을 교육하는 것을 뜻한다. 이것은 지속 가능한 웰빙에 관한 핵심 내용, 가치, 방법 등에 관한 이해 및 인식 증진을 목표로 삼는다. 지속 가능한 웰빙을 통한 교육은 학생이 가정, 학교와 지역사회 그리고 그것을 넘어서서 적극적이고 참여적인 경험을 통하여 행동하면서 배우는 것을 포함한다. 이러한 학습은 지식 요소를 강화시켜 준다. 끝으로, 지속 가능한 웰빙을 위한 교육은 가정, 학교, 사회 등의 차원에서 지속 가능한 웰빙을 지향한 변화를 촉진하고 관리하기 위한 실제적인 역량을 강화하는 것을 목표로 삼는다. 지속 가능한 웰빙을 위한 교육은 지속 가능한 웰빙에 관한 교육과 지속 가능한 웰빙을 통한 교육을 포괄하고, 학생들이 현재 및 장차 성인 생활에서 떠맡을 구체적인 역할 및 책임 이행에 적극적이고 민감하게 참여할 수 있도록 일군의 도구와 역량(지식과 이해, 기술과 태도, 가치와 성향)을 갖추게 하는 것을 포함한다. 이것은 학생의 전반적인 교육 경험을 지속 가능한 웰빙과 연결시킨다. 그러므로 지속 가능한 웰빙 교육은 지속 가능한 웰빙에 관한, 지속 가능한 웰빙을 통한, 그리고 지속 가능한 웰빙을 위한 교육을 학생의 발달 특성에 맞게 통합하는 방식으로 이루어져야 한다.

 한편, 도덕 교과에서 지속 가능한 웰빙 교육의 실행을 위한 구체적인 교수 기법은 지속 가능한 웰빙에 대한 학생의 인식(Awareness), 사고 능력(Thinking ability), 기술 훈련(Skills training), 역할 모델링(Role-modeling)을 종합적으로 발달시키는 데 초점을 맞추어야 한다. 이것은 포괄적 가치교육 방법론을 상소한 커센바움(Kirschenbaum, 1995)의 논리에 근거한다(추병완·김항인·정창우, 2006: 67). 나는 영어의 첫 글자를 따서 이것을 지속 가능한 웰빙 교수·학습의 STAR 기법이라고 부를 것이다. 이것을 글자 순서대로 설명하면 다음과 같다.

첫째, 기술 훈련이다. 학생들이 지속 가능한 웰빙을 영위하기 위해 반드시 습득해야 할 기술이 있다. 예를 들어, 비판적 사고 기술은 지속 가능한 웰빙의 매우 중요한 구성 요소다. 학생들은 현재 우리가 웰빙을 추구하는 방식이 지속 가능한 것인지에 대해 비판적으로 성찰할 수 있어야 한다. 지속 가능한 방식으로 웰빙을 추구하는 방식을 모색하려면 창의적으로 생각하는 기술도 필요하다. 또한, 학생들은 동식물을 비롯한 자연 환경을 진정으로 배려하고 돌보는 구체적인 행동 기술도 필요하다. 공동으로 문제를 해결하려는 팀워크와 협력 기술도 지속 가능한 웰빙을 위해 필수적이다(Grice, 2017: 19). 그러므로 교사는 지속 가능한 웰빙을 생활에서 구현하는 데 필요한 이러한 생활 기술을 학생들이 체화하도록 지도해야 한다. 오브라이언은 지속 가능한 행복 발자국 차트 만들기, 지속 가능한 행복 프로젝트 수행을 통해 학생들이 지속 가능한 행위를 수행할 수 있는 참여 및 행동 기술을 터득하는 것이 중요하다고 말한다(O'Brien, 2016: 48).

둘째, 사고 능력을 촉진시키는 활동이다. 지속 가능한 웰빙을 영위하는 데 가장 중요한 것은 학생들이 체계 사고(systems thinking)를 하는 것이다(Grice, 2017: 19; O'Brien, 2016: 91). 분석에 대한 새로운 접근법으로서 체계 사고는 체계의 구성 요소가 상호 관련되는 방법과 체계가 시간에 따라 더 큰 체계 맥락 안에서 작동하는 방법에 초점을 맞추고 있는 전체론적인(holistic) 접근법이다. 체계 사고 분석 방법은 어떤 체계를 그것을 구성하는 별개의 요소들로 분해하고 세분하여 연구하는 전통적인 환원주의(reductionism) 분석 방법과 대조된다. 체계 사고는 전체 시스템 안에서 각 요소들 간의 상호 연관성을 파악하는 과정이다. 체계 사고는 문제를 분리된 부분·결과·사건으로 생각하지 않고, 전체 체계의 일부로서 바라보며

이에 대한 해결 방안을 모색하는 것이다. 지속 가능한 웰빙을 영위하려면 인간, 동물, 자연 환경, 지구 전체를 하나의 통합된 전체 체계로 파악하고, 그들 간의 상호의존성과 상호관련성을 분명하게 인식할 수 있어야하기 때문이다. 또한, 지속 가능한 웰빙을 위한 사고 능력에서 기존의 도덕 추론 능력만으로는 다소 한계가 있을 수 있다. 교사는 학생들이 현재 세대와 미래 세대 간의 권리의 문제를 정의와 배려의 차원에서 다룰 수 있는 세대 간 정의 및 배려에 입각한 도덕 추론을 할 수 있도록 기존의 도덕 추론 능력을 더욱 확장시켜 주어야 한다.

셋째, 인식을 돕는 활동이다. 지속 가능한 웰빙이 무엇인지, 그것이 왜 중요한지를 인지적으로 명확하게 이해하고 인식하도록 돕는 활동은 지속 가능한 웰빙 교육에서 결코 간과할 수 없는 부분이다. 교사는 환경 파괴, 소비 사회, 무분별한 개발, 이기적인 행복 추구 등에 관한 이야기, 동영상, 설명, 보상과 처벌, 규칙, 피드백 등을 통해 지속 가능한 웰빙에 관한 학생의 이해와 인식을 심화시킬 수 있다. 또한, 지구 헌장과 같은 공식 문서를 활용하여 모두를 위한 웰빙이 왜 중요한 것인지를 학생들이 인식하도록 도울 수 있다(O'Brien, 2016: 18). 이 과정에서 교사는 개인과 집단의 웰빙은 타인, 자연 환경, 미래 세대의 필요를 해치지 않는 가운데 추구되어야 한다는 사실을 학생들이 분명하게 인식하도록 실제적인 도움을 주어야 한다.

넷째, 역할 모델링이다. 교사는 지속 가능한 웰빙에 관한 자신의 생각·감정·경험을 학생들과 공유하면서, 지속 가능한 웰빙의 부정적 모델과 긍정적 모델에 학생들이 접해보게 하면서, 그리고 지속 가능한 웰빙의 모델이 되는 자원 인사를 초빙하거나 또는 스카이프(skype)를 통해 원격으로 접속하여 학생들에게 다양한 역할 모델링의 기회를 제공할 수 있다. 교사는 지속 가능한 웰빙을 학생들에게 직접 모델링하는 것만이 아니라, 역사나 문학 속에 내재된 가상 인물 혹은 당대의 실존 인물과 같은 다양한 역할 모델을 학생들에게 제시해 줄 수 있는 문지기 역할을 수행해야 한다. 교사의 이러한 역할 수행은 학생들이 지속 가능한 미래를 위한 긍정적인 변화에 영향을 줄 수 있다는 자기 효능감과 창의적인 자신감을 갖게 하는데 도움을 준다(O'Brien, 2016: 64).

지속 가능성 연구의 유망한 결과에도 불구하고, 긍정심리학자는 행복을 지속 가능성과 연결시키지 않았고, 지속 가능성 연구자와 전문가는 긍정심리학 연구의 잠재력을 인식하지 못했다(O'Brien, 2016: 17). 오히려 지속 가능성에 초점을 맞춘 환경교육의 대부분은 환경 위기의 심각함과 곧 도래할 인류의 재앙에 대한 암울한 메시지만을 학생들에게 전달하고, 현재의 환경 위기에 사실상 중대한 책임이 거의 없는 학생들에게 불필요한 공포와 죄책감·수치심을 심어주는 데 급급하였다. 그러한 공포 소구(fear appeal)는 우리가 처한 환경 위기가 심각하여 지금 이 상태가 지속된다면 머지않은 장래에 인류가 절멸할 수 있다는 공포를 유발하고, 그 공포를 감소시키거나 제거할 수 있는 행동 대안을 학생들에게 제공하여 친환경적인 행동 변화를 유발하는 것을 목표로 삼는 설득 메시지를 활용한다(Wilis et al., 2017: 20).

하지만, 그러한 전략은 예기치 않은 부작용을 수반할 수 있다. 이를테면, 많은 학생은 지속 가능한 행위를 즐겁고 유쾌한 행위가 아니라, 참고 인내하며 상당한 희생과 노력을 기울여야 할 부정 정서의 유발 인자로 생각한다. 학생들에게 다가올 환경 재앙에 대한 공포와 두려움을 심어주기보다는 학생들이 지속 가능한 미래에 대한 희망을 품은 채 창의적이고 동정심이 풍부한 친환경적 반응과 행위를 할 수 있도록 촉진하는 새로운 형태의 환경교육이 실행되어야 한다. 동시에 환경교육은 문제에 초점을 맞추는 것에서 탈피하여 해결에 초점을 맞추는 방식으로 전환해야 한다. 그러한 해결은 학생들의 창의성과 발산적 사고를 필요로 하며, 행복과 웰빙은 바로 그 창의성과 발산적 사고를 촉진시킨다(Boniwell, 2012: 38). 주지하는 바와 같이, 긍정 정서의 확장 및 축적 이론은 긍정 정서가 창의성과 문제 해결 능력과 같은 지적 자원의 확장에 축적에 기여한다는 사실을 강조한다. 우리가 학교 교육을 통해 더욱 지속 가능한 미래에 학생들이 이바지하도록 그들의 창의성, 혁신, 기업가 정신(enterpreneurship)을 촉진하려는 목표를 달성하고자 한다면, 학교는 마땅히 행복과 웰빙이 그러한 목표 달성에 도움을 주는 방식을 잘 이해해야만 한다(O'Brien, 2016: 18).

오브라이언은 지속 가능성 연구가 긍정심리학의 웰빙 개념을 수용하여 교육자들이 지속 가능성 웰빙 개념을 채택하면, 긍정심리학과 지속 가능성 모두 잠재적인 시너지 효과를 볼 수 있다는 사실을 강조하였다. 우리가 지속 가능한 웰빙을 교육의 중요한 목표로 채택하면, 지속 가능한 행위는 개인의 성품 강점에 근거하여 이루어지는 즐겁고 유쾌한 행동으로 묘사될 수 있다. 또한 우리는 소비가 곧 행복이라는 그릇된 메시지에서 탈피하여 상호의존성과 상호관련성에 근거한 웰빙을 추구하면서 타인, 환경, 미래 세대의 필요를 해치지 않게 된다. 나딩스(Noddings, 2003: 1)는 행복이 교육의 목표가 되어야만 하고, 좋은 교육은 개인과 집단의 행복에 기여해야만 한다고 주장하였다. 오브라이언(2012: 293)은 이를 약간 수정하여 지속 가능한 행복이 교육의 목표가 되어야만 하고, 좋은 교육은 타인, 환경, 미래 세대를 착취하시 않는 가운데 개인과 집단의 행복에 크게 기여를 해야만 한다고 주장하였다.

최근 교육부(2018: 1)는 민주 시민으로서의 역량을 향상시키는 시민교육의 활성화를 강조한다. 교육부(2018: 2)는 학교 교육은 모든 아이가 자신의 잠재력을 최대한 계발하게 하여 자아실현을 돕고 시민적 역량과 자질을 함양하는데 그 목적이 있다고 규정한다. 또한 교육부(2018: 9)는 지속 가능 개발과 환경 문제에 대한 지식과 이해는 민주시민교육의 핵심 내용 중 하나임을 강조한다. 그러므로 지속 가능한 웰빙은 교육부가 추진하는 시민교육의 이상을 도덕 교과에서 실현하는 데 매우 시의적절하고 풍부한 교육적 함의와 중요성을 내포한 개념이다.

지속 가능한 웰빙은 우리가 도덕 교과를 통해 가르쳐야 할 중요한 시민적 인성 특질이다. 우리는 지속 가능한 웰빙을 도덕 교과의 목표와 내용에 용해하여 학생들이 자율적이고 책임 있는 지금 그리고 여기에서의 시민-학생으로서 타인, 환경, 미래 세대를 착취하지 않는 가운데 자신 및 집단의 웰빙을 증진하는 일에 적극 참여함과 동시에 지속 불가능한 웰빙을 부추기는 사회 구조나 정책에 비판적으로 저항할 수 있게 해야 한다. 그러므로 우리는 인간의 번영과 생태적 회복탄력성 간의 상호 관련성을 강조하는(O'Brien, 2013: 228) 지속 가능한 웰빙 개념을 도덕 교과의 시민교육에서 다루어야 할 시민적 인성 특질로 적극 수용해야 할 것이다. 동시에 우리는 시민적 인성 특질로서 지속 가능한 웰빙을 중시하는 것은 우리가 소속된 생태계의 지속 가능성을 보장할 수 있는 가장 확실한 교육적 투자임을 잊지 말아야 할 것이다.

참고 문헌

고병헌 외 4인(2007), 『평화교육의 개념과 내용 체계에 관한 연구』, 서울: 통일부 통일교육원.
고정식 외 6인 공저(2004), 『통일 지향 교육 패러다임 정립과 추진 방안』, 서울: 통일교육원.
교육부 보도자료, 2018년 11월 27일.
교육부(2015), 『도덕과 교육과정』, 세종: 교육부.
교육부(2018,11), 『민주시민교육 활성화를 위한 종합 계획』, 세종: 교육부.
국민일보, 2009년 7월 22일자.
권석만(2008), 『긍정심리학』, 서울: 학지사.
권영승·이수정(2011), "글로벌·다문화 사회의 통일 의식: N세대 대학생을 중심으로", 『현대사회와 다문화』, 1(2), 1-38.
김국현(2004), 『통일교육의 새로운 패러다임』, 고양: 인간사랑.
김성수·신두철·유평준·전하윤(2015), 『학교 내 민주시민교육 활성화 방안』, 교육부 정책연구 보고서.
김영인(2007), 『청소년의 참여와 시민성 함양』, 서울: 한국학술정보.
김윤경·박균열(2019), "논쟁 수업에서 도덕과 교사의 역할과 발문에 관한 연구", 『도덕윤리과교육』, 65, 163-188.
김태준(2016), "청소년의 시민적 지식과 자기효능감이 시민사회적 참여에 미치는 영향: 시민교육에 주는 시사점", 『교육심리연구』, 30(3), 535-558.
김현덕(2003), "국제이해교육의 영역과 교육과정", 아시아·태평양국제이해교육원 엮음, 『세계화 시대의 국제이해교육』, 서울: 한울아카데미.
노희정(2014), "생태적 지속 가능성을 위한 환경윤리교육과 비판적 사고", 『환경철학』, 18, 119-143.
뉴시스, 2009년 8월 3일자.
로동신문, 2006년 4월 27일자.
모경환 외 3인 공역(2008), 『다문화교육 입문』, 서울: 교육과학사.
민주노동당 논평자료, 2009년 7월 23일자.
박병기·추병완(2017), 『윤리학과 도덕교육1』, 고양: 인간사랑.
박영자(2012), "다문화시대 한반도 통일·통합의 가치 및 정책 방향", 『국제관계연구』, 17(1), 299-333.
박찬석 외 8인 공저(2000), 『통일교육론』, 서울: 백의.

배정호 외 4인 공저(2013), 『한반도 통일에 대한 동북아 4국의 인식』, 서울: 통일연구원.
변순용·김나영(2010), "생태적 지속 가능성의 실천적 의미에 대한 연구", 『초등도덕교육』, 33, 165-196.
서준원(2002), "민주시민교육 현황과 문제점", 『한국민주시민교육학회보』, 7, 79-94.
송경재(2014), "네트워크화 된 소셜 시티즌과 사회적 자본", 『아태연구』, 21(4), 241-271.
송두범·강수현(2017), "민주시민교육 실행 방안", 『Issue Report』, 공주: 충남연구원.
신두철(2019), "학교 민주시민교육의 추진 원칙 및 정책 방향", 『교원양성기관과 함께하는 학교 민주시민교육 컨퍼런스』, 대전: 한국연구재단.
심성보(2018), "사람다움과 시민다움의 조화를 통한 '민주적' 시민교육의 모색: 보이텔스바흐 합의와 크릭 보고서를 중심으로", 『윤리교육연구』, 47, 253-282.
앨런 스미스 외 2인(2020), 『한국 평화교육의 비판적 검토』, 서울: 유네스코 아시아태평양 국제이해교육원.
양영자(2007), "분단·다문화시대 교육 이념으로서의 민족주의와 다문화주의의 양립 가능성", 『교육과정연구』, 25(3), 23-48.
오기성(2005), 『통일교육론』, 파주: 양서원, 2005.
오기성(2008), "학교통일교육의 다문화교육적 접근", 『교육과정평가연구』, 11(2), 135-163.
오은순(2009), "다문화교육을 위한교 수·학습 프로그램", 경기도 다문화교육센터 편, 『다문화교육의 이론과 실제』, 서울: 양서원.
우희숙(2009), "다문화가정의 실태와 자녀교육", 경기도다문화교육센터 편, 『다문화교육의 이론과 실제』, 서울: 양서원.
윤인진·송영호(2011), "한국인의 국민정체성에 대한 인식과 다문화 수용성", 『통일문제연구』, 55, 143-192.
이범웅(2008), "남북관계와 통일환경 변화에 따른 학교 통일교육의 방향 모색", 『초등도덕교육』, 제28집, 184-215.
장미혜 외 3인(2008), 『다민족·다문화사회로의 이행을 위한 정책 패러다임 구축(Ⅱ)』, 서울: 한국여성정책연구원.
전숙자·박은아·최윤정(2009), 『다문화사회의 새로운 이해』, 서울: 도서출판 그린.
전효관(2002), "통일문제에 대한 무관심/기피 현상과 통일교육의 다원화", 통일교육연구소 편, 『통일교육의 다원화와 제도 개선 방안』, 서울: 오름.
정문성·강대현·설규주·전영은(2018), 『학교 민주시민교육을 위한 교육과정 개선 방안 연구』, 교육부 정책 연구 보고서.

정미라(2008), "여성주의와 다문화주의", 『철학연구』, 제107집, 51-68.
정창우(2019), 『21세기 인성교육 프레임』, 파주: 교육과학사.
정회성(2015), 『지속 가능한 행복의 길』, 서울: 환경과 문명.
조정아 외 4인(2019), 『평화교육의 실태와 쟁점』, 서울: 통일연구원.
최윤정(2019), "건설적 논쟁의 도덕교육적 함의", 『초등도덕교육』, 66, 1-30.
최윤정(2020), "건설적 논쟁 이해하기", 추병완·최윤정·정나나·신지선, 『건설적 논쟁 수업을 통한 시민교육』, (pp. 37-57), 서울: 한국문화사.
최윤정·추병완(2020), "시민 심의를 위한 건설적 논쟁의 활용 방안", 『초등도덕교육』, 2020 특집호, 129-162.
최종덕(2007), "사회 자본 형성을 위한 시민교육의 방향", 『시민교육연구』, 39(4), 135-161.
추병완 외 3인 공저(2000), 『윤리학과 도덕교육2』, 고양: 인간사랑.
추병완(2000), 『열린 도덕과교육론』, 서울: 하우.
추병완(2004), "학교에서의 민주시민교육", 심익섭 외 12인 공저, 『한국민주시민교육론』, 서울: 엠-애드.
추병완(2004), 『개정증보판 도덕교육의 이해』, 서울: 백의.
추병완(2007), 『평화지향적 통일교육의 이론과 실제』, 서울: 통일부 통일교육원.
추병완(2008a), "다문화교육을 위한 도덕 교사의 역할 탐색", 『교육과정평가연구』, 11(2), 109-133.
추병완(2008b), "다문화 도덕교육 정립을 위한 시론", 『초등도덕교육』, 제28집, 295-330.
추병완(2017a), 『도덕교육 탐구』, 서울: 한국문화사.
추병완(2017b), 『회복탄력성: 학교·가정·군대에서의 실천 전략』, 서울: 하우.
추병완(2019a), 『긍정 도덕교육론』, 서울: 한국문화사.
추병완(2019b), "소셜 미디어 시대에서 학생의 정신건강", 『초등도덕교육』, 66, 181-212.
추병완(2020), "시민교육에서 논쟁의 중요성", 추병완·최윤정·정나나·신지선, 『건설적 논쟁 수업을 통한 시민교육』(pp. 59-84), 서울: 한국문화사.
추병완(2021), "도덕 교과 교수·학습에서 행동 윤리학의 적용 방안", 『윤리연구』, 133, 1-26.
추병완(2022), "행동 윤리학에 대한 비판적 평가", 『도덕윤리과교육』, 76, 161-195.
추병완·김하연·최윤정·정나나·신지선(2019), 『디지털 시민성 핸드북』, 서울: 한국문화사.

추병완·최윤정(2019), 『긍정교육의 이론과 실제』, 춘천: 춘천교육대학교 출판부.
추병완·최윤정·김광수(2019), 『학교에서 긍정심리학 실천하기: 삶의 목적을 세우는 교육』, 춘천: 춘천교육대학교 출판부.
추병완·최윤정·유진옥(2019), "건설적 논쟁 수업이 초등학생의 인성 발달에 미치는 효과", 『2019 인성교육 현장연구 결과발표회 자료집』(pp. 3-36), 서울: 교보교육재단.
추병완·최윤정·정나나·신지선(2020), 『건설적 논쟁을 통한 시민교육』, 서울: 한국문화사.
통일부 통일교육원(2018), 『평화·통일교육: 방향과 관점』, 서울: 통일부 통일교육원.
한만길(2019), "평화·통일교육의 방향과 내용 고찰", 『통일정책연구』, 28(1), 135-157.
허영식(2018), "보이텔스바흐 합의에 관한 담론과 함의", 『공공정책과 국정관리』, 11(4), 27-58.
Aboud, F. E. (1988), *Children and prejudice*, Oxford: Basil Blackwell.
Adorno, T. W., Frenkel-Brunswik, E., Levinson, P. J. & Sanford, R. N. (1950), *The authoritarian personality*, New York: Harper & Brothers.
Allport, G. W. (1954), *The nature of prejudice*, Reading: Addison-Wesley.
Altemeyer, B. (1998), "The other authoritarian personality", In M. P. Zanna (Ed.), *Advances in experimental social psychology* (pp. 47-92), San Diego: Academic.
Aquino, K. & Reed, A. (2002), "The self-importance of moral identity", *Journal of Personality and Social Psychology*, 83(6), 1423-1440.
Avery, P. G., Levy, S. A. & Simmons, A. M. M. (2013), "Deliberating controversial public issues as part of civic education", *The Social Studies*, 104, 105-114.
Ayal, S., Gino, F., Barkan, R. & Ariely, D. (2015), "Three principles to REVISE people's unethical behavior", *Perspectives on Psychological Science*, 10(6), 738-741.
Bailey, C. (1975), "Neutrality and rationality in teaching", In D. Bridges & P. Scrimshaw (Eds.), *Values and authority in schools*, London: Hodder and Stoughton.
Banks, J. A. (2006), *Cultural diversity and education: Foundations, curriculum, and teaching*, Boston: Pearson Education Inc., 2006.
Banks, J. A. (2007), *Educating citizens in a multicultural society*, 2nd ed., New York: Teachers College Press.

Bao, K. J. & Lyubormirsky, S. (2014), "Making happiness last: Using hedonic adaptation prevention model to extend the success of positive interventions", In A. C. Parks & S. M. Schueller (Eds.), *The Wiley Blackwell handbook of positive psychological interventions* (pp. 373−384), Chichester: John Wiley & Sons, Ltd.

Barnes, C. M., Schaubroeck, J., Huth, M. & Ghumman, S. (2011), "Lack of sleep and unethical conduct", *Organizational Behavior and Human Decision Processes*, 115(2), 169−180.

Barton, K. & McCully, A. (2007), "Teaching controversial issues: Where controversial issues really matter", *Teaching History*, 127, 13−19.

Baumeister, R. F., Vohs, K. D. & Tice, D. M. (2007), "The strength model of self-control", *Current Directions in Psychological Science*, 16(6), 351−355.

Bazerman, M. H. & Sezer, O. (2016), "Bounded awareness: Implications for ethical decision making", *Organizational Behavior and Human Decision Processes*, 136, 95−105.

Beane, J. A. & Apple, M. W. (1995), "The case for democratic schools", In M. W. Apple & J. A. Beane (Eds.), *Democratic schools* (pp. 1−25), Alexandria: ASCD.

Becker, E. (1962), *The birth and death of meaning*, New York: Free Press.

Bellamy, R. (2008), *Citizenship: A very short introduction*, Oxford: Oxford University Press.

Bennett, C. I. (2007), *Comprehensive multicultural education*, 6th ed., Boston: Pearson.

Bennett, J. M. & Bennett, M. J. (2004), "Developing intercultural sensitivity: Anintegrative approach to global and domestic diversity", In Landis, D., Bennett, J. M., & Bennett, M. J. (Eds.), *Handbook of intercultural training*, London: Sage Publications.

Berry, J. W., & Kalin, R. (1995), "Multicultural and ethnic attitudes in Canada: An overview of the 1991 national survey", *Canadian Journal of Behavioral Science*, 27, 301−320.

Bettelheim, B. (1947), "Individual and mass behavior in extreme situations", In T. M. Newcomb & E. L. Hartley (Eds.), *Readings in social psychology* (pp. 628−638), New York: Henry Holt.

Biesta, G. & Lawy, R. (2006), "From teaching citizenship to learning democracy: Overcoming individualism in research, policy and practice", *Cambridge*

Journal of Education, 36(1), 63–79.

Billiet, J., Maddens, B. & Beerten, R. (2003), "National identity and attitude toward foreigners in a multinational state: A replication", *Political Psychology*, 24, 241–257.

Billig, M. & Tajfel, H. (1973), "Social categorization and similarity in intergroup behaviour", *European Journal of Social Psychology*, 3, 27–52.

Bizumić, B. & Duckitt, J. (2007), "Varieties of group self-centredness and dislike of the specific other", *Basic and Applied Social Psychology*, 29, 195–202.

Bizumić, B. & Duckitt, J. (2008), "My group is not worthy of me: Narcissism and ethnocentrism", *Political Psychology*, 29, 437–453.

Bizumić, B. (2019), *Ethnocentrism: Integrated perspectives*, London: Routledge.

Bizumić, B., Duckitt, J., Popadic, D., Dru, V, & Krauss, S. (2009), "A cross-cultural investigation into a reconceptualization of ethnocentrism", *European Journal of Social Psychology*, 39, 871–899.

Boniwell, I. (2012), *Positive psychology in a nutshell: The science of happiness*, London: Open University Press.

Bonner, J. M., Greenbaum, R. L. & Mayer, D. M. (2016), "My boss is morally disengaged: The role of ethical leadership in examining the interactive effect of supervisor and employee moral disengagement on employee behaviors", *Journal of Business Ethics*, 137, 731–742.

Boulding, E. (1974), "The child and non-violent social change", In C, Wulf (Ed.), *Handbook of peace education* (pp. 101–132), Frankfurt: International Peace research Association.

Brewer, M. B. (1991), "The social self: On being the same and different at the same time", *Personality and Social Psychology Bulletin*, 17, 475–482.

Brewer, M. B. (1999), "The psychology of prejudice: Ingroup love or outgroup hate", *Journal of Social Issues*, 55, 429–444.

Brice, L. (2002), "Deliberative discourse enacted: Task, text, and talk", *Theory and Research in Social Education*, 30(1), 66–87.

Bridges, D. (1979), *Education, democracy and discussion*, Slough: NFER.

Bringle, R. G., Studer, M., Wilson, J., Clayton, P. H. & Steinberg, K. S. (2011), "Designing programs with a purpose: To promote civic engagement for life", *Journal of Academic Ethics*, 9(2), 149–164.

Bronk, K. C. (2014), *Purpose in life: A critical component of optimal youth development*, New York: Springer.

Budner, S. (1962), "Intolerance of ambiguity as a personality variable", *Journal of Personality*, 30, 29-50.

Butts, R. F. (1980), *The revival of civic learning: A rationale for citizenship education in American schools*, Arlington: The Phi Delta Kappa Educational Foundation.

Castano, E., Yzerbyt, V., Paladino, M. P. & Sacchi, S. (2002), "I belong therefore I exist: Ingroup identification, ingroup entitativity, and ingroup bias", *Personality and Social Psychology Bulletin*, 28, 135-143.

Castro, A. J. & Knowles, R. T. (2017), "Democratic citizenship education: Research across multiple landscapes and contexts", In M. M. Manfra & C. M. Bolick (Eds.), *The Wiley handbook of social studies research* (pp. 287-318), Chichester, John Wiley & Sons.

Christie, D. J. (1997), "Reducing direct and structural violence: The human needs theory", *Peace and Conflict: Journal of Peace Psychology*, 3, 315-332.

Christie, D. J., Tint, B. S., Wagner, R. V. & Winter, D. D. (2008), "Peace psychology for a peaceful world", *American Psychologist*, 63, 540-552.

Chugh, D. & Bazerman, M. H. (2007), "Bounded awareness: What you fail to see can hurt you", *Mind & Society*, 6(1), 1-18.

Chugh, D. & Kern, M. C. (2016), "A dynamic and cyclical model of bounded ethicality", *Research in Organizational Behavior*, 36, 85-100.

Clifton, D. 0. & Harter, J. K (2003), "Investing in strengths", In K. S. Cameron, J. E. Dutton & R. E. Quinn (Eds.), *Positive organizational scholarship* (pp. 111-121), San Francisco: Berren-Koehler.

Cohn, M. A. & Fredrickson, B. L. (2009), "Broaden-and-build theory of positive emotions", In S. J. Lopez (Ed.), *The encyclopedia of positive psychology* (pp. 105-110), Chichester: John Wiley & Sons.

Compton, W. C. & Hoffman, E. (2013), *Positive psychology: The science of happiness and flourishing*, Belmont: Wadsworth, Cengage Learning.

Crick Report (1998), *Education for citizenship and the teaching of democracy in schools*, London: QCA.

Crook, K. & Truscott, D. (2007), "Controversy in the classroom", In M. Thompson (Ed.), *Ethics and law for teachers* (pp. 129-146), Toronto: Thomson Nelson.

Darley, J. M. & Batson, C. D. (1973), "From Jerusalem to Jericho: A study of situational and dispositional variables in helping behavior", *Journal of*

Personality and Social Psychology, 27(1), 100-108.

Darwin, C. (1879), *The descent of man, and selection in relation to sex*, London: John Murray.

De Cremer, D. & Moore, C. (2020), "Toward a better understanding of behavioral ethics in the workplace", *Annual Review of Organizational Psychology and Organizational Behavior*, 7, 369-393.

Dearden, R. F. (1981), "Controversial issues and the curriculum", *Journal of Curriculum Studies*, 13(1), 37-44.

Dewey, J. (1916), *Democracy and education*, New York: Macmillan.

Dewey, J. (1933), *How we think*, Lexington: D.C. Heath & Company.

Dewey, J. (1939), "Democracy and educational administration", In J. Ratner (Ed.), *Intelligence in the modern world: John Dewey's philosophy* (pp. 400-401), New York: Modern Library.

Dewey, J. (1966), *Liberalism and social action*, New York: Putnam Sons.

Dong, Q., Day, K. D. & Collaçco, C. M. (2008), "Overcoming ethnocentrism through developing intercultural communication sensitivity and multiculturalism", *Human Communication*, 11(1), 27-38.

Duckitt, J. & Sibley, C. G. (2010), "Personality, ideology, prejudice, and politics: A dual-process motivational model", *Journal of Personality*, 78, 1861-1894.

Duckitt, J. (1992), *The social psychology of prejudice*, New York: Praeger.

Duckitt, J. (2001), "A dual-process cognitive-motivational model of prejudice", In M. Zanna (Ed.), *Advances in experimental social psychology* (pp. 41-113), San Diego, CA: Academic.

Duckitt, J., & Fisher, K. (2003), "The impact of social threat of worldview and ideological attitudes", *Political Psychology*, 24, 199-222.

Duckitt, J., Bizumic, B., Krauss, S. W. & Heled, E. (2010), "A tripartite approach to right-wing authoritarianism", *Political Psychology*, 31, 685-715.

Duckworth, C. (2008), "Maria Montessori and peace education", In M. Bajaj (Ed.), *Encyclopaedia of peace education* (pp. 33-38), Charlotte: Information Age Publishing.

Dworkin, G. (1988), *The theory and practice of autonomy*, Cambridge: Cambridge University Press.

Evans, R. W., Newmann, F. M. & Saxe, D. W. (1996), "Defining issue-centered education", In R. E. Evans & D. W. Saxe (Eds.), *Handbook on teaching social issues* (pp. 2-5), Washington, DC: NCSS.

Forrester, K. (2003), "Leaving the academic towers: the Council of Europe and the Education for Democratic Citizenship Project", *International Journal of Lifelong Education*, 22(3), 221-234.

Fowler, S. M. & Blohm, J. M. (2004), "An analysis of methods for intercultural training", In D. Landis, J. M. Bennett & M. J. Bennett (Eds.), *Handbook of intercultural training*, Thousand Oaks: SAGE Publications.

Fredrickson, B. L. (1998), "What good are positive emotions?", *Review of General Psychology*, 2(3), 300-310.

Fredrickson, B. L. (2009), *Positivity: Groundbreaking research reveals how to embrace the hidden strength of positive emotions, overcome negativity, and thrive*, New York: Crown Publishers.

Fredrickson, B. L., Cohn, M. A., Coffey, K. A., Pek, J. & Finkel, S. M. (2008), "Open hearts build lives: Positive emotions, induced through loving-kindness meditation, build consequential personal resources", *Journal of Personality and Social Psychology*, 95(5), 1045-1062.

Fredrickson, D. L., Mancuso, R. A. & Branigan, C. & Tugade, M. M. (2000), "The undoing effect of positive emotions", *Motivation and Emotion*, 24(4), 237-258.

Gagnon, V. J. (2004), *The myth of ethnic war: Serbia and Croatia in the 1990s*, Ithaca: Cornell University Press.

Galtung, J. (1964), "An editorial", *Journal of Peace Research*, 1, 1-4.

Galtung, J. (1985), "Twenty-five years of peace research: Ten challenges and some responses", *Journal of Peace Research*, 22, 141-158.

Gentile, M. C. (2012), *Giving voice to values: How to speak your mind when you know what's right*, New Haven: Yale University Press.

Gino, F., Schweizer, M. E., Mead, N. L. & Ariely, D. (2011), "Unable to resist temptation: How self-control depletion promotes unethical behavior", *Organizational Behavior and Human Decision Process*, 115(2), 191-203.

Glenny, M. (2001), "The Yugoslav catastrophe", In D. Chirot & M. E. P. Seligman (Eds.), *Ethnopolitical warfare: Causes, consequences, and possible solutions* (pp 151-161), Washington, DC: American Psychological Association.

Goodman, S. W. (2022), *Citizenship in hard times: How ordinary people respond to democratic threat*, Cambridge: Cambridge University Press.

Graham, J., Haidt, J. & Rimm-Kaufman, S. E. (2008), "Ideology and intuition in moral education", *European Journal of Developmental Science*, 2(3), 269-286.

Greenberg, J., Solomon, S., Veeder, M., Pyszczynski, T., Rosenblatt, A., Kirkland, S. & Lyon, D. (1990), "Evidence for terror management theory: The effects of mortality salience on reactions to those who threaten or bolster the cultural worldview", *Journal of Personality and Social Psychology*, 58, 308-318.

Grice, M. (2017), "Philosophizing with transdisciplinarity, relational knowledge and ethics in education for sustainable development", In O. Franck & C. Osbeck (Eds.), *Ethical literacies and education for sustainable development* (pp. 19-36), Gewerbestrasse: Palgrave Macmillan.

Gunia, B. C., Wang, L., Huang, L., Wang, J. & Murnighan, J. K. (2012), "Contemplation and conversation: Subtle influences on moral decision making", *Academy of Management Journal*, 55(1), 13-33.

Gutmann, A. & Thompson, D. (1996), *Democracy and disagreement*, Cambridge: Harvard University Press.

Gutmann, A. & Thompson, D. (2004), *Why deliberative democracy*, Princeton: princeton University Press.

Gutmann, A. (1999), *Democratic education*, Princeton: Princeton University Press.

Gutmann, A. (2000), "Why should schools care about civic education?", In L. M. McDonnell, P. M. Timpane & R. Benjamin (Eds.), *Rediscovering the democratic purposes of education* (pp. 73-90), Lawrence: University of Kansas Press.

Hahn, C. L. (2012), "The citizenship teacher and teaching controversial issues: A comparative perspective", In J. Brown, H. Ross & P. Munn (Eds.), *Democratic citizenship in schools* (pp. 48-59), Edinburgh: Dunedin Academic Press.

Haidt, J. (2001), "The emotional dog and its rational tail: A social intuitionist approach to moral judgment", *Psychological Science*, 108(4), 814-834.

Haidt, J. (2012), *The righteous mind: Why good people are divided by politics and religion*, New York: Pantheon.

Hammer, M. R., Bennett, M. J. & Wiseman, R. (2003), "Measuring intercultural sensitivity: The intercultural development inventory", *International Journal of Intercultural Relations*, 27, 421-443.

Hand, M. & Levinson, R. (2012), "Discussing controversial issues in the classroom", *Educational Philosophy and Theory*, 44(6), 614-629.

Hand, M. (2008), "What should we teach as controversial? A defense of the epistemic criterion", *Educational Theory*, 58(2), 213-228.

Hand, M. (2014), "Religion, reason and non-directive teaching: A reply to Trevor Cooling", *Journal of Beliefs & Values: Studies in Religion & Education*, 35(1), 79-85.

Harding, J., Proshansky, H., Kutner, B. & Chein, I. (1969), "Prejudice and ethnic relations", In G. Lindzey & E. Aronson (Eds.), *The handbook of social psychology* (pp. 1-76), Reading: Addison Wesley.

Harris, I. M. & Morrison, M. L. (2013), *Peace education*, 3rd ed., Jefferson: McFarland & Company, Inc.

Harwood, D. (1986), "To advocate or to educate: What role should the primary teacher adopt in political education", *Education 3-13*, 4(1), 51-57.

Hefferon, K. & Boniwell, I. (2011), *Positive psychology: Theory, research and applications*, Berkshire: Open University Press.

Hershfield, H. E., Cohen, T. R. & Thompson, L. (2012), "Short horizons and tempting situations: Lack of continuity to our future selves leads to unethical decision making and behavior", *Organizational Behavior and Human Decision Processes*, 117(2), 298-310.

Hess, D. (2005), "How do teachers' political views influence teaching about controversial issues?", *Social Education*, 69, 47-48.

Hess, D. E. (2004), "Controversies about controversial issues in democratic education", *Political Science and Politics*, 37(2), 257-261.

Hodges, T. D. & Asplund, J. (2010), "Strengths development in the workplace", In P. A. Linley, S. Harrington & N. Garcea (Eds.), *Oxford handbook of positive psychology and work* (pp. 213-220), Oxford: Oxford University Press.

Hofstede, G. J. (2009), "The moral circle in intercultural competence", In D. K. Deardorff (Ed.), *The Sage handbook of intercultural competence*, Los Angeles, SAGE, 85-99.

Hooghe, M. (2008), "Ethnocentrism", In W. A. Darity, Jr., *International Encyclopedia of the Social Sciences*, Philadelphia: MacMillan Reference, 409-410.

Insko, C. A., Nacoste, R. W. & Moe, J. L. (1983), "Belief congruence and racial discrimination: Review of the evidence and critical evaluation", *European*

Journal of Social Psychology, 13, 153-174.

Jenkins, T. (2019), "Comprehensive peace education", In M. Peters (Ed.), *Encyclopedia of teacher education*, Singapore: Springer.

Jensen, K. K. (2007), "Sustainability and uncertainty: Bottom-up and top-down approaches", *Italian Journal of Animal Science*, 6, 853-855.

Johnson, D. W. (2015), *Constructive controversy*, 추병완 역(2019), 『4차 산업혁명 시대의 혁신교수법: 건설적 논쟁의 이론과 실제』, 서울: 하우.

Johnson, D. W., Johnson, R. T. & Smith, K. A. (2000), "Constructive controversy: The educative power of intellectual conflict", *Change*, 32(1), 28-37.

Johnson, D. W., Johnson, R. T., Holubec, E. & Roy, P. (1984), *Circles of learning*, Washington, DC: Association for the Supervision and Curriculum Development.

Just, D. R., & Wansink, B. (2009), "Smarter lunchrooms: Using behavioral economics to improve meal selection", *Choices*, 24(3), 1-7.

Kasser, T. (2006), "Materialism and its alternatives", In M. Csikszentmihalyi, & I. Csikszentmihalyi (Eds.), *A life worth living: Contributions to positive psychology* (pp. 200-214), Toronto: Oxford University Press.

Keith, A. (1949), *A new theory of human evolution*, New York: Philosophical Library.

Kelly, T. E. (1986), "Discussing controversial issues: Four perspectives on the teacher's role", *Theory and Research in Social Education*, 14(2), 112-138.

Kelsey, E. & O'Brien, C. (2011), "Sustainable happiness", *Green Teacher*, 93, 3-7.

Kerr, D., Huddleston, T., Fernandez, R. G., Djukanovic, B., Gannon, M. & Papamichael, E. (2016), *Living with controversy*, Strasbourg: Council of Europe.

Kertyzia, H. (2021), "Peace education", In K. Standish et al. (Eds.), The *Palgrave handbook of positive peace*, New York: Springer.

Keyes, C. L. M. & Lopez, S. J. (2002), "Toward a science of mental health: Positive directions in diagnosis and intervention", In C. R. Snyder & S. J. Lopez (Eds.), *Handbook of positive psychology* (pp. 45-62), New York: Oxford University Press.

Kim, S., Kim, H, & Choe, Y. (2006), "An exploratory study on cultural differences between Koreans, Japanese, and Native speakers of English," *Human*

Communication, 9, 57-70.

Kirschenbaum, H. (1995), *100 ways to enhance values and morality in school and youth settings*, 추병완·김항인·정창우 공역(2006), 『도덕·가치교육을 위한 100가지 방법』, 서울: 울력.

Kjell, O. N. E. (2011), "Sustainable well-being: A potential synergy between sustainability and well-being research", *Review of General Psychology*, 15(3), 255-266.

Kouchaki, M. & Smith, I. H. (2013), "The morning morality effect: The influence of time of day on unethical behavior", *Psychological Science*, 25(1), 95-102.

Kruglanski, A. W. & Webster, D. M. (1996), "Motivated closing of the mind: Seizing and freezing", *Psychological Review*, 103, 263-283.

Kuhlman, T. & Farrington, J. (2010), "What is sustainability", *Sustainability*, 2, 3436-3448.

Kunovich, R. M. & Hodson, R. (2002), "Ethnic diversity, segregation, and inequality: A structural model of ethnic prejudice in Bosnia and Croatia", *The Sociological Quarterly*, 43, 185-212.

Kymlicka, W. (2002), *Contemporary political philosophy*, New York: Oxford University Press.

Landes, X., Unger, C., Andsbjerg, K., Frank, K. & Wiking, M. (2015), *Sustainable happiness: Why waste prevention may lead to an increase in quality of life*, Copenhagen: Danish Ministry of the Environment.

Lanternari, V. (1980), "Ethnocentrism and ideology", *Ethnic and Racial Studies*, 3, 52-66.

Lazarus, R. S. (2003), "Does the positive psychology movement have legs?", *Psychological Inquiry*, 14(2), 93-109.

Lee, J. J. & Gino, F. (2018), "In search of moral equilibrium: Person, situation, and their interplay in behavioral ethics", In K. Gray & J. Graham (Eds.), *The atlas of moral psychology* (pp. 475-484), New York: The Guildford Press.

Lélé, S. & Norgaard, R. B. (1996), "Sustainability and the scientist's burden", *Conservation Biology*, 10(2), 354-365.

Leonardelli, G. J. & Brewer, M. B. (2001), "Minority and majority discrimination: When and why", *Journal of Experimental Social Psychology*, 37, 468-485.

LeVine, R. A. & Campbell, D. T. (1972), *Ethnocentrism: Theories of conflict, ethnic attitudes, and group behavior*, New York: Wiley.

Levin-Goldberg, J. (2009), "Five ways to increase to civic engagement", *Social Studies and the Young Learner*, 22(1), 15-18.

Lewin, K. (1948), *Resolving social conflicts: Selected papers on group dynamics*, New York: Harper and Brothers.

Lickona, T. (1991), *Educating for character*, 박장호 · 추병완 공역(1998), 「인격교육론」, 서울: 백의.

Linley, A. (2008), *Average to A+: Realising strengths in yourself and others*, Coventry: CAPP Press.

Linley, P. A. (2009), "Strengths perspective (Positive psychology)", In S. J. Lopez (Ed.), *The encyclopedia of positive psychology* (pp. 957-962), Chichester: Wiley-Blackwell.

Luthar, S. S. (2006), "Resilience in development: A synthesis of research across five decades", In D. Cicchetti & D. J. Cohen (Eds.), *Developmental psychopathology, Vol. 3: Risk, disorder, and adaptation* (pp. 739-795), Hoboken: Wiley.

Luthar, S. S., Lyman, E. L. & Crossman, E. J. (2014), "Resilience and positive psychology", M. Lewis & K. D. Rudolph (Eds.), *Handbook of Developmental Psychopathology* (pp. 125-140), New York: Springer.

Lyubomirsky, S., Sheldon, K. M. & Schkade, D. (2005), "Pursuing happiness: The architecture of sustainable change", *Review of General Psychology*, 9(2), 111-131.

Maddens, B., Billiet, J. & Beerten, R. (2000), "National identity and the attitude towards foreigners in multi-national states: The case of Belgium", *Journal of Ethnic and Migration Studies*, 26, 45-60.

Malikow, M. (2006), "Engaging students in controversial issues", *Kappa Delta Pi Record*, 42(3), 106-108.

Malott, R. W. (2010), "I'll save the world from global warming-tomorrow: Using procrastination management to combat global warming", *The Behavior Analyst*, 33, 179-180.

Massialas, B. G. (1996), "Criteria for issue-centered content selection", In R. E. Evans & D. W. Saxe (Eds.), *Handbook on teaching social issues* (pp. 44-50), Washington, DC: NCSS.

McDevitt, M. & Kiousis, S. (2006), *Experiments in political socialization: Kids voting USA as a model for civic education reform*, College Park: Center for

Information and Research on Civic Learning and Engagement.

McGee, W. J. (1900), "Primitive numbers", *Annual report of the Bureau of American Ethnology (1897-1898)*, 19, 825-851.

Meier, L. L. & Spector, P. E. (2013), "Reciprocal effects of work stressors and counterproductive work behavior: A five-wave longitudinal study", *Journal of Applied Psychology*, 98(3), 529-539.

Michaels, S., O'Connor, C. & Resnick, L. B. (2008), "Deliberative discourse idealized and realized: Accountable talk in the classroom and in civic life", *Studies in Philosophy and Education*, 27(4), 283-297.

Michalec, B., Keyes, C. L. M. & Nalkur, S. (2009), "Flourishing", In n S. J. Lopez (Ed.), *The encyclopedia of positive psychology* (pp. 391-394), Chichester: John Wiley & Sons.

Milkman, K. L., Beshears, J., Choi, J. J., Laibson, D. & Madrian, B. C. (2011), "Using implementation intentions prompts to enhance influenza vaccination rates", *Proceedings of the National Academy of Sciences of the United States of America*, 108(26), 10415-10420.

Mills, C. W. (1956), *The power elite*, New York: Oxford University Press.

Minard, R. D. (1952), "Race relationships in the Pocahontas coal filed", *Journal of Social Issues*, 8, 29-44.

Misco, T. (2011), "Teaching about controversial issues: Rationale, practice, and need for inquiry", *European Journal for Education Law and Policy*, Issue 1, 7-18.

Misco, T. (2016), "We are only looking for the right answers: The challenges of controversial issue instruction in South Korea", *Asia Pacific Journal of Education*, 36(3), 332-349.

Moore, B. N. & Parker, R. (2007), *Critical thinking*, New York: McGraw-Hill.

Moos, L. (2012), "Democratic schooling: Between outcomes and deliberation?", In J. Brown, H. Ross & P. Munn (Eds.), *Democratic citizenship in schools: Teaching controversial issues, traditions and accountability* (pp. 30-43), Edinburgh: Dunedin.

Moscovici, S. (1973), "Foreword", In C. Herzlich (Ed.), *Health and illness: A social psychological analysis*, London: Academic.

Mueller, J. (2000), "The banality of ethnic war", *International Security*, 25, 42-70.

Myers, D. G., & Diener, E. (1995), "Who is happy?", *Psychological Science*, 6, 10-19.

Neuberg, S. L. & Newsome, J. T. (1993), "Personal need for structure: Individual differences in the desire for simpler structure", *Journal of Personality and Social Psychology*, 65, 113-131.

Neuliep, J. W. & McCroskey, J. C. (1997), "Development of a US and generalized ethnocentrism scale", *Communication Research Reports*, 14, 385-398.

Nickerson, D. W. & Rogers, T. (2010), "Do you have a voting plan? Implementation intentions, voter turnout, and organic plan making", *Psychological Science*, 21(2), 194-199.

Nisan, M. (1991), "The moral balance model: Theory and research extending our understanding of moral choice and deviation", In W. M. Kurtines & J. L. Gewirtz (Eds.), *Handbook of moral behavior and development: Application* (pp. 213-249), Hillsdale: Lawrence Erlbaum Associates.

Noddings, N. & Brooks, L. (2017), *Teaching controversial issues*, 정창우 · 김윤경 공역(2018), 『논쟁 수업으로 시작하는 민주시민교육』, 서울: 풀빛.

Noddings, N. & Brooks, L. (2017), *Teaching controversial issues: The case for critical thinking and moral commitment in the classroom*, New York: Teachers College Press.

Noddings, N. (2006), *Critical lessons: What our school should teach*, Cambridge: Cambridge University Press.

Noddings, N. (2013), *Education and democracy in 21st century*, New York: Teachers College Press.

Nucci, L. P. (2001), *Education in the moral domain*, Cambridge: Cambridge University Press.

O'Brien, C. (2005), "Planning for sustainable happiness: Harmonizing our internal and external landscapes", *Paper prepared for the international conference on Gross National Happiness*, Nova Scotia, Canada. (검색일 2019년 9월 23일, www.gpiatlantic.org/conference/papers.htm).

O'Brien, C. (2012), "Sustainable happiness and well-being: Future directions for positive psychology", *Psychology*, 3(12A), 1196-1201.

O'Brien, C. (2013), "Happiness and sustainability together at last! Sustainable happiness", *Canadian Journal of Education*, 36(4), 228-256.

O'Brien, C. (2016), *Education for sustainable happiness and well-being*, New York: Routledge.

Oberschall, A. (2000), "The manipulation of ethnicity: From ethnic cooperation to violence and war'in Yugoslavia", *Ethnic and Racial Studies*, 23, 982-1001.

Oulton, C., Day, V., Dillon, J. & Grace, M. (2004), "Controversial Issues: Teachers' attitudes and practices in the context of citizenship education", *Oxford Review of Education*, 30(4), 489-507.

Oulton, C., Dillon, J. & Grace, M. M. (2004), "Reconceptualizing the teaching of controversial issues", *International Journal of Science Education*, 26(4), 411-423.

Oxfam (2006), *Global citizenship guides: Teaching controversial issues*, Oxford: Oxfam House.

Parker, W. C. & Hess, D. (2001), "Teaching with and for discussion", *Teaching and Teacher Education*, 17, 273-289.

Patricia M. King & Mary Howard-Hamilton (2003), "An assessment of multicultural competence", *NASPA Journal*, 40(2).

Paul, R. (1984), "Critical thinking: Fundamentals to educators for a free society", *Educational Leadership*, 42(1), 4-14.

Pesic, V. (1993), "The cruel face of nationalism", *Journal of Democracy*, 4, 100-103.

Peters, R. S. (1966), *Ethics and education*, London: George Allen & Unwin.

Peterson, A. (2011), *Civic republicanism and civic education: The education of citizens*, London: Palgrave Macmillan.

Peterson, C. (2006), *A primer in positive psychology*, New York: Oxford University Press.

Pettigrew, T. F. & Tropp, L. R. (2000), "Does intergroup contact reduce prejudice? Recent metaanalytic findings", In S. Oskamp (Ed.), *Reducing prejudice and discrimination* (pp. 93-114), Mahwah: Lawrence Erlbaum Associates.

Pettigrew, T. F. (1991), "Normative theory in intergroup relations: Explaining both harmony and conflict", *Psychology and Developing Societies*, 3, 3-16.

Pettigrew, T. W. (1958), "Personality and sociocultural factors in intergroup attitudes: A crossnational comparison", *Journal of Conflict Resolution*, 2, 29-42.

Pettit, P. (1999), *Republicanism: A theory of freedom and government*, Oxford: Oxford University Press.

Pope, R. L., & Reynold, A. L. (1997), "Student affairs core competences: Integrating multicultural awareness, knowledge, and skills", *Journal of College Student Development*, 38, 266-277.

Pratto, F. (1999), "The puzzle of continuing group inequality, Placing together psychological, social, and cultural forces in social dominance theory", In M. P. Zanna (Ed.), *Advances in experimental social psychology* (pp. 191–263), San Diego: Academic.

Putnam, R. (1993), *Making democracy work: Civic traditions in modern Italy*, Princeton: Princeton University Press.

Pyszczynski, T., Greenberg, J., Koole, S. & Solomon, S. (2010), "Experimental existential psychology: Coping with the facts of life", In S. T. Fiske, D. T. Gilbert & G. Lindzey (Eds.), *Handbook of social psychology* (pp. 724–757), Hoboken: Wiley.

Qualifications, Curriculum Authority (1998), *Education for citizenship and the teaching of democracy in schools*, Sudbury: QCA.

Rathje, S. (2007), "Intercultural competence: The status and future of a controversial concept", *Language and Intercultural Communication*, 7(4), 254–266.

Reich, W. (2007), "Deliberative democracy in the classroom: A sociological view", *Educational Theory*, 57(2), 187–197.

Rest, J. (1986), *Moral development: Advances in research and theory*, New York: Praeger.

Rettew, J. C. & Lopez, S. J. (2008), "Discovering your strengths", In S. J. Lopez (Ed.), *Positive psychology: Exploring the best in people, Vol. 1, Discovering your strengths* (pp. 1–22), Westport: Praeger Publishers.

Rogers, T. & Bazerman, M. H. (2008), "Future lock–in: Future implementation increases selection of 'should' choices", *Organizational Behavior and Human Decision Processes*, 106(1), 1–20.

Rokeach, M. (1960), *The open and closed mind*, New York: Basic Books.

Ross, M. H. (1991), "The role of evolution in ethnocentric conflict and its management", *Journal of Social Issues*, 47, 167–185.

Ruben, B. D. (1989), "The study of cross–cultural competence: Traditions and contemporary issues", *International Journal of Intercultural Relations*, 13, 229–240.

Rubin, B. C. (2007), "Laboratories of democracy: A situated perspective on learning social studies in detracked classrooms", *Theory & Research in Social Education*, 35(1), 62–95.

Sales, S. M. (1973), "Threat as a factor in authoritarianism", *Journal of Personality and Social Psychology*, 28, 44–57.

Salili, F., & Hoosain, R. (2001), "Multicultural education: History, issues, and practices", In F. Salili & R. Hoosain, (Eds.), *Multicultural education: Issues, politics and practices*, Greenwich: Information Age publishing.

Sandel, M. J. (1996), *Democracy's discontent: America in search of a public philosophy*, Cambridge: Harvard University Press.

Schommer-Aikins, M. & Hutter, R. (2002), "Epistemological beliefs and thinking about everyday controversial issues", *The Journal of Psychology*, 136(1), 5-20.

Schwitzgebel, E. & Rust, J. (2014), "The moral behavior of ethics professors: Relationships among self-reported behavior, expressed normative attitude, and directly observed behavior", *Philosophical Psychology*, 27(3), 293-327.

Schwitzgebel, E. (2009), "Do ethicists steal more books?", *Philosophical Psychology*, 22(6), 711-725.

Seligman, M. E. P. & Csikszentmihalyi, M. (2000), "Positive psychology: An introduction", *American Psychologist*, 55(1), 5-14.

Shah, J. Y., Kruglanski, A. W. & Thompson, E. P. (1998), "Membership has its (epistemic) rewards: Need for closure effects on intergroup favoritism", *Journal of Personality and Social Psychology*, 75, 383-393.

Shalvi, S., Eldar, O. & Bereby-Meyer, Y. (2012), "Honesty requires time (and lack of justifications)", *Psychological Science*, 23(10), 1264-1270.

Sherif, M. (1966), *In common predicament: Social psychology of intergroup conflict and cooperation*, Boston: Haughton Mifflin.

Sherif, M. (1973), *The psychology of social norms*, New York: Octagon Books.

Shu, L. L., Mazar, N., Gino, F., Ariely, D., & Bazerman, M. H. (2012), "Signing at the beginning makes ethics salient and decreases dishonest self-reports in comparison to signing at the end", *Proceedings of the National Academy of Sciences*, 109(38), 15197-15200.

Sidanius, J., & Pratto, F. (1999), *Social dominance: An intergroup theory of social hierarchy and oppression*, Cambridge: Cambridge University Press.

Silverman, B. I. (1974), "Consequences, racial discrimination, and the principle of belief congruence", *Journal of Personality and Social Psychology*, 29, 497-508.

Simon, H. A. (1983), *Reason in human affairs*, Standford: Stanford University Press.

Singh, R., Choo, W. M. & Poh, L. L. (1998), "In-group bias and fair-mindedness as strategies of self-presentation in intergroup perception", *Personality and Social Psychology Bulletin*, 24, 147-162.

Sinicrope, C., Norris, J. & Watanabe, Y. (2007), "Understanding and assessing intercultural competence: A summary of theory, research, and practice", *Second Language Studies*, 26(1),1-58.

Sleeter, C. E. & Grant, C. A. (2007), *Making choices for multicultural education: Five approaches to race, class, and gender*, 5th ed., Hoboken: Wiley.

Smith, A. D. (2001), *Nationalism: Theory, ideology, history*, Cambridge: Polity.

Smith, M. B. (1992), "Nationalism, ethnocentrism, and the new world order", *Journal of Humanistic Psychology*, 32 , 76-91.

Spizberg, B. H. & Changnon, G. (2009), "Conceptualizing intercultural competence", In D. K. Deardorff (Ed.), *The SAGE handbook of intercultural competence*, LA: SAGE.

Stavenhagen, R. (2008), "Building intercultural citizenship through education: A human rights approach", *European Journal of Education*, 43(2), 161-179.

Stephan, W. G., & Stephan, C. W. (1984), "The role of ignorance in intergroup relations", In N. Miller & M. B. Brewer (Eds.), *Groups in contact: The psychology of desegregation* (pp. 229-255), Orlando: Academic.

Strading, R. (1984), "The teaching of controversial issues: An evaluation", *Educational Review*, 36(2), 121-129.

Stradling, T., Noctor, M. & Baines, B. (1984), *Teaching controversial issues*, London: Edward Arnold.

Strauss, G. P. & Allen, D. N. (2006), "The experience of positive emotion is associated with the automatic processing of positive emotional words", *The Journal of Positive Psychology*, 1(3), 150-159.

Sumner, W. G. (1906), *Folkways*, Boston: Ginn and Company.

Sumner, W. G. (1911), *War and other essays*, Freeport: Yale University Press.

Sumner, W. G., Keller, A. G., & Davie, M. R. (1928), *The science of society*, New Haven: Yale University Press.

Tajfel, H. (1981), *Human groups and social categories: Studies in social psychology*, Cambridge: Cambridge University Press.

Tajfel, H. (1982), "Social psychology of intergroup relations", *Annual Review of Psychology*, 33, 1-39.

Tajfel, H., & Turner, J. C. (1979), "An integrative theory of intergroup conflict",

In S. Worchel & W. G. Austin (Eds.), *The social psychology of intergroup relations* (pp. 33–47), Monterey: Brooks–Cole.

Tenbrunsel, A. E., Diekmann, K. A., Wade–Benzoni, K. A. & Bazerman, M. H. (2010), "The ethical mirage: A temporal explanation as to why we are not as ethical as we think we are", *Research in Organizational Behavior*, 30(0), 153–173.

The Council of Europe (2016), *Competences for democratic culture*, Strasbourg: The Council of Europe.

Tugade, M. M. & Fredrickson, B. L. (2007), "Regulation of positive emotions: Emotion regulation strategies that promote resilience", *Journal of Happiness Studies*, 8, 311–333.

Turner, J. C. (1981), "The experimental social psychology of intergroup behaviour", In J. C. Turner & H. Giles (Eds.), *Intergroup behaviour*, Oxford: Basil Blackwell.

Turner, J. C. (1999), "Some current issues in research on social identity and self–categorization theories", In N. Ellemers, R. Spears & B. Doosje (Eds.), *Social identity context, commitment, content* (pp. 6–34), Oxford: Blackwell.

Turner, J. C., Hogg, M. A., Oakes, P. J., Reicher, S. D. & Wetherell, M. S. (1987), *Rediscovering the social group: A self-categorization theory*, Oxford: Basil Blackwell.

Valadez, J. M. (2001), *Deliberative democracy: Political legitimacy and self-determination in multicultural societies*, Boulder: Westview Press.

Van den Berghe, P. L. (1978), "Race and ethnicity: A sociobiological perspective", *Ethnic and Racial Studies*, 1, 401–411.

Van den Berghe, P. L. (1995), "Does race matter?", *Nations and Nationalism*, 1, 357–368.

Van Dijk, T. A. (1993), *Elite discourse and racism*, Newbury Park: Sage.

van Tongeren, D. R., Green J. D., Davis D. E., Hook J. N. & Hulsey T. L. (2016), "Prosociality enhances meaning in life", *Journal of Positive Psychology*, 11, 225–236.

Verdugo, V. C. (2012), "The positive psychology of sustainability", *Environment, Development and Sustainability: A Multidisciplinary Approach to the Theory and Practice of Sustainable Development*, 14(5), 651–666.

Watson, M. (2019), *Learning to trust: Attachment theory and classroom management*, New York: Oxford University Press.

Willis, R. L., Provost, S. C. & Christidis, L. (2017), "Influences on sustainable behavior", *Ecopsychology*, 9(1), 19−25.

Wilson, T. D., Wheatley, T., Meyers, J. M., Gilbert, D. T. & Axsom, D. (2000), "Focalism: A source of durability bias in affective forecasting", *Journal of Personality & Social psychology*, 78(5), 821−836.

World Commission on Environment and Development (1987), *Our common future*, Toronto: Oxford University Press.

Zautra, A. J. (2014), "Resilience is social, after all", In M. Kent, M. C. Davis, & J. W. Reich (Eds.), *The resilience handbook: Approaches to stress and trauma* (pp. 185−196), New York: Rutledge.

Zhang, T., Gino, F. & Bazerman, M. H. (2014), "Morality rebooted: Exploring simple fixes to our moral bugs", *Research in Organizational Behavior*, 34, 63−79.

찾아보기

ㄱ

가이아(Gaia) 평화 ·················· 110
갈등 해결 기술 ······················ 94
갈퉁(Galtung) ······················· 20
강점 이론 ··························· 257
개방성 ································ 80
건설적 논쟁 ························ 226
건설적 주변성 ······················ 37
것먼(Gutman) ···················· 221
경제적 자민족중심주의 ············· 55
공감 ·································· 90
공동체교육 ·························· 18
공동체 회의 ······················· 157
공평 교수법 ························· 42
관용 ·································· 81
구조 모델 ···························· 50
구조적 폭력 ······················· 108
국민공동체 ·························· 58
국제연합 ··························· 113
권위주의적 성격 이론 ············ 172
균형 ·································· 40
균형교육 ···························· 17
그로프(Groff) ····················· 106
긍정 시민성 ······················· 269
긍정적인 적응 ···················· 263
긍정 정서의 확장 및 축적 이론 ····· 259
기본교육 ···························· 17
길리건(Gilligan) ·················· 143

ㄴ

나딩스(Noddings) ················· 333
논쟁 이슈 ·························· 190
니산(Nisan) ······················· 292

ㄷ

다문화 역량 ························· 28
다문화적 정체성 ··················· 33
다양성 안의 통일성 ················ 46
다윈(Darwin) ····················· 168
달라이 라마(Dalai Lama) ········ 115
덕워스(Duckworth) ·············· 114
도덕교육 ···························· 19
도덕적 서클 ························· 63
도덕적 세정 ······················· 292
도덕적 자기 면허 ················· 292
도덕적 책임 ························· 83
도덕적 평형 ······················· 292
도덕 정체성 ······················· 294
동화주의 ···························· 29
듀이(Dewey) ····················· 117
디어든(Deardon) ················· 193

ㄹ

레스트(Rest) ······················ 293
레이시(Lacey) ···················· 132
루벤(Ruben) ······················· 49
리코나(Lickona) ·················· 200

ㅁ

마시알라스(Massialas) ··········· 209
마케(Macé) ······················· 116
모나코(Monaco) ·················· 116
목록 모델 ···························· 50
몬태규(Montague) ··············· 141
몬테소리(Montessori) ············ 117
무기력한 관념 ······················ 20
문화 감응 교수 ···················· 42

문화적 다양성 ······· 77
문화적 자민족중심주의 ······· 54
미스코(Misco) ······· 206
민족공동체 ······· 57
민족적·문화적 적합성 ······· 40
민주시민교육 ······· 67
민주시민교육 프로젝트 ······· 67
민주 인성 ······· 237
민주적 결손 ······· 276
민주적 상황 ······· 74
민주적 역량 ······· 67
민주적인 학교 ······· 277
민주주의 문화 ······· 69

ㅂ

배타적 민족주의 ······· 34
베넷(Bennett) ······· 47
베일리(Bailey) ······· 192
베커(Becker) ······· 173
보이텔스바흐 협약 ······· 196
볼딩(Boulding) ······· 129
봉사 학습 ······· 272
분석적 사고 기술 ······· 87
브랑크(Bronk) ······· 278
비판적 사고 기술 ······· 88
비판적 평화교육 ······· 119
비폭력 ······· 114

ㅅ

사이먼(Simon) ······· 290
사회 자본 ······· 274
사회적 상호의존성 ······· 138
사회 정의 ······· 108
사회 지배 이론 ······· 177
살아 있는 관념 ······· 20
상호 문화성 ······· 27

상호 문화적인 대화 ······· 70
상호문화주의 ······· 27
상호 문화 훈련 ······· 64
샌들(Sandel) ······· 191
생애교육 ······· 22
섬너(Sumner) ······· 147
세력 균형 ······· 112
쉐리프(Sherif) ······· 164
스트래딩(Strading) ······· 202
시민 공화주의 ······· 200
시민적 결손 ······· 286
시민 정신 ······· 82
심리적 자원 ······· 74
심의 민주주의 ······· 190
심의 인성 ······· 237

ㅇ

아힘사 ······· 115
역경 ······· 263
역량 ······· 51
역할 책임 ······· 83
열린 민족주의 ······· 33
영속성 ······· 40
오브라이언(O'Brien) ······· 309
올포트(Allport) ······· 166
왓슨(Watson) ······· 134
웰빙 ······· 307
유네스코(UNESCO) ······· 117
유럽 연합 ······· 67
유럽 평의회 ······· 76
의식화 교육 ······· 119
인권 ······· 78

ㅈ

자기 효능감 ······· 84
자민족중심주의 ······· 53

자치(self-government) ······· 191
적극적 평화교육 ················ 20
정의 공동체 ···················· 156
제한된 윤리성 ·················· 291
제한된 인식 ···················· 290
젠킨스(Jenkins) ················ 127
조직 개념 ······················· 39
존슨(Johnson) ·················· 242
존중 ···························· 81
종합적 평화교육 ················ 127
지속 가능한 웰빙 ··············· 308
집단 간 자민족중심주의 ········· 164
집단 내 자민족중심주의 ········· 164
집단 응집성 ···················· 168

ㅊ

초자아 ·························· 153
초점 실패 ······················ 290
최소 집단 ······················ 165

ㅋ

커센바움(Kirschenbaum) ········ 201
커티지아(Kertyzia) ·············· 114
켈리(Kelly) ····················· 214
코메니우스(Comenius) ·········· 115
크릭 보고서 ···················· 192
킴리카(Kymlicka) ··············· 236

ㅌ

타당성 ·························· 40
터너(Turner) ···················· 171
토대 공동체 ···················· 131
통일교육지원법 ················· 16
통일 역량 ······················ 16

ㅍ

파머(Palmer) ···················· 133
페팃(Pettit) ····················· 252
평화로운 교실 ·················· 129
평화를 위한 전략 ················ 111
평화 의식 ······················ 106
평화주의 ······················· 112
평화 지향 시민성 ················ 122
평화 · 통일교육 ················· 104
포용적 민주주의 ················ 256
포함적 민족공동체 ··············· 57
프레드릭슨(Fredrickson) ········ 259
프레이리(Freire) ················ 117
프로이트(Freud) ················ 153
플로리싱 가설 ·················· 264

ㅎ

하버마스(Habermas) ············ 252
하이트(Haidt) ··················· 288
학습 공동체 ···················· 134
핸드(Hand) ····················· 193
행동 윤리학 ···················· 286
행복 지수 ······················ 315
헤스(Hess) ······················ 216
협동학습 ······················· 141
협력 기술 ······················ 93
형성 정치학 ···················· 191
호프스테데(Hofstede) ············ 63
회복탄력성 ····················· 262

U

UN 소수자 권리 선언 ············ 51

한국문화사 시민교육 시리즈

통일교육과 시민교육

1판 1쇄 발행 2023년 1월 30일

지 은 이 | 추병완
펴 낸 이 | 김진수
펴 낸 곳 | 한국문화사
등   록 | 제1994-9호
주   소 | 서울시 성동구 아차산로49, 404호(성수동1가, 서울숲코오롱디지털타워3차)
전   화 | 02-464-7708
팩   스 | 02-499-0846
이 메 일 | hkm7708@daum.net
홈페이지 | http://hph.co.kr

ISBN 979-11-6919-077-0 93370

· 이 책의 내용은 저작권법에 따라 보호받고 있습니다.
· 잘못된 책은 구매처에서 바꾸어 드립니다.
· 책값은 뒤표지에 있습니다.

오류를 발견하셨다면 이메일이나 홈페이지를 통해 제보해주세요.
소중한 의견을 모아 더 좋은 책을 만들겠습니다.